立信会计丛书

Lixin Accounting Series

西方财务会计教程

（第二版）

王文钧 编

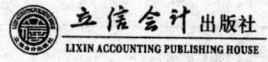

立信会计出版社

LIXIN ACCOUNTING PUBLISHING HOUSE

图书在版编目(CIP)数据

西方财务会计教程/王天钧编.—2版.—上海:立信会计出版社,2016.8
(立信会计丛书)
ISBN 978-7-5429-5145-8

Ⅰ.①西… Ⅱ.①王… Ⅲ.①财务会计—西方国家—教材 Ⅳ.①F234.4

中国版本图书馆 CIP 数据核字(2016)第 176047 号

西方财务会计教程(第二版)
Xifang Caiwu Kuaiji Jiaocheng

出版发行	立信会计出版社			
地 址	上海市中山西路 2230 号	邮政编码	200235	
电 话	(021)64411389	传 真	(021)64411325	
网 址	www.lixinaph.com	电子邮箱	lxaph@sh163.net	
网上书店	www.shlx.net	电 话	(021)64411071	
经 销	各地新华书店			
印 刷	常熟市梅李印刷有限公司			
开 本	880 毫米×1230 毫米	1/32		
印 张	18	插 页	1	
字 数	463 千字			
版 次	2016 年 8 月第 2 版			
印 次	2016 年 12 月第 2 次			
书 号	ISBN 978-7-5429-5145-8/F			
定 价	36.00 元			

如有印订差错 请与本社联系调换

第二版前言

为了适应扩大对外开放,利于沟通交流,深化体制改革,加强企业管理和发展现代化企业制度的需要,特编写《西方财务会计教程》。

全书共分六大部分、二十三章。

第一部分为基本理论,包括会计的基本概念、基本会计等式和复式记账法、业务交易分析和会计循环、会计制度的结构和内部控制制度四章。

第二部分为核算实务,包括商品销售业务的核算、商品进货业务的核算、商品分配与流通费用的核算和控制、现金和证券短期投资、应收账款和应收票据、商品存货、固定资产、证券投资、流动负债、长期负债和应付债券十章。

第三部分为企业的法定组织,包括合伙组织的会计、公司组织的所有者权益、公司组织的利润及其分配三章。

第四部分为会计报表,包括会计报表的编制和分析、资金流动和现金流量分析、分支会计与合并会计报表三章。

第五部分为企业兼并和破产,包括企业兼并会计、企业破产会计两章。

第六部分为通货膨胀会计,仅此一章。

蒙立信会计出版社张立年先生对本书精心编审,谨此致谢。

　　本书与立信会计出版社已出版的《西方财务管理》和《西方成本会计》一起,是介绍西方会计的系列图书。它对于有志于学习和了解西方会计的读者,有一定的帮助,值得一读。

　　限于作者的水平,舛误疏漏之处在所难免,敬希读者指正。

王文钧

目 录

导论……………………………………………………………… 1

第一部分 基本理论

第一章 会计的基本概念………………………………………… 9
  第一节 会计是信息处理系统……………………………… 9
    一、会计信息的特征(9) 二、会计信息的记录、报告和使用(10) 三、会计在企业经营管理中的作用(12)
  第二节 会计信息的沟通手段——会计报表概述………… 12
    一、资产负债表(13) 二、损益表(15) 三、留存盈利表(17) 四、现金流量表(18)
  第三节 会计应用的主要领域……………………………… 18
    一、公共服务会计(18) 二、营利性企业会计(19) 三、政府和非营利性单位会计(20)
  第四节 营业实体的不同法定组织形式…………………… 20
  第五节 公认会计原则……………………………………… 21
    一、原则和惯例的形成(21) 二、会计师成为专门职业(23) 三、基本会计假定、准则和灵活惯例(24)

第二章 基本会计等式和复式记账法…………………………… 30
  第一节 会计要素和基本会计等式………………………… 30
    一、会计要素(30) 二、会计等式(31)
  第二节 经济业务发生对会计等式的影响………………… 32
    一、经济业务的分析(32) 二、各项经济活动对会计等式的作

用(33)　三、会计报表的编制(38)　四、综述(39)

　第三节　复式记账法和借贷法则 ·················· 39

　第四节　收益支出和资本支出 ···················· 44

　第五节　权责发生制 ···························· 45

　　一、收付实现制(45)　二、权责发生制(45)

第三章　业务交易分析和会计循环 ·················· 47

　第一节　日常会计处理 ·························· 47

　　一、原始凭证的取得或填制(47)　二、账簿的设置和登记(48)　三、试算表的编制(48)

　第二节　定期会计结算 ·························· 49

　　一、定期会计结算的涵义(49)　二、编制财务报告(49)

　第三节　复式记账法和会计循环 ·················· 50

　　一、复式记账的要点(50)　二、借贷规则的进一步阐明(50)　三、会计循环(56)

　第四节　日记簿的设置和登记 ···················· 58

　第五节　分类账的设立和过账 ···················· 60

　第六节　编制试算表 ···························· 62

　第七节　查找和改正错误 ························ 73

第四章　会计制度的结构和内部控制制度 ············ 75

　第一节　会计制度的涵义和基本结构 ·············· 75

　　一、会计制度的涵义(75)　二、会计制度包含的三个基本方面(76)　三、会计制度的基本结构(77)

　第二节　会计制度的建立或修订 ·················· 77

　　一、制度分析(78)　二、制度设计(79)　三、制度执行(79)

　第三节　会计科目与账户 ························ 80

　　一、会计科目的涵义(80)　二、会计科目的分类(80)　三、会计科目与账户(82)　四、制定会计科目的原则(82)　五、会计科目的编号

(83) 六、会计科目表(83) 七、账户及其结构(87)

第四节 账表体系和处理等程序 87

一、账表体系的涵义(87) 二、总分类账和明细分类账(88) 三、普通日记簿和特种日记簿(92) 四、销货日记簿(93) 五、购货日记簿(94) 六、现金收入日记簿(94) 七、现金支出日记簿(94) 八、日记簿金额的多栏化(94)

第五节 内部控制制度 95

一、内部控制制度的涵义和目的(95) 二、行政管理控制和会计控制(95) 三、内部控制的一般原则(96)

第六节 会计电算化 97

一、电子数据处理(97) 二、微机与会计核算(98) 三、计算机操作的会计制度(98) 四、微机的内部控制(99)

第二部分 核 算 业 务

第五章 商品销售业务的核算 103

第一节 商品营销业务的性质 103

一、企业按经营业务性质的分类(103) 二、商品营销业(下称商业企业)的经营活动(104) 三、商业企业的利润表举例(104)

第二节 商品交易的步骤——商品交易活动的内部控制 105

第三节 商品购销企业会计制度的结构 107

一、会计科目的设置和运用(107) 二、特种日记簿的设置(109) 三、总分类账和明细分类账(110)

第四节 销售业务的会计核算 110

一、销售业务和销售日记簿(110) 二、退货与折让(115) 三、赊账销售的信用条件和现金折扣(116) 四、运费(120)

第五节 其他销售方式的核算 123

一、分期收款销售(123) 二、银行信用卡销售(125) 三、寄销和代销(127)

第六章 商品进货业务的核算 ……………………………… 132
第一节 商品进货核算要点 ………………………………… 132
一、商品进货与销货密切联系(132) 二、商品进货核算的要点(133)
第二节 进货日记簿和应付账款明细分类账 ……………… 133
一、进货日记簿的应用(133) 二、过记总分类账和明细分类账(135)
第三节 进货成本和销售成本 ……………………………… 138
一、进货成本(138) 二、销售成本(138)
第四节 商品存货和销售成本 ……………………………… 140
一、期初存货和期末存货(140) 二、销售成本(140)
第五节 应付凭单制和内部控制 …………………………… 141
一、应付凭单制度的涵义和作用(141) 二、应付凭单制的结构(142) 三、应付凭单制运作举例(145) 四、需要特殊处理的问题(149)

第七章 商品分配与流通费用的核算和控制 ………………… 154
第一节 商品分配与流通费用概述 ………………………… 154
一、商品分配与流通成本的性质(154) 二、销售成本和分配及流通费用(154)
第二节 商品分配与流通成本的分析和控制 ……………… 155
一、按地区分析分配与流通成本(157) 二、可控费用和不可控费用(158)
第三节 分配与流通费用的经营分析 ……………………… 159
一、分析占用地面每平方米面积的销售额(159) 二、分析每一定货单和每一笔发票的平均销售额(160) 三、按商品分类分析其市场寿命周期(160)
第四节 分配与流通费用的预算控制——弹性预算 ……… 160
第五节 保本点分析 ………………………………………… 163
第六节 标准成本制度的应用 ……………………………… 165

第八章　现金和证券短期投资·················· 168
第一节　现金与现金的内部控制················· 168
一、现金的范围与性质(168)　二、现金的内部控制(169)
第二节　现金日记簿的设置与登记················ 170
一、单一现金日记簿(170)　二、现金收入日记簿(171)　三、现金付出日记簿(173)
第三节　零用备用金制度····················· 175
一、设置零用备用金(176)　二、零用备用金支用(176)　三、零用备用金定额补足(176)
第四节　现金溢缺的处理····················· 178
第五节　银行存款与银行存款调节················ 178
一、银行存款(178)　二、银行存款调节(181)
第六节　有价证券短期投资···················· 185
一、有价证券的买入(185)　二、短期投资证券损益的处理(186)　三、年度决算时持有短期投资的估价(188)

第九章　应收账款和应收票据·················· 192
第一节　应收账款的性质和内部控制··············· 192
一、应收账款的性质(192)　二、应收账款的内部控制(193)
第二节　应收账款坏账的处理·················· 194
一、应收账款坏账的直接销账法(194)　二、应收账款坏账的备抵法(195)　三、发生坏账时的处理(199)　四、已销账应收账款的收回(201)
第三节　应收票据························ 202
一、应收票据的涵义和产生(202)　二、期票和承兑汇票(202)　三、带息票据和不带息票据(203)　四、应收票据到期拒付或部分付款(205)　五、应收票据贴现和或有负债(206)　六、贴现票据到期支付或拒付的处理(208)　七、应收票据的内部控制和应收票据登记簿(209)

第十章　商品存货 ································ 215

第一节　商品存货和存货估价的涵义 ·················· 215
一、存货的涵义(215)　二、存货的类型(215)　三、商品存货估价在会计核算中的重要意义(216)

第二节　商品存货以所有权归属为界定标准 ············ 216

第三节　商品盘存制度和存货计价方法 ················ 217
一、商品盘存制度(217)　二、存货计价方法(219)

第四节　定期盘存制及其计价方法 ···················· 220
一、个别认定法(220)　二、先进先出法(222)　三、后进先出法(223)　四、加权平均法(224)

第五节　永续盘存制及其计价方法 ···················· 224
一、个别认定法(225)　二、先进先出法(225)　三、后进先出法(227)　四、移动平均法(228)

第六节　永续盘存制与定期盘存制比较 ················ 229

第七节　成本与市价孰低原则 ························ 232

第八节　零售价盘存法和毛利法 ······················ 234
一、零售价盘存法(234)　二、毛利法(236)

第九节　存货计价错误及其影响 ······················ 237
一、永续盘存制(238)　二、定期盘存制(238)

第十节　存货的内部控制 ···························· 240

第十一章　固定资产 ································ 241

第一节　固定资产的涵义和特点 ······················ 241
一、固定资产的涵义(241)　二、固定资产的特点(241)

第二节　固定资产的取得成本 ························ 242
一、固定资产取得成本的内容(242)　二、一揽子成本的分配入账(243)

第三节　固定资产折旧 ······························ 244
一、折旧的涵义和性质(245)　二、有关固定资产折旧的几个概念

(245)　三、折旧方法(246)　四、折旧的会计处理(251)

第四节　固定资产的维修与改良……………………………… 252
　　一、资本支出和收益支出(252)　二、固定资产的大修与改良(252)
　　三、日常维修与养护(253)

第五节　固定资产的废弃…………………………………… 253
　　一、如期废弃(254)　二、提前废弃(254)

第六节　固定资产的售出和以旧易新………………………… 255
　　一、固定资产的售出(255)　二、固定资产的以旧易新(258)

第七节　固定资产的租赁…………………………………… 260
　　一、融资性租赁(260)　二、经营性租赁(264)

第八节　自然资源的取得和折耗……………………………… 264
　　一、递耗资产的取得成本(265)　二、递耗资产的折耗(265)

第九节　无形资产的取得和摊销……………………………… 266
　　一、专利权(267)　二、版权(267)　三、商标和企业牌号(268)　四、
　　专营特许权(268)　五、商誉(268)

第十二章　证券投资……………………………………… 270

第一节　投资的涵义和分类………………………………… 270
　　一、投资的涵义(270)　二、投资的分类(270)

第二节　短期投资的性质与核算要点………………………… 272
　　一、短期投资的性质(272)　二、短期投资的会计核算要点(272)

第三节　短期投资——债券………………………………… 273
　　一、债券的购入(273)　二、收入债券利息(274)　三、期末决算应计
　　利息的调整(274)　四、短期投资债券的售出(274)　五、期末决算对
　　持有债券短期投资的估价(275)　六、债券短期投资的溢价和折价
　　(275)

第四节　短期投资——权益证券(股票)……………………… 276
　　一、短期投资股票的购入(276)　二、收入现金股利(277)　三、期末
　　持有股票短期投资组合的估价(277)　四、短期投资股票的售出(278)

· 7 ·

五、未实现损失的收复(279)

第五节　长期投资的性质与核算要点·········· 281
　　一、长期投资的性质(281)　二、长期投资的核算要点(281)

第六节　长期投资——债券·········· 282
　　一、长期投资债券的购入(282)　二、溢价购入和折价购入(282)　三、溢价购入债券的直线摊销法(283)　四、折价购入债券的直线摊销法(286)　五、售出投资债券(287)　六、折价或溢价购入债券的实际利息摊销法(289)

第七节　长期投资——权益证券(股票)·········· 293
　　一、权益证券长期投资的内容与核算方法(293)　二、成本法(294)　三、权益法(297)　四、成本法和权益法的比较(299)

第十三章　流动负债·········· 300

第一节　负债的涵义和分类·········· 300
　　一、负债的涵义(300)　二、负债的分类(300)

第二节　流动负债的内容和分类·········· 301
　　一、流动负债按其债务关系和金额是否确定分类(301)　二、流动负债的产生来源(302)

第三节　应付账款·········· 302
　　一、应付账款的涵义(303)　二、应付账款的一般会计处理(303)　三、购货折扣的处理(304)

第四节　应付票据·········· 305
　　一、应付票据的涵义(305)　二、带息票据和不带息票据(306)　三、应付票据的用途及其核算(307)　四、应付票据登记簿(308)　五、应付票据的内部控制(309)

第五节　估计负债和或有负债·········· 309
　　一、估计负债(310)　二、或有负债(312)

第六节　其他负债·········· 314
　　一、反映实际债务关系的流动负债项目(314)　二、期末按权责发生制

调整所产生的流动负债项目(315)

第十四章 长期负债和应付债券…………………………317
第一节 长期负债的涵义、特点和分类……………………317
一、长期负债的涵义(317) 二、长期负债的特点(317) 三、长期负债的种类和会计处理要点(318)

第二节 应付债券的分类……………………………………320
一、有担保债券和无担保债券(320) 二、记名债券和无记名债券(320) 三、分期偿还债券和到期一次偿还债券(321) 四、可提前收兑债券(321) 五、可调换债券(321) 六、附息票债券(321)

第三节 债券的发行…………………………………………322
一、债券发行的程序(322) 二、债券发行的价格(322) 三、债券在两次付息日之间发行——带息发行(323)

第四节 债券的折价和溢价发行的直线摊销法……………324
一、债券的折价发行和折价的直线摊销(324) 二、债券的溢价发行和溢价的直线摊销(325) 三、直线摊销法的摊销表(327) 四、未摊销溢价和折价余额在报表内的列报(327)

第五节 债券折价和溢价的实际利息摊销法………………328
一、必须明确两组有关名词的涵义(328) 二、溢价和折价的计算(329) 三、折价摊销表(330) 四、溢价摊销表(331)

第六节 期末或期中调整……………………………………332

第七节 债券的收回与调换…………………………………334
一、债券的收回(334) 二、债券转换为普通股(335)

第八节 偿债基金和留存盈利的专用拨定…………………336
一、偿债基金(336) 二、留存盈利的专用拨定(338)

第九节 资本租赁和抵押负债………………………………338
一、租赁的涵义和分类(338) 二、资本租赁的会计核算(340) 三、抵押负债(342)

第三部分　企业的法定组织

第十五章　合伙组织的会计·················345
　第一节　合伙组织的性质和特点·············345
　　一、合伙组织的性质(345)　二、合伙组织的特点(345)
　第二节　合伙组织的成立················346
　　一、在独资企业基础上接纳出资建立合伙组织(346)　二、结束独资企业账务(347)　三、开立合伙组织账户(347)
　第三节　合伙人资本账户和提款账户···········351
　第四节　合伙组织的利润分配··············352
　　一、合伙利润的分配(352)　二、合伙人平均资本、薪工津贴和资本利息津贴(352)　三、合伙利润分配的步骤(352)　四、利润大于薪工津贴和资本利息津贴情况下的分配(354)　五、经营亏损情况下的分配(356)　六、利润少于薪工津贴和资本利息津贴情况下的分配(358)
　第五节　接纳新合伙人·················360
　　一、新合伙人出资参加合伙组织的方式(360)　二、新合伙人按其投资数额享有比例权益(361)　三、对原合伙人或新合伙人的额外补贴或产生商誉(361)
　第六节　合伙人的退出·················364
　　一、合伙人的资本份额出售外界或让售其他合伙人(365)　个别合伙人提取款项退出合伙(365)
　第七节　合伙的清理··················366
　　一、资本余额超过损失(366)　二、损失超过资本余额(368)

第十六章　公司组织的所有者权益············371
　第一节　公司组织的涵义、类型和特点··········371
　　一、公司的涵义和类型(371)　二、公司组织的特点(372)
　第二节　公司的组建和管理···············373
　　一、公司的组建(373)　二、公司的管理(374)

· 10 ·

第三节　公司组织的资本构成……………………………………376
　　一、核定股本、认购股本和缴入股本(376)　二、普通股和优先股(378)
　第四节　公司组织的股票……………………………………………381
　　一、股票的性质和要点(381)　二、有票面股票和无票面股票(381)
　　三、股票的发行价格(383)　四、股票分割(384)　五、库藏股票(385)
　　六、每股账面价值的计算(388)

第十七章　公司组织的利润及其分配………………………………390
　第一节　利润的形成…………………………………………………390
　　一、利润是企业在一定期间(会计期间)生产经营活动的财务成果
　　(390)　二、企业利润总额的构成(390)
　第二节　所得税的计缴………………………………………………392
　　一、公司是一个纳税实体(392)　二、应税所得额的调整(392)　三、
　　应交税款的核算(392)　四、纳税额减免数和应税收入减除(393)
　　五、总收入和扣除项目(393)　六、应纳税款的计算(394)
　第三节　非常损益项目的处理………………………………………395
　　一、正常损益项目和非常损益项目(395)　二、非常损益项目的会计处
　　理(396)
　第四节　利润分配和股利支付………………………………………397
　　一、利润分配(397)　二、支付股利(399)　三、现金股利和股票股利
　　(399)
　第五节　留存盈利的积累、支用和拨定……………………………402
　　一、留存盈利的积累(402)　二、留存盈利的支用与调整(402)　三、
　　留存盈利的拨定(403)　四、留存盈利表的编制(405)
　第六节　我国公司组织企业利润分配的会计处理…………………406
　　一、关于税后利润分配的有关规定(406)　二、企业利润和利润分配的
　　会计处理与核算(408)　三、资本公积和盈余公积的核算(411)

第四部分　会计报表

第十八章　会计报表的编制和分析…………………………………415

第一节　会计报表的涵义和报表体系……………………………… 415
一、会计报表的涵义(415)　二、会计报表体系(416)
第二节　资产负债表……………………………………………… 416
一、资产(417)　二、负债(417)　三、所有者权益(417)
第三节　损益表…………………………………………………… 418
一、收入(418)　二、费用(419)
第四节　会计报表的结构………………………………………… 420
一、以绝对数表示和以百分比表示的报表(420)　二、会计报表的格式(420)
第五节　比较会计报表…………………………………………… 421
一、比较资产负债表(421)　二、比较留存盈利表(424)　三、比较损益表(425)
第六节　比率分析………………………………………………… 427
一、比率分析的涵义和内容(427)　二、比率分析举例(430)　三、比率分析方法的局限性和应用中的技术性(434)　四、指标分解和趋势分析(436)　五、利用比率分析评价企业财务状况和经营业绩应结合外在环境和企业条件(437)

第十九章　资金流动和现金流量分析……………………………… 438
第一节　财务状况变动表的性质和作用………………………… 438
一、财务状况变动表的性质(438)　二、财务状况变动表编制的基础(439)　三、现金流量表的作用(439)
第二节　现金流量表编制要点…………………………………… 440
一、以现金和等同现金项目为基础(440)　二、分类列报经营活动、投资活动和筹资活动产生的现金流量(440)　三、经营活动产生的净现金流量以损益表计列的净收益为起点(441)
第三节　现金流量表的结构……………………………………… 441
一、经营活动产生的现金流量(441)　二、投资活动产生的现金流量(442)　三、筹资活动产生的现金流量(443)

第四节 经营活动产生的现金流量…………………………… 444
　一、直接法(444)　二、间接法(451)
第五节 投资活动和筹资活动产生的现金流量………………… 453
　一、投资活动产生的现金流量(454)　二、筹资活动产生的现金流量
(454)　三、非现金交换交易(454)
第六节 现金流量表编制举例…………………………………… 455
第七节 以流动资金为基础的财务状况变动表………………… 461
　一、以流动资金为基础的财务状况变动表和现金流量表的比较(461)
　二、明确流动资金的来源和运用(462)　三、编制以流动资金为基础的
财务状况变动表(463)

第二十章　分支会计与合并会计报表……………………… 466
第一节 企业分支关系的建立…………………………………… 466
　一、分支关系的建立(466)　二、分支会计核算的要点(466)　三、分
支会计和长期投资核算的不同(467)
第二节 总分机构间的经济关系………………………………… 468
　一、总分机构经济关系的层次(468)　二、总分机构之间经济往来的内
容(468)　三、期末决算分支机构结算损益划转总机构(471)　四、总
分机构往来的变通处理(471)
第三节 合并会计报表编制要点………………………………… 472
　一、一个公司对另一个公司持股关系的三种情况(473)　二、合并会计
报表编制的要点(473)　三、投资关系和往来关系的调节(474)
第四节 取得股份比例和付出代价的不同情况………………… 476
　一、按账面价值取得100%股份(477)　二、按超过账面价值取得
100%股份(482)　三、取得少于100%的股份(484)
第五节 国外分支机构会计报表的合并………………………… 488

第五部分　企业兼并和破产

第二十一章　企业兼并会计…………………………………… 493

第一节 企业兼并是合并的一种形式·················· 493
　一、企业兼并与合并(493)　二、企业兼并的意义(493)

第二节 企业兼并的动机和效益··················· 494
　一、兼并方(494)　二、被兼并方(495)

第三节 兼并的方式························ 496
　一、兼并的方式(496)　二、兼并方企业购买被兼并企业的整体资产产权(496)　三、兼并方企业购买被兼并企业的股票(497)　四、参股式和控股式(497)　五、被兼并企业原有负债的处理(497)

第四节 资产评估与核实负债···················· 498
　一、资产评估作价的方法(498)　二、核实负债(500)

第五节 兼并的交易价格······················ 500
　一、兼并的交易价格及其形成因素(500)　二、在企业兼并程序中的交易价格(501)　三、签订兼并协议(502)

第六节 兼并的会计处理······················ 503
　一、兼并前夕的试算表(503)　二、过渡性科目的转销(505)　三、资产评估和负债确认的转账(505)

第七节 兼并结算·························· 509
　一、商誉的考虑(509)　二、现金购买方式(509)　三、换发兼并方企业股票方式(510)　四、被兼并企业会计的结束(512)

第二十二章 企业破产会计·················· 514

第一节 企业破产的意义······················ 514
　一、经济方面(514)　二、法律方面(515)　三、会计方面(515)

第二节 有关企业破产清算的基本概念················ 516
　一、不能清偿到期债务(516)　二、破产申请(516)　三、和解整顿(516)　四、破产企业(517)　五、破产财产(517)　六、破产债权(518)　七、破产费用(清算费用)(518)

第三节 企业被宣告破产后的会计工作················ 519
　一、破产企业的财务决算及其特点(519)　二、破产企业随决算表向清算组移交的实物和单证(520) 三、破产企业财务决算编制的决算表(521) 四、破产日财务决算所编制的资产负债表举例(521)

第四节 清算组对破产企业的清算……………………524
一、清算组接管破产企业(524) 二、破产清算的账务处理(525)

第五节 破产财产的分配……………………………530
一、破产财产的分配清偿顺序(530) 二、支付应付工资和应付税款(531) 三、偿付破产债权(531) 四、结束破产清算账务(531) 五、其他工作(532)

第六部分 通货膨胀会计

第二十三章 通货膨胀会计……………………………535

第一节 通货膨胀会计的涵义………………………535
一、一般物价水平变化和特定物价变化(535) 二、通货膨胀影响会计数据的可比性和可加(减)性(536) 三、列报通货膨胀的方法(538)

第二节 不变币值会计………………………………539
一、不变币值会计的内容(539) 二、货币性项目和非货币性项目(540) 三、利用物价指数将会计报表上的历史成本数据调整变算为不变币值(541) 四、不变币值会计报表(541)

第三节 现行价值会计………………………………547
一、现行价值的概念(547) 二、持有损益和营业损益(548) 三、已实现和未实现的持有损益(548) 四、已实现和未实现持有损益在会计报表中的列报(549) 五、美国财务会计准则委员会的建议(552)

导　论

现代会计被视为一种信息系统和管理工具。

作为信息系统,会计提供财务信息,对内对外进行沟通;作为管理工具,则向企业领导层和有关职能部门提供数据资料,便于制定经营管理决策和计划的执行、控制和考核。

会计作为信息系统,要求规范化和通用化,做到符合国际通用的公认会计原则与惯例。作为管理工具,则应适合企业本身的特点、条件和要求。这两者是并行不悖的。任何一个国家或地区,不问其发展程度和经济体制如何,会计都应符合这两项原则。只是在核算的具体内容和繁简程度,以及操作程序和核算方式上可能有所不同。

会计所处理和提供的信息是可用货币计量和反映的经济活动信息。企业的经济活动一般涉及现金项目的收付、债权债务的增减、商品存货的进销、其他财物的变动,以及所有者权益的消长。其中尤以货币、商品和其他可移动并易于变现的财物,最易发生侵用和贪占。对此,除可实行内部审计和外界审计之外,还应在企业本身的机构组织、内部分工和工作程序上作出合理的严密的组织与安排,从会计核算体系的运作上形成制弊防误、提高工作效率和保护财产安全的机制。这就是所谓内部控制制度。这一制度贯穿于企业经济活动和会计核算工作的全过程和全方位。

会计作为一种专门学科、专业技术和专项职能,是为了加强企业经营管理、促进经济效益(西方则提出为增加利润、提高股东的股权价值)、扩大企业积累、提高权益价值(权益价值又称"净值",即资产总额超过负债总额的余额,也有的称为"净权益")服务的。因此,学习会计

(理论)、设计会计(制度)、运用会计(核算方法),都必须将会计融入企业的经济活动之中,既考虑企业法定组织形式的不同,也适应企业所营专业和经营管理活动的差异,才能更好地发展会计理论、提高会计技术、发挥会计作为信息系统和管理工具的作用。

由于科学技术的进步,会计已开始进入电算化时代,会计电算化的逐渐普及和提高,使会计作为信息和管理工具的作用更加有效和加强。

随着我国社会主义市场经济体制的建立和改革开放形势的发展,我国对企业财务和会计制度进行了改革。财政部于1993年7月1日发布并开始实行《企业财务通则》和《企业会计准则》,并随之出台了一系列分业的财务制度和会计制度。"两则"的发布与实行,标志着我国财务会计模式的重大转变和与国际公认会计原则、会计惯例的接轨。国际通用的财务会计模式和会计原则、会计惯例,为我们提供了财务会计改革的标的和进一步发展、深化的参证。

学习现代西方财务会计,有助于理解国际公认的会计原则和会计理论,掌握并结合本国的实际,运用其会计核算技术;有利于对外开放、深化改革、改善和加强企业管理;也有助于对财务会计制度进一步改革的理解与实践。

本书强调理论与实务并重。在核算实务各章,主要介绍内部控制制度的运作,实务性较强。全书共二十三章,可分作六个部分。分别介绍说明如下:

第一部分为基本理论。共四章。各章简略内容如下:

第一章是会计的基本概念。主要介绍会计作为信息系统的特征和在管理中的作用,作为会计信息沟通手段的会计报表,国际公认和通用的会计原则、会计惯例,企业不同法定组织形式的特点等基本概念。

第二章是基本会计等式和复式记账法。主要介绍基本会计等式是复式记账法的基础,反映资产、负债、所有者权益、收益、费用和利润各项要素之间的等式关系。本章列举不同性质的经济业务说明其对会计等式的影响。

第三章是业务交易分析和会计循环。主要介绍会计循环包括日常会计工作的分步处理和定期会计结算的分期进行。其中贯穿着复式记账法和借贷规则的具体运作过程。

第四章是会计制度的结构和内部控制制度。主要介绍会计制度是会计核算的结构框架和操作程序,包括会计科目(账户)的运用和账表体系的建立。本章还对会计电算化作了简略介绍。

第二部分为核算实务。共十章。按主要资产负债项目分章论述。各章简略内容如下:

第五章是商品销售业务的核算。除按一般销售方式论述外,并对其他销售方式,包括分期收款销售、信用卡销售、寄销和代销的核算作了说明。

第六章是商品进货业务的核算。除按一般进货方式论述外,并对应付凭单制和内部控制作了较详细介绍。

第七章是商品分配与流通费用的核算和控制。主要介绍应用成本核算的原理与技术,对商品分配与流通费用进行核算、分析与控制。

第八章是现金和证券短期投资。主要介绍对现金的核算与内部控制、银行存款的核算与调节,以及有价证券短期投资的核算。

第九章是应收账款和应收票据。主要介绍包括对应收账款和坏账的核算、应收票据和贴现的核算,以及对应收账款和应收票据的内部控制。

第十章是商品存货。主要介绍两种盘存制度(定期盘存制和永续盘存制)和四种计价方法(个别认定法、先进先出法、后进先出法、加权平均法)、成本与市价孰低原则,以及零售商业常用的零售价盘存法和毛利法。

第十一章是固定资产。主要介绍固定资产包括物质资产、自然资源和无形资产,都按取得成本入账,但价值摊销的方式不同,物质固定资产的核算内容较其他两项也更为复杂。

第十二章是证券投资。主要介绍证券投资按预期持有期间长短分为短期投资和长期投资,均按取得成本(不包括应计利息)入账,如系溢价或折价购入,其溢价或折价应分期摊销,持有期间取得收益或处理时发生损益作为当期损益。长期投资于股票按持有比例采用成本法或权益法核算。

第十三章是流动负债。主要按确定性负债(包括应付账款和应付票据)、估计负债、或有负债、其他负债分项论介。

第十四章是长期负债和应付债券。主要介绍债券发行按票面数额入账,对于溢价或折价发行,设应付债券溢价或折价科目处理,并采用直线摊销法或实际利息摊销法分期摊销。发行债券可预提偿债基金和拨定留存盈利。本章最后并论介了资本租赁负债和抵押负债。

第三部分为法定组织。共三章。分别论述合伙组织和公司组织的所有者权益和损益分配的核算要点。各章简略内容如下:

第十五章是合伙组织的会计。主要介绍合伙组织的特点和成立,合伙人的出资和损益分配,合伙人的参加和退出,合伙组织的清理、解散和改组等等。

第十六章是公司组织的所有者权益。主要介绍公司组织的特点、组建和资本构成,发行股票分股集资和与发行股票有关的问题,如股票分割、库藏股票、每股账面价值的计算等。

第十七章是公司组织的利润及其分配。主要介绍公司利润总额的构成、所得税的计交、非常损益项目的处理、利润分配和股利支付、留存盈利的积累、支用和专用拨定。章末设一节,介绍我国股份有限公司组织的利润分配及其会计处理。

第四部分为会计报表(会计信息沟通)。共三章。各章简略内容如下:

第十八章是会计报表的编制与分析。主要介绍会计报表的意义、会计报表体系和报表的结构、比较会计报表的编制,以及比率分析和利用比率分析评价企业的财务状况和经营业绩。

第十九章是资金流动和现金流量分析。主要介绍现金流量表的作用、要点和编制方法。章末设一节,介绍传统的以流动资金(营运资金)为基础的财务状况变动表。

第二十章是分支会计与合并会计报表。主要介绍分支会计核算的要点,合并会计报表的编制,国外分支机构涉及不同币制问题,对其会计报表的合并也设专节介绍。

第五部分为企业兼并会计和企业破产会计。共两章。各章简略内容如下:

第二十一章是企业兼并会计。主要介绍企业兼并的意义,兼并的方式,资产评估与核实负债,交易价格的形成,兼并的会计处理和结算。

第二十二章是企业破产会计。主要介绍企业破产的意义,有关破产清算的若干基本概念,清算组对破产企业的接管、处理和清算,破产财产的分配,以及破产清算账务的结束。

第六部分只有第二十三章一章,即通货膨胀会计。主要介绍不变币值会计和现行价值会计两种国际通用的会计方法。

第一部分

基本理论

第一部分

基本面面观

第一章 会计的基本概念

第一节 会计是信息处理系统

一、会计信息的特征

会计是一个实体单位(营利的或非营利的)对其经济信息的归集与处理、沟通与传达的一种手段。会计所归集和整理的数据信息,通过规范化(在种类、形式和内容上)的会计报表,对外界有关方面进行有效的沟通。因此,有人称会计为"营业语言"。

会计为经济活动提供各种必要的财务信息。经营管理人员为了使企业在激烈的市场竞争中立于不败之地,必须随时掌握一些必要的信息。例如,现有现金存量,顾客所欠账款,所销商品的成本,销售数额的增减,应付账款的多少,已经实现的利润,等等。随着业务的增多,经营管理人员需要更多的财务信息,用以评估企业的经营效益,并为将来的经济活动作出决策。高质量的会计制度和高效率的会计工作能够准确而且及时地为管理人员提供各种有用的信息。从这个角度看,会计也可以视为一种服务。

会计制度的建立,其目的就是为企业收集和记录有关经济活动的所有数据,并对这些数据进行科学的分类和处理,然后按期汇总在各种财务(会计,下同)报表中。外界投资者和企业的管理人员从各种财务报表中取得所需信息。会计工作者不仅负责建立切实可行的会计制度,监督其运作,还要负责对财务活动的经济效益作出分析与说明。投资者和管理人员主要根据会计工作者提供的信息和判断进行决策。

二、会计信息的记录、报告和使用

会计通过对经济活动所产生的数据进行及时的计量、记录、分类和汇总,为管理者提供信息。会计信息是用货币表现的有关业务活动的财务数据。会计工作者把业务交易分为外部和内部两类。外部交易指其所在企业同其他企业和有关单位之间的业务交易事项。内部交易指在企业内部发生的经济事项和不同部门或不同环节之间的经济往来。两者统称为"交易",为会计信息系统处理的对象。记录这些经济交易事项是会计的一个重要的基础功能。

对企业的内外部经济交易进行记录和整理,必须用共同的计量标准,才能把各种交易进行分类和汇总。市场活动是统一用货币表现的价格来计量的。货币作为共同标准成为交易的理想媒介,可用以比较不同对象的价值,并作为会计核算的统一计量单位。

会计核算工作,除去对交易的计量和记录外,更重要的是分类和汇总,把成百上千笔的交易过程和结果按不同类别和科目分别归类汇总。例如,把所有的产品销售加总为销售总额,把涉及现金收支的交易汇总得到现金收付总额和结余额,把赊购赊销业务汇总反映其所造成的商品的增减和债权债务的消长,等等。最后按不同类目的性质编制各种财务报表,为企业管理部门和有关人员按期(月、季、年)提供全面、系统的会计信息。

对企业财务报表提供的信息最为关切的个人和单位有:

首先,是企业的所有者和经营管理人员,他们需要企业的财务信息,据以评估经营效果和制订未来决策。例如,对滞销产品应否调整价格以促进销售,或是增加广告、扩大宣传;开发生产新产品,应如何估算其生产成本并规定其出售价格;估计当年能取得多少利润,并与过去同期进行比较;根据市场需求情况,是否需要增加生产设备或建立分厂,等等。如果没有足够的财务信息,这些问题是难以得到回答的。

其次,原材料或商品供应者为了能放心赊销商品给另一企业,也非常重视赊购企业的财务状况,分析其偿付货款的能力,从而确定其赊销数额。

此外,银行在对企业放款之前,必须肯定借款单位在未来能够还债,而且有足够现金按时偿还本息。为此,也要求借款企业提供财务信息。

国家税收部门也需要企业提供财务信息,用以计算收缴税款数额。所得税根据企业的净利润,销售税根据销售收入,财产税根据企业财产的估定价值。这些信息也都来自会计报表和账据。

政府有关管理部门有权要求相关企业提供财务信息,以便进行监督和检查。美国的联邦交通委员会从电台和电视台取得财务信息,公用事业委员会则从发电厂、自来水厂、公共汽车公司取得财务信息。证券交易委员会有权对股票公开上市的公司监督和检查它们采用的会计方法。证券交易委员会可以把这项工作授权给专业会计师,但仍保留最后的决定权。其目的是使投资者的利益得到保护。

对某些行业来说,特别是所营商品价格较高、技术性能较强、并需配套服务的行业,顾客特别注意它们的财务状况,了解它们能否在市场上长期存在。例如,电子计算机行业就是如此。因为顾客投入大笔资金购买电子计算机,同时需要卖方在合理的期限内能够提供维修服务、更换零件和增加新部件等。此外,顾客根据需要还随时要为所购电子计算机购买特制的程序。假如经营电子计算机的企业不能长期存在,则维修服务等都不能保证连续提供。因此,顾客就需要根据这个计算机公司所提供的财务信息,认真地加以分析研究,而后作出相应的决定。

企业职工也同样注意和关心所在企业的财务信息。实行利润分享的企业,职工们必然随时关注该企业的经济效益或财务结果。大公司的工会组织需要利用公司的财务信息,在谈判劳资协议时,提出合理的工资和福利要求。

综上可见,不同的个人和单位对企业的财务信息感到关切,虽然其立足的角度有所不同,但是,作为会计信息来说,应以符合国家宏观经济管理的要求,满足有关各方了解企业财务状况和经营成果的需要,以及满足企业加强内部经营管理的需要,为其一般原则,从而使不同的个人和单位,能从企业的财务信息中获取各自需要的信息。

三、会计在企业经营管理中的作用

会计常被认为是记账的技术,或称为簿记。实际上,簿记只是对业务交易进行计量和记录,为报告和分析企业的财务状况和经营成果建立基础。而会计的内涵则更为广泛,包括分类和汇总,把会计数据编成财务报表,并进行分析与说明,及时向决策者提供财务信息,帮助理解企业的经营状况和财务成果。编制和分析财务报告,需要专门技术,要求会计人员具有专业知识和业务经验,以及分析判断能力。

企业内部的决策者,如经理和其他管理人员,需要根据财务信息来编制计划,建立发展目标,并且用财务信息来调控业务经营。企业外部的决策者,如股东(现实的和潜在的)、债权人、金融机构和政府有关部门,需用财务信息考虑是否进行投资,给予赊信、评价贷款等。

企业提供的财务报告,一般包括资产负债表、损益表、留存盈利表和现金流量表等。这些报表都是按照公认会计准则和惯例的要求编制的,既便于外部沟通,也可供企业管理人员使用。内部使用的报表,除上列各种外,还可有各种不同的明细表和内部报告。

第二节 会计信息的沟通手段——会计报表概述

会计作为一种信息系统,其运作进程的最后阶段为编制各种财务报告,这是传达会计信息的最终和最佳手段。财务报告可分为内部和外部两种。内部报告按管理的需要编制,只供企业内部经理人员和有关部门使用,不用于对外。外部报告则是适应债权人、股票持有者(股东)的需要而设计编制的。不论是内外部会计报告,都应以公认会计原则(GAAP)作为编制的指导。外部财务报告的编制尤须符合公认原则的要求,以便互相交流和沟通。

编制外部财务报告的目的是为了保证使用者获得以下信息:企业

在特定期间(一般是指会计期间,可以是年度、季度和月份)的经营成果;在此期间终止时该企业的财务状况。不同的报表提供不同的会计信息,以下分别作简略说明:

一、资产负债表

资产负债表(balance sheet)是反映企业在某一特定日期(一般是期末)的财务结构和财务状况的报表,表示资产(资源)总额与负债(欠款)和所有者权益总额的平衡关系。下面是假设的×××修理公司2002年年终的资产负债表,如图表1-1所示:

(图表1-1)

×××修理公司资产负债表

2002年12月31日

资产			负债	
现金		$15 885	应付账款	$6 340
应收账款		4 920	应付税款	2 000
维修物资		5 130	抵押借款(12%)	54 000
维修设备	$40 000		负债总额	$62 340
减:累计折旧	4 000	36 000	股东权益	
土地		20 000	缴入资本	
房屋	$65 000		股金(10 000股,每股票面$2)	$20 000
减:累计折旧	1 625	63 375	交入股金溢价	40 000
			留存盈利	22 970
			股东权益总额	82 970
资产总计		$145 310	负债与股东权益总计	$145 310

资产负债表的表头,标明企业名称、报表名称和日期。表头之下为表体。在表体部分中,资产列在左边,负债和所有者权益(股份有限公司组织称股东权益)列在右边,左右两边的总和保持相等。犹如T式

账户左借右贷、借贷平衡。因此,这种形式称为账户式资产负债表。本例,资产总额为 $145 310,与右方的负债和股东权益相对应,其中的 $62 340 系由债权人所提供,另 $82 970 为所有权者投入的资本和企业的留存盈利。资产负债表的另一种格式是纵列式。即先列资产,顺序自上而下列负债及所有者权益,资产总额和负债总额与所有者权益总额之和上下平衡。因此,这种形式称为报告式资产负债表。但不论哪种形式,都反映了资产＝负债＋所有者权益这一会计等式。这是会计等式的基本模型。

资产负债表的项目,应按资产、负债和所有者权益的类别,分项列示。

资产指企业拥有的现金和非现金资产,包括有形资产和无形资产。在资产负债表中,每项资产都记明其金额(账面余额)。根据非货币性资产按历史成本记账的原则,这一金额代表这项资产的历史成本,也就是取得此项资产时所付出的现金或等值的现金额。当此项资产的现值高于成本时,仍按其原入账成本计值。

负债指企业所承担的能以货币计量,需要在日后偿还的债务,也可以视为债权人对企业资产的索偿权,或称债权人权益。

所有者权益(或称净值)代表所有者(以下称业主或股东)对企业"净资产"拥有的权益。所谓"净资产",是指资产总额减去债权人就其债权数额享有的索偿权后的剩余部分,业主只能对债权人索偿后的剩余部分享有权益。基本会计等式经过移项就变为:资产－负债＝业主权益。所有者权益(或业主权益)是一般性的名词,根据企业组织的性质不同有不同的表达形式。通常用法是:独资企业为"业主权益";合伙企业为"合伙人权益";公司组织为"股东权益"。所有者权益来源于所有者的直接投资和企业的留存盈利;对公司组织来说,即为缴入资本(或称股本)和留存盈利。

图表 1-1×××修理公司资产负债表中的股东权益,包括缴入资本 $60 000 和留存盈利 $22 970。缴入资本又细分为:股金即发行股

票的面额，计 10 000 股，每股面额 $2，总计 $20 000；超面额发行的溢价 $40 000。留存盈利是×××公司 1992 年净收益 $42 970 减去发给股东的股息 $20 000 的余额。

二、损益表

损益表(income statement)，又称利润表或收益表。它反映企业在某一期间(月、季、年)的经营成果及其来龙去脉。表列的净收益表示在此期间收入总数超过成本和费用的余额。如果成本和费用开支超过收入总数，则其差额为净亏损。×××修理公司第一年(2002 年度)的损益表如图表 1-2 所示：

(图表 1-2)

×××修理公司损益表
2002 年度

收益：		
修理收入		$89 640
服务收入		46 300
收益合计		$135 940
费用：		
广告费	$6 320	
折旧费用：		
设备	4 000	
房屋	1 625	
利息支出	6 480	
修理用品费用	8 650	
薪金	44 560	
杂项费用	9 915	
费用合计		81 550
营业收益		$54 390
其他收入和费用：		
租金收入	$200	
出售设备收入	1 000	
出售土地损失	－500	700
税前净收益		$55 090
缴纳所得税($55 090×22%)		12 120
净收益		$42 970

×××修理公司的业务收入是来自对重型设备的维修和服务。损益表的表头,标明企业和报表的名称以及所覆盖的期间。图表 1-2 标明期间为一年。损益表表体的内容包括三个主要部分:收益、费用和其他收益与费用,最后结出净收益(或净亏损)。

　　收益来自企业在某一时期内销售产品或提供服务取得的收入。销售收入包括现售和赊销,现售是当时钱货两清,赊销的结果产生应收账款,日后方能得到清偿。但无论是现售或赊销,都代表售出产品或提供服务应取得的收入。其他收益(或称非营业收入),是指主要营业之外的收入,而不是企业的正常经营收入。例如,企业把多余或过时的设备有偿转让给他人,收入的价款超过或低于转让设备的账面价值,是处理设备的收益或损失。在图表 1-2 中,×××修理公司出售账面价值为 $4 000 的设备,收入 $5 000,获得非营业收入 $1 000,列入了损益表的其他收益项下。

　　费用是指企业在一定时期内为销售产品和提供服务而发生的现金支出或交付其他财物,也就是为取得盈利而支付的代价。费用可以用现金支付,如职工薪金,也可以用财产消耗或债务形成的数额来衡量。有些情况是财产已经取得,现金也已付讫或债务已经形成,所取得的财产可供今后若干年使用,如购买设备或房屋。这些财产的价值经过使用,每年消耗一部分,直到最后废弃。会计学中对这种消耗称作折旧费用。如在图表 1-2 ×××修理公司损益表中,有设备折旧费用 $4 000,这是在 2002 年初用 $40 000 购进的修理设备,估计可使用十年,每年折旧费用为 $4 000(假设不考虑残值)。又如,房屋折旧费用为 $1 625,这是在 2002 年初用 $65 000 购进的厂房,估计可使用四十年,无残值,每年摊提折旧 $1 625。一方面作为折旧费用列入损益表,同时在资产负债表中列作累计折旧(属于估价账户),从各该资产项目的成本金额中列减。

　　其他费用是指非主要营业所发生的费用支出或损失,不同于正常费用或股利的支出。如企业售出自有土地,其售价低于该土地的账面价格,应作为出售土地的损失。在图表 1-2×××修理公司出售原账面价值为 $4 000 的土地,售价为 $3 500,损失 $500,在损益表中列入其他费用项下。

净收益(或称为利润),是收益超过费用(包括所得税)的部分。损益的计算式为:净收益＝收益总额－费用总额。如所得为负数,则为净损失。

以上所述可归结为三点:收益是主营业务,如销售产品或提供服务所获得的收入;成本和费用是为取得盈利而支付或消耗的财物;净收益是指总收益超过总费用的部分,代表净资产的增加,也即所有者权益的增加。留存盈利则是各年税后利润经过分配或拨用后余额的累计,也属所有者权益的组成部分,可编制留存盈利表列报。

三、留存盈利表

留存盈利表(retained earnings statement)反映企业留存盈利的变动情况。净收益(税后)增大留存盈利;股息分配或经董事会决定的其他拨用,则减少留存盈利。×××修理公司 2002 年度的留存盈利表如图表 1-3 所示。表头标明企业与表的名称,以及覆盖期间。因为是第一年营业,所以留存盈利没有期初余额。2002 年 12 月 31 日的年终余额则为当年的净收益减去股息分配,为 $22 970。

(图表 1-3)

×××修理公司留存收益表
2002 年度

留存收益(2002 年 1 月 1 日)	$0
增:2002 年净收益	42 970
	$42 970
减:股利分配	20 000
留存收益(2002 年 12 月 31 日)	$22 970

这与图表 1-1×××修理公司的资产负债表的股东权益部分所列

留存盈利余额相符。

四、现金流量表

现金流量表的作用是表现企业在一定期间的现金收入与现金支出的数额。按经营活动、投资活动和筹资活动分项列报现金收入和支出，用以说明在一定期间内现金的来源和运用。关于现金流量表的详细编制方法和表中数额的确定将在本书第十八章论述。

第三节 会计应用的主要领域

会计按其应用的主要领域可以分为三大类：公共服务会计、企业会计和政府会计，形成会计工作的三个不同专门领域。

一、公共服务会计

公共服务会计是为各种企业、组织或个人提供会计专业服务的组织的会计。办理此种会计事务的组织为公共会计师事务所，其规模大小不一，小者只有一间办公室，大者可以成为拥有数千工作人员的国际企业。公共会计师事务所提供的服务主要有三类：审计、税务会计和管理咨询。

（一）审计

多数会计师事务所提供此项服务。审计是对一个企业的财务报告及其有关附表、财务状况说明书和记录进行独立检察，并对这些财务报告的公平性和可靠性以及是否符合公认会计原则提出意见。银行或其他金融组织在发放贷款之前，常请独立的注册会计师对申请借款企业的财务状况进行审计。股份公司发行股票、债券如果拟在证券交易所上市公开买卖，也必须经过独立的执业会计师查账。债权人和投资者在决定是否对负债或接受投资的企业贷款或投资时，也常依靠执业会计师对它们的财务报告审查后提供的审计报告。

（二）税务会计

许多企业在经营决策时都要考虑决策执行后果所影响的纳税数

额。会计师必须非常熟悉中央和地方的税务法规和章程,还必须了解法庭有关税务问题的判例和税法的变动。企业经常要请会计师帮助编制纳税计划,使上缴税金降至最低额,同时又符合税务机构的法规章则要求。会计师还可帮助企业填报规定的纳税申报书。

（三）管理咨询服务

为企业提供有关兼并以及设计或改善会计制度、财务规划模式、存货控制系统、预算、预测等方面的建议。

二、营利性企业会计

在一个工业公司任职的会计师,称为总会计师,又称主计长,负责指导会计人员和业务。在一个大公司中,总会计师下设数名助手,每人分别主管不同的职能工作,如综合会计、成本会计、税务会计、内部审计等等。企业会计师不一定要求有公证会计师执照,但需有会计工作的专门知识和经验。

（一）综合会计

其内容包括为企业各类交易做会计记录,编制会计报表和财务报告。综合会计不易与其他会计职能区分,因为基本的会计数据是由各类交易记录所组成,其他的会计职能也同样要利用基本的会计数据取得与核算有关信息。

（二）成本会计

主要职能是汇集、分配、核算生产某种产品或提供某项服务的成本费用。以便实行成本计划与控制并作出合理决策。管理人员必须了解一项产品的制造成本和销售费用,才能确定生产该项产品是否有利。

（三）预算编制

主要是为达到企业既定目标所需各种活动费用的规划。预算一般分为企业总预算和分支机构或部门的分预算。预算是一种控制方法,用以规范和促进营业活动,提高经济效益。

（四）税务会计

企业要缴纳多种税金,包括所得税、工资税、财产税、营业税等等,都要按期上报税务机关。企业管理部门必须考虑每项投资和财务决策对上缴税金的影响。许多企业请注册会计师协助编制税金计划和填报纳税申报书,而大公司甚至还设有税务会计部门,以解决日常经营中发生的税务问题。

(五) 内部审计

内部审计人员的工作,主要是对进行中业务实施检查,以保证其符合企业既定规章和政策,并使发现的问题立即得到纠正。许多企业设立内部审计部门,是因为比外请会计师审计要节省时间和开支。

三、政府和非营利性单位会计

各级政府会计要保证资源的筹集和运用,并与中央和各级地方政府的法律规定相一致。政府会计面临的问题同私营企业相类似,只是政府会计无营利动机。其他非营利组织如教会、医院、慈善机构和公共教育机构等,也采用与政府会计相类似的会计制度,主要原则是合法、节约和在预算额度内有效使用资源。

本书介绍的内容,以营利企业的会计为主。

第四节 营业实体的不同法定组织形式

独资企业为个人出资、个人所有、独自经营、自负盈亏,大多为小型服务企业,如零售店、自由职业者等等。独资企业的所有权者是其财产的法定所有者,对其债务负责,单独享有企业权益。但从会计观点讲,企业本身是一个实体,独立于其所有者。

合伙企业为两人或两人以上所有,分享利润和共负管理责任。合伙企业的建立没有特定的法律条件。但是,参加合伙者必须有同意的协议。合伙协议可能是口头的,而大多数则有文字合同,以尽量减少争执。合伙企业本身不是一个独立法人实体,每个合伙人都要对企业的债务负责。但从会计观点讲,合伙企业是一个会计实体,独立于其所有者。小型服务企业大多采用合伙组织。

股份公司是严格按照政府颁布的公司法所规定的程序和手续建立的,取得独立法人资格。所有者的权益由公司发行的股票份额代表,持有公司股票者,称为股东。由于公司是独立法人,所以股东个人对公司的债务所承担的责任只限于他持有的股份份额。独立法人地位使公司能依法自主经营、自负盈亏,因而能自主购买、持有、占用和出卖财产,以公司名义起诉和应诉,有权与他人订立契约,独立享有民事权利和承担民事义务。股票持有者(即股东)可以出卖他们所持有的股份,而不影响公司的法定持续存在。所有权的可转让性和股东对公司债务的有限责任,增大了公司吸收社会公众投资的吸引力,也增强公司筹集大量资金的能力。在国外,特别是经济发达国家,大多数企业采用公司组织形式。

第五节　公认会计原则

一、原则和惯例的形成

会计业务随着社会的发展和需要而变化和发展。在长期的会计实践中就产生了许多会计实务惯例。这些惯例由于企业间沟通和交流的发展,而被会计界所普遍接受和应用,成为公认的会计原则。这些会计原则虽然不具有法律的强制性,但已被公认为一种规范性准则,称为公认会计准则(generally accepted accounting principles,缩写为 GAAP)。其权威性产生于被国际会计界所公认。美国的执业会计师协会、财务会计准则委员会和证券交易委员会,在制定会计准则中起着主要作用。以下就这三个组织作一简单介绍。

(一)美国执业会计师协会(American institute of certified public accountants,缩写为 AICPA)

这是美国执业会计师的全国性专业组织,在解释和规定会计准则工作中起着积极作用。在 1939 年和 1959 年期间,AICPA 的会计规程委员会发出 51 期会计研究公报,对多种会计问题提出过建议。1959

年 AICPA 设立会计原则委员会(Accounting principles board,缩写为 APB)替代会计规程委员会。会计原则委员会负责规定一些准则,以减少在会计工作中的差别和不一致性。在 1959～1973 年期间,会计原则委员会发表了 31 项处理指定的会计问题的意见。在 1973 年会计原则委员会又被财务会计准则委员会(Financial accounting standards board,缩写为 FASB)所替代。美国执业会计师协会每月发行会计工作杂志,成为会计工作者交流经验和研究成果的媒介。

(二)财务会计准则委员会

会计原则委员会是由会计师事务所、企业和大学的人员兼职参与组成。由于在工作中常被指责受到委托人和管理部门的不适当影响,解决问题又行动迟缓,为了避免可能由政府插手制定会计准则,于 1973 年结束,建立了财务会计准则委员会。

财务会计准则委员会有七位专职委员,由财务会计基金会(Financial accounting foundation)任命,经费也由该会提供。基金会的资金则来自私人捐赠,如会计师事务所、工业企业等。财务会计准则委员会负责为全部工商企业和会计职业界制定和公布会计准则,得到有权威性的证券交易委员会的认可和美国执业会计师协会的支持,所有会计工作者都要遵循。

(三)证券交易委员会(Securities and exchange commission,缩写为 SEC)

根据 1934 年《证券法》由美国国会设立,负责制订在全国证券交易所公开上市股票的公司编制财务报表时所运用的会计准则。该委员会已经公布会计准则,特别是发布了"S—X"规则,内容有每年上报证券交易委员会财务报告必须遵守的特定标准。该委员会在发展会计准则工作中,成功地与财务会计准则委员会进行密切有效的合作。

(四)其他有关机构

主要有:美国会计学会(American accounting association,缩写为 AAA)、全国会计师联合会(National association of accountants,缩写

为 NAA)、政府会计准则委员会(Government accounting standard board,缩写为 GASB)和财务经理协会(Financial executives institute,缩写为 FEI)等机构。在发展会计准则工作中,它们都有贡献。美国会计学会的成员主要为会计教学人员,研究成果经常发表在其发行的季刊——《会计评论》上。全国会计师联合会的成员主要是工业企业中的会计师和成本会计、管理会计的教学人员。该会发行管理会计月刊,大力支持各种成本和管理会计的研究工作。政府会计准则委员会是负责为州和地方政府制定财务会计和报告准则的正式机构,建立于1984年,有五位委员组成,任期五年,由财务会计基金会任命。财务经理协会是由大企业中负责财务领导工作者所组成,参与大量会计研究工作,与财务会计准则委员会密切合作,推动会计准则工作。

(五) 国际性组织

主要有:国际会计准则委员会(International accounting standards committee,缩写为 IASC)和国际会计师联合会。建立这两个国际性组织的目的,是促进全世界合作发展会计准则。前者是由澳大利亚、加拿大、法、德、日本、墨西哥、荷兰、英、爱尔兰和美国的主要会计组织发起,并于1973年宣告成立的。它所公布的国际会计准则,虽然不是用以代替各国的会计准则,但希望最终使会计准则协调成国际标准。国际会计师联合会是由49个国家、63个会计专业组织在1977年联合组成,目的是为会计问题促进国际协议。

二、会计师成为专门职业

经过长期的会计实践,会计师职业取得了同律师和医师一样的地位,由各州政府发给执业会计师执照。执业会计师的条件各州规定不完全相同,大多数州要求有大学学位和读过一定的会计和企业管理课程。各州都要求候选人参加全国统一考试,并且考试及格。考试非常严格,由美国执业会计师协会命题和阅卷评分,考试内容包括会计原理、会计解题、审计和商法等。每门课程必须最低考得75分。考试固定在每年5月和11月,并在同一天分别在各州举行。

许多州还要求候选人在会计师事务所有1~2年的工作经验或类似经验。CPA考试及格,并符合州规定的学历和工作经验要求,就能获得执照,取得执业会计师称号。

由于商业交易和有关会计业务日趋复杂,许多州颁布继续教育法令,要求执业会计师每年接受再教育的最少课时。

三、基本会计假定、准则和灵活惯例

财务报告提供经济决策所需的财务信息。中肯、可靠和易懂的信息,可以增加决策的有效性。另外,决策工作还需要掌握企业过去期间的经济信息和了解其他企业的信息,以便进行比较。为了使财务报表提供的信息中肯、可靠、清楚,且具有可比性,会计工作者在处理会计工作和编制报表时,需要有通用的标准以便遵循。这就是会计行业长期发展形成的"公认会计准则"。内容包括会计假设、会计原则和会计惯例,都是处理会计事务和编制财务报告时应遵循的指导原则。

会计准则是随着经济的发展,经过权威性的会计专业机构不断地检查、修改和补充,并得到会计行业的承认而逐渐形成的。会计的基本假定、基本原则和惯例已成为制定会计条例和会计实践的基本指南。分别列述如下:

(一)基本假定

1. 独立实体的假定。

一个企业应该是独立自主的经营单位,即独立的经济实体。每一个实体假定拥有财产和负债,其财产、负债和经营活动与该企业的所有者区别开来,也与这同一所有者所拥有的其他企业区别开来。作为一个经济实体,也必然是一个会计实体。每一个企业都有一套独立的会计记录,所编制的财务报告反映该企业的财务状况和经营成果。

2. 继续经营的假定。

会计核算和报告假定企业是继续和正常地利用其资源进行连续经营活动,并对现有承担的义务负责完成。这一假定为采用成本原则提供了依据。工厂财产在其有效使用期内的折旧费用按期分摊并将财产

的成本向可使用的未来时期分期递转,都是根据这一假定。因为这些财产是用于经营活动,而不是在最近期间出售,所以,其市场价值可以不考虑。但是对于一个明确要停止经营活动的企业来说,这一假定就不存在。

3. 货币单位的假定。

货币单位是会计工作用作记录、衡量、计算经济活动,以及汇总与编制会计报表的通用尺度。会计工作者假定用货币单位表现的数据,在制定经济决策时是有效的,认为可以用货币单位代表价值的实际计量单位来衡量净收益、财务状况和财务结构的变动。货币单位假定的基础是货币单位的价值固定不变。企业的经济业务都用货币计量、记录和汇总,1993年的货币数量可以与1983年的货币数量相加减,是因为假定它们的购买力相同。但是,实际上并不是这样。在通货膨胀时,物价上涨,货币的购买力下降。会计工作者虽承认这一事实,但对货币单位价值的变动却不能反映。因此,在处理财产时,账上可能有较大收益,但实际上如按货币购买力折算,则不仅无收益而且有亏损。例如,一台机器1989年购进时成本$10 000,到1990年货币贬值50%,按1990年价格计算,出售后取得$20 000,账面上的收益为$10 000。但用货币购买力标准来衡量,企业并未获得收益。这台机器处理后所得的$20 000,按当时的价格只能买回同样的机器。可见,在通货膨胀的条件下,货币单位的假定和成本原则都接受了挑战。这个问题属于通货膨胀会计,将在第二十三章论述。

4. 会计期间的假定。

一个继续经营的企业需要定期结算取得的经营成果和定时反映存在的财务状况。为此,必须确定结算的会计期间,以便会计工作者分期编制财务报表,公布经营成果及其财务状况。根据专业人员的评价和实际需要,会计期间可以分为月度、季度、年度。一般是以年度作为会计期间,自1月1日起至12月31日止,称为一个会计年度。在年度的基础上,再划分为季度和月度。由于会计年度的划分,就必然产生收益的实现、费用的确定和收益与费用配比的问题,以后当再作说明。

(二) 基本原则及惯例

1. 客观性原则。

会计信息应是可靠、可证实和脱离个人偏见的。可证实就是信息的有效性,并有适当的证据作为依据,是经得起审查和考核的。比如,一项交易价格是根据独立的购销双方谈判同意的。这项价格可以用发票、合同或其他有关文件来证实,这就是客观性。会计工作者可以而且必须用多种形式的证据来证实会计报告中的数字。但是,这里也应指出:有些会计信息需要凭观察和判断来作出估计。如工厂设备的折旧费用,就是靠估计的使用年限来计算的。只要所采用的数据和方法为大众所公认,也可认为是客观和可证实的。

2. 成本原则。

这一原则要求企业对于持有的资产按取得时的原始成本入账。成本决定于双方在交易时同意的价格,也即在取得时所付出的现金数量。如果付出的不是现金(例如,以旧换新,付给公司发行的债券等)就要按当时的公平市场价格计算。资产在其使用期间,每期分摊折旧费用时,则按原入账数值计算,而不考虑该项资产经常变动的市场价格。损益表中所表现的固定资产折旧费用和资产负债表中所表现的资产净值(即原入账数值减累计折旧后的余额)都是如此计算的。

由于通货膨胀的结果,使得成本原则受到严重冲击,因此财务会计准则委员会和证券交易委员会要求某些大公司在财务报表中反映通货膨胀的影响。

3. 收益实现原则。

会计工作的重要功能之一是确定固定会计期间的净收益。这就直接关系到对每一个时期的收益实现和费用发生的确认标准和衡量方法。收益实现原则是指在发出商品或提供劳务,并收讫应收的价款或者取得索取价款的凭证时,确认为收益。如果是长期工程合同,承包方一般可根据进度法或完成合同法合理确认收益实现。

4. 配比原则。

收入是销售产品或提供服务而获取的资产,成本和费用则是创造收入过程中付出或消耗的资产。两者之间应相配比,才能正确地确定净收益,并比较客观地反映企业的经营状况和取得的财务成果。

5. 一致性原则。

会计工作中对收益、费用、资产、负债的核算,常有多种方法可以选用。如选用的方法不同,对一定期间的净收益和期末的财务状况都有影响。其结果还将影响不同期间财务报表的可比性。为此,会计工作应遵循一致性原则。所谓一致性,即损益表和资产负债表中数据的核算方法一旦决定,以后每期就要保持一致,不能任意改变。否则,就可能导致净收益和财务状况的非实质性变动,使不同期间(或日期)的财务报表不能直接进行比较,因而无法真实了解企业经营的实际状况和经营管理的效益。一致性原则并不是说企业的会计核算方法一成不变。只要新方法能被证实便于提供更为有用的会计信息,或者行业组织或权威性机构提出新的核算方法,就可变动旧方法。当会计核算方法改动时,企业必须在改动时期的财务报表中说明改动的依据和性质以及改动后对净收益的影响。为了便于比较,还可以将近几年份的报表按改动的核算方法作相应的调整。当然,此种调整只是为了内部参考比较,而不是改变过去年份已公布的报表。

6. 充分揭示原则。

这一原则要求对所有影响净收益和财务状况的有关资料都在财务报告中注明。这项资料并不需详尽,否则反而失去有效性。有的情况涉及企业机密,不便于全部公开的,可适当控制,但也不能假借企业机密而违反充分揭示原则。譬如,有一个顾客的应收账款占企业全部应收账款的 60%,或是有一个重要顾客,遇到财政困难无力付款,短期间又难以解决,这些情况通常应该在报表中注明。总之,目的是揭示足够的资料使读者知情,以便作出判断。

以下几项属于惯例,具有一定的灵活性。

7. 重要性惯例。

会计工作通常要求根据理论上最有效的方法来处理经济业务和事件。但是，有时因为有些经济业务或事件对决策工作影响不显著，因而在处理方法上也可能脱离会计工作处理常规。例如，在工厂中有的实物资产价值较低，使用年限不长，不值得作为固定资产处理，便可以作为流动资产项下的低值易耗品处理，在较短时期内摊销，作为费用转账，而不按其使用年限逐年折旧。又如，有些大公司在它们公布的财务报告中以千元为单位，去掉千元以下数字，使读者便于抓住重点。所谓重要性是比较而言，在甲公司认为是重要的，在乙公司则可能认为不重要。如在一个亿元资本的企业中，一笔上千元的错账可能不算重要，而在一个小企业中，则属重大事故。重要性与否，不但决定于其规模，也决定于其性质。如果发现有 $10 000 行贿事件，即便是对大企业也是重要的事项。对此，会计工作者常常要根据企业的具体情况和自己的经验来作出判断。比较粗略的判断方法，就是看这件事对财务报告的影响大小。财务报告的读者一般相信会计师的判断，所以会计师对一个企业的某种财务事项的重要性的判断，往往是有影响的。

8. 稳健性惯例。

会计工作者为正确处理商业交易，常须实行公平的、实事求是的处理作法。但有时遇有难于作出决断的事件，往往要按稳健的惯例行事。所谓稳健性，其实就是在犹豫难决时宁采不夸大这一期间的资产价值和收益的解决办法。例如，企业的研究开发费用，虽能使未来受益，但是很难计算出受益的时期会有多长，因此往往在当期开销，而不资本化作为递延资产处理。又如，在存货估价上采取"成本与市价孰低"方法，也是基于稳健性惯例。稳健性惯例虽是一项有用的会计处理方法，但是，并不允许故意或过分地低估资产和收益。否则，就会使本期和将来时期产生不正确的甚至虚假的经营成果。在有的国家，如瑞士，允许企业把财产、厂房和设备等，在取得的当期作为费用开销。这些企业一般将其财产、厂房和设备等价值，在财务报表中表现为 1 瑞士法郎，只表示此项资产的账面存在,这是极为"保守"的做法。

9. 专业特点惯例。

有些行业由于具有不同特点,需要采用特殊的方法才能提供有用信息。例如,金融企业用市场价格代替成本价格来表现其证券投资数额。采用这种特殊方法,要在重要会计政策中说明,一般在财务报告中作脚注。公认会计原则要求企业在脚注中说明所采用的会计方法。

第二章 基本会计等式和复式记账法

第一节 会计要素和基本会计等式

一、会计要素

前章指出会计是一种信息系统,财务报表则为沟通信息的手段。资产负债表反映资产、负债和所有者权益的平衡关系;损益表反映收益和成本费用的比较和利润的取得(或亏损的发生)。前者表示财务状况的总体结构,后者表示财务成果的实现过程。这两个表的内容包括资产、负债、所有者权益、收入、成本费用和利润,称为会计的六个基本要素(收入总额减成本费用总额后的差额为利润或亏损,也视为一个会计要素)。

(一)资产

资产是企业从事生产经营活动取得利润的物质基础,包括现金和其他以货币计量的经济资源。如应收账款、原材料、在制品、半成品、产成品、机器设备、厂房、其他建筑物等有形资产,以及专利权、商标权、商誉、土地使用权等无形资产。这些都是工业企业为保证生产经营的正常运行所不可缺少的。随着生产的不断进行、市场对产品需求的变化和科学技术的发展,这些资产也不断地被消耗、补偿或更新,成为会计核算中一项主要内容。

(二)负债

负债指已经发生的经营活动和交易事项所形成的现在要承担的经济责任。这种经济责任需要在将来(近期或远期)以资产或劳务偿付,通常称为债务,会计上称为负债。一般包括长短期借款、应付账款、应付票据、应付工资、应交税金、应付投资者利润、预收货款、预提费用和其他应付款等。

（三）所有者权益

所有者权益用以表明企业的产权关系，即产权归谁所有。一般包括投资者对企业的资金投入、资本公积金、盈余公积金，以及留存盈利等。资金投入即投资者投入的资本，可以是现金，也可以是各种实物或无形资产。资本公积金是指与企业正常生产经营无关的资本增值，如股本溢价、财产重估增值、接受捐赠等。盈余公积金是指按照规定从利润中提取的公积金。留存盈利是指每年税后利润分配后余额的积累。所有者权益的结构内容，随企业的法定组织形式而有所不同，以上所举系公司组织所有者权益的内容。

（四）收入

收入指企业在一个固定时期（会计期间或会计年度）中，通过销售产品（或商品）、提供劳务或其他业务所获取的收入，是企业利润的来源。

（五）费用

企业在生产经营活动中为了取得收入，必然发生人力、物力、财力的耗费。这种耗费是企业的成本和费用，从取得的收益中得到补偿。降低成本和费用，增大经营收益，是任何一个企业所面临的任务，也是会计核算工作中的一个重要问题。

（六）利润

一定时期内的收入总额减去成本费用总额后的余数，是这一时期实现的利润（或亏损）。利润是一项重要指标，表现企业在一定期间经营的财务成果和可供分配的收入。利润的增加，反映资产的相应增加或负债的相应减少，其结果必然是所有者权益的相应增值。对企业利润的深入分析，会发现改善经营管理、提高经济效益的各种途径和措施。

二、会计等式

在上述六项会计要素之间存在着严密的数量关系。以工业企业为例,随着生产经营的进行,采购、投入、产出、销售不停地更替,会计要素的形态、数额也在不断地变化。但是,企业持有的资产总额和资金来源总额的等式关系则是不变的。全部资产总额在任何时候都必然等于债权人对这些资产的要求权和所有者权益之和。会计等式(accounting equation)说明了会计要素之间的这一数量关系:

$$资产 = 负债 + 所有者权益$$

上述等式反映资产、负债和所有者权益三项会计要素之间的数量关系,是基本的会计等式。下列计算式则反映收入、费用和利润三项会计要素之间的计量关系:

$$收入 - 费用 = 利润$$

税后利润分配的余额,通过"留存盈利"账户累计,"留存盈利"是所有者权益的一个组成项目。因此,以上两式也可以合并如下:

$$资产 = 负债 + 所有者权益 + (收入 - 费用)$$

或

$$资产 = 负债 + 所有者权益 + 利润$$

在会计年度终了时,经过会计结算,税后利润分配后的余额结转"留存盈利"。其等式仍恢复为:

$$资产 = 负债 + 所有者权益$$

会计等式是复式记账法的基础。会计科目的设置和账户的建立,经济业务的记录,报告的编制,以及各项经济指标的计算等等,都是以会计等式为依据的。

第二节 经济业务发生对会计等式的影响

一、经济业务的分析

会计核算工作开始于对经济业务的分析。在分析的基础上,确定应用科目,明确记账方向,核算应记金额,按照会计核算的技术要求,登记入账,循序进行会计处理。在会计核算程序中,对经济业务的分析是非常重要的。如果分析有误,便会一误到底,影响会计报表的正确反映,最终还会影响决策,造成重大失误。

经济交易可划分为外部交易和内部交易。外部交易指企业从供应商购进商品,从银行借入款项,向顾客销售产品等经济活动。外部交易涉及一个企业与其他一个或更多企业或非企业性机构之间的财物交易和债权债务关系。内部交易则指产生于企业内部的不同部门内或不同环节之间的经济活动,如领用原材料、加工制成产成品、生产加工耗用自己发电的电力、使用机器设备的折旧等等。这些经济活动虽然不涉及外部企业,但是也使企业资产和权益项目发生变化,在会计上都要记录和核算。

但是,有些经济事件,如顾客寄来购货定单,尚未发出货物之前,由于还未形成财物交换或发生权责关系,便不作正式会计分录(但应作备忘记录,而备忘记录不属于正式会计记录)。

二、各项经济活动对会计等式的作用

一笔经济活动发生,不论是外部或内部的,都会影响资产、负债和所有者权益账户的变动,但会计等式的平衡关系则保持不变。举例说明如下:

假设甲、乙、丙三人创办联合洗染公司,1月份所作的各种交易,包括外部和内部,内容如下:

(1) 甲、乙、丙各出资 \$20 000,由联合洗染公司发给出资证明书(由于公司组织是独立经济实体,视为外部交易);

(2) 购买洗染设备 \$30 000,付出现金;

(3) 从丁供应公司赊购洗染材料 \$5 700;

(4) 为顾客提供洗染服务,共收入现金 \$6 000;

(5) 为旅馆洗帷幕开列账单 \$1 100,款待收;

(6) 付出职工薪金 \$3 400、广告费 \$300;

(7) 收回应收账款 \$600;

(8) 偿付欠丁供应公司应付账款一部分,计 $3 500;

(9) 红利分配,每个出资者各 $200,共 $600;

(以上各笔均涉及企业与外部的关系,为外部交易。)

(10) 洗染材料盘点,结余 $4 400,计消耗 $1 300;

(11) 本期洗染设备折旧费用 $500。

每一笔业务交易发生后都应取得原始单据(如发票、收据等等)。会计部门根据原始单据和其他有关凭证(如收料单、收货单、领料单、提货单等等)进行分析确定:这笔交易影响哪些账户;每一账户的余额是增加还是减少;这些账户增减变动的金额是多少。经过分析之后,逐笔依次作成记录进行核算。

根据上举十一笔经济业务,逐笔分析并核算会计等式数额的变动,如图表 2-1 所示。

最后,收入总额减费用总额得出利润总额(利润列作第六个会计要素),反映财务成果:

$$收入总额 - 费用总额 = 利润总额$$

$$7\,100 - 5\,500 = 1\,600$$

利润总额归入所有者权益:

$$59\,400 + 1\,600 = 61\,000$$

会计等式回复到基本模式如下:

$$资产 = 负债 + 所有者权益$$

$$63\,200 = 2\,200 + 61\,000$$

会计等式是按会计要素表达的。实际上每一个会计要素都包括有若干基本项目,也即会计科目。上述最后一笔经济业务所形成的等式要素,可进一步按所包括的项目(账户)分析其增减变动,如图表 2-2 所示:

第二章　基本会计等式和复式记账法

(图表2-1)

经济业务	资　产	=	负　债	+	所有者权益	+	收　入	-	费　用
(1) 甲、乙、丙出资共 $60 000	现金 60 000	=			资本 60 000				
(这笔业务使现金增加 $60 000,所有者权益也增加 $60 000)									
(2) 支付现金购买洗染设备 $30 000	现金 -30 000 设备 +30 000 　60 000	=			60 000				
(这笔业务使现金减少 $30 000,设备增加 $30 000,资产总额不变)									
(3) 赊购洗染材料 $5 700	材料 +5 700 65 700	=	应付 账款 +5 700 5 700	+	60 000				
(这笔业务使洗染材料增加 $5 700,应付账款增加 $5 700,等式关系不变)									
(4) 收洗染服务入 $6 000	现金 +6 000 71 700	=	5 700	+	60 000	+	营业 收入 +6 000 6 000		
(这笔业务使现金增加 $6 000,营业收入也增加 $6 000)									

· 35 ·

(续表)

经济业务	资 产	=	负 债	+	所有者权益	+	收 入	−	费 用
(5) 应收洗涤服务费 $1 100	应收账款 +1 100				营业收入 +1 100				
	72 800	=	5 700	+	60 000	+	7 100	−	
(这笔业务使应收账款增加 $1 100, 营业收入也增加 $1 100)									
(6) 支付工薪 $3 400, 广告费 $300	现金 −3 700								各项费用 +3 700
	69 100	=	5 700	+	60 000	+	7 100	−	3 700
(这笔业务使现金减少 $3 700, 费用增加 $3 700)									
(7) 收回应收账款一部分 $600	现金 +600 应收账款 −600								
	69 100	=	5 700	+	60 000	+	7 100	−	3 700
(这笔业务使现金增加 $600, 应收账款减少 $600, 资产总额不变)									

第二章　基本会计等式和复式记账法

(8) 偿还应付账款一部分 $3 500

现金—3 500　　应付账款—3 500

$$65\ 600 = 2\ 200 + 60\ 000 + 7\ 100 - 3\ 700$$

(这笔业务使现金减少 $3 500,应付账款减少 $3 500)

(9) 向出资者每人分配红利 $200 共支付现金 $600

现金—600　　所有者权益—600

$$65\ 000 = 2\ 200 + 59\ 400 + 7\ 100 - 3\ 700$$

(10) 期末盘点洗染材料尚存 $4 400,计消耗 $5 700—$4 400=$1 300

材料—1 300　　材料+1 300 费用

$$63\ 700 = 2\ 200 + 59\ 400 + 7\ 100 - 5\ 000$$

(洗染材料买进时作为资产,消耗部分转入费用)

(11) 摊提洗染设备折旧费 $500

洗染设备—500　　折旧+500 费用

$$63\ 200 = 2\ 200 + 59\ 400 + 7\ 100 - 5\ 500$$

(这笔经济活动使洗染设备的账面价值减少 $500,折旧费用增加 $500)

(图表 2-2)

科　目	期初余额	本期增加	本期减少	期末余额
资产类				
现金	(1) 60 000	(4) 6 000	(2) 30 000	
		(7) 600	(6) 3 700	
			(8) 3 500	
			(9) 600	
	60 000	6 600	37 800	28 800
应收账款	—	(5) 1 100	(7) 600	500
材料	—	(3) 5 700	(10) 1 300	4 400
洗染设备	—	(2) 30 000	(11) 500	29 500
合　计	60 000	43 400	40 200	63 200
负债类				
应付账款	—	(3) 5 700	(8) 3 500	2 200
所有者权益类				
资本	(1) 60 000		(9) 600	59 400
收入类				
营业收入	—	(4) 6 000		
		(5) 1 100		7 100
费用类				
各项费用	—	(6) 3 700		
材料费用	—	(10) 1 300		
折旧费用	—	(11) 500		5 500
利润总额				1 600
合　计				63 200

三、会计报表的编制

根据上例对联合洗染公司各项经济活动的分析,可以编制以下会计报表:

(一)资产负债表

以资产＝负债＋所有者权益这一基本会计等式为基础,根据对期末会计等式内容各账户增减变动结果的分析,可以编制资产负债表。

第二章　基本会计等式和复式记账法

(二) 损益表

以收入－费用＝利润总额这一计算式为基础,根据本期收入类账户和费用类账户增减变动数额编制损益表。

损益表结出的本期利润(税前)列入资产负债表内所有者权益部分,资产负债表从而得到平衡。

关于本例会计报表的编制,见下章第二节。

四、综述

会计等式是现代会计立论和应用的基础。通过以上举例,提出以下一些基本认识:

第一,不论发生多少笔经济业务,也不论它们的性质和内容如何,会计等式的平衡关系是一贯到底、恒定不变的。

第二,任何一笔经济业务,对会计等式的影响都是双向的,而不是单向的,这是复式记账法的基础。

第三,会计等式反映会计要素之间的等式平衡关系。每一会计要素各包括若干不同的项目,要分类分项反映不同项目的变化,这是设定会计科目和账户的根据。

第四,由上例可见,五个会计要素中的资产、负债和所有者权益属于资产负债表一类,收入和费用两项属于损益表一类。收入减费用的差额为利润(如差额为负数便是亏损),最后结转所有者权益。这是进一步了解会计报表的出发点。

第三节　复式记账法和借贷法则

复式记账法是相对于单式记账法而言。单式记账法又称单式簿记。它在账户和账簿体系的设置和组织上不完备。一般只记录现金收付和债权债务的往来,适用于业务简单的小型企业,现已逐渐被淘汰。复式记账法则是以会计等式为基础,对经济业务所引起的会计要素的双向变化进行如实的双向记录,反映既全面,勾稽也严密,是一种科学的会计核算方法。

复式记账法又称借贷记账法。因其以"借"和"贷"作为双向记账的两个符号,每笔经济业务发生以后以相等的金额分别记入一个(或两个及以上)账户的借方和另一个(或两个及以上)账户的贷方。借方和贷方同时记录,相互对应,金额相等,借贷平衡。经济交易影响会计要素之间的增减变化和应记借方或贷方的情况,如图表2-3所示:

(图表2-3)

各会计要素的增减变化和应记借贷方向表

应记借方的变化	应记贷方的变化
资产的增加	资产的减少
负债的减少	负债的增加
所有者权益的减少	所有者权益的增加
收入的减少	收入的增加
费用的增加	费用的减少
留存盈利的减少	留存盈利的增加

根据上表可以看出,一项资产的增加,记录在有关的资产账户的借方,其相应的贷方则可能是:另一资产的减少、负债的增加,所有者权益的增加、收入的增加、费用的减少、留存盈利的增加;反之,一项资产的减少,应记在有关资产账户的贷方,其相应的借方则可能是另一资产的增加、负债的减少、所有者权益的减少、收入的减少、费用的增加、留存盈利的减少。收入增加、费用减少、留存盈利增加的结果,使所有者权益增加;反之,收入减少、费用增加、留存盈利减少的结果,使所有者权益减少。因此,收入、费用和留存盈利的增减变化,视同所有者权益的增减变化,在上表中不另引虚线连接。

兹将第二节列举的十一笔经济业务照上表所列内容加以分析并确定其借贷方向如下:

第二章 基本会计等式和复式记账法

(1) 甲、乙、丙共出资 $60 000 组成联合洗染公司

（现金增加,资本增加）

借：现金 $60 000

 贷：资本 $60 000

（甲、乙、丙各出资 $20 000,组成洗染公司）

说明：此笔"现金"属资产,增加应记借方；资本属所有者权益,增加应记贷方。

(2) 支付现金 $30 000,购买洗染设备

（洗染设备增加,现金减少）

借：洗染设备 $30 000

 贷：现金 $30 000

（购进洗染设备,支付现金）

说明：洗染设备属资产,增加应记借方；现金也属资产,减少应记贷方。

(3) 赊购洗染材料 $5 700

（洗染材料增加,应付账款增加）

借：洗染材料 $5 700

 贷：应付账款 $5 700

（从丁供应公司赊购洗染材料）

说明：洗染材料属资产,增加记借方；应付账款属负债,增加记贷方。

(4) 洗染费收入现金 $6 000

（现金增加,收入增加）

借：现金 $6 000

 贷：营业收入 $6 000

（洗染费收入）

说明：现金增加应记借方,营业收入增加应记贷方。

(5) 为旅馆洗帷幕,服务费 $1 100 待收

(应收账款增加,服务费收入增加)

借：应收账款 $1 100

  贷：营业收入 $1 100

(应收旅馆洗帷幕费)

说明：应收账款增加应记借方,营业收入增加应记贷方。

(6) 支付职工薪金 $3 400、广告费 $300

(费用增加,现金减少)

借：各项费用 $3 700

  贷：现金 $3 700

(支付职工薪金 $3 400、广告费 $300)

说明：费用增加应记借方,现金减少应记贷方。

(7) 收到应收旅馆洗帷幕费 $600

(现金增加,应收账款减少)

借：现金 $600

  贷：应收账款 $600

(收到应收旅馆洗帷幕费)

说明：现金增加应记借方,应收账款减少应记贷方。

(8) 偿还应付账款一部分 $3 500

(应付账款减少,现金减少)

借：应付账款 $3 500

  贷：现金 $3 500

(偿还应付丁供应公司账款一部分)

说明：应付账款减少应记借方,现金减少应记贷方。

(9) 向出资者甲、乙、丙三人支付红利共 $600

(现金减少,所有者权益减少)

借：利润分配 $600

  贷：现金 $600

(分配红利)

说明:"利润分配"账户余额待本期末决算结出"本期利润"时结转"本期利润"。结转时,本期利润应记借方,利润分配应记贷方,两个账户对冲。

(10) 洗染材料盘点结余 $4 400,消耗 $1 300

　　(洗染材料消耗部分应转入费用)

　借:材料费用　　　　　　　　　　　　　　　$1 300
　　　贷:洗染材料　　　　　　　　　　　　　　$1 300

　　(盘点洗染材料,计消耗 $1 300)

说明:洗染材料买入时原作为资产,期末盘点耗用部分应从"洗染材料"转入"材料费用"。

(11) 期末计提洗染设备本期折旧费 $500

　　(洗染设备账面价值减少,折旧费用增加)

　借:折旧费用　　　　　　　　　　　　　　　$500
　　　贷:累计折旧——洗染设备　　　　　　　$500

　　(提洗染设备本期折旧费)

说明:固定资产折旧的性质是资产价值的消耗,一方面列作费用,一方面应减少资产价值,"累计折旧"属估价类账户,固定资产在账面上保留其取得的原成本,减去"累计折旧"后的余额为"账面价值",代表固定资产折旧后的净值。

以上每笔经济业务在按借贷记账法分析记账时都具有以下特点:

第一,既有借方也有贷方,借贷双方相互对应,金额相等。这种借贷方对应平衡关系,贯彻在会计核算程序的全过程,可以概括为"有借必有贷,借贷必相等"。这是对借贷记账法最简单最明确的概括。

第二,先记借方,在借方之下再记贷方,借贷双方既有科目名称也有金额,科目名称必须规范化、金额书写要符合规格。

第三，贷方科目和金额应比借方科目和金额相右错开，以便于区分。

第四，在贷方科目之下书写"摘要"，要求既简明又能说明经济业务的主要内容。

每一笔账都按照上列要求，逐笔按日期顺序记录，称为"会计分录"。登记会计分录需要有一定的账簿格式。

第四节 收益支出和资本支出

会计核算既有连续性也有阶段性。连续性是由于会计视企业单位（会计主体）为一个连续经营的实体；阶段性则决定于会计期间的划分。连续性和阶段性是统一的。

会计核算为了正确反映企业单位在一定日期上（如会计期末）的财务状况（或财务结构，指资产、负债和所有者权益三项要素的结合）和正确核算一定时期（会计期间）的财务成果（指收入、费用和利润三项要素的计算），要求贯彻"配比"原则，即一个会计期间内的收入应与同一会计期间所发生的有关费用相互配比。为此就要严格区分资本支出与收益支出，并贯彻实行以应计收付为标准（而不是以收付现金为标准），确定应属本期内的收益和费用的权责发生制。

收益支出（revenue expenditure）是因业务经营而发生的支出。从配比原则看，收益支出是为了取得经营收入而支付的费用，是当期受益，应与当期的收入相配比，由当期收入消化，属于当期费用支出。

资本支出（capital expenditure）是属于资产类的支出，是为了增加固定资产，或增加生产能力、提高生产效率，或延长固定资产使用年限而发生的支出。这类支出不只是当期受益，而是多期受益，由多期的收入分期消化，属于资产而不作为费用。

收益支出与资本支出必须严格划分，不容混淆。否则，如果将资本支出作为收益支出,则必然降低资产总额,提高费用数额,减少当期收益;反之,如果收益支出作为资本支出,则必然增加资产总额,降低费用数额,虚增当期收益。结果,不能如实反映财务状况和经营成果。如果为了提高或降低资产数额和收益数额,而有意识地将属于资本支出作为收益支出处理;反之,则尤为不当和不可取。

第五节 权责发生制

权责发生制是相对于收付实现制而言。这是两种不同的核算基础。

一、收付实现制

收付实现制(cash basis),又称现金基础。对于收入和费用的认定和入账,以是否收付了现金为标准。已经收到现金的就认定为收入,已经支付现金的就认定为费用,而不问收入和费用所应归属的会计期间。

二、权责发生制

权责发生制(accrual basis),又称应计基础。对于收入和费用均以其应归属的会计期间作为认定和入账的标准,而不问已否收入或支付现金。收入和费用的收付现金时间和它们的应归属的期间常常是不一致的。因此,在一定的时间上(会计期末)就会出现以下几种情况:

应属本期的收入但本期尚未收进(须在下期收进),属于本期的应计收入。

应属本期的费用但本期尚未支付(须在下期支付),属于本期的应计费用。

以上两种情况,虽然本期尚未收付,但应计入本期的收入和费用,属于本期的应计项目。

应归属下期的收益,但已在本期收入,属于本期的预收收益,列入本期的负债。

应归属下期的费用,但已在本期支付,属于本期的预付费用,列入本期的资产。

以上两种情况,虽然本期已经收付,但不应列入本期的收益和费用,而应递延至下期,作为下期的收益和费用,属于本期的递延项目。

权责发生制体现了配比原则,是国际会计通用的会计核算基础。

第三章 业务交易分析和会计循环

会计数据的处理从业务交易发生进行分析记录至编制财务报表为止的全过程,称为会计处理循环,或称会计循环。它包括会计数据处理的各个步骤。对业务交易的分析与记录是会计循环的开始。

第一节 日常会计处理

会计核算是对企业在业务交易中所产生的会计信息进行计量、记录、分类、汇总和报告的全部过程。会计信息是以货币计量的有关业务交易的财务数据。会计信息的处理过程可分作日常会计处理工作和定期(会计期间)结算编报工作两个部分。前者旨在按日收集与分析,记录与反映日常业务活动中产生的财务数据;后者则是对积累的财务数据定期总结与编报,旨在综合反映期末的财务状况和期间的经营成果,对内对外提供财务信息。现将日常会计工作分述如下:

一、原始凭证的取得或填制

会计制度要求业务交易都要有原始凭证,表明交易的发生及其性质与金额,作为记账的依据。外部交易的原始凭证如销货发票、购货发票、现金出纳机记录纸带等。内部交易的记录,如使用设备摊计的折旧、物料的消耗、原材料加工为产成品等等,均以企业内部制定的专用单证、表格或其他证明文件作为凭证。

会计部门收到原始凭证后，首先对凭证进行审查和分析，以确定金额及其对企业财务状况的影响。然后据以登记入账。在这一步骤应注意换手复核，保证不发生差错或遗漏，否则如有差错而未能复核发现、及时纠正，便可能一错到底。原始凭证经过复核入账之后，便起着记账凭证的作用（也可根据原始凭证另制记账凭证，而以原始凭证作为附于记账凭证之后的附件）。原始凭证的另一重要作用是作为审计工作的依据，在公证会计师审查企业的财务报告时，需要原始凭证来验证会计部门的各项交易记录。

二、账簿的设置和登记

根据会计凭证（包括交易发生时取得的原始凭证和根据原始凭证进行分析与记录的记账凭证）登入账簿，是日常会计循环的第二个步骤。在此步骤中，将分散记录在若干记账凭证中的会计分录汇集登入账簿，是会计核算"由分而合"的第一步。会计账簿按其作用和登记方式可分作两类：一类是序时账簿，按业务交易发生的先后（具体表现在会计凭证的顺序编号上），根据会计凭证逐笔记录，称为日记簿。一类是分类账簿，根据序时账簿所登记的会计分录，按应记借方或贷方的科目和金额，分别转记入分类账上按会计科目设置的有关账户中。分类账起着将财务数据按科目分别归类的作用。这一步骤有分有合，合中有分，分中有合。日记簿和分类账的设置与登记，可以有不同的方式，表现在账簿种类、格式规划和登记方法上。但总的要求是简化处理程序和加强内部控制。

三、试算表的编制

编制试算表（trial balance）是日常会计工作中分类账登记的继续，即将同日分类账各个账户的余额，分别借贷方列入表内，然后加计借方总合和贷方总合，验证借贷方是否相等。如果借贷双方不平衡，显然必有差错。当然，即使借贷双方平衡，也不一定绝对没有差错，这个问题在以后有关章节还将涉及并说明。试算表可以按日编制，也可隔若干日或不定期编制,其目的除验证日常账务借贷平衡外,同时还可粗略反映企业的财务状况。

第二节 定期会计结算

一、定期会计结算的涵义

日常会计处理有如"细水长流"。定期会计结算则是在一定的期间总结反映经营的财务成果和一定日期的财务状况。所谓一定的期间,一般是会计期间(或会计年度),而一定日期则指会计期间的最后一日,称为"年度决算"。也可以是其他期间,如按月、季,或半年,称为"中期结算"。企业可以根据需要进行,但年度决算是必须办理的,而且要求也比较严格和全面。

二、编制财务报告

财务报告是反映企业财务状况和经营成果的书面表报和文件,包括会计报表和文字说明。它是企业对内部和外部沟通财务信息的主要手段。

会计报表包括资产负债表、损益表、财务状况变动表(或现金流量表)以及各种附表,公司组织还应编制留存盈利表。

资产负债表反映企业在某一特定日期的财务状况,按资产、负债和所有者权益分项列示。

损益表反映企业在一定期间的经营成果及其来龙去脉,按利润的构成和利润分配分项列示。

财务状况变动表,又称资金来源与运用表,反映一定会计期间内流动资金(又称营运资金)来源和运用及其增减变动情况。企业也可以编制现金流量表,反映一定会计期间的现金收入和支出情况,通过现金流量反映财务状况的变动。

除主要会计报表外,企业还可以根据需要编制一系列附表。这样就构成会计报表体系。

第三节 复式记账法和会计循环

一、复式记账法的要点

上章中曾对复式记账法和借贷法则作了说明和举例,这是现代会计核算技术的基础。在会计循环的全过程中,自始至终贯串着复式记账和借贷法则的运用。

从上章的举例中可以看出两个情况:第一,每笔交易的记录至少涉及两个账户,反映这种双重影响的会计处理方法为复式记账。所谓复式记账,并不是说每笔交易都必须同时影响会计等式的双方。如上章第三节列举的交易中,有的只影响会计等式的左方,即一种资产增加,同时另一种资产减少,等式右方不受影响;有的交易只影响会计等式的右方,而等式左方不受影响,等式两方的总和保持原等额不变。第二,全部交易经逐笔记录后,会计等式左右两方的总和都发生变化,但仍保持双方平衡。在上例中,所有者权益的最后余额为 $61 000,即开业时投资 $60 000,加本期净收入 $1 600($7 100－$5 500),减股利分配 $600 后之数,加负债部分的应付账款余额 $2 200,合计为 $63 200 元,与资产总额相等,等式左右平衡。

上章第三节列举的每一行都代表记载交易后的积累数据,根据其最后一笔积累的数据,可以编制会计报表,如图表 3-1、3-2、3-3 所示。

二、借贷规则的进一步阐明

如前所述,每笔经济交易发生都会使两个(或以上)不同的财务项目发生对应的增减变化。在会计核算上,反映这种对应变化的两个记账方向,称为"借方"(Dr.)和"贷方"(Cr.)。这是两个记账符号。会计等式等号左边的项目(资产额)增记借、减记贷,等号右边的项目(负债类和所有者权益类)增记贷、减记借。因此,借贷绝对对应,等式永保平

第三章 业务交易分析和会计循环

(图表 3-1)

联合洗染公司损益表
2002 年 1 月份

营业收入		$7 100
费用：		
薪工费用	$3 400	
洗染材料费用	1 300	
折旧费	500	
广告费	300	
费用合计		5 500
本月净收益		$1 600 →

(图表 3-2)

联合洗染公司留存盈利表
2002 年 1 月份

留存盈利,1 月 1 日	$ 0
加：1 月份净收益	1 600 ←
合 计	$1 600
减：股利分配	600
留存盈利,1 月 31 日	$1 000 →

(图表 3-3)

联合洗染公司资产负债表
2002 年 1 月 31 日

资 产		负债及所有者权益	
现金	$28 800	应付账款	$2 200
应收账款	500	缴入资本	60 000
洗染材料	4 400	留存盈利	1 000 ←
洗染设备	29 500		
资产合计	$63 200	负债及所有者权益合计	$63 200

注：这里主要说明损益表、留存盈利表和资产负债表之间的关系；留存盈利表中的本期净收入来自损益表，留存盈利表的期末余额则列入资产负债表的所有者权益项目，三个表是互相联系的。

衡（负债和资产是对立的。由于负债的存在，必然使"净资产"相应减少，因此，负债又有"负资产"之称）。

关于应记借方或贷方的规则,上章曾作了简介。兹再利用T式分类账户形式,分别资产、负债和所有者权益三大类账户的增加或减少应记借方和贷方的原则,如图表3-4所示:

(图表3-4)

资产＝负债＋所有者权益

现　　金		应　付　账　款		资　本　缴　入	
借方 (增加)	贷方 (减少)	借方 (减少)	贷方 (增加)	借方 (减少)	贷方 (增加)
＋	－	－	＋	－	＋

资产类账户增加额记入借方,减少额记入贷方,其余额在借方;负债和所有者权益类账户与此相反,增加额记入贷方,减少额记入借方,其余额在贷方。借方余额账户的余额总和与贷方余额账户的余额总和相等。借贷规则的基本逻辑在于:不论是外部交易或是内部交易,所涉及的两个互相对应的方面,一个方面是"收入",另一个方面是"付出"。例如,对资产来说,收入资产,就是资产的增加(记借方),付出或消耗资产,就是资产的减少(记贷方);对负债来说,现在借入款项或赊欠货款,承诺将来付款,就是负债的增加(记贷方),日后归还借款或偿付货款时,就是负债的减少(记借方);对所有者权益来说,记入贷方的是企业所有者投入资金,企业承认所有者的权益增加,记入其借方的是由于企业经营亏损或是减少投入资金所造成的所有者权益的减少。

借贷规则可利用会计等式加以解释。资产在会计等式的左边,增加时则记在T式账户的左边(即借方);负债和所有者权益在会计等式右边,增加时则记在T式账户的右边(即贷方)。减少时则各记入其相反一边,即资产减少记入贷方,负债或所有者权益减少记入借方。

把资产的增加记入借方,负债和所有者权益的增加记入贷方,可便于检查两方是否平衡。会计等式是平衡的,对每笔交易所作的会计分录,其借方金额与贷方金额相等。根据"等量加等量其和必等"的简单数学常识,由于每笔分录的借贷双方平衡,全部账户的借方总和与贷方总和也必然相等。

以下结合借贷规则就所有者权益作进一步说明:会计等式中的所有者权益可以分为缴入资本和留存盈利两个部分。缴入资本的增加来自所有者投资,留存盈利则代表企业经营利润(税后)经过分配后的余额的累计。

所有者权益类账户按照借贷规则,其应记借方和贷方,如图表3-5所示:

(图表3-5)

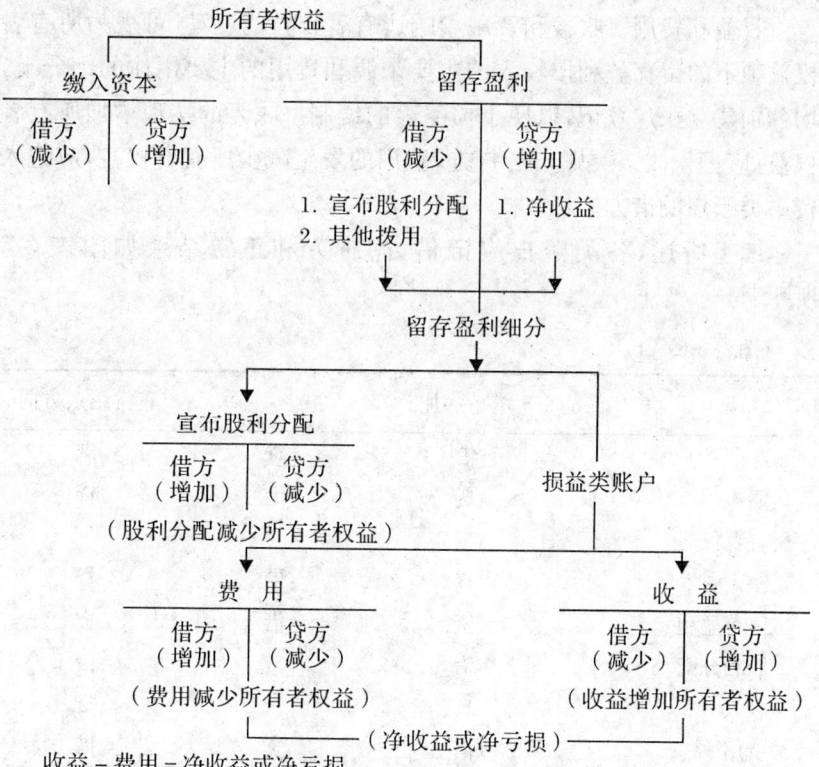

缴入资本 投资者用现金或其他资产对企业投资,增加企业的所

有者权益,记入"缴入资本"账户的贷方,资本金的减少,则记入此账户的借方。

宣布股利分配　　发放股利是将资产的一部分作为股利分配给所有者,属于税后利润分配。分配的结果减少所有者权益,应借记所有者权益项下的"留存盈利"账户,也可以不直接借记"留存盈利"账户,而设置一个过渡性的细分账户,称为"宣布股利分配",以便单独记录本会计期间发放股利的总额。待股利分配完毕,最后结转"留存盈利"账户。股利是对所有者的利润分配,不属于生产经营过程发生的费用。所以,股利分配不列入损益表,"留存盈利"则属资产负债表项目。

收益和费用　　收益和费用影响所有者权益的变动,可视为所有者权益项下的留存盈利按收入的主要来源和费用的主要用途的细分类,均分别建立账户登记,以便于损益表的编制。收入的实现增加所有者权益,应记入收入类账户的贷方,费用的发生减少所有者权益,应记入费用类账户的借方。

综上所述,各类账户应记借方、贷方和正常结余如图表 3-6 所示：

(图表 3-6)

账　　户	增　加	减　少	正常结余方向
资产	借	贷	借
负债	贷	借	贷
所有者权益			
缴入资本	贷	借	贷
留存盈利	贷	借	贷
股利分配	借	贷	借
收入	贷	借	贷
费用	借	贷	借

根据借贷规则,将前例联合洗染公司的各笔交易列表分析,如图表 3-7 所示：

第三章 业务交易分析和会计循环

(图表 3-7)

交易	金额	资产账户	+或-	借或贷	=	负债+所有者权益账户	+或-	借或贷
(1) 投资者向企业投资	$60 000	现金	+	借	=	所有者权益	+	贷
(2) 现金购入设备	30 000	{洗涤设备 现金	+ -	借 贷	=			
(3) 赊购材料	5 700	洗涤材料	+	借	=	应付账款	+	贷
(4) 提供服务收入现金	6 000	现金	+	借	=	收入	+	贷
(5) 赊账服务	1 100	应收账款	+	借	=	收入	+	贷
(6) 支付工资和广告费	3 700	现金	-	贷	=	费用	+	借
(7) 收到顾客账款	1 100	{现金 应收账款	+ -	借 贷	=			
(8) 偿付应付账款	5 700	现金	-	贷	=	应付账款	-	借
(9) 支付现金股利	600	现金	-	贷	=	所有者权益	-	借
(10) 材料消耗	1 300	洗涤材料	-	贷	=	费用	+	借
(11) 设备折旧费	500	洗涤设备	-	贷	=	费用	+	借

假如一个账户的结余不在正常结余方向,除有特殊情况外,便是有错误发生。例如,资产类的"土地"账户就不应该发生贷方余额,收益类账户就不应产生借方余额。但是,如果银行存款发生透支,银行存款账户就会有贷方结余。熟悉借贷规则是学习复式记账法的基础。为便于掌握借贷规则,归结为下列几项:

第一,借记一个账户就是记入该账户的左方;

第二,贷记一个账户就是记入该账户的右方;

第三,记入借方可能增加也可能减少账户结余,记入贷方也是如此。这要看该账户属于会计等式的哪一边(也即属于何项会计要素)。如果是在等式的左边(即资产),借方是增加,贷方是减少;如果是在等式的右边(即负债或所有者权益),则贷方是增加,借方是减少。因此,不能将借方或贷方简单理解为增加或减少,需要记住的是这笔账是记在账户的左边还是右边。在分析一笔交易时,首先应分析这笔交易影响哪些账户,然后根据交易的性质和受到影响的账户的属类,确定应记借方或贷方的记账方向。

三、会计循环

如前所述,在一个会计期间内连续进行和完成的会计程序,称为会计循环(accounting cycle)。其内容包括:

确认影响企业财务状况或经营成果的业务交易,并取得(或准备)原始凭证;

根据原始凭证对业务交易进行分析,作成会计分录,登记序时记录,即日记簿;

根据日记簿所登记的会计分录,将应记借方和贷方的会计科目,分别过记分类账有关账户的借方和贷方,并分别按账户汇总和结算余额;

在会计年度终结时或在期中结算时,根据分类账各个账户累计的会计数据编制会计报表,并利用会计报表向债权人、投资者和其他有关单位(如金融单位、财税部门等)进行沟通,便于他们估价企业的经营情况。

会计循环的步骤如图表3-8所示:

(图表3-8)

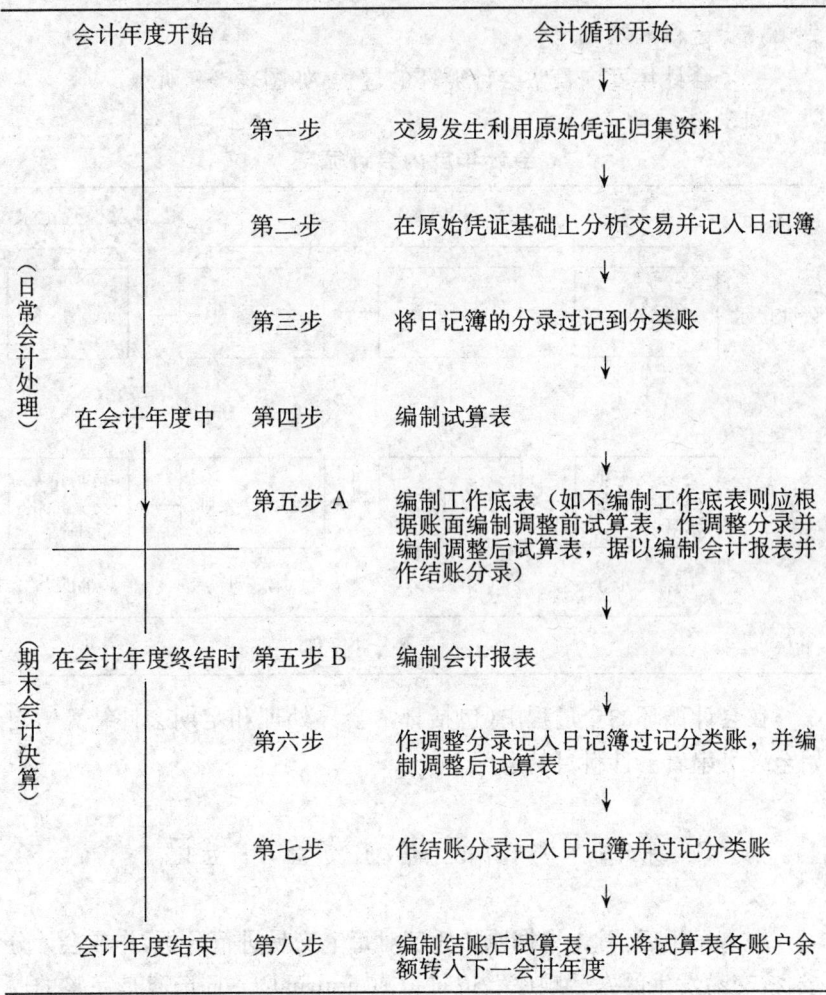

会计循环步骤图

第八步结账后试算表只有资产、负债和所有者权益三类账户的余额（收益类和费用类账户均已结清无余额），结转下期连续登记。

以上会计循环的八个步骤中，前四步是在会计期间内随着交易活动的不断发生,日常会计工作必须连续进行,其中第四步编制试算表主要是验证各账户余额的正确性。第五步 A 既是日常会计工作的总结,也是期末会计结算的开始,只在会计期末最后一日编制,是第五步 B 到第八步进行的基础。

一个会计年度内日常会计循环的过程,如图表 3-9 所示:

(图表 3-9)

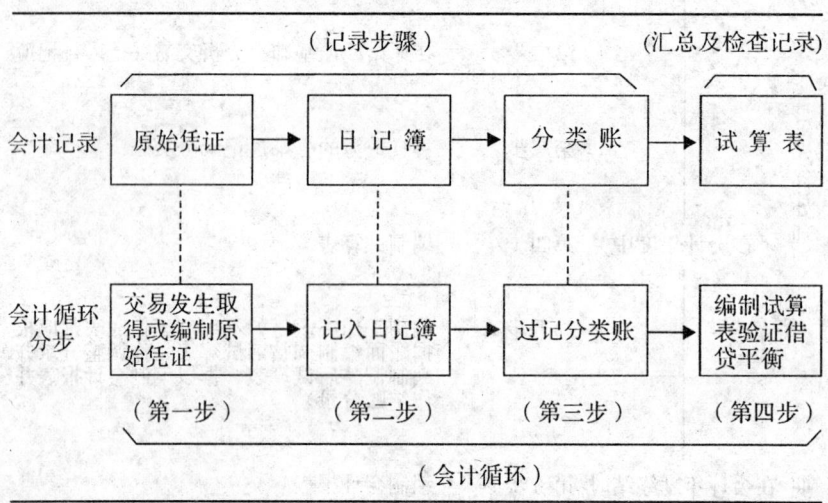

会计年度内会计循环

在会计循环的全过程中(包括日常会计处理和定期会计结算),自始至终贯串着会计科目的运用。

第四节　日记簿的设置和登记

交易发生后,首先根据原始凭证对每笔交易进行分析,作成会计分录,按交易发生的先后顺序登记日记簿(journal)。日记簿是完整的序时记录,其登记的内容有每笔交易的日期、应借或应贷的账户名称、金额和摘要说明。在日记簿中每笔交易必须完整登记并保持借贷平衡。日记簿的记录不但能反映并用以检查某一笔交易的全部情况,也是避免错误和便于查找错误的有用方法。

不同企业采用的日记簿的种类和形式不尽相同。这要根据企业的经营性质和某类交易发生的频度而定。以下介绍通用的二栏式普通日记簿,设置两个金额栏分别登记借方或贷方金额。在登记时,应首先将交易发生的日期记入"日期"栏,日期包括年、月、日。年和月只在每页的第一行或是进入下一月份的开始时写全,在同年月之内,只记日,年月不再重复。应记借方账户的名称填入"账户和说明"栏的靠左方,应借记的金额记入与账户名称同一行的借方栏。应贷记的账户名称记在借方账户名称的下一行,并向右移两格(空两格),应贷记的金额记入与贷方账户名称同一行的贷方栏。在贷方账户名称的下一行填写该笔交易的简要说明。这就是一笔完整的分录形式。如果某笔交易的性质明显,根据借贷两方账户名称,即可理解交易内容,说明也可省略。过账备查(posting reference,缩写为 PR;或 ledger folio,缩写为 LF)栏填记过入总分类账时该账户在总分类账上的页次,同时在总分类账该账户的过账备查栏填记日记账的页次,以便互相联系。如图表 3-10 所示:

(图表 3-10)

普通日记簿(分录簿)

64 页

日	期	账户和说明	过账备查	借方	贷方
2002					
7	5	现金		14 000	
		服务收入			14 000
		提供估价服务收入现金			
	10	办公用品		12 000	
		现金			5 000
		应付账款			7 000
		采购办公用品部分付现,部分赊欠			

在上例中，第一笔交易是借记现金账户＄14 000，贷记服务收入账户同等金额。第二笔交易是采购办公用品，部分支付现金，其余记入应付账款，这一笔交易也称为复合分录，因其涉及两个以上账户。根据以上情况不难看出，复式记账法下每一笔分录必须也必然保持借贷平衡。

第五节　分类账的设立和过账

一个企业建立的全部会计账户形成一个整套的账户体系，称为总分类账或总账(general ledger)。在用手工记账时，每一个账户设一账卡或账页，全部装订在活页账夹中。这个包括有全部账户的账卡或活页账页即为总账。总账中的这些账户通常按它们在资产负债表和损益表中编列的顺序排列，每个账户除有规范的名称外还应编号，通过编号可以反映每一个账户的属类和性质，便于记账、记忆和查找。用账户一览表把全部账户的名称和编号顺序列出。当分析交易时，可以参阅账户一览表来找出应该记入借方或贷方的适当账户。

将日记账中的会计数据转记入分类账中的有关账户，称为"过账"(posting)。过账的目的是将日记账中所作的会计分录，按科目分别转记入资产、负债、所有者权益、收入和费用的各个账户中去，以便按科目归类和汇总。过账工作一般是按日进行，如果业务量不大，也可隔若干日(如一周)过账一次。过账步骤如下：

查出在分类账中应记入借方或贷方的账户；

在账户的日期栏记入日记账上的分录日期(注意不是过账的日期，而是日记账分录的日期)；

在账户的借方栏记入应借金额，贷方栏记入应贷金额；

在过账备查栏填写这笔交易原在日记账上的页次；

在日记账中的过账备查栏，填写过入分类账借方账户或贷方账户的编号。

现举例说明，如图表3-11所示。

(图表3-11)

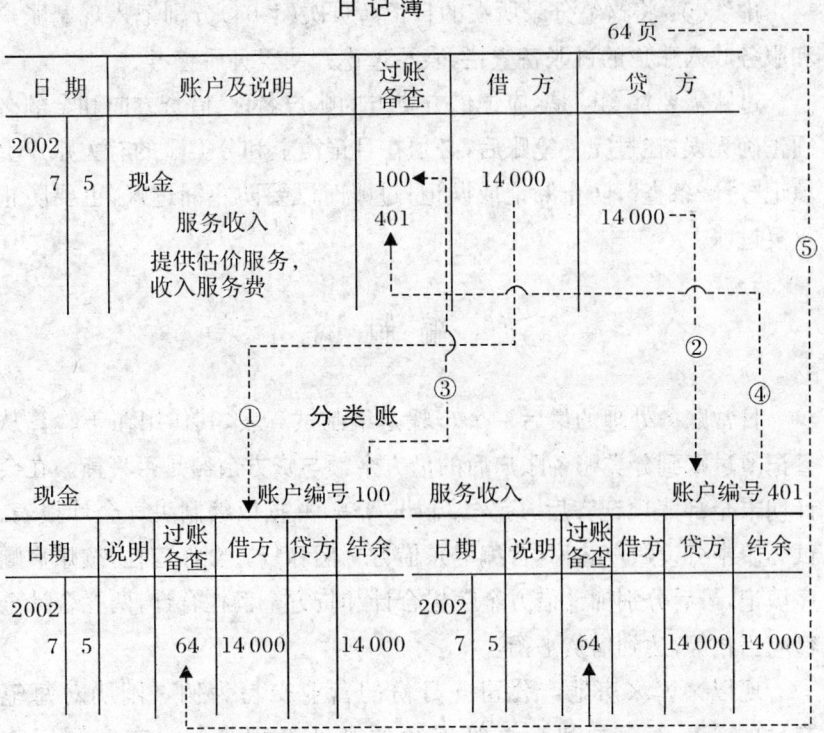

上列图表表示日记簿中的一笔分录过入分类账有关账户的过程,带箭头的虚线表示过账的过程。共有五条虚线,分别说明如下:

虚线①:日记簿分录中的"现金"借方金额过入分类账现金账户的借方。

虚线②:日记簿分录中的"服务收入"贷方金额过入分类账服务收入账户的贷方。

虚线③:过账后,将现金账户的编号"100"记入日记簿过账备查栏表示过讫并便于日后查考。

虚线④:过账后,将服务收入账户的编号"401"记入日记簿过账备查栏表示过讫并便于日后查考。

虚线⑤：将这笔分录所在的日记簿页次（#64）分别记入现金账户和服务收入账户的过账备查栏，表示过讫并便于日后查考。

过账需要注意的是：应记借方贷方的账户名称、借贷方向和金额必须正确无误；在过完一笔账后，必须在日记簿上和分类账的有关账户上填记"过账备查"，防止漏记或误记；过账时既要防止漏过账，也要防止重复过账。

第六节 编制试算表

日常账务处理的最后一个步骤是编制试算表，其作用在于验算从日记簿过账到分类账各账户后的借方余额与贷方余额是否平衡。在会计期末全部账项记齐后，应先编制试算表，并据以编制决算会计报表。试算表中分设账户名称（含编号）、借方金额和贷方金额三栏，按账户顺序填记，最后分别加计借方金额栏合计和贷方金额栏合计，两栏合计金额应当相等，达到借贷平衡。

现以×××房地产公司6月份的营业交易为例，阐明对每笔交易的分析、记录和汇总等连续的会计处理步骤。在实际工作中，这些交易应按发生的先后顺序连续登入日记簿，并过记总分类账。

应注意的是：不论一笔交易影响几个账户，其借贷两方必须相等，保持会计等式平衡。

为了举例方便，分类账账户都简化采用T式账，每个账户所积累的数据经过定期结算作为编制财务报表的依据。

(1) 6月1日发行股票收进现金。共发行普通股4 500股，每股面额$10，共收入$45 000。记账分析：资产中的现金因发行股票而增加，应记入借方；公司所有者权益账户中的资本金（或称"股本"）增加，应记入贷方。如图表3-12、3-13所示：

(图表 3-12)

日　记　簿（分录）

日	期	账户和说明	过账备查	借　方	贷　方
2002					
6	1	现金	100	45 000	
		资本金	300		45 000

(图表 3-13)

分　类　账（过账）

现　金	#100		资本金	#300
6/1　45 000			6/1	45 000

（2）6月1日签约受托管理一幢综合公寓楼。每月5日收费 $875，因为签约时并未收款，故无需入账，在日后收到服务费时再行入账。

（3）用支付现金和赊购方式买入土地和房屋。6月1日买进土地和办公楼总价为 $90 000，协议规定先付现金 $10 000，其余作为欠款，以土地和房屋作抵押二十年付清，开具应付票据为凭，年息12%，土地价为 $20 000，房屋价为 $70 000。记账分析：土地和房屋均属资产类项目，增加应记借方；付现部分为现金减少，应记贷方；欠款部分增加负债，应贷记应付抵押票据。如图表3-14、3-15所示：

(图表 3-14)

日　记　簿（分录）

6/1	土地	150	20 000	
	房屋	160	70 000	
	现金	100		10 000
	应付抵押票据	230		80 000

(图表 3-15)

分 类 账(过账)

现　金	#100		土　地	#150
6/1　45 000	6/1　10 000		6/1　20 000	

房　屋	#160		应付抵押票据	#230
6/1　70 000				6/1　80 000

(4) 预付 24 个月保险费。6 月 1 日预付现金 \$1 200，为 24 个月的火灾和事故保险费用。记账分析：预付保险费为资产类账户，应记入该账户借方；日后在保险期内按固定的时间间隔(如按月)摊转费用，支付的现金应记现金账户贷方。如图表 3-16、3-17 所示：

(图表 3-16)

日 记 簿(分录)

6/1	预付保险费	110	1 200	
	现金	100		1 200

(图表 3-17)

分 类 账(过账)

现　金	#100		预付保险费	#110
6/1　45 000	6/1　10 000		6/1　1 200	
	6/1　1 200			

(5) 6 月 5 日赊购办公用品，价值 \$940。记账分析：资产(办公用品)和负债(应付账款)双方均增加相同金额，应分别记入借方和贷方；在日后用品消耗掉时，再转入费用账户。如图表 3-18、3-19 所示：

第三章 业务交易分析和会计循环

(图表3-18)

日　记　簿（分录）

6/5	办公用品	111	940	
	应付账款	200		940

(图表3-19)

分　类　账（过账）

办公用品 #111	应付账款 #200
6/5　940	6/5　940

（6）用支付现金和赊购方式买进办公设备。6月5日买进办公用家具及机器，价值 $ 12 000，其中 $ 5 000 付现，余款 60 天后付清。记账分析：办公设备属于资产，购进应记借方；支付现金造成资产减少，赊欠部分导致应付账款（负债）增加，均应记贷方。如图表 3-20、3-21 所示：

(图表3-20)

日　记　簿（分录）

6/5	办公设备	170	12 000	
	现金	100		5 000
	应付账款	200		7 000

(图表3-21)

分　类　账（过账）

现金 #100		办公设备 #170		应付账款 #200	
6/1　45 000	6/1　10 000	6/1　12 000			6/5　940
	6/1　1 200				6/5　7 000
	6/5　5 000				

(7) 雇佣职员。6月6日雇佣销售员和办公秘书各1名。记账分析:虽然已经雇佣,但尚未支付工薪,不影响会计等式,故不需记账。

(8) 支付广告费。6月6日付出广告费 $240,广告已于6月3日和4日在电台播出。记账分析:广告费作为一笔费用,当广告播出时,企业即获得服务,应记入广告费账户的借方(广告费最后结转损益);支付现金表示现金减少,则应记入贷方。如图表3-22、3-23所示:

(图表3-22)

日　记　簿(分录)

6/6	广告费	520	240	
	现金	100		240

(图表3-23)

分　类　账(过账)

现　金		#100		广告费		#520
6/1	45 000	6/1	10 000	6/6	240	
		6/1	1 200			
		6/5	5 000			
		6/6	240			

(9) 服务收入。6月15日代售一处住宅,应收手续费 $5 200,俟产权过给买主后,收入现金。记账分析:按照权责发生制原则,虽然当日尚未收到现金,但手续已办妥,视为收入实现,应记入收入类账户的贷方,同时借记应收账款(债权)账户;将来收到现金时,再借记现金、贷记应收账款账户。如图表3-24、3-25所示:

(图表3-24)

日 记 簿（分录）

6/15	应收账款	104	5 200	
	手续费收入	400		5 200

(图表3-25)

分 类 账（过账）

应 收 账 款	#104		手 续 费 收 入	#400
6/15 5 200			6/15 5 200	

（10）预收服务费。6月15日签约代管3所单独收租房地产。按惯例,每所预收3个月管理费,共收管理费＄300,有效期自6月15日至9月15日。记账分析：由于服务尚未提供,预收管理费是一项负债,应记入其贷方。如图表3-26、3-27所示：

(图表3-26)

日 记 簿（分录）

6/15	现金	100	300	
	预收管理费	220		300

(图表3-27)

分 类 账（过账）

现	金	#100		预 收 管 理 费	#220
6/1 45 000	6/1	10 000		6/15	300
6/15 300	6/1	1 200			
	6/5	5 000			
	6/6	240			

（11）已提供服务尚待收取现金。6月19日代售住宅一所,应得手

续费$6 800,俟过户后收取现金。记账分析:虽然尚未收取现金,但收入已经实现,应收款债权已经成立。如图表3-28、3-29所示:

(图表3-28)

日　记　簿(分录)

6/19	应收账款	104	6 800	
	手续费收入	400		6 800

(图表3-29)

分　类　账(过账)

应　收　账　款	#104		手续费收入	#400
6/15	5 200		6/15	5 200
6/19	6 800		6/19	6 800

(12)支付工资。6月22日支付雇员两周的薪金,计$2 500。有关代扣所得税等情况,暂不考虑。记账分析:与6月6日广告费的处理办法相同,但不同之处是要单独设置反映其内容的薪工费用账户。如图表3-30、3-31所示:

(图表3-30)

日　记　簿(分录)

6/22	薪工费用	500	2 500	
	现金	100		2 500

(图表3-31)

分　类　账(过账)

现　金	#100			薪工费用	#500
6/1	45 000	6/1	10 000	6/22	2 500
6/15	300	6/1	1 200		
		6/5	5 000		
		6/6	240		
		6/22	2 500		

(13) 支付股东现金股利。6月23日宣布并用现金支付股东股利，共$600。记账分析：现金股利是公司向股东分配经营所得利润，股利的分配，减少所有者权益（应记借方）和现金（应记贷方）。支付股利既属于利润分配，原可直接借记留存盈利账户，但因公司可能在一年内宣布发放股利多次，所以，设立股利付出账户以累计一年总数，最后仍应转入留存盈利账户。如图表3-32、3-33所示：

(图表3-32)

日 记 簿（分录）

6/23	股利支出	320	600	
	现金	100		600

(图表3-33)

分 类 账（过账）

现 金		#100		股 利 支 出		#320
6/1	45 000	6/1	10 000	6/23	600	
6/15	300	6/1	1 200			
		6/5	5 000			
		6/6	240			
		6/22	2 500			
		6/23	600			

(14) 偿还应付账款。6月27日偿还赊购办公用品$940。记账分析：还款减少公司的负债，应记入应付账款的借方；支付现金记入现金贷方。如图表3-34、3-35所示：

(图表3-34)

日 记 簿（分录）

6/27	应付账款	200	940	
	现金	100		940

(图表 3-35)

分 类 账(过账)

现 金			#100	应 付 账 款			#200
6/1	45 000	6/1	10 000	6/27	940	6/5	940
6/15	300	6/1	1 200			6/5	7 000
		6/5	5 000				
		6/6	240				
		6/22	2 500				
		6/23	600				
		6/27	940				

(15) 支付本月电话费。6月30日支付本月份电话费＄90。记账分析:电话费属于公用事业费用,应记借方;支付现金记贷方。如图表3-36、3-37所示:

(图表 3-36)

日 记 簿(分录)

6/30	公用事业费用	510	90	
	现金	100		90

(图表 3-37)

分 类 账(过账)

现 金			#100	公用事业费用			#510
6/1	45 000	6/1	10 000	6/30	90		
6/15	300	6/1	1 200				
		6/5	5 000				
		6/6	240				
		6/22	2 500				
		6/23	600				
		6/27	940				
		6/30	90				

(16) 应收账款收回现金。6月30日收到6月15日应收代售住宅手续费支票＄5 200。记账分析:现金(银行存款)增加,记入借方;应收

第三章 业务交易分析和会计循环

账款债权减少,应记入贷方。如图表3-38、3-39所示:

(图表3-38)

日 记 簿(分录)

6/30	现金	100	5 200	
	应收账款	104		5 200

(图表3-39)

分 类 账(过账)

现 金			#100	应 收 账 款			#104
6/1	45 000	6/1	10 000	6/15	5 200	6/30	5 200
6/15	300	6/1	1 200	6/19	6 800		
6/30	5 200	6/5	5 000				
		6/6	240				
		6/22	2 500				
		6/23	600				
		6/27	940				
		6/30	90				

以上16笔交易全部过入×××房地产公司分类账各有关账户,如图表3-40所示:

(图表3-40)

×××房地产公司(分类账)

资 产		=	负 债		+	所有者权益	
现 金	#100		应付账款	#200		资本金	#300
6/1 45 000	6/1 10 000	6/27 940	6/5 940			6/1 45 000	
6/15 300	6/1 1 200		6/5 7 000				
6/30 5 200	6/5 5 000		结余 7 000				
	6/6 240						
	6/22 2 500						
	6/23 600		预收管理费	#220		股利支出	#320
	6/27 940						
	6/30 90		6/15 300			6/23 600	
结余 29 930							

· 71 ·

应收账款 #104		应付抵押票据 #230	手续费收入 #400
6/15 5 200	6/30 5 200	6/1 80 000	6/15 5 200
6/19 6 800			6/19 6 800
结余 6 800			结余 12 000

预付保险费 #110	房 屋 #160
6/1 1 200	6/1 70 000

办公用品 #111	薪工费用 #500
6/5 940	6/22 2 500

办公设备 #170	公用事业费用 #510
6/5 12 000	6/30 90

土 地 #150	广告费 #520
6/1 20 000	6/6 240

根据上列各账户余额编制试算表，如图表3-41所示：

(图表3-41)

×××房地产公司试算表
2002年6月30日

账　　　户	借　方	贷　方
现金	$ 29 930	
应收账款	6 800	
预付保险费	1 200	
办公用品	940	

(续表)

账　户	借　方	贷　方
办公设备	$12 000	
土地	20 000	
房屋	70 000	
应付账款		$7 000
预收管理费		300
应付抵押票据		80 000
资本金		45 000
股利支出	600	
手续费收入		12 000
薪工费用	2 500	
公用事业费用	90	
广告费	240	
合　　计	$144 300	$144 300

第七节　查找和改正错误

实际上试算表中借方合计数额与贷方合计数额相等,并不能保证绝对无错。试算表只能证明:在账户中记在借方的数字与记在贷方的数字是相等的,并且根据这些数据算出各账户的结余也是正确的。但是,有些错误并不影响借贷双方平衡。例如,一个正确金额可能过入错误账户,一笔账漏记或重记,或者错误金额过入正确账户。为了避免这些错误的发生,必须对登记日记账和过记分类账工作加倍重视,认真行事,并加强复核。

试算表中借贷双方不平衡表示在账户中必有一项或多项错误,或是在编制试算表时存在差错,应找出错误加以纠正。如果是在过账前发现日记账中一笔金额错误,当立即用单线划掉日记账上的错误金额,并将正确金额嵌记于其上部。注意不得擦刮或用药水消除错误数字或仅作文字说明。这可能会掩盖差错或使人怀疑其中有所隐蔽。

登账时如记入错误账户并已过入分类账户,须在日记账中作分录冲正。例如,赊销商品价值 $800,误记现金账户,如图表 3-42 所示:

(图表 3-42)

6/1	现金		800	
	销货			800
	记入产品销售收入			

对以上错误应作一笔冲正分录,即借记应收账款、贷记现金,如图表 3-43 所示:

(图表 3-43)

6/10	应收账款		800	
	现金			800
	更正 6/1 赊销误记现金			
	账户错误			

第四章 会计制度的结构和内部控制制度

第一节 会计制度的涵义和基本结构

一、会计制度的涵义

会计制度(accounting system)是一个会计实体(包括以营利为目的的经济企业单位和非以营利为目的的社会事业单位)对其经济活动中产生的各种营业单证(或称原始凭证)进行审核分析、账簿记录、分类核算、综合编报等一系列处理过程,并在这一系列过程中贯彻管理政策和控制的总体结构。作为一个信息系统,会计制度是在公认会计原则的指导,以及经济和会计法规的约制下,对企业的经济信息进行会计核算的方法和工作体系。

会计制度不论是简单的手工操作还是复杂的计算机制度,都不外双重目的,即随时记录一个企业的营业交易,以及报告其在经营业绩和财务状况上的影响。

任何企业的会计制度都需要通用化、规范化和稳定化。通用化指会计制度具有同一性和特殊性。同一性表现在任何会计制度所具有的共同性,如公认会计原则、行业会计制度的统一规定和行业性惯例;特殊性表现在企业单位本身的具体条件和特点。规范化是指任何企业的会计制度都必须符合公认的统一规范,但在不违反规范的前提下可以适应企业本身条件和特点进行适当变通。稳定化即会计制度一经制定并执行,除因主观因素和客观条件变化外,不能随意变动;如确有需要进行变动时,必须说明情况,以便前后衔接。

在执行会计制度时,要贯彻"三严"原则:执行制度严格,核算过程严密,工作态度严肃。如果脱离"三严"原则,便容易发生差错,造成决策误导或出现不正当事故。

二、会计制度包含的三个基本方面

(一)投入方面

营业交易发生时,都按各种营业单证(如销货发票、购货发票、支票、银行存款单、工资卡等),登入序时记录日记簿,属于"投入"。

(二)处理方面

将日记簿的记录按科目分别过入分类账有关账户的借方和贷方。

(三)产出方面

根据分类账上各账户的数据,编制会计报表,产生财务会计和管理会计信息,反映经营成果和财务状况,提供外部(如债权人、金融机构、税务部门和工商管理部门)和内部(如企业管理部门及其有关成员)使用。

这一过程如图表 4-1 所示:

(图表 4-1)

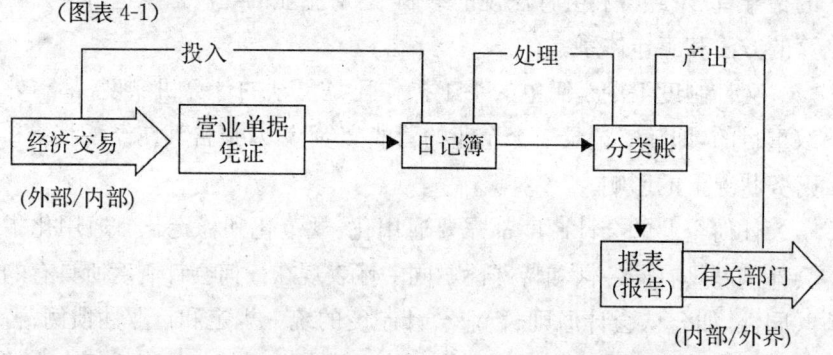

通过投入转为产出,数据资料转变为会计信息。"数据资料"不论来自外部和内部,都是登记的事实;"信息"则是经过按规定方式和程序

处理的可提供企业内部和外部使用的数据。这个投入、处理和产出的过程,就是会计循环的过程。

三、会计制度的基本结构

会计制度的基本结构可以分为四大部分:

(一)会计科目运用

如前所述,会计科目(accounts)是资产、负债、业主权益以及收益、费用等会计要素的基层项目。会计核算的全过程自始至终贯串着科目的运用。可以这样说,如果不分会计科目,会计数据就只能是数字一堆,只有用根据企业组织和经营活动设置的会计科目"梳理",才能做到纲举目张,合理而明确地反映企业的财务状况和经营成果。

(二)凭证账表结构

这是会计核算运作的基础,是会计制度的硬件或狭义的会计制度。

(三)会计处理程序

即在企业的经营活动中会计制度的具体运作过程,这是会计制度的软件。

(四)内部控制制度

这是从企业的组织分工和工作程序上体现的控制制度。健全的内部控制制度,可以保证会计制度的正当运作、核算工作的有效进行,防止弊端之发生,保证财产的安全。

以上四个部分构成会计制度的综合体。

第二节 会计制度的建立或修订

在创办一个新企业时,首先要做的工作之一是建立可靠而且可行的会计制度。建立会计制度,可以自行设计,也可以请执业会计师设计。不论由谁设计,都需要对企业及其所属的行业有全面和深入的了解。随着企业的发展和经营业务种类的扩大,会计制度需要进行修订,以适应大量的交易和交易性质的变化。如果在外部环境上,例如,官方或非官方有关部门的新规定新措施涉及企业的经营与财务(如税务部门调整税种,金融机构调整结算方式),企业的会计制度也需作相应的修订。扩大与修订会计科目表(增加新科目或调整原有科目)是修订会计制度的一个方面。又如,适应业务量增加以及提高核算质量和效率的要求,由传统的手工操作改为计算机操作,实现会计电算化的发展趋势,都使得会计制度的设计不可能一成不变,需要不断地改进,以保证会计制度适应企业内部条件和外部环境变化的要求。

会计制度的建立或修订包括三个方面,即制度分析、制度设计和制度执行。

一、制度分析

制度分析是收集事实以便充分了解企业对信息的需要和信息的来源。制度分析是研究一个企业组织的职能是如何运作的,以便决定人事安排、营业单证、账簿记录、核算程序和设备的最佳结合。在建立新制度和修订现制度时都应作制度分析。进行制度分析时应考虑如下几个问题:

企业是如何组织的?其历史如何?
经营业务属何种类型?
有些什么业务活动?负责人员及其职责是什么?
管理企业需要做哪些决策?
需要报告什么?对谁报告?为何目的?
需要信息的频度如何?
制度的建立和运作需要投入多少财力和物力?
企业的计划增长和方向及其优势和弱点是什么?
管理部门对于未来经营变化有无计划?
企业现用的营业单证、账簿记录、核算程序、财务报告和设备是什么?

在现有制度中,制度分析所需要的信息多数可由经营手册中得到。

第四章 会计制度的结构和内部控制制度

经营手册是对于会计制度如何运作的详细说明,分发给与会计制度中信息的"投入"有关的各个部门和职工,以保证有关部门和职工能正确地进行和完成工作任务,为取得可靠和正确的"产出"打下基础。会计制度不论由于什么原因而有所变动,操作手册也应及时作出相应的修订。

在建立新制度或修订现有制度时,制度分析中所收集的事实,可在以后用于操作手册的编制或修订。

二、制度设计

在通过制度分析所收集事实的基础上,就可以建立新制度或者改进现有制度。在设计会计制度时,常需集合会计人员、经理人员、工程技术人员、计算机专业人员以及其他专家的集体力量。用于投入、处理和产出的具体方法,必须根据企业对信息的需要来进行选择。

制度设计包括操作会计制度所需要的人事,以书面证实经济交易所需要的营业单证,处理数据资料所需要的会计记录和处理程序,应对有关个人或集体编制的会计报表和报告,以及制度的自动化特色。设计的基本要点是建立使信息最有效流动的会计制度。所谓信息的有效流动,是相对于为取得信息所投入的成本而言。选择报告形式信息产出的指导原则,是取得的效益必须超过支付的成本。有的报告是具有强制性的,如会计报表和纳税申报单;但是,也应考虑用合理的成本产生。在大多数情况,取得效益的基本衡量尺度是根据信息所制定决策的质量。在建立计算机系统和其他电子设备需要投入巨额资金时,会计信息的成本/效益分析尤其重要。

建立可靠可行而且有效的内部控制制度是制度设计的基本部分。

三、制度执行

这是建立或修订会计制度的最后一个方面。在这一阶段,要做好以下工作:购买营业用单证、会计账簿和设备;选择和培训操作会计制度所需要的人事,对他们的工作进行严密的监督管理,以保证他们了解制度应如何运作;编制操作手册,正式规定将经济数据资料转变为有用信息的程序。

在修订现行制度时,旧制度常与新制度平行运用,直至管理方面已确定新制度能够可靠运作为止。大的修订通常是逐渐推行而不是一步到位,以保证数据资料的可靠流动。新会计制度应先试行,以确定其产出与预期结果是否符合。在试行中如有必要可以进行修订。

第三节 会计科目与账户

一、会计科目的涵义

如前所述,会计科目是资产、负债、所有者权益、收益和费用各项会计要素所含基本项目的具体分类。每一个基本项目各规定一个名称和核算的内容,以便对财务数据进行分析、记录、分类和总结,这就是会计科目。会计科目是会计制度的基本组成部分。在整个会计核算程序中,自始至终贯串着会计科目的运用。因此,会计科目是会计制度的核心。会计科目的完整概念应包含:科目名称;核算内容;借贷方登记;科目编号。以现金科目为例,说明如下:

科目名称　现金

科目编号　101

核算内容　核算企业的库存现金

借贷方登记　企业收到现金,借记本科目,贷记有关科目;支出现金,借记有关科目,贷记本科目。

二、会计科目的分类

按会计要素对会计科目进行分类,是基本的分类方法,也是会计科目编号的主要依据。这种分类方法与会计报表的分类和结构是相对应的。资产类、负债类和所有者权益类科目,属于资产负债表类科目;收入类和费用类科目,属于损益表类科目。以下再逐项细分若干基层项目。例如,资产类,按其流动性分为流动资产、长期投资、固定资产、无形资产、递延资产、其他资产等。流动资产又可细分为现金、银行存款、短期投资、应收票据、应收账款、其他应收款、存货等一系列基本项目。

按会计要素对会计科目进行分类是基本的分类方法。此外,会计科目还可有其他分类方法,虽都不是基本分类方法,但有助于对会计科目的了解。分述如下:

(一)实账户和虚账户

实账户是代表实物存在或权责关系的账户,前者如现金、存货等,后者如应收账款、应付账款等。这类账户的特点是:只要其所代表的实物或权责关系存在,账面上定然保留有余额,转入下期连续接记,属于资产负债表类账户。虚账户是指损益表类账户,反映收入实现、费用发生和财务成果形成的过程。这类账户的特点是:在期末决算时全部结转收益汇总账户(收益汇总科目相当于"本年利润"科目),后者的最后余额转入"留存盈利"账户。至此,损益表类账户全部结平无余额,下期开始时开立新账户;"留存盈利"则列入资产负债表的所有者权益项下,然后资产负债表实现平衡。

(二)统驭科目与辅助科目

又称总分类账科目和明细分类账科目。前者属一级科目,后者为二级科目(如有必要还可设三级科目,如工业企业的原材料科目属一级科目,根据原材料的分类设二级科目,每类材料还可根据其所属项目设三级科目,形成一个多层次的金字塔形的统驭和被统驭关系)。如果一个企业的应收账款的债务方或应付账款的债权方均有多家,便可为"应收账款"和"应付账款"两个一级科目各按每一家购货方和供货方分别设置二级科目,进行明细分类核算。又如,企业的费用支出按其性质分设销售费用、管理费用和财务费用三个一级科目,每类费用都各含有若干项目,如销售费用包括运输费、装卸费、保险费、广告费等项目,管理费用包括薪工费、折旧费、办公用品费、邮电费等项目,也分别设置二级科目作明细分类核算。

设置统驭科目和辅助科目的目的,在于利用辅助科目进行明细核算而不使总分类账科目(一级科目)数量过多,同时便于进行分工并实行内部控制。

(三) 派生科目

这是在"基本"科目基础上派生的科目,作用在于对其相关的"基本"科目起估价作用。如坏账准备之于应收账款科目,累计折旧之于固定资产科目。坏账准备和累计折旧虽属资产类科目,但是分别作为应收账款和固定资产的冲抵项目,在资产负债表内分别列为减项。

三、会计科目与账户

会计科目和账户在西方都称为 account。两者之间既有联系又有区别。它们的联系在于会计科目所代表的经济内容和同一会计科目名称的账户所核算的内容相同。它们的区别在于会计科目是账户的名称,账户则是以会计科目分别立户便于分户入账的一定的登记格式。西方也常用 account title(账户名称)一词代表会计科目,而以 account 代表账户。但是,在实际应用时,会计科目和账户两个名词常常是通用的。

四、制定会计科目的原则

因为各行业企业的组织形式、经营方式、管理要求各不相同,所设置的会计科目也不完全相同。然而,总的要求是一致的,即正确反映会计信息,使经营管理能对业务活动进行有效的调控和监督。制定会计科目的原则如下:

(一) 名称简练

会计科目各有其特定的核算内容,要求名称简练,不仅能直接反映内容,而且通俗易晓,便于识别有关业务交易的性质。

（二）内容明确

各个科目的核算内容不同。为满足管理的不同需要，提供不同的经济指标，科目之间的区别要非常明确，不能混淆不清。

（三）数量适中

账户的设置，既不宜过繁，也不宜过简，科目数量必须适中，便于提供应有的会计信息和加强对经营活动的反映与控制。至于掌握的幅度，随企业的规模、性质而定，不能一概而论。

（四）稳定和规范

稳定性指科目名称与核算内容一经规定，不能随意变更。规范性指如果行业组织或权威性管理部门有统一规定者，应以其规定作为规范，在规范的范围内适应企业的特点和需要，作适当的增减和调整。

五、会计科目的编号

科目的编号，即对每一会计科目按其属类、排序和科目间的相互关系，分别顺序编列的一个数字编号，以编号代科目，借以明确科目属类和在类别中的位置。

（一）科目编号的作用

可以简明地反映会计科目的体系；有助于对会计科目的识别、记忆和使用；便于编制会计凭证、登记账簿和查阅账目；便于实行会计电算化。

（二）科目编号的方法

可有三位数法：第一位代表大类，第二、第三位代表具体科目；也可有四位数法：第一位代表大类，第二位代表分类，第三、第四位代表具体科目。如果设有二级科目者，还可以再续一位数字，但在续数之前用连字符"—"隔开，也可用文字与数字结合法：第一位大类用文字，如"资"、"负"，以后用数字。

六、会计科目表

会计科目表如图表 4-2 所示：

(图表 4-2)

会 计 科 目 表

编号	科目名称	核　算　内　容
	一、资产类	
101	现金	库存现金
102	银行存款	存入银行的各种存款（不包括定期性存款）
111	短期投资	购入的各种能随时变现、持有时间不超过一年的有价证券以及不超过一年的其他投资
112	应收票据	因销售产品等而收到的商业汇票
113	应收账款	因销售产品、材料、提供劳务等业务，应向购货单位或接受劳务单位收取的款项
114	坏账准备	提取的坏账准备
115	预付账款	按照购货合同规定预付给供应单位的货款
119	其他应收款	除应收票据、应收账款、预付账款以外的其他各种应收和暂付款项
121	材料采购	购入材料的采购成本
123	原材料	库存的各种材料，包括原料及主要材料、辅助材料等的计划成本或实际成本
129	低值易耗品	在库的低值易耗品的计划成本或实际成本
135	自制半成品	库存的自制半成品的实际成本
137	产成品	库存的各种产成品的实际成本
138	分期收款发出商品	采用分期收款销售方式发出的产品的实际成本
139	待摊费用	已经支出但应由本期和以后各期分别负担的分摊期在一年以内的各项费用
151	长期投资	不准备在一年内变现的投资
161	固定资产	所有固定资产的原价
165	累计折旧	固定资产的累计折旧
169	在建工程	进行固定资产新建工程，改扩建工程，大修理工程等所发生的实际支出
171	无形资产	专利权、非专利技术、商标权、著作权、土地使用权、商誉等无形资产的价值

第四章 会计制度的结构和内部控制制度

(续表)

编号	科目名称	核算内容
181	递延资产	不能进入当年损益而应在以后年度内分期摊销的费用,如开办费
	二、负债类	
201	短期借款	借入的期限在一年以下的各种借款
202	应付票据	对外发生债务时所开出、承兑的商业汇票
203	应付账款	因购买材料、物资和接受劳务供应等而应付给供应单位的款项
204	预收账款	按照合同规定向购货单位预收的货款
209	其他应付款	应付、暂收其他单位或个人的款项
211	应付工资	应付给职工的工资总额
221	应交税金	应缴纳的各种税金
223	应付利润	应付给投资者的利润
231	预提费用	预提但尚未支出的各项费用
241	长期借款	借入的期限在一年以上的各种借款
251	应付债券	为筹集长期资金而实际发行的债券及应付的利息
	三、所有者权益类	
301	实收资本	实际收到投资人投入的资本
311	资本公积	取得的资本公积(包括接受捐赠、资本溢价、财产重估增值等)
313	盈余公积	从利润中提取的盈余公积
321	本年利润	在本年度实现的利润(或亏损)总额
	四、成本类	
401	生产成本	进行工业性生产,包括产品、自制材料、工具和设备等所发生的各项生产费用
405	制造费用	为生产产品和提供劳务而发生的各项间接费用

(续表)

编号	科目名称	核算内容
	五、损益类	
501	产品销售收入	销售产品和工业性劳务等所发生的收入
502	产品销售成本	销售产品和工业性劳务等的成本
503	产品销售费用	在产品销售等过程中所发生的费用
504	产品销售税金	应由销售产品、提供工业性劳务等负担的销售税金
511	其他业务收入	除产品销售以外的其他销售或其他业务的收入
512	其他业务支出	除产品销售以外的其他销售或其他业务所发生的支出
521	管理费用	行政管理部门为组织和管理生产经营活动而发生的管理费用
522	财务费用	为筹集生产经营所需资金等而发生的费用
531	投资收益	对外投资取得的收入或发生的损失
541	营业外收入	与生产经营无直接关系的各项收入
542	营业外支出	与生产经营无直接关系的各项支出

上列会计科目表只作为参考，并补充说明如下：

第一，作为会计科目表，可只列科目名称和编号，不必列各科目的核算内容。这里列入核算内容，是为了便于对会计科目的了解和掌握。

第二，在不影响会计核算要求和会计报表指标汇总，以及对外提供统一规范的会计报表的前提下，企业可以根据本身的具体情况增设、减少或合并某些会计科目。对于二级及以下的明细科目的设置，企业可根据情况和需要自行决定。

第三，编号时，在某些会计科目之间可以留有空号，供可能增设会计科目之用。

第四，派生科目的编号，也可在其本源科目编号后加小数点表示：如"坏账准备"科目编113.1，"累计折旧"科目编161.1。这样，便可通过编号反映派生科目与其本源科目之间的关系。

七、账户及其结构

账户是用以登记不同的财务项目(科目)数额增减变动的工具。

账户按会计科目设置,每一个会计科目设置一个以该科目命名的账户。账户有一定的格式,即账户结构,含有以下一些基本要项:名称与编号;业务交易发生的日期;业务交易的内容摘要;借贷方金额。

第四节 账表体系和处理程序

一、账表体系的涵义

账表体系是指会计制度中所包括的账簿和报表的种类与格式,账簿登记和报表编制的方法与规则,各种账簿和报表之间的联系与勾稽关系等。现将账表体系的基本结构分析说明如下:

(一)营业单证——→日记簿

经济业务发生,产生书面单据凭证,经过审核无误并经有关经手人员签证后作为记账凭证(或根据单据凭证另填规定格式的记账凭证,而以有关的单据凭证作为记账凭证的附件),据以登记有关的日记簿。这一步骤称为"分录"。这一步骤在整个核算过程中是很重要的。如果在这一步骤上发生差错而又未能通过复核发现,就将一错到底,影响会计信息的正确性。登记日记簿后,应在凭证上加盖"转讫"戳记,以防漏记和重记。

(二)日记簿——→分类账

根据日记簿转记入分类账的对应账户,这一步骤称为"过账"。过账的对应账户、借贷方向和过记金额完全以日记簿中所记的科目、方向和金额为依据。这一步骤完全是一个转记过程。日记簿是一个序时记录,按照每笔经济交易发生的先后顺序作成分录(journal entry)登记,每笔分录反映一笔经济业务的全貌。分类账是一个按科目分类的记录,每一科目在分类账中开立一账户,日记簿中所登记的分录,按科目分别转记到分类账的对应账户中去。需要注意的是：在日记簿中，每笔分录的借方金额和贷方金额是相等的，过入分类账后，各账户借方金额的总和与贷方金额的总和也应是平衡的。这种平衡关系可以通过编制试算表来加以验证。试算工作实际上是过记分类账工作的延续。

（三）分类账——→会计报表

定期根据分类账编制会计报表，反映一定日期上的财务状况或财务结构（资产负债表）和一定期间的财务成果（损益表），向企业外部的有关方面和企业内部的管理方面提供财务信息。损益表本身是不平衡的，其差额代表利润或亏损。资产负债表不包括损益类科目，因此其本身也是不平衡的，其差额也代表利润或亏损，应与损益表的差额相同。损益表结出的利润或亏损结转"留存盈利"账户，列入资产负债表的股东权益部分后，资产负债表也就平衡了。由此可见，借贷记账法在会计制度的各个环节和处理程序的各个阶段都是借贷平衡的。

二、总分类账和明细分类账

（一）明细分类账的性质及其与总分类账的关系

为了及时和有效地进行会计核算，许多企业对某些会计科目除在总分类账设置会计科目外，同时设置明细分类账户，以反映分户的明细情况，对总分类账起着辅助作用。例如，某公司的赊销业务覆盖面广，赊销客户有成百上千户以上，如果只设一个"应收账款"科目，不能反映众多赊销客户的分户赊销和结欠情况；如果在总分类账中按户设置应收账款账户，将使总分类账账户大量增加，再加上其他固有的账户，将使科目数量十分庞大，不但难以管理控制，也易于发生差错。为了解决这个问题，除在总分类账设置一个应收账款科目（或只按地区分设少数几个应收账款科目）外，另外设置应收账款明细分类账，为每个客户开立一个明细分类账户。总分类账"应收账款"账户为统驭账户，明细分类账的分户为明细分类账户。从层次上说，前者

第四章 会计制度的结构和内部控制制度

属于一级科目,后者属于二级科目。从核算关系上说,两者是根据同一记账凭证平行登记的。因此,明细分类账上各户余额之和,应与总分类账上统驭账户的余额相等。除应收账款外,凡是在总分类账登记的内容,有大量的详细分户内容需要分户记录者,都可以设置明细分类账。如资产负债类账户中的应付账款、商品存货、投资证券、固定资产,以及损益类账户中的销售费用、管理费用等。

为了具体说明总分类账上的统驭账户和明细分类账的关系,设简例如下:

假设某公司有五家赊销账户,在4月份内的赊销业务和收回赊销货款业务各有一笔,记入普通日记簿,如图表4-3所示:

(图表 4-3)

普通日记簿

日 期	科 目 及 摘 要		分类账页	借 方	贷 方
4/10	应收账款			17 200	
	销售收入				17 200
	分户登记赊销				
	甲客户	$ 3 500			
	乙客户	5 000			
	丙客户	2 000			
	丁客户	2 500			
	戊客户	4 200)			
4/18	现金			20 400	
	应收账款				20 400
	分户登记收回赊销货款				
	甲客户	$ 5 300			
	乙客户	4 400			
	丙客户	3 200			
	丁客户	3 000			
	戊客户	4 500)			

过入总分类账和明细分类账,如图表4-4、4-5所示(假设4月1日有上月结转余额):

(图表4-4)

总 分 类 账

现金　　　100

4/1 结转余额	2 200		
4/18 收回货款	20 400		
4/30 余额	22 600		

应收账款　　　130

4/1 结转余额	7 000	4/18	20 400
4/10	17 200	4/30 余额	3 800
	24 200		24 200
5/1 结转余额	3 800		

销售收入　　　401

		4/10	17 200

(图表4-5)

明细分类账

甲客户　　　130.1

4/1 结转余额	2 500	4/18	5 300
4/10	3 500		
4/30 余额	700		

乙客户　　　130.2

4/1 结转余额	600	4/18	4 400
4/10	5 000		
4/30 余额	1 200		

丙客户　　　130.3

4/1 结转余额	1 500	4/18	3 200
4/10	2 000		
4/30 余额	300		

丁客户　　　130.4

4/1 结转余额	1 200	4/18	3 000
4/10	2 500		
4/30 余额	700		

戊客户　　　130.5

4/1 结转余额	1 200	4/18	4 500
4/10	4 200		
4/30 余额	900		

兹就上例加以验证,应收账款明细分类账各户余额及借贷方发生额,如图表4-6所示:

第四章 会计制度的结构和内部控制制度

(图表 4-6)

户　　名	月初余额	本月借方	本月贷方	月末余额
甲 客 户	2 500	3 500	5 300	700
乙 客 户	600	5 000	4 400	1 200
丙 客 户	1 500	2 000	3 200	300
丁 客 户	1 200	2 500	3 000	700
戊 客 户	1 200	4 200	4 500	900
合　　计	7 000	17 200	20 400	3 800

这个表上的"四栏"数额，与"应收账款"总分类账户数额相符，说明过账无误。

(二) 设置明细分类账的优点

主要优点有三：

第一，减少总分类账的详细记录。凡是设置明细分类账的科目，分户的详细记录都在明细分类账内。

第二，便于分工。总分类账和明细分类账的记录分工负责，可以提高工作效率。

第三，提供有效的内部控制。总分类账和明细分类账的核算，分工而同源，可以相互核对，保证记录的正确性。

同样的明细分类账也可以用于电算化会计制度。

(三) 分类账的格式及其结算方式

分类账的格式有丁字式（西方称 T 式）和三栏结余式。丁字式左借右贷，借贷分明，但在账上不能随时表示余额。因此，已渐为三栏结余式所取代。但在专业书刊举例时仍多采用，而在实务运用上则多采用三栏结余式。本例三个总分类账户用三栏结余式登记，如图表 4-7 所示：

(图表4-7)

现 金						100
日 期	摘 要	日记账页	借 方	贷 方	借或贷	余 额
4/1	结转余额				借	2 200
4/18	应收账款	8	20 400		借	22 600

应 收 账 款						130
日 期	摘 要	日记账页	借 方	贷 方	借或贷	余 额
4/1	结转余额				借	7 000
4/10	销售收入	8	17 200		借	24 200
4/18	现 金	8		20 400	借	3 800

销 售 收 入						401
日 期	摘 要	日记账页	借 方	贷 方	借或贷	余 额
4/10	应收账款	8		17 200	贷	17 200

丁字式账户的结算方式，见上列应收账款的丁字式账户（简化）；三栏结余式账户设有"余额"金额栏，随时可以结算余额记入。

三、普通日记簿和特种日记簿

前述的普通日记簿可用以登记所有的交易活动，包括销售、购货、现金收入、现金支付、销货退回与折让、购货退回与折让，以及不属于这些业务的其他交易活动。但是，用一种日记簿登记所有各种不同的业务，有以下缺点：

第一，普通日记簿登记的每一项借方和贷方必须逐笔过入总分类账的有关账户，要用大量的过账时间，往往难以及时提供会计信息。

第二，由于所有的分录都记入一本普通日记簿，在一定的时间内只能有一个人登账和过记分类账，无法进行合理分工，影响工作效率。

为了有效地处理大量的重复发生的交易,克服专用一种普通日记簿的缺点,可设置特种日记簿,专门登记各种大量重复发生的交易。这种交易可分作四类。对应这四类交易,一般设置四种特种日记簿(special journals),如图表4-8所示:

(图表4-8)

交易种类	特种日记簿
赊销商品	销货日记簿
赊购商品	购货日记簿
收入现金	现金收入日记簿
支付现金	现金支出日记簿

除以上特种日记簿外,普通日记簿仍保留,登记不属于特种日记簿的交易活动。如销货退回与折让、购货退回与折让、调整分录、结账分录、更正分录,以及其他既不属购销商品也不含现金收付的纯转账交易。

四、销货日记簿

销货日记簿(sales journal)专用于登记赊账销售,以销货发票的副联作为登记销货日记簿的凭证。应用销货日记簿登记赊销业务的程序如下:

根据销货发票,逐笔登记销售日期、发票号数、顾客户名和销售金额,每笔均各列在同一行上;

每日终了,将销售金额逐笔过账记入应收账款明细分类账的有关顾客账户的借方,并在销货日记簿的"过账"栏平行作"√"符号,表示已过账。与此同时,在明细分类账有关账户的"日记簿"栏填记日记簿的种类和页次;

每月月末,加计金额栏合计数,过入总分类账"应收账款"账户借方和"销售收入"账户贷方;

加计应收账款明细分类账各户余额的合计数额与总分类账应收账款账户余额核对相符。

五、购货日记簿

购货日记簿（purchases journal）与销货日记簿的登记程序相同，但科目不同、方向相反。这里不再重复叙述。需要注意的是：购货日记簿只登记赊购，不登记现购；不属购买商品的其他采购，如运输工具、机器设备、家具装修等，凡系现购的，登记现金支出日记簿；凡系赊购的，登记普通日记簿，均不登记入购货日记簿。

六、现金收入日记簿

现金收入日记簿（cash receipts journal）用于登记现金收入业务，包括现售、收回应收账款以及其他现金收入。其中收回应收账款，需要按日过记应收账款明细分类账有关账户的贷方，以便按日反映各赊销客户结欠货款余额。

七、现金支出日记簿

现金支出日记簿（cash disbursements journal）用于登记现金支出业务，包括现购商品、支付应付账款、支付各项费用以及支付银行借款本息等。其中支付应付账款，需要按日过记应付账款明细分类账有关账户的借方，以便及时反映结欠供应商各户余额。

八、日记簿金额的多栏化

日记簿由单一普通日记簿划分设置几种特种日记簿，一般称为日记簿的"分簿化"。各种特种日记簿的金额栏还可按发生频次较高的科目分设几个金额专栏，这样的日记簿通常称为"多栏式日记簿"。以现金收入日记簿为例，其单一金额栏一方面代表现金的借方，一方面代表现金收入来源科目的贷方。如果采用多栏式，则可按现金收入的来源分设"应收账款"贷方和"销售"贷方两栏，分别登记收回应收账款和现售收入；同时设置"销货折扣"借方和"现金"借方两栏，分别登记给予顾客的现金折扣和实收现金数额。至于不属于专栏登记的其他现金收入，则设"其他科目贷方"栏登记。

特种日记簿的设置,既可便于分工、提高工作效率,还可与有关的明细分类账对应配合,进一步加强内部控制制度。

关于各种特种日记簿的格式设计和具体运作,将在以后有关章节(如商品购销和现金管理)中作详细论述和例解。

第五节 内部控制制度

一、内部控制制度的涵义和目的

内部控制制度(internal check system)是结合企业内部的组织机构规划和工作程序安排所实现的控制。其基本目的是:保护财产的安全与完整,防止贪污侵占;有效地处理经济交易,保证核算的及时性;防止差错漏误,保证会计记录的正确性。

二、行政管理控制和会计控制

企业所实行的内部控制有两类,即行政管理控制和会计控制。

(一)行政管理控制

其目的在于保持有效的运作和保证坚持按规定的公司政策办事。行政管理控制包括:对人事部门的书面指示规定雇佣新职工的雇佣标准;规定购货和销货的程序细则;要求职工填报的各种工作报告等等。

(二)会计控制

为了保护财产的安全和保证会计信息的可靠性所采用的方法和手续,包括各项营业交易的批准手续和记账责任,应与财产保管责任分开。例如,在对现金的控制方面,凡从顾客收入现金的职工,不能经管应收账款账户;凡批准支付应付账款的人,也不能经手开具支票。会计控制的设计要为下列事项提供合理保证:按照管理部门的一般或特定的批准进行营业交易;营业交易的记录必须能使会计报表的编制符合公认会计准则,保持财产保管的责任明确;未经管理部门的批准,不得插手财产保管;财产记录必须定期与财产实物核对,如有不符，应查明并作适当处理。

三、内部控制的一般原则

内部控制的原则主要有：

第一，任何重要经济业务不能由一个人完全掌握。每一项重要的经营活动都要指定两个或两个以上的人员工作，在处理过程中一个人的工作对另一个人的工作可以起复核和监控作用。

第二，管理现金和其他贵重财物的人员，不能同时兼管现金或贵重财物的会计记录，必须贯彻账款分管和账物分管原则。

第三，职工必须具有工作能力，熟习其所承担的工作，并了解为什么必须这样做的道理，加强工作的责任心，提高工作的积极性。

第四，选择可靠且有工作能力和工作经验的职工，承担内部控制制度中的关键性位置（如复核）。每个职工每年有规定的假期，在某一职工休假期间，应指定其他职工接替，这样做也可以起一定的监控作用。

第五，每笔经济交易都必须有足够的合法的书面凭证或文件作为根据。

第六，企业本身产生的凭证都应事先编就顺序号，如采购订单、销货发票、银行支票等等，并应留存副联或存根。

第七，应保持便于审计工作溯查的线索。如在日记簿上设"凭证号码"专栏，以便分录与凭证相联系；在日记簿上设"分类账页次"栏，分类账上设"日记簿种类和页次"栏相互联系。这样做，使每笔账都能顺利地溯查至其根源。会计凭证作为重要会计档案，应指定专人在规定期间内负责妥善保管。归档后，非经指定人员批准不能随意调用。

第八，在采用电子计算机或机械手段处理时，应按会计电算化或机械处理的要求，将控制过程纳入处理程序。

第九，指定内部审计人员负责考查和分析内部控制制度的执行情况，并向企业高层领导人员提出存在的问题和改进意见。

第十,定期请执业公共会计师审查现用内部控制程序的有效性,并作出必要的改进。

以上十点是内部控制制度的总的原则,运用到各项具体财产项目,如现金、商品、应收账款和应收票据、投资、固定资产等项目,都各有其具体重点。以下有关各章中将对此分别论述。

第六节 会计电算化

一、电子数据处理

为了使会计数据的处理准确和快速,多数企业使用了某些机器设备。即使是在手工会计核算中,使用计算机、打字机、现金出纳记录机、复印机等以减少工作负担和差错的情况也并不少见。现在则发展到了更为现代化和复杂化的运用电子计算机处理的自动化会计核算体系(会计制度),通常称为"会计电算化"。本书在此作一简略论介,至于详细内容和具体运作,则需参阅关于会计电算化的专业书刊。

电子数据处理(electronic data processing,缩写为 EDP)和计算机数据处理(computer data processing,缩写为 CDP)都是指利用计算机及其相关设备进行数据处理。这两个词可以替换使用。以计算机作为处理数据资料的工具,其主要优点是运作过程的准确、快速、储存能力和分析运算的多功能。随着企业规模的扩大和经济交易活动日趋复杂,会计核算工作量也大量增加。传统的手工操作制度速度慢、精确度差,而且耗费大、成本高,促使企业设法采用计算机操作。

大企业的计算机系统由一个位于中央处理中心的大型计算机(常称为主机)和与之联网的若干微机组成。主机能够储存和高速度处理大量数据,并为若干辅助系统提供服务。在计算机联网体系中,主机和微机之间转移程序和数据资料的能力,使得许多持有较小计算机的使用者,也能够分享大型和高昂计算机的数据。

二、微机与会计核算

会计领域受到微机的广泛影响。会计电算化对于以前无力承担大计算机的成本和缺乏从事计算机操作的职工的企业已不再是可望而不可及的事，在经理室中设置微机，用以编制销售预测或预算，已不罕见。此外，超微机是便携式的，可便于经理人员携出办公室工作。用超微机执行一个简单的程序，通常只需要短时培训，甚至一个不懂计算机的人经过短时间摸索后便可以操作自如。超微机的主要优点是灵活性，可以完成日益复杂的功能。超微机可以用来执行全部会计职能，包括处理应收账款、应付账款、工资、存货控制，以及总分类账。此外，电子棋盘式对照表（electronic spreadsheet）也有出售，有助于许多重要的会计核算应用。电子棋盘式对照表是一种具有多用途的计算机程序，可用于在计算机上进行多种形式的会计分析。电子棋盘式对照表类似于手工操作中的工作底表，由行（横）与栏（纵）组织的矩阵所组成，能够用于电子处理会计数据资料。

三、计算机操作的会计制度

手工操作的会计制度和计算机操作的会计制度有其相似之处，它们都包含有"投入"、"处理"、"产出"。因此，将计算机运用于会计制度，并非难事。手工操作的会计制度是由营业单证、日记簿、分类账和报表所组成。计算机化的会计制度基本应用同样单证转变成计算机可读数据（计算机语言）纳入计算机的投入。营业交易用编码形式登记，类似特种日记簿，然后通过一定的手段（如键盘）输入计算机，有如普通打字机一般。

会计核算的程序进入计算机的主要存储区，即中央处理机（CPU）的工作区。在计算机按照明确界定的指示处理数据资料时，"投入"、"程序"和"产出"进出于主要存储区。档案，也即可接受指令的成套记录，是用以处理会计数据的。例如，在期初的应收账款主档（由对每一顾客的记录构成）能够通过计算机登记赊账销售而使其反映现在情况。这一过程如图表4-9所示：

(图表 4-9)

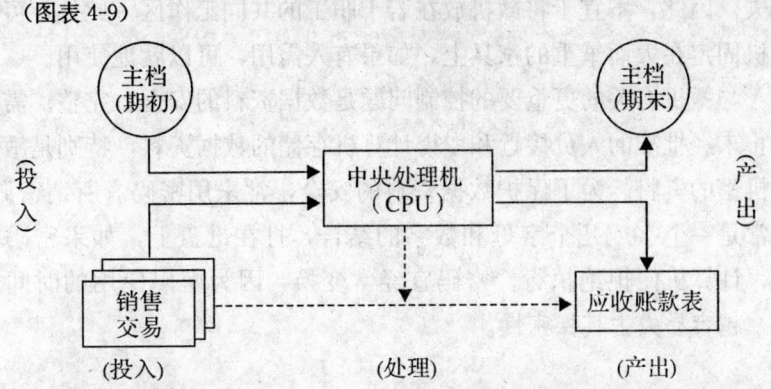

在此简单举例中,"投入"和"产出"有两个来源。"投入"有期初应收账款档(即主档)和销售交易(称作"交易档"),销售交易使应收账款余额反映现在的情况。"产出"通过计算机处理产生期末的应收账款主档和待收的应收账款表。一般说来,用计算机操作的会计制度如图表 4-10 所示:

(图表 4-10)

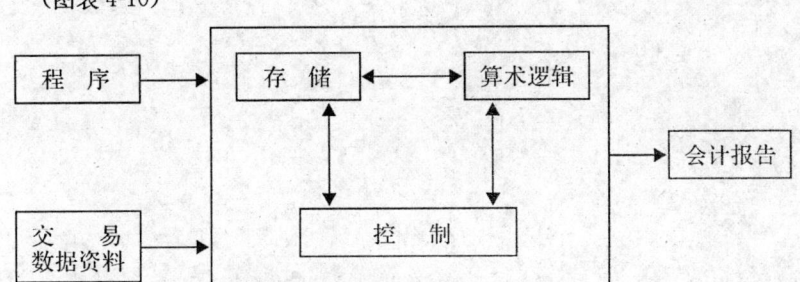

四、微机的内部控制

计算机的内部控制和手工操作的内部控制不同。后者重点是在工作组织和处理程序的安排上做到防误制弊,保证核算正确和保护财产安全;而前者重点则在于保护计算机财产的安全和存储数据资料的安全、完整。如何控制微机是管理部门需要重视的问题。因为微机易遭盗窃和其他不法行为,造成昂贵设备的损失和重要且机密数据资料的损失。因此，不宜于将微机放在若干职工的共同工作区。此外，可将微机固定在大而笨重的家具上，如果有人需用，可以就地使用。

与微机有关的更重要的控制问题是数据资料的安全、完整。需要防止未经批准的人员接近和取得计算机存储的数据资料，特别是敏感而机密的资料。为了保护数据资料的安全，常采用密码。所谓密码，通常是一个字或几个字母和数字的结合，打在键盘上，如果密码不符，计算机便拒绝执行。密码宜经常变换，因为密码使用的时间越久，越容易失去其保密性。

第二部分

核算实务

第二部分

越南实考

第五章 商品销售业务的核算

第一节 商品营销业务的性质

一、企业按经营业务性质的分类

在设计一个企业的会计制度时,首先应考虑这个企业经营业务的性质。因为业务性质不同,对于会计核算的内容,如会计科目的设置、账簿的设计和记录以及会计报表的反映等等,都会有不同的要求。

按经营业务性质不同,可将企业分为以下三个类型:

(一)服务性企业

向社会公众、机构团体、企事业单位提供服务的企业,包括律师事务所、会计师事务所、管理咨询组织、广告公司以及其他专业的职业性组织等。它们并不经营实物财产,而是提供专业性劳务服务,收取服务手续费,支付各项开支。

(二)商品营销企业

这类企业的主要经济活动是商品的采购和销售。在核算上,买进商品按成本,销售商品按售价,从成本和售价的差价中取得销售利润,支付储存、展销、广告、推销、运送等各种费用。在销售中,既有现金销售,也有赊账销售,但赊账销售要支付收账费用并承担坏账损失。企业还需要经常保持一定数量的商品储备,以免形成脱销。这些活动使商品营销企业的会计区别于其他性质的企业,并具有一定程度的复杂性。

(三)工业企业

工业企业为制造业,其主要经济活动是采购原材料和物料、进行人工操作或机器加工,制成产成品,投入市场销售。制造业的会计以产品成本计算与控制为中心,同时还有物质储备(包括原材物料、在产品和半成品、产成品等)的存量核算与控制,销售收入和成本费用的配比与核算等。制造业的会计有其特殊性,且专业性较强,因而也称为成本会计或工业会计。

二、商品营销业(下称商业企业)的经营活动

商业企业的正常营业循环,包括采购商品、销售商品和收回货款的全过程。在进货时,遵照成本原则,按取得商品的价格入账。这里所谓"成本",是指取得商品、准备对外销售所需支付的全部支出,包括发票价格加上运输费用和归集与储存所发生的成本。储备销售的存货成本在资产负债表内列入流动资产,预期在一年之内或超过一年的一个营业周期内售出。

在发生销售业务时,按销售价格借记"现金"(现售)或"应收账款"(赊销)账户,贷记"销售"账户。在利润表中,销售成本与销售收入进行配比(销售成本自销售收入中减计得出销售利润)。这种配比关系是存货核算的一项主要内容,在可供销售的商品成本中,已售出部分属于销售成本,列入利润表,而未售出部分属于流动资产,列入资产负债表。在企业经营周转活动中,存货连续不断地采购、售出和更新,构成流动资产的主要部分;销售成本则是企业的最大成本费用项目。存货的核算,既影响资产负债表,也影响利润表。因此,存货的管理与控制和作价与核算,对于有效和有利的经营是重要的内容。

三、商业企业的利润表举例

现假设某商业企业的利润表如图表 5-1 所示。

利润表反映商业企业经营活动的全部过程和最后取得的经营成果。其中期末存货、应付所得税和税后净收益分别列入同期期末资产负债表的流动资产、流动负债和所有者权益项下。

(图表 5-1)

项　　目	金　　额	金　　额
净销售收入		$344 000
减：销售成本		
期初存货	$25 000	
加：本期进货净额	220 000	
可供销售的商品成本	$245 000	
减：期末存货	39 000	
销售成本		206 000
销售利润		$138 000
减：营业费用		
销售费用	$52 000	
管理费用	36 000	
营业费用合计		88 000
净收益（税前）		$50 000
减：所得税费用(40%)		20 000
净收益（税后）		$30 000

说明：

(1) 净销售收入＝销售收入总额－销货退回与折让－销货折扣；

(2) 本期进货净额＝进货成本总额－进货退回与折让－进货折扣；

(3) 期末存货列在期末资产负债表的流动资产项下，次期开始时转为次期的期初存货；

(4) 所得税费用在利润表内作为净收益（税前）的减项，应付所得税在未支付前列入资产负债表的流动负债项下。

第二节　商品交易的步骤
——商品交易活动的内部控制

在商品购销交易发生时，买卖双方首先对商品价格、付款条件、由何方承担运费等问题协商同意,然后由买方向卖方发出订货单。多数大型企业的商品营销活动,一般要经过以下一系列步骤,在全程中贯彻内部控制制度。

第一,负责保管存货储备的部门或人员,在需要补充某些存货或某些存货的存量降至规定采购点时,填制"请购单",经负责人员审批后送交采购部门。

第二,采购部门向选定的供应商发送"定购单",填明品名、规格、数量以及要求的付款条件、运输方法和运费支付方式。

第三,供应商(销货方)接到定购单,应按定购单价格以及发货条件,开具发票,连同运货单据(如提单)发送购货方。

第四,购货方收到来货后,进行清点验收,并与发票和定购单核对相符无误后,由负责保管存货储备的人员填具收货单,列明收进商品的品种与数量。

第五,负责核批应付货款的人员核对定购单、发票和收货单,确定品种、规格、数量、价格和应付货款相符无误后,批准支付发票数额。

第六,最后按规定的付款程序,开具支票支付货款了结。

以上各种单证,包括请购单、定购单、发票、收货单均属原始凭证,其中发票是登记进货的主要根据,其他三种则是辅助凭证。购货方只有收到销货方开出的发票并经批准付款后才据以做账。至于销货方则在填发售货发票并在商品交运时登记入账。

购货方如果采取应付凭单制度,在支付货款前应先填制付款凭单,经有关人员核批后,在到期时根据付款凭单开具银行支票支付。

由上可见,在商品购销业务活动的全过程中,步步有人分管,各负其责,步步有相关凭证,联系勾稽,并采用应付凭单制度控制货款及时支付,环环相扣,责任分明,形成一套完整的内部控制体系。

在商品购销经济活动中,买卖双方是相互对应的,如图表5-2所示:

(图表 5-2)

购 销 活 动	买　　方	卖　　方
商品买卖	进货	销货
赊信关系	应付账款	应收账款
	应付票据	应收票据
货款收付	付款	收款
发票	取得发票	开具发票
退货及折让	进货退回及折让	销货退回及折让
(填发凭证)	(借项通知单)	(贷项通知单)
折扣(现金折扣)	进货折扣	销货折扣
运费	运入运费	运出运费
应用的特种日记账	应付凭单登记簿	销货日记账
	(进货日记账)	

一个企业常常既是买方又是卖方,如生产企业买进原材料、销售产成品;批发商业从生产企业批进产成品向零售商业销售;零售商业从批发商业采购商品,向消费者销售。

以下将对这些与购销活动有关的项目分别销售活动和进货活动进行例述。

第三节　商品购销企业会计制度的结构

一、会计科目的设置和运用

商品购销企业除设置一般性的会计科目外,适应其经济活动的特点和要求,需要设置以下会计科目:

(一) 属于销售业务

1. 销售收入。

应核算销售商品取得的收入。非由销售商品而发生的收入,如售出不需要的固定资产,则不在此科目核算。

2. 销售退回与折让(sales returns and allowances)。

应核算已售商品,由于质量或其他问题,由买方退货或经双方协商同意在价格上给予买方的折让。此科目的性质属于"销售收入"的减项。

3. 销售折扣(sales discount)。

销售方为了及早收回货款而给予买方的现金折扣,属于销售收入的减项。

4. 销货运费(transportation out)。

也称运出运费,指按照买卖双方商定的运输条件,应由卖方承担的运费。

以上属于损益表类科目。

5. 应收账款(accounts receivable)。

核算企业因销售商品(或提供服务)应向购货单位(或接受服务的单位)收取的款项。

6. 应收票据(notes receivable)。

核算企业因销售产品等业务而收到的各种票据(包括原列应收账款而后换开的票据),如期票、汇票等。

7. 坏账准备(allowance for uncollectible accounts)。

核算企业对于预计可能无法收回而成为坏账的"应收账款"、"应收票据"等应收款项所预提的准备。此科目的性质属于备抵项目,在资产负债表内列作应收账款和应收票据的减项。

以上属于资产负债表类科目。

(二) 属于进货业务

1. 购货。

核算企业购入商品的全部成本。其核算内容只限于购入作为销售的商品,而购入非属商业经营性的财产,则不在本科目核算。购入商品的已售部分属于销售成本,销售成本是损益表项目,未售部分属于存货是资产负债表项目。

2. 购货退回与折让(purchase returns and allowances)。

核算购入商品由于质量或其他问题,向卖方退货或经协商同意在价格上给以折让,属于购货成本的减项。

3. 购货折扣(purchase discounts)。

销货方的现金折扣,在购货方(付款方)为购货折扣,属于"购货"的减项。

4. 购货运费(transportation in)。

也称运入运费,指按照运输条件应由买方承担的运费。

以上属于损益表类科目。

5. 应付账款(accounts payable)。

核算企业因购买商品(或接受服务)而应付给供应单位的款项。

6. 应付票据(notes payable)。

对外发生债务时(如赊购商品、接受服务或向银行借款)和原列应付账款而后换开票据时开出的期票或承兑的票据。

以上属于资产负债表类科目。

以上这些反映企业经营活动的会计科目,在购销双方都是分项相互对应的。此外,还有一些与经营活动有关的科目,如商品存货、销售费用(或营业费用),虽然在购销双方都有,但双方并无对应关系,这里不予细列。

二、特种日记簿的设置

日记簿又称分录簿,是按经济业务发生的先后顺序记录的账簿,是一种序时账簿。

特种日记簿是专用于登记某一类发生频率高的主要经济业务的日记簿。设置特种日记簿的目的是:便于内部分工和实现内部控制;集中反映某类主要经济业务的详细过程和情况;简化会计处理手续。

特种日记簿的设置,实际上是对日记簿的划分。划分后,凡不属于在特种日记簿登记的经济业务,另设普通日记簿登记。

商品购销企业所用的特种日记簿与第四章所讲内容基本相同,只是在实行应付凭单制时,设置应付凭单登记簿代替购货日记簿,并设银行支票登记簿,与应付凭单登记簿配套应用,代替现金支出日记簿。至于普通日记簿则仍照设,其登记内容相同,无何变动,不再重述。

三、总分类账和明细分类账

总分类账按一级会计科目设置账户,明细分类账是按明细科目设置账户。总分类账科目和所属明细分类账科目是统驭(控制)和被统驭(被控制)关系,在核算上表现为同一统驭账户所统驭的各个明细分类账户的余额之和应等于它们所归属的统驭账户同一日期的余额。这些在第四章中曾作过简单介绍。

商品购销企业一般设置的明细分类账,如图表 5-3 所示:

(图表 5-3)

分类账类型	内 容
总分类账:	总分类账科目是主要会计报表——
┈┈应收账款	资产负债表和损益表上列报的项目,即
┈┈应付账款	资产、负债、所有者权益、收入和费用五
	类基本科目
明细分类账:	
┈┈应收账款明细分类账	按赊销客户分户立账
┈┈应付账款明细分类账	按赊购客户分户立账

第四节 销售业务的会计核算

一、销售业务和销售日记簿

销售商品是商品购销企业的主要业务,是实现资金周转的关键环节和取得营业利润的重要来源。在本章第一节所列举的利润表中第一

第五章 商品销售业务的核算

项就是"净销售收入",这是企业的外部利害关系者(如债权人、贷款银行等)和内部的营销管理部门所最为关切的。

商品销售有两种方式:一是现金销售(现售),在成交当时即收进货款交付商品,钱货两清,各无挂欠,这种情况比较简单;二是赊账销售,成交后交付所购商品,货款按约定条件赊欠形成"应收账款"债权。日后如数收回结欠货款了结。赊账销售过程所形成的循环,如图表5-4所示:

(图表5-4)

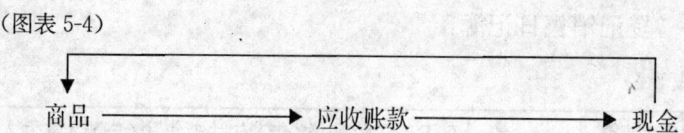

商品 ——→ 应收账款 ——→ 现金

这个循环说明:商品出售后产生应收账款债权,收回应收账款时产生现金收入,收回的现金继续投入运营。其中"应收账款"处于关键位置,表现在:

第一,通过赊账销售可以增加销售额、提高销售收入和销售利润。

第二,应收账款是由商品转换成现金的过渡,期限不能过长,安全须有保障。期限如过长,则影响资金周转;安全无保障,容易造成坏账损失。

在西方,将应收账款视为开展销售业务的一项投资。因此,在商品交易中,赊账销售占销售总额很大比重。在流动资金的会计核算方面,商品存货、应收账款和现金的管理是三大重点,而对三者之间的合理循环尤为重视。

在商品购销业务中,现金销售通过现金日记簿登记,赊账销售则利用销售日记簿登记。见下例:

新方向家具中心专营家用家具,3月份的销售业务如下:

3月1日　售华森卧室沙发,价格 $850,加销售税 $42.50。
　　5日　售克鲁格卧室座椅,价格 $750,加销售税 $37.50。
　　8日　售利安家具,价格 $2 500,加销售税 $125。
　　12日　售亨利餐桌和碗橱,价格 $500,加销售税 $25。

20日 售克瓦克餐厅用椅,价格$1 000,加销售税$50。
24日 售沙维芝卧室沙发和座椅,价格$1 400,加销售税$70。
28日 售史特恩餐桌,价格$400,加销售税$20。
30日 售劳森标准件护墙板,价格$1 500,加销售税$75。

假设以上各笔业务都系赊销,而应收账款账户2月28日余额为$2 600,应付销售税$1 200,其各账户的情况,如图表5-5、5-6、5-7、5-8所示。

第一,登记销售日记簿:

(图表5-5)

月	日	发票号	户 名	P.R.	应收账款(借)	应付销售税(贷)	销售收入(贷)
3	1	1	华森	√	$892.50	$42.50	$850.00
	5	2	克鲁格	√	787.50	37.50	750.00
	8	3	利安	√	2 625.00	125.00	2 500.00
	12	4	亨利	√	525.00	25.00	500.00
	20	5	克瓦克	√	1 050.00	50.00	1 000.00
	24	6	沙维芝	√	1 470.00	70.00	1 400.00
	28	7	史特恩	√	420.00	20.00	400.00
	30	8	劳森	√	1 575.00	75.00	1 500.00
	31		合计		$9 345.00	$445.00	$8 900.00

第二,过记总分类账:

(图表5-6)

应 收 账 款

日期	摘要	P.R.	借方	贷方	余 额	
					借/贷	金 额
3/1	上月结转		$2 600.00		借	$2 600.00
3/31	3月份赊销	√	9 345.00		借	11 945.00

第五章 商品销售业务的核算

销 售 收 入

日期	摘要	P.R.	借方	贷方	余额 借/贷	余额 金额
3/31	3月份赊销	√		$8 900.00	贷	$8 900.00

应 付 销 售 税

日期	摘要	P.R.	借方	贷方	余额 借/贷	余额 金额
3/1	上月结转	√		$1 200.00	贷	$1 200.00
3/31	3月份赊销	√		445.00		1 645.00

第三,过记应收账款明细分类账:

假设上月结转余额$2 600,包括以下三户:华森$600;利安$800;亨利$1 200。那么,过账后的应收账款明细分类账,如图表5-7所示:

(图表5-7)

华 森

日期	摘要	P.R.	借方	贷方	余额 借/贷	余额 金额
3/1	上月结转	√	$600.00		借	$600.00
3/1			892.50		借	1 492.50

克 鲁 格

日期	摘要	P.R.	借方	贷方	余额 借/贷	余额 金额
3/5		√	$787.50		借	$787.50

利 安

日期	摘要	P.R.	借方	贷方	余额 借/贷	余额 金额
3/1	上月结转	√	$800.00		借	$800.00
3/8			2 625.00			3 425.00

			亨 利		
3/1	上月结转	√	$1 200.00	借	$1 200.00
3/12		√	525.00	借	1 725.00

			克 瓦 克		
3/20		√	$1 050.00	借	$1 050.00

			沙 维 芝		
3/24		√	$1 470.00	借	$1 470.00

			史 特 恩		
3/28		√	$420.00	借	$420.00

			劳 森		
3/30		√	$1 575.00	借	$1 575.00

注：分类账格式中的 P.R.（post reference），即"过账符号"。

第四，核对验证：

以上八个明细分类账户的 3 月 31 日余额，如图表 5-8 所示：

（图表 5-8）

华 森	$1 492.50
克鲁格	787.50
利 安	3 425.00
亨 利	1 725.00
克瓦克	1 050.00
沙维芝	1 470.00
史特恩	420.00
劳 森	1 575.00
合 计	$11 945.00

总数与总分类账应收账款账户的 3 月 31 日余额核对相符无误。

现售和应收账款的收回属于现金收入业务,在现金收入日记簿登记,当在以后有关章节例述。

二、退货与折让

在商品购销业务中,销售方在交付所售商品后,即作为销售实现入账。但是,如果由于货物残缺、运输毁损、品种规格不符或购货方提出其他不满意见,要求退货一部分或全部时,经销售方同意后,如果原系现售,即由后者退还货款收回所退货物;也可能由双方协商在价格上给予折让,货物即不退还。如果原系赊售,则在销售方将退货数额或折让价款冲记"应收账款",购货方则冲记"应付账款";在货款到期时,双方按退货或折让后的净额结算。

在销售方同意退货或折让时,一般填具"贷项通知单"(credit memo)一式两份,一份留作记账的凭证,一份寄交购货方作为书面通知。贷项通知单的一般格式,如图表 5-9 所示:

(图表 5-9)

```
            贷 项 通 知 单           No.

××公司
兹贷记你方账户如下:
退货(或折让)金额
(我方原发货票日期_____号码_____)

                                制单公司(签章)
                                日期:
```

由于退货与折让,在销售方必然减少销售数额,购货方则减少进货数额,但在会计处理上并不直接冲记"销售"或"进货"账户,而分别另设"销货退回与折让"和"进货退回与折让"账户。前者的余额在借方,后者的余额在贷方,在利润表内分别列作"销售收入"和"进货"的减项。之所以设置这两个过渡性账户,是为了反映销货或进货业务的质量,并便于分析、考核造成退货与折让的原因和责任。

在会计处理上,销货方和购货方是相互对应的。举例说明如图表 5-10 所示:

(图表 5-10)

销 售 方(A公司)	购 货 方(B公司)
登记销售的分录:	登记进货的分录:
5.15 应收账款 　　　　$800 　　　　销售　　　　　　$800 (向B公司销售商品一批, 信用条件 2/10,n/30)	5.15 进货 　　　　　　$800 　　　　应付账款　　　　$800 (从A公司购进商品一批, 信用条件 2/10,n/30)
登记 B 公司退货的分录:	登记向 A 公司退货的分录:
5.20 销货退回与折让　　$200 　　　　应收账款　　　　$200 (向B公司退货,贷项通知单#3)	5.20 应付账款　　　　　$200 　　　　进货退回与折让　$200 (向A公司退货,贷项通知单#3)
收清 B 公司赊购货款:	付清 A 公司货款:
5.22 现金　　　　　　　$600 　　　　应收账款　　　　$600 (B公司偿付货款)	5.22 应付账款　　　　　$600 　　　　现金　　　　　　$600 (付清A公司货款)

以上第一笔分录,登在销售日记簿(A)、进货日记簿(B);第二笔分录,登在普通分录簿(A)、普通分录簿(B);第三笔分录,登在现金收入日记簿(A)、现金支出日记簿(B)。

三、赊账销售的信用条件和现金折扣

如前所述,商品销售有现售和赊销两种方式。如果是赊销,便有一个信用条件问题。信用条件决定于企业的信用政策。信用政策的中心是取得最高的销售额而承担最低的坏账损失。信用政策既不能太紧,为降低坏账损失而影响销售数额和销售利润;也不能过松,避免为扩大

销售额和增加销售利润而承担过高坏账损失。归根结底,这是一个收益和风险权衡的问题。在权衡决策中,会计数据可以提供必要的有用的信息。

所谓信用条件也即货款支付条件,包括信用期和折扣条件,一般应在发票上注明。

(一)信用期

即货款支付期。批发商业一般是三十天,如果超过三十天不付,便认为是拖欠货款。信用期的简单标记是"n/信用期天数",有以下两种标记情况:

1. n/30 信用期。

即发票日后三十天,货款应在发票日后三十天内全数付清。

2. n/10 EOM(end of month 的缩写,意为月终)信用期。

即销售发生月份的月终起算十天内全数付清。例如,发票日期为4月20日,则自4月30日算起十天后即5月10日应将全部货款付清。

(二)折扣条件

1. 商业折扣和现金折扣。

商业折扣是制造商或批发商按照价目表上的价格给予某些客户的卖价折扣。销售方和购货方都按折扣后的净额记账,商业折扣数额不在账上反映,但可在摘要中说明。例如,某批发商销售某项商品的单价在价目表上列为 $45,如果一次购买数量 10 件,给以 10%折扣,在 10 件以上者,其超过部分加给 5%折扣。某零售商店一次购买此项商品 15 件,其折扣计算如图表 5-11 所示:

(图表 5-11)

价目表定价 $45×15 件		$675
减折扣:$45×10×10%	$45	
$45×5×15%	33.75	78.75
折扣后净价(发票价格)		$596.25

发票上开列折扣后净价,账上按发票所列折扣后净价登记。

商业折扣的目的在于促销,现金折扣的目的则在于鼓励购货商早日支付货款,有利于资金周转和保持良好的现金地位,在购货方则可以享受折扣利益,少付货款。

2. 现金折扣。

即购货方如在规定期间内支付货款,可享受按售价一定比率的折扣。给予折扣的销售方称为销货折扣,而购货方则称为购货折扣。规定享受现金折扣的付款期间称为折扣期。折扣期短于信用期。

现金折扣的简单标记是"折扣率/折扣期"。假设规定十天内支付货款可享受2%现金折扣,其标记即为2/10。折扣标记与上述信用期标记结合,反映折扣条件,其标记即为2/10,n/30。意即购货方如在10天内付款,可享受2%折扣;如不在折扣期内付款,须在三十天信用期内按发票金额全数付清。

按上例数据,如在十天内付款,其现金折扣计算如下:

$$折扣金额 = 发票价格\ \$596.25 \times 2\% = \$11.93$$
$$实付金额 = \$596.25 - 11.93 = \$584.32$$

销货方和购货方对现金折扣销售应作会计分录,如图表5-12所示:

(图表5-12)

销 售 方(A公司)		购 货 方(B公司)	
现金	$584.32	应付账款	$596.25
销货折扣	11.93	进货折扣	$11.93
应收账款	$596.25	现金	584.32
(收回B公司账款)		(偿还A公司账款)	

就销售方而言,在赊销业务发生后,销售收入和应收账款都按发票金额(如有商业折扣,应为扣除商业折扣之后的净额)记账。待购货方偿付货款时,如果是在现金折扣期内享受折扣,再反映现金折扣和实收

数额,将现金折扣视为售价的减少,在损益表中列作销售收入的减项。此种处理方法称为"发票总额法"。

就购货方而言,首先要权衡享受或放弃现金折扣的得失,然后作出是否在折扣期内偿付货款的决定。

假设赊购商品 $2 500,信用条件为 2/10,n/30。购买方为了从销售方提供的信用条件中取得最大利益,可以有两种选择:

(1) 在发票日期后的第十天,即现金折扣期最后一天,支付 $2 450 [$2 500×(1-0.2)]。

(2) 在发票日期后的第三十天支付金额 $2 500。

如果采取第二种方法,则购货方可以继续运用 $2 450 货款二十天(即信用期三十天减现金折扣期十天)。折算其实际年利率如下:

$$\frac{2\,500-2\,450}{2\,450} \times \frac{360}{30-10} \times 100\% = 36.73\%$$

这个实际年利率 36.73% 是相当高的。若能以低于此实际利率的利息借入款项,可在折扣期的最末一天支付货款享受现金折扣;或者放弃现金折扣而将应付货款作短期运用,待信用期的最末一天偿付全额货款,只要短期运用的收益折合年率不低于此实际利率,均不失为可取的选择。

在购货方对现金折扣的处理上,还有一种方法称为"净价法"。在购货方购进货物时,按发票金额扣除现金折扣后的净额入账。事后如果没有在折扣期内付款而未能享受现金折扣则视为一种损失。

假设购进商品 $5 000,信用条件 2/10,n/30。在购进时按发票价格减现金折扣后的净额即 $4 900 入账。其会计分录如下:

借:进货　　　　　　　　　　　　　　　$4 900
　　贷:应付账款　　　　　　　　　　　　　　　$4 900
　　（发票价格 $5 000,减 2%现金折扣 $100）

在现金折扣期内付款时:

借:应付账款		$4 900
贷:现金		$4 900
(支付××户应付账款折扣后净额)		

如果未能在现金折扣期内付款,则应支付发票全额,将未能享受的现金折扣作为损失。其会计分录如下:

借:应付账款		$4 900
折扣损失		100
贷:现金		$5 000

在期末编制损益表时,"折扣损失"账户余额加入进货成本,列入销售成本部分。此法与发票总额法不同之处在于:将享受现金折扣作为正常,而将不享受折扣视为例外。如果"折扣损失"积累数额较大,便应唤起有关管理人员注意并采取相应措施。但是,实际上两种方法的最后结果是一致的。

四、运费

运费是商品由销货方运达购货方所发生的运输费用。运费的核算要考虑两个问题:一是运输条件;二是运费支付方式。这两个问题决定运费由何方负担和由何方支付。

(一) 运输条件

分为"起运地交货"(FOB shipping point)和"目的地交货"(FOB destination)两种情况。这两种情况交货点不同,运费的负担方也不同,如图表5-13所示:

(图表5-13)

运输条件	交货地点	何方承担运费
起运地交货	销货方起运地点	购货方(运入运费)
到达地交货	购货方收货地点	销货方(运出运费)

所谓"交货地点",是指货物所有权转移的地点。如在销货方起运地交货,则交货后货物的所有权即转移到购货方,运输费用自当由购货

方承担;反之,如在购货方收货地点交货,则须在货物运到购货方所在的目的地,经购货方验收后所有权才作为转移,运输费用应由销售方承担。

(二) 运费支付方式

有由销货方预付运费(freight prepaid)和购货方交付运费(freight collect)两种方式。支付运费一方不一定是承担运费者,需要将支付方式和运输条件结合起来考虑。如图表5-14所示:

(图表5-14)

支付方式 \ 运输条件	起运点交货		到达点交货	
	销货方	购货方	销货方	购货方
销售方预付 (运费已付)	借:应收账款 贷:现金	借:运入运费 贷:应付账款	借:运出运费 贷:现金	(运费不作账)
购货方支付 (运费待付)	(运费不作账)	借:运入运费 贷:现金	借:运出运费 贷:应收账款	借:应付账款 贷:现金

1. 销售方预付(运费已付)。

在起运点交货条件下,运费应由购货方负担,销货方预付的运费,应借记"应收款项",购货方则贷记"应付款项",借记"运入运费"。在到达站交货条件下,运费应由销货方负担,借记"运出运费"账户,购货方则对运费不作账。

2. 购货方支付(运费待付)。

在起运点交货条件下,购货方承担运费,应借记"运入运费",贷记"现金",销售方对运费不作账。在到达站交货条件下,购货方借记"应付账款"作为从应付账款项下扣减,销货方则贷记"应收账款",借记"运出运费"。

(三) 运输条件与折扣条件

运输条件是支付和承担运费的条件;折扣条件是支付货款的现金折扣条件。在实际业务中,两者往往是同时存在,而且可能均列在发票上,但在分析作账时必须分别理清。

假设销货方(A)向购货方(B)发送货物,货款$600,信用条件2/10,n/30,运输条件为起运点交货,运费$60由销货方预付一并列入发票,发票金额为$660($600+$60)。购货方于折扣期内付款,享受现金折扣$12($600×2%)(折扣计算的基数只限货款,不包括运费)。计算实收(或付)款项如下:

$$发票金额\$600+运费\$60=\$660$$
$$减:现金折扣\$600\times 2\%=\underline{\quad 12}$$
$$实收货款(连同运费)\quad \underline{\$648}$$

销货方和购货方应作会计分录,如图表5-15所示:

(图表5-15)

销 货 方		购 货 方	
(1) 销货时:		(1) 购货时:	
应收账款	$660	进货	$600
销售	$600	运入运费	60
现金	60	应付账款	$660
(2) 收款时:		(2) 付款时:	
现金	$648	应付账款	$660
销货折扣	12	进货折扣	$12
应收账款	$660	现金	648

假设运输条件为到达点交货,运费待收(由购货方代付),其他数据不变,计算实收(或付)款项如下:

发票价格	$600
减:现金折扣2%	12
	$588
减:购货方代付运费(运费待收)	60
实收货款	$528

双方应作会计分录,如图表5-16所示:

(图表5-16)

销 货 方		购 货 方	
(1) 销货时:		(1) 购货时:	
应收账款	$600	进货	$600
销售	$600	应付账款	$600
(2) 购货方代付运费时:		(2) 支付运费时:	
		应付账款	$60
(不作分录)		现金	$60
(3) 收款时:		(3) 付款时:	
运出运费	$60	应付账款	$540
销货折扣	12	进货折扣	$12
现金	528	现金	528
应收账款	$600		

第五节 其他销售方式的核算

一、分期收款销售

分期收款销售(instalment sales)一般是同顾客签订分期付款销售合同,由顾客先付一定数额的定金(第一期付款),其余部分在合约规定期限内分期支付。分期付款销售的主要问题是一个利润实现问题,即在签约成交时不能认为利润实现,须递延至实际收入现金时才认为利润实现。

假设一家经售彩色电视机的商店,于9月1日按分期收款方式售予某顾客电视机1台,价格$2 000,约定先付第一期款20%,即$400,在第一年的10~12月每月付10%,即$200,其余50%货款在第二年1~5月付清,每个月付 10%,即 $200。电视机的成本为 $1 200,为售价的 60%,销售利润率为 40%,即 $800。其会计处理过程如下:

9月1日分期收款销售签约成交时:

 借:分期应收账款 $2 000
  贷:商品存货 $1 200
    分期收款销售递延毛利   800
 (分期收款销售××彩电1台,合同号××)

上述会计分录中的"分期应收账款"账户,属于流动资产,列入资产负债表的资产部分;"分期收款销售递延毛利"账户,属于递延贷项,列入资产负债表的流动负债部分。

9月1日收入第一期付款(down payment,具有定金性质)$400 时:

 借:现金 $400
  贷:分期应收账款 $400
 (收进第一期付款)

10月1日、11月1日、12月1日,各收进分期货款 $200 时:
应分别于各日作如上会计分录,金额均为 $200。

12月31日决算日,分期收款销售递延毛利中属于该年的已收部分,作为实现,应予确认,转作实现的收益,金额共 $400[(400+200×3)×40%]时:

 借:分期收款销售递延毛利 $400
  贷:分期收款销售实现毛利 $400
 (9~12月递延毛利结转实现毛利)

"分期收款销售实现毛利"账户,属于损益类账户,列入损益表。

次年1月1日~5月1日分月收进5个月分期货款,每个月为 $200 时:

 各月应作会计分录如前。

截至5月1日止货款全部收清,1~5月递延毛利结转实现毛利

＄400（＄200×5×40％）时：

　　借：分期收款销售递延毛利　　　　　　　　　　　　　＄400
　　　　贷：分期收款销售实现毛利　　　　　　　　　　　　＄400

至此，"分期收款销售递延毛利"账户全部结平无余额。"分期收款应收账款"账户也分期收清无余额。

如果买方违约拖欠应付分期货款不再支付时，销售方可以收回商品，按现行批发价格斟酌作价归入"商品存货"、"分期收款应收账款"账户和"分期收款销售递延毛利"账户的余额都予以转销。如果转销后产生损益也应予以确认。

假设该顾客于当年分期交付50％货款＄1 000后，次年未再交款，销售方根据原由双方签订的合约按买方违约处理，将所售彩电收回，并估价为＄550，递延毛利账面余额为＄400，分期收款应收账款账面余额为＄1 000，作会计分录如下：

　　借：分期收款销售递延毛利　　　　　　　　　　　　　＄400
　　　　商品存货　　　　　　　　　　　　　　　　　　　　550
　　　　违约拖欠损失　　　　　　　　　　　　　　　　　　 50
　　　　贷：分期应收账款　　　　　　　　　　　　　　　＄1 000

　　（分期收款销售，顾客违约拖欠，解除合约）

二、银行信用卡销售

使用银行信用卡是零售商业向顾客提供商业信用而又可减少或避免坏账损失的一种支付方式。美国最常用的是"万能卡"（master card，或称万事达卡，是美国3 000家银行通过行际信用卡协会签发的信用卡，是美国使用最广的一种信用卡）和"维扎"（visa，是美洲银行发行的信用卡）。有的银行也各自发行信用卡。

信用卡是由银行应社会公众的需要（如向零售商场购物），由个人向银行填具申请书，经银行审查符合条件而填发的。信用卡上填有姓名和账号，持卡人在零售商场可凭信用卡购物，不必支付现金或开具个人支票。零售商场凭信用卡销售时，应填具专用售货单（sales slip），在售货单上填记顾客所持信用卡上的有关资料（如日期、账号、身份证件以及摘要、价格和金额），由顾客签字后交售货商店作为与银行结算的凭证。有很多企业除利用银行要求的专用售货单外，仍使用其正常使用的销货单作为内部控制和其他用途。

售货企业根据银行信用卡销售，可取得及时转成现金的权利而不承担日后向顾客收款的责任。它们一般是每天（或定期）将根据信用卡销售所填制的专用售货单加总，将张数和总金额填入专用送款单，连同所附售货单送交银行，其情况和现金存款相似。银行方面或者当时扣收手续费（称为折扣，通常为 $2.5\%\sim6\%$），将净额收记存款入账户，或者收记销售总额，而在月底扣收手续费。银行负责向信用卡持卡人收款。如果有收不上来的款项，其损失由银行承担。对于售货商来说，根据银行信用卡销售也即有如现金销售，其会计分录也同，并登记现金收入日记账。

在美国，除银行信用卡外，还有一些由闻名企业发行的信用卡，如 American Express（美国捷运公司）、Diners Club、Carte Blanche 等专门办理信用卡业务的公司及其附属企业，它们发行的信用卡被一些服务性行业，如旅店、饭店、零售商店、航空公司和各类其他商业所接受。在对此类信用卡的持卡人销售时，售货商店一般填自备的售货单，再据以填制信用卡公司所要求的专用售货单。采用此类信用卡销售的特点是：售货商取得对信用卡公司的应收账款并收取现金，而不是取得对顾客的应收账款，也不是直接取得银行存款。信用卡公司则定期（一般为一个月）通知持卡人付款。向持卡人收款是信用卡公司的责任，与根据信用卡销售的售货商无关。

根据信用卡公司发行的信用卡销售，其会计处理程序与一般赊账销售相似，只是"应收账款"是对信用卡公司而不是对信用卡持有人，已见上述。售货企业登记此类信用卡销售，有两种基本方法：

与信用卡公司交易不多者：其会计分录与一般销售业务的分录无异，即借记"应收账款"、贷记"销售"账户。发生销售业务时登记销售日记簿,收回现金时登记现金收入日记簿,也都与一般销售业务和现金收入相同,不必设置专栏。在"应收账款"下按信用卡公司分户设置明细分类账。对于信用卡公司收取的手续费(内扣),则借记"信用卡销售手续费"账户。

与信用卡公司交往业务多者:"应收账款"分为"应收信用卡公司账款"和"应收一般赊销账款"两个账户,"销售"也分为"信用卡销售"和"一般销售"两个账户。关于应收信用卡公司账款,应定期向各信用卡公司分别抄送要求付款的清单,并复写一份保存。复写联的未付总额与"应收账款——信用卡公司"的余额应相等。这样处理,便可不必设置按信用卡公司分户的明细分类账。

三、寄销和代销

商品寄销(consignment sales)是商品所有者(寄销者 consignor)将商品运交其代理商(代销者 consignee)代销的一种经济活动,是商品营销业务的一种经营方式。代销商代销后,定期从取得的销售收入中扣回代付的各项费用和扣收应取的代销佣金,将余额汇交寄销商并进行结算。寄销商和代销商各为独立经济实体,双方签订合约,规定寄销代销的权利和义务。代销商的代销业务应与其自营业务相区别:在代销业务上,与寄销方的寄销业务是互相对应的;反映在会计上,双方也是多处对应的。

假设甲地 A 公司委托乙地 B 公司代销某种商品,双方签订寄销合约,于 8 月份开始寄销业务,至 12 月末共发生以下业务:

8 月 20 日 A 公司向 B 公司发货 50 箱,成本每箱 $100,共计 $5 000,运费每箱 $5,共 $250。

10 月 25 日 在运输途中发生火灾,有两箱货物遭受损失,保险公司赔偿 $210。

12 月 31 日 B 公司报来代销清单,共代销 28 箱,售价每箱 $150,共 $4,200,支付运送费及税款计 $480,分销费 $80,并按销售额的 5%扣收代销佣金,计 $210($4 200×5%)。

下年1月10日　收到B公司汇来代销款净额$3 430（$4 200—$480—$80—$210）。

下年3月10日　B公司报来此批代销最后代销清单,计20箱,每箱售价$160,支付分销费$90,扣收代销佣金$160（$160×20×5%）。

下年3月15日　收到B公司汇来此批最后一笔代销款净额$2 950（$3 200—$90—$160）。

对以上各笔业务,应作会计分录如下:

8月20日	借:寄销商品——B公司	$5 000
	贷:发出寄销商品	$5 000
	(向B公司发出寄销商品50箱@$100)	
8月20日	借:寄销商品——B公司	$250
	贷:现金	$250
	(支付B公司发货50箱运费@$5)	
10月25日	借:现金	$210
	贷:寄销商品——B公司	$210
	(运输途中火灾损失2箱,保险公司赔偿)	
12月31日	借:应收寄销货款——B公司	$4 200
	贷:寄销商品——B公司	$4 200
	(B公司代销清单:代销28箱@$150)	
12月31日	借:寄销商品——B公司	$560
	贷:应收寄销货款——B公司	$560
	(B公司代销清单:运送费及税款$480,分销费$80)	
12月31日	借:寄销商品——B公司	$210
	贷:应收寄销货款——B公司	$210
	(B公司代销清单:代销佣金5%)	

以上系截至12月31日止的各笔分录。"寄销商品——B公司"账户,属于清算账户。过账后的内容,如图表5-17所示:

(图表 5-17)

寄销商品——B 公司

8/20	发出寄销商品 50 箱@＄100		10/25	保险公司赔偿
	@＄5 000			火灾损失2箱@＄105　＄210
	发出 50 箱商品运费@＄5　250		12/31	代销清单 28 箱@＄150　4 200
12/31	代销清单：运送费及税款　480		12/31	结存 20 箱,转下月　　2 300 *
	代销清单：分销费　　　80			
	代销清单：佣金 5%　　210			
12/31	寄销损益　　　　　　690			
	＄6 710			＄6 710

* 结存 20 箱＄2 300 的计算如下：

$\frac{20}{50} \times \$5\,250 = \$2\,100$

$\frac{20}{48} \times \$480 = \underline{200}$

$\underline{\$2\,300}$

(上列第二式首项分母 48 箱,是 50 箱减火灾损失 2 箱后的余额)

计算 12 月 31 日的寄销损益,如图表 5-18 所示：

(图表 5-18)

销售(28 箱@＄150)		＄4 200
销售成本：		
每箱成本：		
原发货成本	＄100	
原发货运费	5	
到达后运送费 $\frac{\$480}{48}$	10	
	＄115	
28 箱成本＄115×28＝＄3 220		
分销费用	80	
佣金	210	
成本及费用合计		3 510
寄销损益(利润)		＄690

对于寄销损益,应作下列会计分录,结转"寄销商品——B公司",结转后"寄销商品——B公司"账户结平。

12月31日	借:寄销商品——B公司	$690
	贷:寄销损益	$690

下年度截至此批寄销商品全部售完结清止发生的三笔业务,应作会计分录如下:

1月10日	借:现金	$3 430
	贷:应收寄销货款——B公司	$3 430
	(B公司汇来截至12月31日代销款净额)	
3月10日	借:应收寄销货款——B公司	$3 200
	贷:寄销商品——B公司	$3 200
	(B公司代销清单:代销20箱@$160)	
3月10日	借:寄销商品——B公司	$250
	贷:应收寄销货款——B公司	$250
	(B公司代销清单:分销费$90,代销佣金$160)	
3月15日	借:现金	$2 950
	贷:应收寄销货款——B公司	$2 950
	(B公司汇来代销款净额)	

将以上会计分录,过记"寄销商品——B公司"账户,如图表5-19所示:

(图表5-19)

寄销商品—— B公司

1/1	上月结转:20箱	$2 300	3/10	代销清单:20箱@$160	$3 200
3/10	代销清单:分销费	90			
	佣金5%	160			
寄销损益		650			
		$3 200			$3 200

1~3月寄销损益计算,如图表5-20所示:

(图表5-20)

销售(20箱@＄160)	＄3 200
销售成本:＄115×20箱	＄2 300
分销费用	90
佣金	160
	2 550
寄销损益	＄650

寄销损益会计分录转账如下:

 借:寄销商品——B公司   ＄650
  贷:寄销损益   ＄650

此批寄售商品全部结清。最后将"发出寄销商品"账户贷方余额结转"商品存货"账户,会计分录如下:

 借:发出寄销商品   ＄5 000
  贷:商品存货   ＄5 000

以上是寄销商会计处理的过程。代销商的会计处理则比较简单,简述如下:

  代销商收到寄销商发来商品时,产生代销商品的义务,但是,这种关系无法用货币计量,代销商的经济业务实际是在收到并持有(但不具所有权)货物后开始;

  设置"代销商品——A公司"账户。代寄销商支付搬运费、税款以及其他有关支出时,记入该账户的借方,售出代销商品取得销售收入时,记入贷方,与寄销商定期结算,应收取代销佣金,并汇交代销收入,净额记入借方。此账户最后结平无余额;

  代销商自销的商品照常记入"销售"账户,不与代销相混;

  代销商可另设代销商品登记簿,记录代销商品的收进、销售和结存,以反映实物的变动,并与会计记录相联系。

第六章 商品进货业务的核算

第一节 商品进货核算要点

一、商品进货与销货密切联系

商品进货和销货在商业企业的营销活动中是两项主要而且密切联系的活动。进货是为了供应销货的需要；销货则是购进商品的推销。以销定进、以进保销、进销结合，形成企业经营活动的合理循环，从而保证在资金运用上实现资金的有效周转和不断增值，促进经济效益的提高。这种关系如图表6-1所示：

（图表6-1）

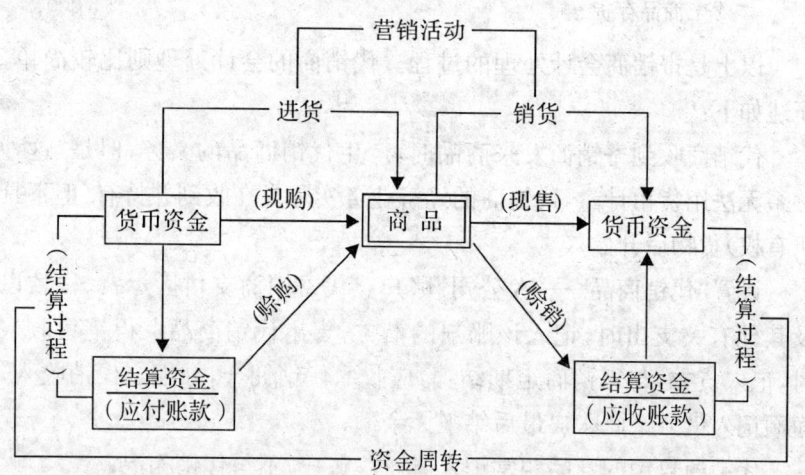

由上图可见，企业的营销活动，既是商品购销的循环，也是营运资金的周转，互相对应。在进货过程中，现金进货需要付出货币资金（包

括现金和银行存款),赊账进货则发生应付账款(含应付票据),经过结算过程,最终仍要用货币资金偿付。销货过程也与此类似,现金销货在成交时收入货币资金,赊账销货发生应收账款(含应收票据),经过结算最终收回货币资金。

会计作为信息系统,对于商品购销活动中产生的数据信息都要收集、分析和核算,并进行及时反映和有效控制,保证并促进购销循环和资金周转。

二、商品进货核算的要点

商品进货核算的要点,在许多方面都是与销货的核算要点相对应的。例如,在会计科目的应用上,"销货"和"进货"、"销货退回与折让"和"进货退回与折让"、"销货折扣"和"进货折扣"、"运出运费"和"运入运费"等;在日记簿的设置上,"销货日记簿"和"进货日记簿";在总分类账科目和明细分类账的设置上,"应收账款"与"应收账款明细分类账"和"应付账款"与"应付账款明细分类账"。本章着重讨论:进货日记簿和应付账款明细分类账的应用例解;进货成本和销售成本的核算;应付凭单制的应用。

第二节 进货日记簿和应付账款明细分类账

一、进货日记簿的应用

进货日记簿是专门用以登记赊购商品的特种日记簿,其格式和运用与销货日记簿相似,只是方向相反。

假设亚平宁滑雪器械商店经营滑雪设备和运动服装,12月份发生的业务活动如下:

12月1日　从山地商品公司买进滑雪靴 $1 450,发票为♯6250,发票日期11月28日,45天内付款,无折扣。

12月6日　从汉诺威工业公司买进滑雪橇 $2 750,发票为♯1965,发票日期12月2日,30天内付款,无折扣。

12月9日　收到山地商品公司555号贷项通知单,金额$350,
同意11月28日的#6250发票所购滑雪靴中残损部
分退货。

12月15日　从冬装商店买进茄克衫$1 280,发票为#698,发票
日期12月11日,60天内付款,无折扣。

12月19日　从汉诺威工业公司买进滑雪杆$950,发票为
#1657,发票日期12月15日,30天内付款,无折扣。

12月22日　从希尔顿服装公司买进滑雪裤$567,发票为#649,
发票日期12月16日,信用条件1/10,n/60。

12月28日　收到汉诺威工业公司83号贷项通知单,金额$54,系
退回12月15日的#1657发票所购有残损的滑雪杆。

12月31日　从新世纪纺织品公司买进厚运动衣$650,发票为
#456,发票日期12月27日,信用条件2/10,n/30。

根据以上数据,登记进货日记簿和普通日记簿。如图表6-2、6-3
所示:

(一) 登记进货日记簿

(图表6-2)

日期	购入商号	发票号	发票日期	信用条件	过账	金额
12/1	山地商品公司	6250	11/28	n/45	√	$1 450
12/6	汉诺威工业公司	1965	12/2	n/30	√	2 750
12/15	冬装商店	698	12/11	n/30	√	1 280
12/19	汉诺威工业公司	1657	12/15	n/30	√	950
12/22	希尔顿服装公司	649	12/16	1/10,n/60	√	567
12/31	新世纪纺织品公司	456	12/27	2/10,n/30	√	650
	合计				√	$7 647

(二) 登记普通日记簿

退货与折让,根据对方开具的贷项通知单,逐笔登记普通日记簿。

(图表6-3)

日期	分录	过账	借方	贷方
12/9	应付账款	√	$350	
	进货退回与折让	√		$350
	(山地商品公司555号贷项通知单,原发票日期11/28,发票为#6250)			
12/28	应付账款	√	54	
	进货退回与折让	√		54
	(汉诺威公司83号贷项通知单,原发票日期12/15,发票为#1657)			

二、过记总分类账和明细分类账

在登记上述进货日记簿和普通日记簿后,应过记总分类账和明细分类账,如图表6-4、6-5、6-6所示:

(一)总分类账

(图表6-4)

进　货　　　　　　　　账号

日期		摘要	过账依据	借方	贷方	借或贷	余额
月	日						
12	31	12月份赊购	进	$7 647		借	$7 647

进货日记账上12月份加计的总额$7 647过入总分类账"进货"账户借方,同时过入"应付账款"账户的贷方。

(图表6-5)

应付账款　　　　　　　　账号

日期		摘要	过账依据	借方	贷方	借或贷	余额
月	日						
12	1	上月余额结转				贷	$5 400
	9	进货退回与折让	普	$350			
	28	进货退回与折让	普	54			
	31	12月份赊购	进		$7 647	贷	$12 643

(11月30日余额$5 400,系假设所给数据)

(图表 6-6)

进货退回与折让 账号

日期		摘　　要	过账依据	借　方	贷　方	借或贷	余　额
月	日						
12	9	应付账款	普		$350		
	28	应付账款	普		54	贷	$404

（二）明细分类账

明细分类账应按户分别设置。

假设各户 12 月 1 日账面余额如下：

新世纪纺织品公司	$425
汉诺威工业公司	1 250
希尔顿服装公司	1 545
冬装商店	2 180
合　计	$5 400

四户余额之和与总分类账"应付账款"账户同日余额相符。如图表 6-7、6-8、6-9、6-10、6-11 所示：

(图表 6-7)

新世纪纺织品公司

日期		摘　　要	过账依据	借　方	贷　方	借或贷	余　额
月	日						
12	1					贷	$425
	31	2/10,n/30			$650	贷	1 075

(图表 6-8)

汉诺威工业公司

日期		摘　　要	过账依据	借方	贷方	借或贷	余　额
月	日						
12	1					贷	$ 1 250
	6	n/30			$ 2 750	贷	4 000
	19	n/30			950	贷	4 950
	28	进货退回,83号通知单		$ 54		贷	4 896

(图表 6-9)

希尔顿服装公司

日期		摘　　要	过账依据	借方	贷方	借或贷	余　额
月	日						
12	1					贷	$ 1 545
	22	1/10, n/60			$ 567	贷	2 112

(图表 6-10)

冬装商店

日期		摘　　要	过账依据	借方	贷方	借或贷	余　额
月	日						
12	1					贷	$ 2 180
	15	n/30			$ 1 280	贷	3 460

(图表 6-11)

山地商品公司

日期		摘　　要	过账依据	借方	贷方	借或贷	余　额
月	日						
12	1	n/45			$ 1 450	贷	$ 1 450
	9	退货,555号贷项通知单		$ 350		贷	1 100

过账完毕之后,根据应付账款明细分类账,编制应付账款分户余额表,如图表 6-12 所示:

(图表 6-12)

新世纪纺织品公司	$1 075
汉诺威工业公司	4 896
希尔顿服装公司	2 112
冬装商店	3 460
山地商品公司	1 100
合　计	$12 643

余额表合计数,与同日总分类账"应付账款"账户余额相符,验证无误。

第三节　进货成本和销售成本

一、进货成本

进货成本和销售成本是互有联系但又有区别的两个概念。进货成本是销售成本的主要组成部分;销售成本和销售收入又是决定销售利润的主要因素。

进货成本包括发票成本和运入运费(即按运输条件应由买方负担的运费)。两项合计又称"交货成本"(delivery cost)。如果有进货退回与折让,应从交货成本中减计,减计后的净额,称为"净交货成本",这是可供本期销售的商品成本(cost of goods available for sale)的主要部分。

二、销售成本

销售成本(cost of goods sold)是由本期进货成本与期初存货和期末存货结合加减构成的。进货成本加上期初存货(即上期期末存货结转本期可供本期销售的存货),为本期可供销售的商品总额,从中减去本期期末存货(即本期期末库存未售部分,转入次期,为次期的期初存货),即为本期的"销售成本"。本期销售净收入总额减去本期销售成本总额,即为本期的销售利润或称销售毛利。

在利润表中,这一部分反映直接由商品购销业务而产生的毛利,又称为利润表的营业部分(trading section)。从销售毛利中减去各项费用,再加减营业外收支,得出本期净损益。现设例说明(图表6-13所示):

(图表6-13)

销售净收入:			
销售收入			$340 000
减:销货退回与折让		$2 500	
销货折扣		7 500	10 000
销货净收入			$330 000
销售成本:			
期初存货		$85 000	
进货成本:			
进货	$210 000		
加:运入运费	7 500		
交货成本	$217 500		
减:进货退回与折让	$2 500		
减:进货折扣	2 000		
	$4 500		
进货成本净额		$213 000	
可供销售商品成本总额		$298 000	
减:期末存货		90 000	
销售成本			$208 000
销售利润			$122 000

上表虚线框内数据,反映本期进货成本的计算。本期进货成本净额加期初存货减期末存货后即为销售成本。

第四节 商品存货和销售成本

一、期初存货和期末存货

本期的期初存货和上期的期末存货实际上是同一笔存货,不过由于会计要求划分会计期间(会计年度),因此,不同年度之间就需要明确划分,一个会计期间之末的期末存货,就是下一个会计期间开始时的期初存货。两者之间有连续性。但从会计核算角度分析,也有区别:

第一,期初存货在当期开始后即投入销售,随着销售而转变为销售成本的一部分并进入损益表。期末存货则代表未售部分的成本,列入资产负债表。可见,期末存货和次期的期初存货虽然代表同一笔存货,但在会计处理上,是不同的。

第二,在损益表上,期初存货是计算销售成本的一个加项,期末存货则是计算销售成本时的一个减项。

正是由于期初存货和上期的期末存货这种既有连续又有不同的特点,所以它们对销售成本以及销售利润的影响也有所不同:如本期期末存货高估,资产负债表内流动资产的数额必然抬高,而在本期损益表内,则销售成本降低,销售利润相应上升(假设其他条件不变)。本期期末存货结转下期为期初存货。由于本期期末存货高估,则下期期初存货也必然随之高估(假设其他条件不变),其结果必使下期的销售成本抬高,而销售利润相应下降;反之,如本期期末存货低估,其结果就与高估情况相反。

关于存货的会计核算和估价问题,在以后存货章内还将专章论述。

二、销售成本

销售收入可以分解为两个部分,即:销售成本的收回和销售利润的实现。

进货成本也可以分解为两个部分,即:已售部分形成销售成本和未售部分代表期末存货。销售收入项下收回的销售成本和进货成本项下已售部分的销售成本相互对应但并不对等,因为销售收入中收回的"销售成本"含有期初存货,而进货成本中的已售部分则不包括期初存货在内。

通过以上对商品存货和销售成本的分析说明,有助于对损益表中"营业部分"的了解、编制和分析。

第五节 应付凭单制和内部控制

一、应付凭单制的涵义和作用

应付凭单制(voucher system)是控制负债和现金支出的一种方法。负债应随时跟踪、按时偿还,以维持信誉,并避免差错;现金支出须有合法的单证为据,以防止错误和侵用,都需要经过主管人员的审批才能支付。为此,在业务发生时,要填具付款凭单,按规定程序经过审批后,按时开具支票支付(包括采购商品、偿还负债和支付开支)。如果没有附具合法单据并经过批准的付款凭单,不能开出支票进行支付。

应付凭单制所实现的控制可以概括如下:

未经事前核准不能发生负债。例如,赊购商品需要有经过批准的采购定单;

除有指定特殊用途的资金,如零用现金外,所有的支出都必须开具支票;

如果没有经过审批的付款凭单核准支付,不能开出支票;

在企业内部设置和补充专用现金(如零用现金)和对外支付单据和发票款,都需要填具付款凭单,而收进其他单位开具的单据和发票,也需要经过验证核实后审批付款;

指定有经验而且负责的员工承担审批单据和发票付款的工作,非指定人员不能参与;

批准付款的票据和发票附在有关的付款凭单之后作为附件(须加

盖"附件"戳记),然后交会计人员作账,批准付款的人员不能兼任记账工作;

签发和寄送付款支票的工作须换手处理,不能由以上有关人员兼办;

已支付的付款凭单,应加盖"付讫"和年月日戳记,并连同所附的单据和发票另档归存一定期限;

应付凭单制操作手续严密、内部分工较细、人员素质要求较高、费用开支也较大,作为一种内部控制的方法,最适用于大中型企业。

二、应付凭单制的结构

应付凭单制由付款凭单、应付凭单登记簿和支票登记簿组成。分述如下:

(一) 付款凭单(voucher)

它是核准现金支出(开发支票)的书面凭证。在付款凭单送指定负责人员审批付款之前,为了保证付款凭单内容准确和会计分录的正确无误,需要由不同人员完成以下几项验证工作:将定购单、发票和收货单进行核对,考查在数量、价格、货物种类和信用条件上是否相符;验算发票上的数额(如单价与数量的乘积和相加的合计数)是否准确无误;审查在会计分录上应记借方的账户和金额是否正确(会计分录的贷方为"应付账款")。

下面列举付款凭单参考格式,如图表 6-14 所示。

付款凭单是内部控制的工具、登记入账的凭证和跟踪负债的根据,是应付凭单制运作的核心。

根据付款凭单登记应付凭单登记簿(voucher register),将未付凭单按照到期日先后顺序排列置于未付凭单档箱内保管(如果是即时付款,当时便据以开具支票,付款凭单便可不必入档箱)。未付凭单加计的总额,与应付凭单登记簿的应付凭单余额必须相符,应付凭单起着应付账款明细分类账的作用。因此,实行应付凭单制度便可不必另设应付账款明细分类账。

(图表 6-14)

甲 公 司	付款凭单
收款人：乙公司 地址：	No. 2—5 凭单日期：2/1,2003 信用条件：2/10,n/30 折扣日期：2/11,2003 到期日期：3/2,2003

发票日期	发票号	摘　　　要	金　　额
2/1	5647	套装、工装裤、茄克衫	$734.50

分配入账(借方)		价格√(签名)
科　目	金　额	收料√(签名)
进货 (账号)	$734.50	金额√(签名)　　　　$734.50 折扣 支付净额 核准支付(签名) 支票号____日期____

到期凭单应从未付凭单档箱内取出，按照正常程序开具支票，将支票号码和日期记入凭单(见图表6-14右下角)，同时登记应付凭单登记簿和支票登记簿，付讫的凭单上应加盖"付讫"戳记，然后置入另设的付讫凭单档箱，按号顺序排列归档保管。付讫凭单也可以按收款人名称排列保管，便于查考并避免重付。

应付凭单登记簿一般是一月一结，为了便于查考，付款凭单的编号可采用月份号和凭单顺序号相结合的方式。例如，5月份填制的凭单即可按 5-1,5-2,……顺序编列。

(二)应付凭单登记簿

付款凭单按照规定手续填制并经过审批后,按其编号顺序登记应付凭单登记簿。这是每月填发付款凭单的详细序时记录,记录应标明每一笔付款凭单应记借方和贷方的账户和金额,反映借贷平衡关系。

应付凭单登记簿为"应付账款"(或"应付凭单")设置贷方专栏,为"进货"、"运入运费"等设置借方专栏。设置专栏的条件,必须根据专项经济业务发生的频度而定。对发生频度高的项目,应设置专栏,可以简化账务处理手续。对于未设专栏的科目,则设"其他科目"栏登记。

在采用应付凭单制度的企业,由于应付凭单登记簿中为"进货"设置借方专栏,为"应付账款"设置贷方专栏,所以没有必要再另设进货日记簿。

应付凭单登记簿的格式,如图表 6-15 所示:

(图表 6-15)

应付凭单登记簿

(_____年度_____月份)

应付凭单		收款方户名	支付		应付账款(贷)	进货(借)	运入运费(借)	其他		
号码	日期		日期	支票号				科目	过账账页	(借) (贷)
(1)		(2)	(3)		(4)	(5)	(6)	(7)		

说明:(1) 应付凭单的编号和日期(指凭单日期,而非记账日期):按凭单编号依次填记;(2) 收款方户名:也即销售方或提供服务方名称;(3) 支付日期及支票号码:在付款凭单到期开具支票付款时,与该项凭单发生时的记录平行登记,起"销账"作用,并与支票登记簿的记录相对应;(4)、(5)、(6) 三栏为三个专栏,月末分别加计总数过入总分类账"应付账款"账户的贷方和"进货"账户与"运入运费"账户的借方(借方专栏的设置视具体情况和需要而定);(7) 其他:凡属未设置专栏的科目,都记入此栏。

月末总计时,借方专栏加"其他"栏的借方金额之总和,应与贷方专栏加"其他"栏的贷方金额之总和相等。

第六章 商品进货业务的核算

（三）支票登记簿（check register）

这是所有支票付款的序时记录，用以代替现金支出日记簿。在应付凭单到期开出支票付款时，记入支票登记簿，同时在应付凭单登记簿的第(3)栏与该项应付凭单发生时记录平行记入支票日期及支票号码，表示"销账"。

支票登记簿的格式，如图表 6-16 所示：

(图表 6-16)

支 票 登 记 簿
（____年度____月份）

日期	支票号码	收款人	付款凭单号码	应付账款（借）	进货折扣（贷）	银行存款（贷）
(1)	(2)	(3)		(4)		

说明：(1) 日期系支票上的日期，支票号码按开出支票的号码顺序登记，如有作废支票致前后开出支票号码不衔接，应加注明；(2) 收款人即支票抬头人，也即付款凭单上所记收款人；(3) 为开出支票支付所根据的付款凭单的号码，与应付凭单登记簿的(3)栏对照联系；(4) 在每月月末，加计各栏合计数额，借方专栏合计数应与贷方专栏合计数相等，分别过入总分类账有关账户。

三、应付凭单制运作举例

为了具体说明应付凭单制的运作，举例如下：

科伦布五金零售中心 8 月份发生下列业务：

8月1日　填制 8-1 付款凭单，金额 $750，应付阿佩克房地产公司租金，同时开具＃5201 支票一纸付讫。

8月3日　填制 8-2 付款凭单，金额 $150，应付大地办公用品公司办公用品款，信用条件 n/30。

8月4日　填制 8-3 付款凭单，金额 $600，应付城镇木制品公司店堂装置款，信用条件 n/30。

8月5日　填制8-4付款凭单，金额＄135，应付麦迪森运输公司运送商品的运费。

8月6日　开具♯5202支票，支付8-4付款凭单应付款。

8月8日　填制8-5付款凭单，金额＄3 000，应付通用五金公司货款，信用条件2/10，n/30。

8月9日　从阿葛商用机器公司买进现金收入记录机1台，价格＄500，先付款＄250，其余＄250在三十天内付清。填制8-6和8-7两份付款凭单，同时开具♯5203支票＄250将8-6付款凭单付讫。

8月10日　填制8-8付款凭单，金额＄4 000，应付泰史特五金公司货款，信用条件2/10，n/30。

8月12日　填制8-9付款凭单，金额＄200，应付柯尔用品公司店堂用品款，信用条件n/30。

8月15日　开具♯5204支票，支付8-5应付凭单款，扣除2％现金折扣。

8月18日　填制8-10付款凭单，金额＄80，应付先驱日报广告费，同时开具♯5205支票付讫。

8月19日　填制8-11付款凭单，金额＄265，应付麦迪森运输公司运送商品运费。

8月20日　开具♯5206支票，支付8-11付款凭单＄265；开具♯5207支票，支付8-8付款凭单，扣除2％现金折扣。

8月25日　填制8-12付款凭单，金额＄2 500，应付通用五金公司货款，信用条件2/10，n/30。

8月27日　填制8-13付款凭单，金额＄250，应付城市公用事业公司本月份电费。同时开具♯5208支票付讫。

8月28日　填制8-14付款凭单，金额＄120，应付电话公司本月电话费，同时开具♯5209支票付讫。

8月31日　支付本月工薪＄2 400，扣除代扣所得税＄260，净付＄2 140，填制8-15付款凭单，并开具♯5210支票付讫。

第六章 商品进货业务的核算

(图表 6-17)

应付凭单登记簿

应付凭单		收款方户名	支付		应付账款(贷)	进货(借)	运入运费(借)	其他			
日期	号次		日期	支票号				科目	过账页	借方	贷方
8/1	8-1	阿佩克房地产公司	8/1	5201	$750			租金费用		$750	
8/3	8-2	大地办公用品公司			150			办公用品		150	
8/4	8-3	城镇木制品公司			600			店堂设备		600	
8/5	8-4	麦迪森运输公司	8/6	5202	135		$135				
8/8	8-5	通用五金公司	8/15	5204	3 000	$3 000					
8/9	8-6	阿葛商用机器公司	8/9	5203	250			办公设备		500	$260
8/9	8-7	阿葛商用机器公司			250						
8/10	8-8	泰史特五金公司	8/20	5207	4 000	4 000					
8/12	8-9	柯尔用品公司			200			店堂用品		200	
8/18	8-10	先驱日报	8/18	5205	80			广告费用		80	
8/19	8-11	麦迪森运输公司	8/20	5206	265		265				
8/25	8-12	通用五金公司			2 500	2 500					
8/27	8-13	城市公用事业公司	8/27	5208	250			公用事业费		250	
8/28	8-14	电话公司	8/28	5209	120			电话费用		120	
8/31	8-15	本月工薪	8/31	5210	2 140			工薪费用		2 400	
								应付税款			260
		合　　　计			$14 690	$9 500	$400			$5 050	$260
		已付凭单 10 笔			$10 990						
		未付凭单 5 笔			3 700						
		合　　计　　15 笔			$14 690						

要求：登记应付凭单登记簿，登记支票登记簿，编制应付凭单清单，并分别和相互验证。

（一）登记应付凭单登记簿

应付凭单登记簿如图表 6-17 所示。

（二）登记支票登记簿

支票登记簿如图表 6-18 所示：

（图表 6-18）

支 票 登 记 簿

日期		支票号码	收款人	付款凭单号码	应付账款（借）	进货折扣（贷）	银行存款（贷）
8	1	5201	阿佩克房地产公司	8-1	$750		$750
	6	5202	麦迪森运输公司	8-4	135		135
	9	5203	阿葛商用机器公司	8-6	250		250
	15	5204	通用五金公司	8-5	3 000	$60	2 940
	18	5205	先驱日报	8-10	80		80
	20	5206	麦迪森运输公司	8-11	265		265
	20	5207	泰史特五金公司	8-8	4 000	80	3 920
	27	5208	城市公用事业公司	8-13	250		250
	28	5209	电话公司	8-14	120		120
	31	5210	本月工薪	8-15	2 140		2 140
			合 计		$10 990	$140	$10 850

（三）编制未付凭单清单

未付凭单清单如图表 6-19 所示：

（图表 6-19）

8-2	大地办公用品公司	$150
8-3	城镇木制品公司	600
8-7	阿葛商用机械公司	250
8-9	柯尔用品公司	200
8-12	通用五金公司	2 500
	合 计	$3 700

以上应付凭单登记簿、支票登记簿和未付凭单清单三项相互验证无误,同时还应与存置凭单的档箱所置放的凭单核对,以免发生差错。对于未付凭单存置时间过长者,尤应加以分析,如有问题(如遗漏、误置),应予及时解决。

四、需要特殊处理的问题

以上例述是应付凭单制度的正常运作情况,即在应付款项业务发生时(如应付购货款、偿付负债、应付费用支出等),填制应付凭单并记入应付凭单登记簿;在开出支票支付应付凭单时,记入支票登记簿,并在应付凭单登记簿内,与应付凭单发生时的原记录平行"销账"。这种情况属于正常的、大量的。但有时也可能发生一些非经常性的特殊情况,例如,应付凭单到期时,部分支付、部分分批支付;在应付凭单到期之前,发生退货或折让;享受或放弃现金折扣,等等。这些情况发生的频度虽不高,利用普通日记簿记录也可以解决,但因原业务发生时是在应付凭单登记簿内登记,为了便于前后关联,并且加强内部控制,宜于通过应付凭单登记簿处理。兹继续举例分述如下:

(一) 偿付到期应付票据本息

假设科伦布五金中心曾于6月5日开具六十天期9%利息票据,向第一国民银行借款$10 000,8月5日到期时应支付本息共$10 150 $\left[\left(1+\frac{2}{12}\times 9\%\right)\times 10\,000\right]$。到期时应填制$10 150应付凭单,经审批后开具支票交银行偿还借款本息,在应付凭单登记簿和支票登记簿中的记录,如图表6-20、6-21所示:

(图表6-20)

应付凭单登记簿

日期		凭单号码	收款方户名	支付		应付账款(贷)	其他			
				日期	支票号		科目	过账	借方	贷方
8	5	8-√	第一国民银行	8/5	√	10 150	应付票据 ——银行	√	10 000	
							利息费用	√	150	

(图表 6-21)

支票登记簿

日期		支票号码	收款人	凭单号码	应付账款（借）	银行存款（贷）
8	5	√	第一国民银行	8-√	10 150	10 150

（二）应付凭单部分支付

原应付凭单是按发票金额全额填制的。假设科伦布五金中心原对通用五金公司的 8-5 应付凭单金额 $3 000，由于现金短缺，先付半数 $1 500，其余 $1 500 延期支付。此时应将原 $3 000 凭单注销，换填两个 $1 500 应付凭单，其中一个凭单开具 $1 500 支票支付，登入支票登记簿，同时在应付凭单登记簿"支付"栏填记支票日期及号码注销。如图表 6-22、6-23 所示：

(图表 6-22)

应付凭单登记簿

日期		凭单号码	收款方户名	支付		应付账款（贷）	其他			
				日期	支票号		科目	过账	借方	贷方
8	8	8-5	通用五金公司	注销		3 000				
8	18	8-√	通用五金公司	8/18	√	1 500	应付账款	√	1 500	
		8-√	通用五金公司			1 500	应付账款	√	1 500	

注：此登记簿中第一笔 8 月 8 日凭单 8-5 应付账款 $3 000，系从上例应付凭单登记簿原记录中引来。

(图表 6-23)

支票登记簿

日期		支票号码	收款人	付款凭单号码	应付账款（借）	进货折扣（贷）	银行存款（贷）
月	日						
8	18	√	通用五金公司	8-√	1 500	30	1 470

(三)进货退回与折让

假设 8 月 15 日从泰史特五金公司购货 $4 000(已在 8 月 10 日填制 8-8 付款凭单)中退货 $400,实际应付货款 $3 600,并于 20 日支付,享受现金折扣 2%,扣除后实付 $3 528。这笔业务既有退货与折让,又有现金折扣,其处理方法是:在应付凭单登记簿将原 8-8 付款凭单 $4 000注销,重新填制付款凭单 $3 600,同时在支票登记簿内反映现金折扣。如图表 6-24、6-25 所示:

(图表 6-24)

应付凭单登记簿

日期		凭单号码	收款人	支付		应付账款(贷)	进货(借)	其他		
月	日			日期	支票号			科目	过账	借方	贷方
8	10	8-8	泰史特公司	注销		4 000	4 000				
8	15	8-√	泰史特公司			3 600		应付账款	√	4 000	
								进货退回与折让	√		400

注:此登记簿中第一笔 8 月 10 日的 8-8 凭单应付账款 $4 000,是从上例应付凭单登记簿中原记录引来。

(图表 6-25)

支票登记簿

日期		支票号码	收款人	付款凭单号码	应付账款(借)	进货折扣(贷)	银行存款(贷)
月	日						
8	20	√	泰史特公司	8-√	3 600	72	3 528

如果退货是在进货当月发生,原应付凭单还未届月终汇总过账,可以在应付凭单登记簿上原记此笔"应付账款"贷方数额和"进货"借方数额之上各标记 $400 表示冲减,在月终两个专栏金额加总过账时,分别作为减项,其处理比较简单。

(四)进货折扣

进货现金折扣的处理,有发票总额法和净额法两种方法。上例中有两笔进货折扣业务,都是按发票总额法举例的。如果超过折扣期付款不享受折扣而支付发票总额,不需要作任何调整。但是,如果采取净额法处理,则原付款凭单是按折扣净额填制,在应付凭单登记簿内,"应付账款"贷方栏和"进货"借方栏登记的都是折扣后净额。如果在折扣期内付款按折扣净额支付,自无问题,不需调整。但是,如果超过折扣期而按发票金额付款,则实付金额(发票金额)和付款凭单金额(折扣后净额)之间必然出现差额,此项差额应作为"折扣损失"。

以上例中 8-5 付款凭单通用五金公司货款 $3 000 为例,此笔信用条件为 2/10,n/30,其折扣净额为 $2 940[(1-2%)×$3 000],折扣损失为 $60($3 000-$2 940)。应付凭单登记簿和支票登记簿上的记录,如图表 6-26、6-27、6-28 所示:

(图表 6-26)

应付凭单登记簿

日期		凭单号码	收款人	支付		应付账款(贷)	进货(借)	其他			
月	日			日期	支票号			科目	过账	借方	贷方
8	8	8-5	通用五金公司	8/15	√	2 940	2 940				

如果在折扣期内付款,支票登记簿内容如下:

(图表 6-27)

支票登记簿

日期		支票号码	收款人	凭单号码	应付账款(借)	折扣损失(借)	银行存款(贷)
月	日						
8	15	√	通用五金公司	8-5	2 940		2 940

如果超过折扣期付款,支票登记簿内容如下:

(图表6-28)

支 票 登 记 簿

日期		支票号码	收 款 人	凭单号码	应付账款（借）	折扣损失（借）	银行存款（贷）
月	日						
8	15	√	通用五金公司	8-5	2 940	60	3 000

"折扣损失"在当期损益表内列入销售成本作为加项。因为采用净额法，"应付账款"和"进货"都按折扣净额入账。如果超过折扣期而未享受折扣，则"进货"显然低估，进货成本是销售成本的主要部分，因此"折扣损失"结入销售成本。

第七章 商品分配与流通费用的核算与控制

第一节 商品分配与流通费用概述

一、商品分配与流通成本的性质

从事于商品分配与流通活动的商业企业,其经济活动以商品的营销业务为中心,属于非制造业活动,商业企业的会计通常称为商业会计。在商业会计中,也有必要应用成本核算的原理与技术,对商品的分配与流通费用进行核算、分析、控制。

传统的成本会计概念与成本核算程序,如成本会计制度、标准成本制度、预算控制制度,以及其他有关的控制技术,都是应用于制造业的。随着商品的分配与流通职能的发展及其重要性的增加,要求成本会计的原则、核算、分析、控制的职能和技术,在商品分配与流通领域的会计核算中相适应地实施并发挥其应有的作用。

二、销售成本和分配及流通费用

商品营销业务活动的成本,既有商品本身的成本,即售出之商品所固有的生产成本(或购入成本),属于销售成本,也有商品在分配与流通过程中所发生的分配与流通费用,即物流费用。以下设例分别说明:

1. 销售成本。

假设某商业企业某年度的损益表,如图表 7-1 所示。

由图表 7-1 可见,作为销售收入的减计项目包括销售成本和各项费用,销售收入减计销售成本为销售毛利(或称销售利润),销售毛利减计各项费用为税前净利润。其中,销售成本是由本期进货成本加期初存货减期末存货而计算得出的,期初存货和期末存货都是账面上所固

第七章 商品分配与流通费用的核算与控制

(图表 7-1)

销售收入		$ 225 600
（减除退回与折让后的净额）		
减：销售成本：		
期初存货	$ 30 300	
＋本期进货	185 600	
可供销售商品成本	$ 215 900	
－期末存货	36 400	
＝销售成本		$ 179 500
销售毛利		$ 46 100
减：各项费用：		
营业费用	$ 16 980	
管理费用	12 640	29 620
净利润（税前）		$ 16 480

有的，期内采购进货成本在账面上也有其确定数值，基本上都无何可控性。

2. 分配与流通费用。

商品在分配与流通过程中所发生的购销、运送、装卸，以及仓储保管和保险等一系列费用支出，属于物流成本，即商品分配与流通费用，主要包括上列损益表中的营业费用和一部分管理费用，在正常情况下，其可控性较大，一般将控制物流成本与降低物料消耗及节约劳动消耗并列为降低生产经营成本、提高营业利润的源泉。

第二节　商品分配与流通成本的分析和控制

商品分配与流通成本的标准化、计量、预算和控制，比制造成本更为繁难，这主要是由于不同销售人员、不同往来客户、不同商品类别，以及不同时间和地区等等因素各有其特点，因之计划和控制分配与流通活动难有标准方法，会计人员必须既要掌握一般原则和通例，又要根据时间与地区的具体情况因地因时制宜，对商品分配与流通成本作细致

(图表 7-2)

损益表项目	总计 金额($)	总计 %	繁华地区 金额($)	繁华地区 %	一般地区 金额($)	一般地区 %	边缘地区 金额($)	边缘地区 %
销售收入	19 700 000		5 250 000		7 520 000		6 930 000	
减:销售退回与折让	35 935		10 500		15 040		10 395	
销售净额	19 664 065	100.00	5 239 500	100.00	7 504 960	100.00	6 919 605	100.00
减:销售成本	10 045 473	51.09	2 619 750	50.00	3 827 529	51.00	3 598 194	52.00
销售毛利	9 618 592	48.91	2 619 750	50.00	3 677 431	49.00	3 321 411	48.00
营业费用:								
工薪费	3 620 000	18.41	1 250 000	23.86	1 150 000	15.32	1 220 000	17.63
广告费	210 000	1.07	85 000	1.62	65 000	0.87	60 000	0.87
公用事业费	273 000	1.39	95 000	1.81	75 000	1.00	103 000	1.49
办公费	390 000	1.98	135 000	2.58	125 000	1.68	130 000	1.88
租赁费	1 150 000	5.86	450 000	8.58	380 000	5.06	320 000	4.62
仓储费	235 000	1.20	80 000	1.53	80 000	1.06	75 000	1.08
保险费	100 000	0.51	25 000	0.48	40 000	0.53	35 000	0.51
其他	240 000	1.20	85 000	1.62	80 000	1.06	75 000	1.08
营业费用合计	6 218 000	31.62	2 205 000	42.08	1 995 000	26.58	2 018 000	29.16
净收益	3 400 592	17.29	414 750	7.92	1 682 431	22.42	1 303 411	18.84

的分析,切实的计划和有效的控制。

一、按地区分析分配与流通成本

假设某商品分配流通企业,其业务区域分别设于繁华地区、一般地区和边缘地区。首先分析其分区业务情况。假设该企业某年度各分区损益表,如图表 7-2 所示。

图表 7-2 反映的繁华区店、一般区店和边缘区店三个地区店损益表项目的结构,各以销售净额为 100%,销售成本和营业费用各占销售净额的百分比,并结算最后的净收益及其所占百分比。由图表 7-2 可见,三个区店的销售成本所占销售净额的百分比相差不大,繁华区店为 50%,一般区店为 51%,边缘区店为 52%。而主要由于各个地区的营业费用所占销售净额的百分比相差较巨(繁华区店为 42.08%,一般区店为 26.58%,边缘区店为 29.16%),以致各区店的净收益所占销售净额的百分比比较悬殊(繁华区店为 7.92%,一般区店为 22.42%,边缘区店为 18.84%)。

根据图表 7-2 数据,将各个损益项目按区店分析,反映损益表项目在不同区店的分配结构,如图表 7-3 所示:

(图表 7-3)

地 区		繁 华	一 般	边 缘	合 计
销售净额	金额($)	5 239 500	7 504 960	6 919 605	19 664 065
	%	26.65	38.17	35.18	100.00
销售成本	金额($)	2 619 750	3 827 529	3 598 194	10 045 473
	%	26.08	38.10	35.82	100.00
销售毛利	金额($)	2 619 750	3 677 431	3 321 411	9 618 592
	%	27.24	38.23	34.53	100.00
营业费用	金额($)	2 205 000	1 995 000	2 018 000	6 218 000
	%	35.46	32.09	32.45	100.00
净收益	金额($)	414 750	1 682 431	1 303 411	3 400 592
	%	12.20	49.47	38.33	100.00

由图表 7-3 可见,销售净额、销售成本和销售毛利均以一般区店所占比例为最高,其次为边缘区店,再次为繁华区店。而营业费用所占比例则以繁华区店为最高,一般区店和边缘区店则相接近,因此,使各区店的净收益之差距拉大,特别是繁华区店的净收益只占 12.20%,而边缘区店和一般区店则分别为 38.33% 和 49.47%。

进而对营业费用进行比较,如图表 7-4 所示:

(图表 7-4)

费用项目	总计		繁华区店		一般区店		边缘区店	
	金额($)	%	金额($)	%	金额($)	%	金额($)	%
工薪费	3 620 000	58.21	1 250 000	56.69	1 150 000	57.64	1 220 000	60.46
广告费	210 000	3.38	85 000	3.85	65 000	3.26	60 000	2.97
公用事业费	273 000	4.39	95 000	4.31	75 000	3.76	103 000	5.10
办公费	390 000	6.27	135 000	6.12	125 000	6.26	130 000	6.44
租赁费	1 150 000	18.50	450 000	20.42	380 000	19.05	320 000	15.86
仓储费	235 000	3.78	80 000	3.63	80 000	4.01	75 000	3.72
保险费	100 000	1.61	25 000	1.83	40 000	2.01	35 000	1.74
其他	240 000	3.86	85 000	3.85	80 000	4.01	75 000	3.71
合计	6 218 000	100.00	2 205 000	100.00	1 995 000	100.00	2 018 000	100.00
	(100.00%)		(35.46%)		(32.09%)		(32.45%)	

由图表 7-4 可见,各区店分别按营业费用项目占各该地区费用总额的百分比分析比较,工薪费、公用事业费、办公费等项目均以边缘区店的百分比为最高,并均超过各区店总计的百分比;租赁费用项目以繁华区店百分比为最高,其次为一般区店,并均超过各区店总计的百分比,其他项目所占百分比则各区店之间相差不大。

二、可控费用和不可控费用

为了便于明确责任,实行有效的流通费用控制,可将流通费用分析归类为可控费用和不可控费用,凡是一个部门发生和计入的费用能够由该部门主管实施一定程度的控制者为可控费用,凡是一个部门计入的费用不属该部门所能影响或控制者则为不可控费用。原则上,成本和费用应该都是可控的,所谓可控与不可控是相对于一定的条件。例如,上例中的工薪费、广告费、公用事业费、办公费等项目均属于可控费用。但租赁费、仓储费则为不可控的。此外,如折旧费决定于折旧资产的占用,以及灾害事故保险、财产税等等,则均属于不可控费用。

第三节 分配与流通费用的经营分析

所谓经营分析,是分析企业损益表上的项目所反映的经营活动。对于损益表上的每一个收入和费用项目都可作多种分析。现就销售数据资料的分析,具体说明如下:

商品分配与流通企业的销售数据在控制费用成本和计划未来经营活动上都是十分重要的,研究一个商业企业销售的特点,其顾客、商品和销售程序等等,可以提供有助于改进经营管理增加营业利润的有用信息。以下举出具有典型意义的分析加以说明:

一、分析占用地面每平方米面积的销售额

即当期销售数额除以占用地面面积的平方米数,可以反映现有销售数额和销售潜量相对于占用地面面积是否占用过量,或未能充分利用其所在地区优势和占地面积充分发挥其推销潜力。如果在分析时对不同区店进行横向比较,则更能反映问题。

引用前例三个不同地区的区店的有关数据,如图表 7-5 所示:

(图表 7-5)

区 店	占地面积 (平方米) (1)	销售净额 ($) (2)	每平方米 销售额($) (3) [(2)÷(1)]	租赁费 ($) (4)	每平方米 租赁费($) (5) [(4)÷(1)]
繁华区店	1 500	5 239 500	349	450 000	300
一般区店	1 900	7 504 960	395	380 000	200
边缘区店	1 800	6 919 605	384	320 000	178

图表7-5所列销售净额和租赁费系根据前表数据,占地面积系本例假设。由该图表分析可见,按占地每平方米所创销售额,以一般区店为最高,边缘区店次之,而繁华区店则居末;占地每平方米租赁费的顺序则最高为繁华区店,最低为边缘区店,一般区店居中。可见繁华区店仍需发挥其地区优势扩大销售数额,以提高占地每平方米的销售额。

二、分析每一定货单和每一笔发票的平均销售额

小额量销售的成本费用相对地高,其处理成本、开单成本以及其他有关成本几乎与大额量销售不相上下,显然大额量定货单是可取的,可以分析期内每一顾客的总销售量,在分析基础上对顾客进行分类,并作对顾客的服务成本分析,通过分析可以进一步明确这样一些问题:小额量销售的毛利是否足够支付服务于此类顾客的成本,如何采取促销措施,增加顾客的购买额,小额量购买的顾客是否有提高购买量的潜力,对于潜力不大的远地小额量购买的顾客,是否可以放弃或减少促销努力而听其自然,等等。

三、按商品分类分析其市场寿命周期

有些商品虽然比其他商品表现出的毛利率较低,或许需要投入较大的促销努力,但是,可能此类产品正处在商品市场寿命周期的投入阶段,具有未来增长的潜力;有的产品则可能已邻近商品市场寿命周期的衰退阶段的临界,必然将要从市场上淘汰。对此,有必要进行了解与分析,并分别采取对应的措施。

第四节 分配与流通费用的预算控制
——弹性预算

预算是按未来一定时期的经济活动水平编制的一种额量计划,一般是以货币数据计量,反映收入和(或)支出的预算金额。

流通费用预算是对在商品营销流通过程中所发生的各项流通费用

的预算,其中有的项目数额固定而不随业务量变动,有的项目则数额随业务的不同水平而变动,前者属于固定预算,后者则为弹性预算。弹性预算反映流通费用与业务量之间的动态关系,在预算控制上更较切合实际而有效。

在流通费用的预算控制中,固定预算与弹性预算可以同时并用,在编制流通费用的弹性预算时,一般是将流通费用的可变性销售净额为基础,以相对于销售净额的百分比表示。

以下设例说明:

假设某商品流通企业的弹性预算,如图表 7-6 所示:

(图表 7-6)

项 目	流通费用		销售额量($)		
	固定部分($)	变动部分(占销售额%)	(1)	(2)	(3)
销售额			250 000	300 000	350 000
销售成本		60%	150 000	180 000	210 000
销售毛利		40%	100 000	120 000	140 000
营业费用					
可控费用:					
工薪费	15 000	5.0	27 500	30 000	32 500
工薪税	1 200	0.5	2 450	2 700	2 950
员工保险费	1 000	0.1	1 250	1 300	1 350
抚恤金及退休金	1 400	0.5	2 650	2 900	3 150
广告费	2 000		2 000	2 000	2 000
公用事业费	1 500		1 500	1 500	1 500
办公费	500	0.2	1 000	1 100	1 200
维修费	300	0.2	800	900	1 000
招待费	200	0.1	450	500	550
杂费	100	0.3	850	1 000	1 150

(续表)

项目	流通费用		销售额量（$）		
	固定部分（$）	变动部分（占销售额%）	(1)	(2)	(3)
可控费用合计	23 200	6.9%	40 450	43 900	47 350
不可控费用：					
租赁费	9 500		9 500	9 500	9 500
折旧费	4 500		4 500	4 500	4 500
灾害保险费	500		500	500	500
财产税	1 000		1 000	1 000	1 000
不可控费用合计	15 500		15 500	15 500	15 500
营业费用合计	38 700	6.90%	55 950	59 400	62 850
税前利润			44 050	60 600	77 150

说明：

1. 此表为了便于说明问题，只对销售数额设了三个档次，即 $250 000，$300 000 和 $350 000。如果销售数额处于两个档次之间时，可按比例推算。

2. 流通费用分作固定部分和变动部分。前者列金额，后者列相当于销售数额的百分比，按销售数额档次分别计算。

3. 营业费用分为可控费用和不可控费用两个部分。可控费用按固定部分和变动部分分栏。不可控费用只有固定部分，包括租赁费、折旧费、灾害保险费、财产税等等项目。

4. 弹性预算的计算主要反映在可控费用部分。以工薪费为例：

如工薪费，固定部分是 $15 000，变动部分为销售额的 5%。具体计算如下：

在销售额为 $250 000 时：

$15 000 + ($250 000 × 5%) = $15 000 + $12 500 = $27 500

在销售额为 $300 000 时：

$15\,000+(\$300\,000\times 5\%)=\$15\,000+\$15\,000=\$30\,000$

在销售额为 $350\,000$ 时：

$15\,000+(\$350\,000\times 5\%)=\$15\,000+\$17\,500=\$32\,500$

又如办公费用，固定部分是 500，变动部分为销售额的 0.2%。具体计算如下：

在销售额为 $250\,000$ 时：

$500+(\$250\,000\times 0.2\%)=\$1\,000$

在销售额为 $300\,000$ 时：

$500+(\$300\,000\times 0.2\%)=\$1\,100$

在销售额为 $350\,000$ 时：

$500+(\$350\,000\times 0.2\%)=\$1\,200$

其余依次类推。

采用弹性预算作为控制流通费用的工具，关键在于将预算数额与实际发生额作切实的比较，以便最贴切地发现其间的差异进行研究解决。

第五节 保本点分析

保本点分析是本、量、利分析的一种方法，利用成本、业务量和盈利三个因素相互间的关系进行分析，寻求既无利润也无亏损，而恰足以收回成本（即保本）的销售额量，因此又称"损益两平点"或"盈亏分界点"。在此点上，销售收入减去变动成本之后的余额为"创利额"，恰可涵盖固定成本，不盈不亏而足以保本。如果销售额在保本点以上，即为盈利；反之，如果在保本点以下，则为亏损。在商品分配流通领域，保本点分析有助于作出销售营运和控制分配流通费用的决策。

保本点的计算公式如下：

$$\frac{\text{固定成本总额}}{\text{单位创利额}} = \text{保本点数量}$$

(单位创利额＝销售单价－单位变动成本)

根据上例弹性预算数据,举例说明如下:

销售成本	60%(占销售额的%)
流通费用变动部分	6.9%
合计	66.9%

创利额＝100%－66.9%＝33.1%

流通费用的固定部分为 $38 700,计算保本点如下:

$$\frac{\$38\,700}{100\% - 66.9\%} = \frac{\$38\,700}{33.1\%} = \$116\,918$$

验证:

销售收入	$116 918
流通费用固定部分	$38 700
流通费用变动部分	$78 218 (116 918×66.9%)
	$116 918

根据以上数据绘成线图,如图表 7-7 所示:

(图表 7-7)

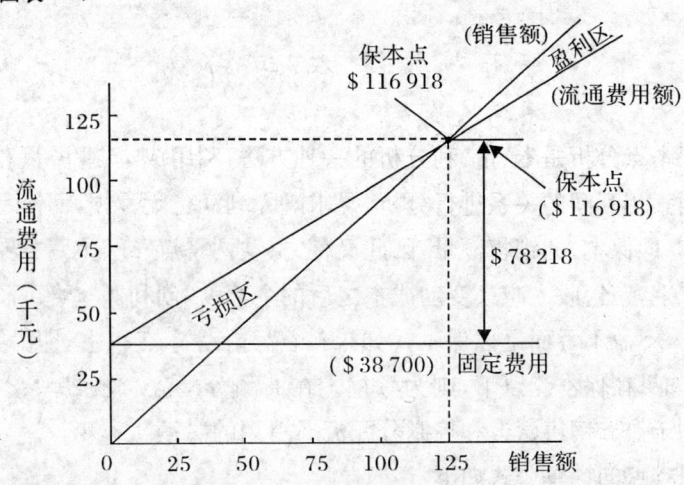

说明：

(1) 横坐标为销售额(千元)，在保本点销售额 $116 918 处向上引一垂直虚线。纵坐标为流通费用(千元)，在保本点流通费用 $116 918 处向右平行引一虚线，两条虚线之交点为保本点。在保本点上，销售额和流通费用相等，均为 $116 918，不盈不亏。

(2) 在纵坐标 $38 700（固定费用）向右引一平行线，代表固定费用。

(3) 从纵坐标与横坐标的 0 点交会处，向右上连接保本点引一斜向直线，代表销售额。

(4) 从纵坐标固定费用的起点 $38 700 处，向右上连接保本点引一斜向直线，代表流通费用额。

(5) 销售额线与流通费用额线在保本点上相交。在交点以上销售额大于流通费用额，为盈利区；在交点以下销售额小于流通费用额，为亏损区。

第六节 标准成本制度的应用

商品分配与流通费用可以采用标准成本制度与预算控制(弹性预算)相配合进行控制。关于预算控制，已在第四节中作过例述。本节就标准成本制度例解，就标准之制定、实际费用与费用标准比较之差异作说明。

假设某公司设有打包运输部，执行商品的打包和装运工作。打包和装箱，每箱装运 20 千克指定商品，平均需要时间为 20 分钟，即每小时打包装运 3 箱。其他有关营业数据如下：

全年固定成本总额	$67 500
变动成本(不算人工)	
每袋 20 千克商品一箱	$8
人工成本，计时工每小时	$12

全年打包装运数量预计为180 000千克(共装运9 000箱)。打包装运指定商品20千克为1箱的标准成本计算如下：

打包装运箱数：

180 000千克,每箱20千克,计9 000箱

打包装运9 000箱需要的标准时间：

9 000箱,每小时装运3箱,需3 000小时

年固定成本	$ 67 500
变动成本：	
人工(3 000小时,每小时$12)	$ 36 000
其他(每箱$1×9 000箱)	9 000
变动成本合计	45 000
预计成本总计	$ 112 500

每袋运20千克为1箱的标准成本：

$$\$112\,500/9\,000 = \$12.50$$

每箱标准成本的结构如下：

固定成本	$67 500/9 000= $ 7.50
人工成本	$12/3= 4.00
其他	1.00
合　计	$12.50

假定固定成本在全年每月等量分布,并假设在当年3月份打包装运750箱,其月份实际成本如下：

固定成本($5 625/12)	$ 5 625
人工(200小时@$12.50)	2 500
其他	720
合　计	$ 8 845

平均每箱实际成本如下：

固定成本	$5 625/750=	$ 7.50
人工	$2 500/750=	3.33
其他	$720/750=	0.96
合 计		$11.79

平均每箱实际成本与每箱标准成本比较,如图表 7-8 所示:

(图表 7-8)

项 目	实际成本	标准成本	比较差异
固定成本	$7.50	$7.50	—
人工	3.33	4.00	0.69 有利
其他	0.96	1.00	0.04 有利
合 计	$11.79	$12.50	0.71 有利

平均每箱实际成本低于标准成本 $0.71 为有利差异。

不论实际成本与标准成本比较为有利差异或不利差异,均需进行差异分析,找出形成差异的原因,有利原因需要巩固,不利原因设法解决。如果有的系由于所定标准本身的原因,则于必要时也可对标准进行分析修订。

第八章 现金和证券短期投资

在一般情况下,有价证券短期投资以及应收账款和应收票据均能在短期内比较容易地转变为现金,因而它们与现金一并列在资产负债表流动资产项目之下。财务报表的使用者在评估企业的短期偿债能力时,必须了解该企业流动资产项目的构成及其金额。本章阐述现金和有价证券短期投资这两个项目,至于应收账款和应收票据则留待下章介绍。

第一节 现金与现金的内部控制

一、现金的范围与性质

会计中"现金"一词,除了指企业拥有的现钞(硬币、纸币)以外,还包括银行存款以及可随时作为存款而存入银行的任何货币项目。如支票、本票、汇票等。会计上要求现金项目必须具备可随时使用而不受限制的特点。这样,远期支票、银行退回的未付支票(如存款不足的支票)、定期储蓄存单、欠款借条、已送银行托收但尚未收到收讫通知的票据、限定用途作为某种基金的现金,以及受到限制的银行存款,均不能视作现金项目。

企业一般根据实际需要设置现金账户,除库存现金账户外,可能在几家银行分别开立银行存款账户。由于企业财务报表的外部使用者只关心企业全部现金余额与资产负债表其他项目之间的关系,因此,在编制资产负债表时,只用"现金"一个项目来列示企业所有银行存款和库存现金账户的汇总余额。

企业的营业交易事项最终都将导致现金的流入和流出。但是，现金本身是一种非生产性资产，并不直接产生收益，因此，当积存的现金超过当前需要时，企业通常是把它们用于能产生收益的短期投资上，主要是短期投资于流动性高的有价证券。由于这些有价证券能在短期内转换成现金，有时就称其为等同现金项目。

二、现金的内部控制

现金作为支付手段，具有极高的流动性，最容易被经管人员挪用、侵吞或盗窃。因此，需要实行严密的内部控制制度，包括保护库存现金及处理现金收付的程序。现金内部控制制度最重要的措施有三：

第一，经手收付与保管现金的人员不得兼管现金账的记录，即出纳要与会计工作分开，防止侵用现金和伪造会计记录；

第二，每天的现金收入如数存入银行；

第三，全部现金支出均使用支票，不得由现金收入中坐支。

现金内部控制制度因企业的类型及规模而有所不同。这里只介绍一般的做法。

（一）现金收入的控制

现金收入通常有两种形式：柜面现销收取的现金和由邮寄汇款偿付赊欠收取的现金。不同的形式应采取不同的控制做法。

1. 柜面现销收取现金。

通常是利用现金出纳机来处理。现金出纳机应放置在顾客能看到记录金额的位置上，并可以打印出收据交顾客持有。现金出纳机上装有可连续打印多笔现销记录的纸带，可以自动结计现销的总金额。

现金内部控制的基本原则在于现金记录与保管分离。因此，经手现金的销货员不得接触出纳机上的纸带。每天营业结束时，销货员要清点现金出纳机里的钱数并填制规定的清点计数单，送交会计部门。另有专门人员负责从现金出纳机里取出纸币和现金，点计钱数并与销货员的计数单核对是否相符。然后,将现金交负责收集现金送存银行的出纳员,纸带则送交会计部门据以编制相应的会计分录,登记现金收入日记簿。在此方法下,销货员和出纳员不接触会计记录,会计部门的人员也不经手现金。

2. 邮寄汇款偿付赊欠收取的现金。

负责拆封信件的工作人员每日要填制一式多联的收款清单。将一联随同收到的支票和汇款单送交出纳员。出纳员把它们及从现金出纳机里收取的现金一并存入银行。将另一联送交会计部门,以便登记现金收入日记簿和有关的顾客账户。

(二) 现金支付的控制

所有现金支出应一律使用事先编号的支票。批准付款的人员应与签发支票人员的职责分开。负责批准付款的人员不得签发支票和作会计分录,在授权付款前应审核发票所载商品的数量、规格和价格是否与订购单相符,是否已收到无误。审核无误的发票,经过授权人员批准付款后,应加盖批准戳记。签发支票人员不能批准付款和作会计记录。签发支票后,应在发票上加盖付讫戳记,以免重复付款。最后,已批准付款的发票及支票副联(或存根)送会计部门据以作会计记录。

如果对现金支付采取上述内部控制程序,一般不易发生欺诈或侵吞现金的情况。

第二节 现金日记簿的设置与登记

现金日记簿是用于登记现金收入和付出业务的特种日记簿。视企业现金收付业务的频度可采用不同具体格式的现金日记簿。

一、单一现金日记簿

现金收付业务不多的企业,可采用单一现金日记簿。这种日记簿的格式一般是采用三栏式,如图表8-1所示:

第八章 现金和证券短期投资

(图表8-1)

现 金 日 记 簿

第　　页

200×年		凭证号数	摘　　要	对方账户	过账记号	借方	贷方	余额
月	日							
			合　　计					

单一现金日记簿既记录收现业务也记录付现业务,借方和贷方合计数,可定期过入总分类账现金账户。其中"对方账户"栏,应记入各笔业务与现金相对应的账户名称。过账时,应将现金借方栏的数字,逐笔过入对方有关账户的贷方;现金贷方栏的数字,逐笔过入对方有关账户的借方。过账后应在"过账记号"栏内填记对方账户在分类账内的页数,表示已经过账并且便于查对。

实际上企业涉及现金收付的业务往往是大量发生的,应用单一现金日记簿来逐笔过入现金对方分类账户的工作十分繁重。为简化过账工作并便于内部分工,可采用多栏式的现金收入日记簿和现金付出日记簿来分别记录现金收付业务。

二、现金收入日记簿

现金收入日记簿用于登记所有产生现金收入的经济业务,常见的现金收入业务,包括现金销售、收回应收账款、业主投入资金以及从银行借款等。现金收入日记簿的设计应能满足最常发生的现金收入业务的记录。现举例说明如下:

1月份布德温音像设备商店现金收入业务如下:

1月3日　　业主布德温投入资本＄10 000。

1月8日　现销商品$285。

1月10日　收到顾客阿勃特偿付本月2日货款。该应收账款的发票金额为$1 100,付款条件为2/10,n/30。

1月20日　收到顾客勃豪偿付本月5日的货款,该笔应收账款的发票金额为$900。

1月21日　现销商品$220。

1月31日　从银行借款$2 500。

以上各笔业务登入现金收入日记簿,如图表8-2所示:

(图表8-2)

现金收入日记簿

第1页

日期		摘要	现金(借方)	销货折扣(借方)	应收账款 过账记号	应收账款(贷方)	销货(贷方)	其他账户 账户名称	其他账户 过账记号	其他账户(借方)	其他账户(贷方)
1	3	业主投资	$10 000					股本	(300)		$10 000
	8	现销	285				$285				
	10	R·阿勃特	1 078	$22	✓	$1 100					
	20	D·勃豪	900		✓	900					
	21	现销	220				220				
	31	银行借款	2 500					应付票据	(205)		2 500
			$14 983	$22		$2 000	$505			—	$12 500
			(100)	(402)		(104)	(400)				

在现金收入日记簿中,对发生的每一笔现金收入业务,都要在现金(借方)专栏中登记实收的现金数额,在销货折扣(借方)专栏中登记因顾客在折扣期内付款而给予的现金折扣。在应收账款(贷方)专栏中,登记赊账销售的全额,不论有无现金折扣,均按发票金额登记,顾客户

名记入摘要栏内,以便登记辅助分类账。现销、赊销以外的经济业务收入现金的金额,登记在其他账户栏内。

上述现金收入日记簿的登记和过账程序可简括如下:根据原始凭证(或记账凭证)登记现金收入日记簿;每日将应收账款专栏的各笔金额对应摘要栏所记户名过入辅助分类账的有关账户,过账后在过账记号栏内用"√"注明,其他账户栏内的金额应每日或定期按栏内所记账户名称和借方或贷方金额过记有关账户,并在过账记号栏内注明所过入账户的编号;月末结计各栏的总额,并验算借记各栏总计金额和贷记各栏总计金额是否相等。如图表 8-3 所示:

(图表 8-3)

借记账户		贷记账户	
现金	$ 14 983	销货	$ 505
销货折扣	22	应收账款	2 000
		其他	12 500
借记金额	$ 15 005	贷记金额	$ 15 005

验算无误后,将各个专栏的合计金额分别过入各该相应账户,其他账户栏内的金额,则逐笔分别过入各有关账户。

三、现金付出日记簿

现金付出日记簿用于登记所有现金付出的业务。如现购商品、偿付所欠应付账款、各项费用开支、归还银行借款等。与现金收入日记簿一样,在现金付出日记簿中也应为经常发生的购货(现购)、应付账款(偿付赊购货款)、购货折扣等账户设置专栏,并设其他账户栏登记不属于专栏的其他账户的借贷方金额。现举例说明如下:

假定 1 月份布德温音像设备商店现金付出业务如下:

1 月 4 日　　现购商品 $ 680。

1 月 7 日　　支付商店租金 $ 325。

1 月 14 日　　现购店面装置 $ 410。

(图表8-4)

现金付出日记簿

第1页

日	期	支票号数	摘要	现金(贷方)	购货折扣(贷方)	应付账款 过账记号 (借方)	购货(借方)	其他账户 账户名称	过账记号	(借方)	(贷方)
1	4	101	现购	$680			$680				
	7	102	支付租金费用	325				租金费用	(516)	325	
	14	103	现购店面装置	410				店面装置	(170)	410	
	28	104	现购	840			840				
	29	105	支付一年期保险费	510				预付保险费	(110)	510	
	30	106	凯比公司	1 900		$1 900			✓		
	30	107	库珀公司	882	$18	900			✓		
				$5 547	$18	$2 800	$1 520			$1 245	—
				(100)	(511)	(210)	(510)				

1月28日　现购商品$840。

1月29日　支付为期一年的保险费$510。

1月30日　偿付凯比公司本月3日货款$1 900。

1月30日　偿付库珀公司本月24日货款,发票金额$900,因在折扣期内付款享有2%现金折扣$18,实付现金$882。

以上现付业务登记现金付出日记簿,如图表8-4所示。

在现金付出日记簿中,现金栏登记每笔实付现金数额,购货折扣栏登记因在折扣期限内付款而享受的现金折扣,这两栏都是贷方金额。偿付的应付账款记入应付账款栏,供货单位名称记入摘要栏,以便过入相应的应付账款辅助分类账账户。现购记入购货栏。这两栏都是借方金额。除此以外不能记入专栏的其他现金付出项目,则登入其他账户栏。

月末结计各栏的总计金额,并核对借记各栏合计金额和贷记各栏合计金额是否相等。如图表8-5所示:

(图表8-5)

借记账户		贷方账户	
应付账款	$2 800	现金	$5 547
购货	1 520		
其他	1 245	购货折扣	18
借记金额	$5 565	贷记金额	$5 565

验算无误后,将各栏的总计金额分别过入相应的总分类账户。

第三节　零用备用金制度

前已述及,现金内部控制制度要求企业的所有现金支出均应使用支票。然而,企业在日常经营中时常发生数额小而且频繁的零星开销,如邮费、运杂费、报刊杂志费等,对这些现金支出签发支票,既不经济也不方便。因此,有必要建立零用备用金。零用备用金是为供小额现金支出而设立,交由零用备用金管理人员掌管的一笔特定金额的现金。由于零用备用金的设置和补足都须签发支票,因此,企业的所有现金支出仍用支票来控制。零用备用金的会计核算,包括设置、支出及报销补足定额三项内容。

一、设置零用备用金

按照核定的零用备用金(petty cash)数额签发支票,交零用备用金管理人员提现备用。核定数额的多寡,取决于一定时期内企业零星开支的金额和次数。零用备用金最多应可供一个月使用。

会计部门拨付零用备用金,属于预付性质,应借记零用现金、贷记现金账户。

假设1月2日设置$200零用备用金,交事务部门掌管使用,需作会计分录如下:

借:零用现金 $200
  贷:现金 $200

二、零用备用金支用

掌管零用备用金的部门或人员从零用备用金中支付款项时,领用人应填写零用现金收据,交备用金管理人员收存,收据上写明金额、用途及日期,支付后加盖付讫印章。这样,零用现金柜中的现金数额加上收据的金额总合,应等于所设置的零用备用金定额。

领用人支付后取得正式凭证(如收据、发票或其他凭证),应签章证明交备用金管理人员,换回原填收据或将原填收据注销作废。备用金管理人员凭正式凭证向会计部门报销。

三、零用备用金定额补足

零用备用金需定期(或不定期)由备用金管理人员填具清单,连同原始凭证送由会计部门审核核销,并签发补足零用备用金定额的支票,其金额即为零用备用金报销清单经会计部门核销的数额。零用备用金管理人员持支票向银行提取现金,恢复为原备用金定额,继续支用。

当年年末最后一次零用备用金的报销和补足应在会计期末之前进行,以便使从零用备用金中支付的现金费用可以在当期入账。如果有现金溢缺情况,也可在当期调整。现举例说明如下:

假设上例设置零用备用金 $200,当月共支付 9 笔,金额共计 $168.08。其具体内容如图表 8-6 所示:

(图表 8-6)

支付凭证	支出用途	金额
1,2,6	办公用品	$24.70
3,7	邮电费	60.00
4	汽油费	30.44
5,8,9	交通费	52.94
合 计		$168.08
剩余现金		31.92
总计金额		$200.00

会计部门就据此开具 $168.08 支票,并作会计分录如下:

借:邮电费	$60.00
办公用品	24.70
汽油费	30.44
交通费	52.94
贷:现金	$168.08

补足零用备用金定额的分录并不影响"零用现金"账户。"零用现金"账户仅在起初设置零用备用金时记入借方,以后除非增减零用备用金定额在该账户作相应记录外,定期支用报销补足备用金定额时直接借记各项费用账户。在编制资产负债表时,零用备用金并入"现金"项目。

第四节 现金溢缺的处理

企业在日常现金收付活动中,现金发生溢缺即通常所称长短款的情况是难免的。在现金销售业务中,当现金出纳机中的现金数与现金出纳机纸带上记载的数额不符时,如果现金数额大于纸带上印记的数额即为溢余;反之,则为短缺。为了便于对现金的控制,应设置"现金溢缺"(cash over and short)账户记录。

假设5月6日现金出纳机中的实有现金为$1 903,而纸带上的金额为$1 908,则该日营业结束时,在记录现销的同时也应反映现金溢缺,作会计分录如下:

借:现金	$1 903
现金溢缺	5
贷:销货	$1 908

如果发生现金溢余,则应将差额贷记现金溢缺账户。年末办理决算时作为结账程序的一项,将现金溢缺账户的余额结转收益汇总账户(即"本年利润"账户)。在损益表内,如果现金溢缺为借方余额,则列作杂项费用,如果现金溢缺为贷方余额,则列作其他收益。在现金溢缺情况频繁发生或数额较大时,需要进行调查分析,找出原因,明确责任,力求改进。

第五节 银行存款与银行存款调节

一、银行存款

现金内部控制制度要求把每天收进的现金及时全部送存银行,所有现金支出通过签发支票支付。这样,企业银行存款记录为其内部的现金收付记录提供了核对依据,从而大大加强了内部控制。

企业的现金收入存入银行需要填制送款单,送款单上填明存入纸币、硬币和支票的金额,送款单一式两份,一份由银行留存,另一份由银行加盖收讫章,作为回单交存款户收执。从银行提取存款须签发支票。支票是由存款人签发的指示银行向指定的个人、企业或其他单位支付一定数额款项的一种法定凭证。送款单格式如图表 8-7 所示:

(图表 8-7)

×× 银 行

存款户：美国精制金属公司　　　　　　日期：200×年 11 月 6 日

斯佳宁南大街 8590 号

世纪城　加利福尼亚州　　　　　　　账号：0542—87—1156

现金	纸币	189.00
	硬币	11.70
支票：56—231		129.35
56—233		321.23
58—45		111.84
56—231		474.65
22—12		156.42
总计金额		1 394.19

　　每月末银行向存款户递送银行对账单。对账单逐笔列记该存款户当月每日存取款项的细数和月初、月末余额。存款户在银行的存款是银行的负债,反映在银行账面上为贷方余额,如有透支则出现借方余额。银行向存款户递送银行对账单时,附有付讫的支票和借项或贷项通知单。借项通知单是银行扣收手续费、支票印刷费及存款不足退票等事项而借记存款户账户的通知单。贷项通知单则是银行对企业存入款项以外的其他增加企业存款项目贷记存款账户的通知单,如收妥代收应收票据。此外,银行在更改其以前月份在存款人账户上发生的记

账错误时,也随对账单填发借项或贷项通知单。银行对账单格式如图表 8-8 所示:

(图表 8-8)

××银行

存款户:美国精制金属公司　　　　　　账号:0542—87—1156
地　址:斯佳宁南大街 8590 号
世纪城　加利福尼亚州　　起止日期:6/1/200×～6/30/200×

日 期	支票/借项		存款/贷项	余 额
	支票号数	金 额		
5/31				6 391.23
6/2	2016	489.75		
	2017	328.77		
	2018	274.44	1 459.28	6 757.55
6/5	2019	741.33		
	2020	576.90	927.63	6 366.95
6/9	2021	99.65		
	2022	297.59		
	2023	1 147.20	1 299.51	6 122.02
6/15	2024	55.08		
	2025	176.72		
		134.67NSF	816.81	6 572.36
6/22	2026	191.91		6 380.45
6/27	2028	469.95		
	2030	185.47	922.32	6 647.35
6/29	2033	296.31		6 351.04
6/30		12.75SC	1 800.00CM	8 138.29

期初余额	借 项		贷 项		当前余额
	次 数	金 额	次 数	金 额	
6 391.23	16	5 478.49	6	7 225.55	8 138.29

注:DM　借项通知单;　　CM　贷项通知单;
　　NSF　存款不足退票;　SC　服务手续费。

二、银行存款调节

银行对账单上的企业存款余额很少会与企业总分类账银行存款账户的余额相符。因此,有必要进行银行存款调节(bank reconciliation),确定导致双方余额不符的原因,计算出调整后的可用余额。

造成银行对账单余额与存款户账上银行存款余额不一致的原因有以下几方面:

第一,在途存款,即企业已作为存款登入银行存款账户,而银行尚未登记企业存款账户。这种情况在一定的日期上是时常存在的。

第二,企业已从银行存款账户中减记的数额,而银行尚未从该企业的存款账户中减记,如企业签出的支票尚未到达银行兑付。

第三,银行已贷记企业存款账户,而企业尚未接到银行通知借记银行存款账户,如银行已代收妥的应收票据及其他应收项目。

以上在一定日期上(如月末),企业与银行双方一方已入账而另一方未记账的项目,一般称为未达账项。

第四,银行已从企业的存款户中减记的金额,而企业尚未在银行存款账户中作出相应的减记记录,如银行收取的手续费、支票印制费及存款不足的退票等。

第五,企业与银行任何一方(或双方)在记账或结计余额上发生的错误。

按照以上所列五种情况,确定所需调整的项目,再编制银行存款调节表,确定正确的银行存款可用余额。银行存款调节表的编制程序如下:

第一,将银行对账单上所列的每笔存款,与企业的银行存款账户的记录逐笔勾对。如有错误,需要列出,以便改正。凡企业已经记账而银行尚未入账的存款,在调节表上要加记到银行对账单余额上。

第二,将银行对账单上所列已由银行兑付的支票金额,与企业银行存款账户的记录逐笔勾对,如有错记,应加订正。凡企业已签发而尚未由银行兑付的支票金额,在调节表上应从银行对账单余额中扣除。

第三,银行对账单所列的借项通知单项目与贷项通知单项目作为调整项目,在企业的银行存款账户余额上加计或减计(借项通知单减记,贷项通知单加计)。

第四,经过调节发现的属于银行方面的差错,通知银行改正,属于企业本身的记账错误则作相应的会计分录订正。

假设美国精制金属公司收到往来银行的对账单(见图表8-8),列示的200×年6月30日存款余额为$8 138.29,而该公司账上的银行存款余额为$6 323.76,相差$1 814.53。经过勾对,发现以下需调节的项目:

1. 6月30日该公司向银行存款$820.31,银行尚未入账,因而未包括在对账单内。

2. 有5张支票已签发记账,但尚未由银行兑付,因而未列银行对账单内:

支票号	金额
2027	$142.00
2029	262.25
2031	153.93
2032	59.37
2034	324.71
合计	$942.26

3. 银行对账单内有两笔借项通知单:(1)存入顾客弗兰克林交来的支票$134.67,因其存款不足被银行退票;(2)银行收取6月份手续费$12.75。企业均未记账。

4. 银行对账单内有一笔贷项通知单,为收妥不带息的应收票据$1 830,银行从中扣取$30托收手续费,净收账$1 800。

5. 银行对账单上列有一笔金额为$55.08的2024号支票,公司在现金付出日记簿中误记为$95.08,多记了$40。此笔用途系购买办公用品。

根据以上对账结果,即可编制200×年6月30日的银行存款调节表,如图表8-9所示:

(图表8-9)

美国精制金属公司
银行存款调节表(××银行)
200×年6月30日

银行对账单余额		$8 138.29
加:在途存款		820.31
		$8 958.60
减:未兑付支票		942.26
调节后余额		$8 016.34
公司的银行存款账户余额		$6 323.76
加:银行收妥代收票据		
($1 830-$30)	$1 800.00	
#2024支票多记	40.00	1 840.00
减:弗兰克林支票被退票	$134.67	$8 163.76
银行扣收手续费	12.75	147.42
调节后余额		$8 016.34

上面以银行对账单为基础和以企业的银行存款账户为基础的调节后的余额应相同,均为$8 016.34。此数既不同于银行对账单上的余额,也不同于企业总分类账中银行存款账户的余额。银行方面在在途存款登账及未兑付支票兑付后,其账簿记录显示正确余额$8 016.34,此数即代表企业的银行存款实际可用余额。企业为把现金余额调整为实际可以支用的余额,需在200×年6月30日在日记簿中作会计分录如下:

1. 登记银行收妥的应收票据及扣除的手续费。

借：银行存款 $1 800
　　杂项费用 30
　　　贷：应收票据 $1 830

2. 订正误记的♯2024支票金额。

借：银行存款 $40
　　　贷：办公用品 $40

3. 将被银行退票的弗兰克林交来的支票转入应收账款账户。

借：应收账款——弗兰克林 $134.67
　　　贷：银行存款 $134.67

4. 登记银行收取的6月份手续费。

借：杂项费用 $12.75
　　　贷：银行存款 $12.75

上述四笔会计分录也可作成一笔包括全部调节项目的复合会计分录如下：

借：银行存款 $1 692.58
　　杂项费用 42.75
　　应收账款——弗兰克林 134.67
　　　贷：应收票据 $1 830.00
　　　　　办公用品 40.00

这笔会计分录过账以后，公司的银行存款账户余额就成为$8 016.34，与调节表所列的调节后余额相合。如图表8-10所示：

(图表8-10)

	现　　金(银行存款)
调节前余额	6 323.76
调节	1 692.58
6月30日余额	8 016.34

第六节 有价证券短期投资

企业为了提高资金的使用效率,常把日常生产经营活动中一时暂不需要的现金购买政府或其他企业的股票或债券,以此作为投资,获取股利或债券利息。购持有价证券的投资可分为短期投资和长期投资。其区分的主要依据是预期持有时期的长短和投资证券是否可在有组织的市场买卖。短期投资有价证券的预期持有期间必须在一年或一个正常的营业周期以内,而且易于销售,具有较强的变现能力。两者不可缺一。否则,就视作长期投资。本节主要介绍短期投资的有价证券,它包括权益性证券和债务性证券的短期投资。

一、有价证券的买入

(一)权益性证券(股票)

所谓权益性证券,是指载明投资者拥有被投资企业净资产所有权的证券,如股票。购入作为短期投资的股票,要按购入时实际支付的成本入账,包括购买价格及附带费用,如经纪人佣金、过户费、交易税等。

假设美国精制金属公司于200×年1月10日购入克麦尼公司普通股股票7 400股,实际支付价款(含经纪人佣金等费用)$69 000,作会计分录如下:

借:有价证券——股票　　　　　　　　　$69 000
　　贷:现金　　　　　　　　　　　　　　　　$69 000

有时购入的股票中可能包括已宣告但尚未支付的股利,在确定入账成本时,应从支付价款中扣除这部分应收股利,应收股利应单设账户反映。

假设上例价款中,含有已宣告待发放的股利$5 000,则购买时作会计分录如下:

借：有价证券——股票	$64 000
应收股利	5 000
贷：现金	$69 000

收到股利时,再作会计分录如下：

借：现金	$5 000
贷：应收股利	$5 000

（二）债务性证券

所谓债务性证券,又称契约性证券,指载明投资者享有债权的证券,如国库券、公司债券等。购入短期投资的债券,同样是按照购买时实际支付的价款入账。如果是在两个付息日之间购入债券,则应将从上个付息日至购入日之间的利息作为应收利息,购价减除应收利息后的数额作为投资成本入账。

假设美国精制金属公司于200×年1月1日按97％折价购入面值$100 000、10％年息的某公司发行的债券,另付经纪人佣金等$200,债券利息于每年4月1日和10月1日支付,计算投资的成本如下：

债券买价　　（$100 000×97％）	$97 000
加：经纪人费用	220
债券成本合计	$97 220
加：应计利息(10月1日～1月1日	
$100 000×10％×3/12)	2 500
付款合计	$99 720

根据以上计算,作会计分录如下：

借：有价证券——债券	$97 220
应收利息	2 500
贷：现金	$99 720

二、短期投资证券损益的处理

（一）持有期间取得收益

短期投资持有的有价证券,在持有期间产生一定的收益,如购入公司股票可获取股利,购入债券获取债券利息。对于短期股票投资在发行股票的公司宣布发放股利时就可认为收益实现,并确认入账。作借记"应收股利"、贷记"股利收入"的会计分录(登记普通分录簿)。当实际收到现金股利时,则作借记"现金"、贷记"应收股利"账户的会计分录(登记现金收入日记簿)。但在实务中,如果宣布股利和支付股利都在同一会计年度,而不是跨越两个年度,也可以仅在收到股利时作一笔借记"现金"、贷记"股利收入"账户的会计分录。

对于短期债券投资取得的利息收入,要区分是在付息日购入债券还是在两个付息日之间购入债务。若属前一种情况,则购入成本中并无应计利息,在下一付息日收到的利息全部是投资企业的利息收入。若债券是在两个付息日之间购入,则收到的利息中含有两个部分:一部分在上次付息日之后至购入日期之间的利息,即购入债券时所付应收利息的收回;另一部分是购入日至本期付息日之间的利息,属于投资企业的实际利息收入。

仍以前例,假设该公司于200×年4月1日收到某公司债券半年利息时,应作会计分录如下:

借:现金	($100 000×10%×6/12)	$5 000
贷:应收利息		$2 500
利息收入		2 500

如果债券付息日与企业会计年度结束日不一致,则应在年末决算时计算持有债券从上次付息日至年末之间的应计利息,作调整分录入账。

仍以前例,假设该公司会计年度结账日为12月31日,其持有债券从10月1日~12月31日的应计利息为$2 500,作调整分录如下:

借:应收利息	$2 500
贷:利息收入	$2 500

待下一年度开始,该公司按照常规作一转回分录:

借：利息收入 $2 500
　　贷：应收利息 $2 500

（二）售出时发生的损益

当有价证券短期投资因企业需用资金而全部或部分出售时，应贷记"有价证券"账户，售价与购入成本之间的差额即为出售有价证券的损益。

假设前例该公司于200×年10月9日售出其持有的克麦尼公司股票的1/2，售价为$42 500，应编制会计分录如下：

借：现金 $42 500
　　贷：有价证券——股票 $34 500
　　　　投资损益 8 000

仍依前例，假设该公司于200×年10月1日以99%折价、外加应计利息售出投资的某公司债券，另付经纪人佣金$200，投资损益计算如下：

债券售价 （$100 000×99%）	$99 000
减：经纪人佣金	200
债券出售应收现金	$98 800
加：应计10～11月两个月利息	
（$100 000×10%×2/12）	1 667
共收现金	$100 467

根据计算结果，作会计分录如下：

借：现金 $100 467
　　贷：有价证券——债券 $97 220
　　　　利息收入 1 667
　　　　投资收益 1 580

过账后，"有价证券——债券"账户结平。

三、年度决算时持有短期投资的估价

在资产负债表上，对于权益性证券的短期投资，要按照成本与市价孰低原则予以揭示。

假设美国精制金属公司在2002年12月31日股票投资组合的资料如图表8-11所示：

(图表8-11)

股票种类	成本	市价 (2002.12.31)	市价 (2003.12.31)
布莱尔公司	$33 000	$27 000	$30 000
克麦尼公司	69 000	73 500	78 000
伊温公司	52 500	52 500	55 000
古朗公司	121 500	105 000	107 000
总额	$276 000	$258 000	$270 000

该投资组合2002年12月31日的市价比成本低$18 000，在资产负债表上按市价列报，对于市价低于成本的差额作为权益证券未实现跌价损失反映，作会计分录如下：

借：权益证券未实现损失	$18 000
贷：权益证券跌价备抵	$18 000

未实现损失列入收益表，如数额不大，可作为其他费用；若数额较大，则列作单独项目。

权益证券跌价备抵账户是资产抵减账户，在资产负债表中列作有价证券的减项，列示如下：

流动资产：		
现金		$187 500
有价证券——股票	$276 000	
减：权益证券跌价备抵	18 000	258 000

这样列示，便于报表使用者既知道有价证券的成本也知道其市价。如果期末有价证券的市价超过原购入成本，鉴于稳健的原则，对未

实现的利得可以不予反映，仍以成本金额在资产负债表中列示，市价作底注说明。

股票市价如在下一个会计期末回升，市价总值高于账面价值（成本减备抵）时，可视为未实现损失的补回，列入当期收益，但其数额应以不超过备抵账户的余额为限。因为短期投资权益证券组合系按成本与市价孰低原则估价，在市价变动时可以调整增记，但以返回其原成本为限度。也就是说，由于投资的证券组合市价总值回升所产生的未实现收益只以备抵账户的余额为限，备抵账户的余额充其量只能减少至零，在备抵账户为零时，短期投资的账面价值即为其成本，短期投资的账面价值是不可能大于其总成本的。

上例表中附列的 2003 年 12 月 31 日股票投资组合的市价总值为 $270 000，较其上年同期的组合总值 $258 000 增加 $12 000，应视为未实现损失的补回，冲转跌价备抵，其会计分录如下：

借：权益证券跌价备抵　　　　　　　　　　$12 000
　　贷：未实现损失补回　　　　　　　　　　　$12 000

过账后，权益证券跌价备抵账户余额减为 $6 000，在资产负债表中的列示如下：

流动资产：
　现金　　　　　　　　　　　　　　　　　　$×××
　权益性有价证券　　　　　$276 000
　减：权益证券跌价备抵　　　 6 000　　　　 $270 000

以上所述系年末决算时对权益性证券的估价及其会计处理。

对于债务性证券在资产负债表上通常以其成本列示，但某些西方公司为保持会计上的一致性，往往也采用成本与市价孰低原则。不论是权益性证券或是债务性证券，如果它们的市价远远低于成本或市价下跌在短期内不会逆转时，都应以市价在资产负债表内列示，并在编表前作相应的会计处理。

对于债务性有价证券跌价损失,应作会计分录如下:

借:短期投资损失　　　　　　　　　　　　　$×××
　　贷:债务性证券短期投资　　　　　　　　　$×××

日后市价回升时不予确认,因为该短期投资账户的余额被认为是一项新的替换成本。

第九章 应收账款和应收票据

应收项目包括应收商业款项和应收非商业款项。前者指在企业正常经营活动中形成的应收账款和应收票据;后者则指非在正常经营活动中形成的其他应收款项,如出售固定资产的应收款、应收职工款、应收投资收益等。为了便于企业内部的经营管理和控制,并向财务报表的外部使用者提供必要的信息,对于应收商业账款和应收非商业账款应分设账户各作专门反映,在资产负债表中分别列示,如有必要,还应设置明细分类账,作明细分户记录。本章介绍应收商业账款的账务处理。

第一节 应收账款的性质和内部控制

一、应收账款的性质

企业销售商品或提供劳务,可以采取现金销售或赊账销售两种方式。应收账款是因企业赊销商品或赊供劳务而产生的。虽然采用现销方式,可以当时收进货款,有利于提高资金周转、改善现金状况和防止坏账发生,但在实际经营中,赊销则是主要的方式。这是因为:总有一部分购货方不能立即支付货款而要求销货方给以一定的付款期限,为了维系客户,对于信用状况较好者,往往乐于给以赊信;再者,赊销常会显著扩大销售量,增加企业的销售收入和净收益,为了在激烈的市场竞争中处于优势,获取较多的市场份额,企业往往情愿采取赊销方式。但在扩大赊销时也应考虑以下问题:扩大赊销所增加的销售利润(毛利)必须超过为此所增加的费用,如对客户资信状况的调查、赊欠货款的催理、内部增加的账务处理手续等费用;赊销面的扩大和赊销额的增加必然会使应收账款的平均余额提高,增加在应收账款上的投入和坏账的发生,对此需要认真估量和权衡,进行合理的管理和控制。

因赊销而产生的应收账款,是指在一年以内或一个正常经营周期内可以收回的应收销货款,属于流动资产性质的短期债权。至于由非销售活动而形成的应收款项,则不在其列,应另设"其他应收款"账户登记。

为了加强对应收账款的管理和控制,大公司通常设置信用部门,专门对客户进行信用调查,并向对企业进行信用评级的征信机构取得信息,以便确定要求赊购客户的信用状况和付款能力。为了有效地控制应收账款,除在总分类账中设置一个"应收账款"统驭账户,汇总记载一个企业全部客户的账款增减数额外,同时还应设置应收账款辅助分类账,以分别详细记载每一客户的账款增减和余额。在会计期末,应编制应收账款辅助分类账的分户余额表,以检查全部应收账款分户余额的合计数,是否与总分类账"应收账款"统驭账户的余额相等,如果不相等,应查对更正。

二、应收账款的内部控制

应收账款是资产负债表中流动资产的最大项目之一,在管理上要求授信审慎,定期收回,加速周转,避免坏账。为此,需要实行严密的内部控制制度。

应收账款的内部控制程序,开始于授权批准赊欠信用。对客户给予赊信必须经过指定的人员批准,并办理必要的手续,要做到以下几点:

第一,全部赊销业务都应正确和及时地登入有关客户的明细分类账户,随时反映每个客户的赊欠情况。

第二,赊销业务的全过程应分工执掌:登记应收账款明细账;填制赊欠客户赊欠账单;向赊欠客户交送或邮寄账单;处理从客户收入的现金。以上职能的具体分工,是为了防止侵用现金或商品和在应收账款账上作不正当记录进行掩盖。

第三,对于赊欠客户应定期开具账单通知,并定期分析账龄,对于经常延付或过期较久的账户,应及时催理,研究解决措施。

第四,批准消除坏账的权力只能授予指定的人员,消除坏账必须有确切证据,并经过被授权人员的书面批准。即使已经打入坏账,仍应根据情况继续催理,以减少坏账损失。

第五,对于分期收款销货的应收账款,除也适用以上各项外,还有其本身特点。如果分期收款由对方分期开具票据的,应妥善保管,到期时凭票据收款;对方中途毁约、将货物重新收回时,应做好收回货物的检查、记录、处理和再售出,尽量减少并防止由此产生的损失。

第二节 应收账款坏账的处理

企业无法收回的应收账款,称为坏账。因坏账导致的损失,称为坏账损失或坏账费用。在收益表中常列为销售费用,有的情况也可列为管理费用。应收账款坏账有两种处理方法,即直接销账法和备抵法。现分述如下:

一、应收账款坏账的直接销账法

所谓直接销账法(direct write-off method),就是在发现某笔应收账款无法收回时,转账列为该期的坏账费用,同时注销应收账款。例如,2002年5月10日赊销给威利公司商品$3 000,于2003年10月10日确认为无法收回,为注销此笔应收账款,转入坏账费用,应作会计分录如下:

借:坏账费用　　　　　　　　　　　　　　$3 000
　贷:应收账款——威利公司　　　　　　　　　$3 000

直接销账法较为简便。以上会计分录的结果是:把坏账损失记为实际发生坏账年份,即2003年的费用,同时减少应收账款$3 000。此法的缺点在于:坏账损失没有与其相关的销售收入相联系。如上例,销售给威利公司商品而实现的销售收入是列在 2002 年的收益表上,而坏账损失却反映在 2003 年的收益表上,违背配比原则,而且夸大了 2002 年的净收益及应收账款余额。配比原则要求坏账费用必须在确认赊销收入的同一会计期间的收入中减除。因此,处理坏账损失的合理方法是备抵法。

二、应收账款坏账的备抵法

所谓备抵法(allowance method),即在会计期末,估计该期应收账款总额中可能成为坏账的金额,通过借记"坏账费用"和贷记"备抵坏账"的调整分录,将坏账损失记为当期费用。

例如,多姆公司 200×年年末应收账款余额为 \$150 000,估计坏账为应收账款余额的 5%,即 \$7 500,200×年 12 月 31 日应作调整分录如下:

借:坏账费用　　　　　　　　　　　　　　　\$7 500
　　贷:备抵坏账　　　　　　　　　　　　　　　\$7 500

这笔调整分录,一方面将估计的 \$7 500 坏账作为确认赊销收入的会计期间的费用,列为 200×年收益表的减项,从而使费用与收入达到正确配比;另一方面在期末资产负债表上备抵坏账作为应收账款的抵减项目,可以反映应收账款估计可回收的净额。

应当指出:在登记估计坏账时,是贷记备抵坏账账户而非直接贷记应收账款账户。这是因为:备抵坏账是出于估计,而不是实际发生数额,而且总分类账中应收账款作为统驭账户需要与应收账款辅助分类账各户余额的合计数一致,即在借记或贷记应收账款统驭账户时,应同时相应地借记或贷记应收账款辅助分类账中的顾客账户。而提存备抵坏账是按应收账款的余额估计的,并不是也不可能事先确认某客户账款无法收回,如果直接贷记应收账款统驭账户将使其与应收账款辅助分类账脱节,因此,只能采取贷记备抵坏账账户的方法。

备抵坏账在资产负债表中作为应收账款的抵减项目,列示如下:

流动资产:		
现金		$ 97 450
应收账款	$ 150 000	
减：备抵坏账	7 500	142 500
存货		106 500
流动资产合计		$ 346 450

在采用坏账备抵法的情况下，坏账金额的估计是依据历史经验、对未来经济以及企业经营状况的预测和个人判断而作出的。关于坏账金额的具体估计，通常有以下三种方法可供选择。

（一）销售额百分比法

销售额百分比法（percentage of credit sales method）是以销售额的一定百分比估计坏账金额。这个百分比通常是根据以往坏账金额占销售额的比例而确定的。销售额是指扣除了现销额和销货退回与折让后的赊销净额。由于以赊销净额作为估计基础，而赊销净额属于收益表项目，此法也称"收益表法"。因收益表法强调赊销净额与坏账的联系，符合于配比原则。

例如，根据以往经验，判定每年赊销净额的 1% 为坏账损失，当年赊销净额为 $ 986 000，则年末调整分录如下：

借：坏账费用	$ 9 860	
贷：备抵坏账		$ 9 860

销售额百分比法告知人们当年赊销净额中预计有多少坏账损失，与过去年度的销售数额不相关联。因此，在计算坏账费用金额时，可以不考虑当时备抵坏账账户的现有余额。

（二）账龄法

账龄法（aging of accounts receivable）是根据应收账款各户赊欠期间的长短来确定估提备抵坏账金额的方法。账龄越长，应收账款无法收回的可能性越大，应估提坏账的比率也越高。其具体做法是：将应收账款各户按赊欠期限的长短分为几个区间，为每一个区间估计一个坏账率,将应收账款辅助分类账各户结欠金额,根据赊欠期间的长短,按区间分别归类并汇总,再分别乘以各区间适用的坏账率,得出各区间的估计坏账金额,最后加计总额即为估计应提的坏账金额。

确定账龄区间及每一区间的坏账率,根据按区间汇总的应收账款,估计坏账损失列表,如图表9-1、9-2、9-3所示:

(图表9-1)

估计坏账率分类表

账 龄 区 间	估计坏账率(%)
未超过信用期	1
超过 1~30 天	4
超过 31~90 天	10
超过 91~180 天	40
超过 180 天以上	70

(图表9-2)

应收账款汇总表

应收账款余额	未过期	已 过 期			
		1~30 天	31~90 天	91~180 天	180 天以上
$ 92 100	$ 72 500	$ 9 700	$ 4 600	$ 3 200	$ 2 100

(图表9-3)

估计坏账损失表

账 龄 区 间	金 额	估计坏账率(%)	估计坏账金额
未超过信用期	$ 72 500	1	$ 725
超过 1~30 天	9 700	4	388
超过 31~90 天	4 600	10	460
超过 91~180 天	3 200	40	1 280
超过 180 天以上	$ 2 100	70	$ 1 470
总计金额	$ 92 100		$ 4 323

与销售额百分比法不同,在账龄法下计提坏账费用金额时,需要针对当时备抵坏账账户的余额情况分别处理:

当"备抵坏账"余额在贷方,且小于估计的坏账损失金额时,按两者差额补提登记入账。

例如,上例中期末备抵坏账账户余额应为 $4 323,假设备抵坏账账户原有贷方余额为 $1 215,则期末登记的坏账费用应为 $3 108($4 323—$1 215),编制调整分录如下:

借:坏账费用　　　　　　　　　　　　　　$3 108
　贷:备抵坏账　　　　　　　　　　　　　　　$3 108

过账后,应收账款余额不变,备抵坏账账户的记录如图表 9-4 所示:

(图表 9-4)

备 抵 坏 账

	12/31	调整前余额	$1 215
	12/31	调整	3 108
	12/31	余额	$4 323

当"备抵坏账"余额在贷方,且大于估计的坏账损失金额时,按两者差额将备抵坏账账户余额调整降低至新估提的坏账损失额。

接上例,假设备抵坏账账户余额为 $4 968,则期末应作调整分录如下:

借:备抵坏账　　　　　　　　　　　　　　$645
　贷:坏账费用　　　　　　　　　　　　　　　$645
(注:$645=$4 968—$4 323)

过账后,备抵坏账账户记录,如图表 9-5 所示:

(图表9-5)

备 抵 坏 账

12/31 调整	$645	12/31 调整前余额	$4 968
		12/31 余额	$4 323

当"备抵坏账"余额在借方,按估计的坏账金额与借方余额之和,作为"备抵坏账"期末余额的调整额。

这是因实际的坏账损失超过估计的坏账金额所致。假设备抵坏账在调整前为借方余额$365,则应编制会计分录如下:

借:坏账费用　　　　　　　　　　　　　　　　　$4 688
　贷:备抵坏账　　　　　　　　　　　　　　　　　$4 688
　(注:$4 688＝$4 323＋$365)

过账后,备抵坏账账户记录,如图表9-6所示:

(图表9-6)

备 抵 坏 账

12/31 调整前余额	$365	12/31 调整	$4 688
		12/31 余额	$4 323

(三)应收账款余额百分比法

此法与账龄法原理一样,系按照坏账占应收账款账户期末余额百分比来确定坏账损失。两者的区别在于:此法仅用一个坏账率来估计应提备抵坏账金额,而不是按账龄不同分别采取不同的坏账率计算然后汇总。由于此法是根据应收账款余额确定坏账损失,而应收账款是资产负债表中项目,故此法也称"资产负债表法"。应用此法时,在备抵坏账账户原来已有余额的情况下,也须按账龄法的处理方法分别对待。

三、发生坏账时的处理

在采用坏账备抵法的情况下,当某笔应收账款已确认为无法收回时，应借记备抵坏账和贷记应收账款账户，同时登记应收账款辅助分类账中的有关明细账户。例如，顾客夸夫特一笔 $524 的应收账款，经催收无效，确认无法收回，应作会计分录如下：

借：备抵坏账　　　　　　　　　　　　　　　　　$524
　贷：应收账款——夸夫特　　　　　　　　　　　　$524

　　这里需要注意：第一，注销分录是借记备抵坏账而非坏账费用，因为坏账费用已经在赊销业务发生的年份期末，通过调整分录以借记坏账费用、贷记备抵坏账入账，若在坏账实际发生时再借记坏账费用，就会出现重记坏账而备抵坏账则得不到冲记。第二，注销坏账的分录并不影响应收账款的净额。上例注销坏账分录过账后，总分类账户的记录如图表 9-7、9-8 所示：

（图表 9-7）

应 收 账 款

12/31	注销坏账前余额	$92 100	12/31	注销坏账	$524
	余额	$91 576			

（图表 9-8）

备 抵 坏 账

12/31	注销	$524	12/31	注销前余额	$4 323
				余额	$3 799

　　估计应收账款的可收回价值在坏账注销前和注销后是相同的。如图表 9-9 所示：

（图表 9-9）

	注销前	注销后
应收账款	$92 100	$91 576
减：备抵坏账	4 323	3 799
估计可收回价值	$87 777	$87 777

四、已销账应收账款的收回

已经认定为坏账而销账的应收账款,事后又由赊欠客户偿还时,其账务处理是先作与原转销坏账相反的转回分录,然后再作收款的分录。

例如,已于 200×年 2 月 8 日作为坏账转销的威利公司欠款 $3 000,在 200×年 10 月 10 日收回。采用直接销账法和坏账备抵法,其处理略有不同。

(一) 直接销账法的处理

按此法应编制会计分录如下:

借:应收账款——威利公司	$3 000
贷:坏账费用	$3 000
借:现金	$3 000
贷:应收账款——威利公司	$3 000

如果转销坏账和转销后收回跨越两个年度,即某客户欠款在上年度已作为坏账转销;而本年度又由该客户偿还时,由于上年度转销时系记入坏账费用,而上年度的坏账费用已在上年期末决算时结转留存盈利,本年度收回时如记入本年度的坏账费用贷方,则不符合配比原则。因此,有的会计工作者提出另设一个"收回坏账"账户,凡有跨年度收回的坏账均记入"收回坏账"账户的贷方,此账户的余额在期末决算时,列入收益表中"其他收入"项下。

(二) 坏账备抵法的处理

按此法应编制会计分录如下:

借:应收账款——威利公司	$3 000
贷:备抵坏账	$3 000
借:现金	$3 000
贷:应收账款——威利公司	$3 000

在采用坏账备抵法的情况下,由于坏账注销和收回坏账都通过备抵坏账账户,不涉及坏账费用,如遇有注销与收回跨越两个年度的情况,不需要作任何调整。

第三节 应收票据

一、应收票据的涵义和产生

票据作为一种信用工具,是债务人开出或者承兑的,承诺按照票面规定的期限,到期无条件支付一定金额的一种书面凭证,在其有效期限内,一般可以流通转让。在持有票据的一方为应收票据,属于流动资产;在开出或承兑票据的一方为应付票据,属于流动负债,双方是相互对应的。

在西方国家的商业交易中,票据的使用是相当频繁的。一般地说,人们乐于使用商业票据的原因有以下几点:票据通常是带息的,因此持有人可有一笔利息收入;票面上有确定的付款条件和日期,比账面挂欠更具有保障力;票据一般可以背书转让,还可以向金融机构申请贴现转换成现金,其流动性较强。

应收票据一般由于销售商品或提供劳务而直接产生,也可以由过期应收账款转换为票据而产生。

二、期票和承兑汇票

票据种类很多,商业票据主要采用商业期票和承兑汇票两种形式。

商业期票(commercial promissory note)是本票的一种具体形式,是在交易成立后,由购货方向销货方发出的,承诺即期或于规定的若干日内支付一定金额给销货方或执票人的本票。本票的当事人有两方,即出票人(购货企业)及收款人(销货企业或持票人)。

汇票(draft)则是指由出票人签发的,委托(或指定)付款人在见票时或者在指定日期无条件支付一定金额给收款人或者持票人的票据。汇票的当事人有三方,即出票人、付款人和收款人。收款人可以就是出票人,也可以是指定的第三人。汇票按其支付日期可分为即期汇票和定期汇票,前者见票即付,后者按票面上确定的日期付款。汇票按签发人的性质可分为银行汇票和商业汇票,前者是由一家银行签发委托(或指示)另一家银行向指定的个人或企业支付一定数额款项的票据;后者则是由个人或企业签发委托(或指定)另一个人或企业即时或在指定日期支付一定数额的款项。

承兑汇票(acceptance)是汇票的一种特殊形式。这种汇票由商品交易而产生,交易时由售货方签发由购货方承兑(即签章承诺到期付款)后到期付款。汇票经付款方承兑后,在会计上即可视同一种期票处理。承兑汇票可由购货方企业承兑,称为商业承兑汇票;或由购货方委托银行承兑,称为银行承兑汇票。

在应收票据到期前,企业出于资金周转上的需要,可将票据背书后转给银行或其他金融机构,以贴现方式收回现金。所谓背书,是指在票据背面签章并签署日期。背书一般可有空白背书和记名背书之分:前者只签具企业本身签章,不记对方姓名或字号;后者除企业本身签章外,须填具指定的对方姓名或字号,关于票据贴现的会计处理,当在以后说明。

三、带息票据和不带息票据

视票据上是否载明计息的利率,可分为带息票据和不带息票据。带息票据是在票据到期兑付时,除票面金额外,根据票据上所定利率,按出票天数计算给付利息的票据,其到期值是本利和。不带息票据则是指不计利息的票据,其到期值即票面金额。利息是使用货币资金的代价,对收款人而言,是一项收入;对付款人而言,则是一项费用。票据上载明的金额,称为本金或面值;票据到期日的价值,称为到期值,包含本金和利息。

带息票据利息的计算公式如下:

$$本金 \times 利率 \times 期限 = 利息$$

式中本金即票据的票面金额,利率一般按年率标记,以百分比表示,如利率14%,即指每100元本金年利为14元。期限指出票日至付款日之间的时间间隔,票据的期限可按月或日表示。在按月表示时,以与出票月份相对应的到期月份的同日为到期日而不论是大月(三十一天)小月(三十天)或 2 月(二十八天或二十九天)。例如,3 月 5 日签发的三个月票据,其到期日即为 6 月 5 日。又如,12 月 31 日签发的两个月期票据,其到期月份为次年的 2 月份,应以该年 2 月份的最后一天,即 2 月 28 日为到期日。在按日表示时,应从出票日起按实际经过的天数计算。通常出票日与到期日只能算一天,即所谓"算头不算尾"或"算尾不算头"。例如,3 月 16 日签发的六十天到期的票据,其到期日计算如下:

票据天数	60
3 月份天数	31
3 月 16 日出票日	16
3 月份经过天数	15
剩余天数	45
4 月份实际天数	30
5 月份到期日	15

由上可见,此票据到期日即为 5 月 15 日。

由于票据上所标记利率为年利率,在计算利息时,对按月、按日表示的票据要相应转换为月利率和日利率计算利息。

假设上述票据的票面为 $1 000,票面利率为 12%,如按两个月期计算,利息如下:

$$\$1\,000 \times 12\% \times 2/12 = \$20$$

如按六十天计算,利息如下:

$$\$1\,000 \times 12\% \times 60/360 = \$20$$

注:全年实际天数为 365 天,为简便计按 360 天计算。

从理论上讲,应收票据自出票日至付款日要经过一定时期,这样应收票据应按其本金与利息之和的现值作为入账金额,并列示于资产负债表中。带息票据与不带息票据均应以现行的市场利率来折算现值。

对于带息票据,当票据利率等于现行市场利率时,该票据的现值即等于其面值;当票据利率高于(或低于)现行市场利率时,该票据现值则大于(或小于)其面值,从而出现溢价(或折价)。溢价(或折价)应在该票据的有效期间进行摊销。但是,鉴于应收票据属于短期债权,而且收付均以票面值为依据,其溢价与折价不予考虑。在实务中,应收票据按面值入账。

带息票据从发出日至到期日这段期间,如果跨越年度,在期末办理决算时,应将本期应计利息按期末决算的正常程序作调整分录进行调整。关于期末调整问题已在第三章会计循环部分论述,此处不再重复。

四、应收票据到期拒付或部分付款

应收票据到期,付款人未偿付票据本息,称为"拒付"。此时,由于到期日已过,该应收票据无法再流动转让,但付款人对于所欠债务并未解除法律责任,收款人将继续追索票据本息。通常收款人将包括利息在内的应收票据转为对付款人的应收账款。

假设票据面值为 $ 6 000,利息为 $ 140,到期拒付,则持有此笔应收票据的企业应作会计分录如下:

借:应收账款 $ 6 140
    贷:应收票据 $ 6 000
        利息收入   140

有时付款人对于到期的票据,只是部分付款而不是全部拒付,则应将拒付的金额转入应收账款账户。

仍以上例,假设拒付金额为 $ 1 000,则应作会计分录如下:

借:应收账款 $ 1 000
  现金   5 140
    贷:应收票据 $ 6 000
        利息收入   140

除以上全部拒付或部分拒付外,还有一种情况为:部分支付,下余

部分延期支付。延期支付部分可在原票据上注明,或换开新票据,但利息则应付清,其会计分录如下:

借:现金	$5 140
贷:应收票据	$5 000
利息收入	140

延付部分在原票据上注明。

如果延付部分换开新票据,原票据退还或注销,其会计分录如下:

借:现金	$5 140
应收票据	1 000
贷:应收票据	$6 000
利息收入	140

五、应收票据贴现和或有负债

企业在应收票据到期之前,如果需要资金,可以在票据上背书后向银行(或专营的票据贴现所)申请贴现(notes receivable discount)。银行根据贴现票据的到期值计算贴现息,将扣除贴现息后的余额收入企业的存款账户,企业可以开具支票支用。贴现后的票据即由银行持有至到期日,可由银行向指定付款人收取到期票据本息。银行贴现息的计算公式如下:

$$贴现票据到期值 \times 贴现率 \times 贴现期 = 贴现息$$

上式中

$$贴现票据到期值 = 票据面值 + 票据利息$$

贴现率为银行规定的利率,贴现期指自贴现日至票据到期日这段期间。银行在确定贴现值时,通常算至到期日,而不算入贴现日(也即前述的"算尾不算头")。到期值减去贴现息即为贴现的实得款额。

假设前例应收票据于 200×年 4 月 5 日向银行贴现,贴现率为 16%,贴现期及贴现实得款额的计算如下:

第九章 应收账款和应收票据

4月份余剩天数(30—5)	25天
5月份距到期日天数	15
贴现期天数	40
票据面值	＄6 000
票据利息(＄6 000×14％×60/360)	140
到期值	＄6 140
减：贴现息(＄6 140×16％×40/360)	109
贴现实得款额	＄6 031

根据上述数据，作会计分录如下：

  借：现金   ＄6 031
   贷：应收票据贴现   ＄6 000
     利息收入   31

上述贴现实得款额大于票据面值的差额，是应收票据的利息（＄140）超过贴现息（＄109）的差额，应作为利息收入入账；反之，如果应收票据利息小于贴现息，其差额应作为利息费用。

前已述及，应收票据持有人在向银行申请贴现或进行票据转让时，应在票据上背书。如果是无追索权的，背书人须注明"无追索权"（without recourse）字样，在票据到期时，如果出票人拒付，背书人不负票据支付的责任。如果背书人不注明"无追索权"字样，就意味着有追索权，在出票人拒付时，背书人有被追索清偿的责任。由于银行一般不接受无追索权的贴现票据，一旦票据到期，出票人拒付，银行必然向背书贴现的收款人追索，这样贴现收款人也就承担了一项"或有负债"。

或有负债意味着当付款人到期拒付时，背书人必须向贴现的银行支付贴现票据的到期值。这项责任一直要延续到贴现票据的到期日。若付款人到期偿付，或有负债自动消失；若付款人到期拒付，这项或有负债就变成了真实负债，贴现的收款人就要向银行偿付这笔票据。正因为票据贴现后或有负债的存在，在前举票据贴现的会计分录中,就不直接贷记"应收票据"账户而是贷记作为其抵减账户的"应收票据贴现"账户,该账户的余额反映企业由于票据贴现所承担的或有负债。

假设期末应收票据借方余额为 $150 000,应收票据贴现贷方余额为 $45 000,在资产负债表中的列示如下:

流动资产:

⋮

应收票据	$150 000	
减:应收票据贴现	45 000	$105 000

如果不设应收票据贴现这一"或有负债"账户,而将应收票据贴现直接记入"应收票据"账户的贷方,则应在资产负债表内以底注注明:"应收票据贴现×笔共××元",以反映应收票据贴现或有负债的存在。

六、贴现票据到期支付或拒付的处理

已贴现票据到期时,若出票人如期付款,背书贴现人便可冲转或有负债,并将贴现的应收票据注销。其会计分录如下:

借:应收票据贴现	$6 000
贷:应收票据	$6 000

若已贴现的票据被付款人拒付,则承担的或有负债就变成了真实的负债,银行将拒付票据的本息全部从背书贴现人的存款账户中扣除,并可能收取一定的手续费。

假设银行收取的手续费为 $10,应作会计分录如下:

借:应收账款	$6 150
贷:现金	$6 150
借:应收票据贴现	$6 000
贷:应收票据	$6 000

上举第一笔分录反映偿还银行的贴现票据本息 $6 140,加银行收

取的拒付票据手续费 $10。第二笔分录冲销"应收票据贴现"和注销被拒付的贴现"应收票据"。

七、应收票据的内部控制和应收票据登记簿

票据可以通过背书而转让流通,使其具有类似于支票的某些特点。因此,需要实行严密的内部控制程序。内部控制的要点如下:

第一,接受应收票据作为结算货款或应收账款的权力,应由高层领导部门授权指定人员,非授权指定人员不能经手票据。

第二,经手应收票据人员于接受票据时,须加以审核,如日期、金额、条件、签章,以及背书(例如,背书是否连续,有否附加条件)和有关附件等。

第三,应收票据经过审核接受后,应编连续号,记入应收票据登记簿,并指定专人保管票据,非指定人员不得参与。

第四,保管中的应收票据须定期检查,并与应收票据登记簿核对,保持相符。应收票据登记簿内未清票据的总额,应与总分类账应收票据账户余额核对相符。

第五,应收票据按到期日期顺序保管。到期票据应在接近到期日前通知出票人,如在到期日未收到票据款,应即查询催理。

第六,已收款票据应加盖收讫章,另行存档保管或作为记账凭证附件,也可以由出票人或付款人收回,但须作记录。过期未付款票据另行保管,继续催理。

以下就应收票据登记簿的性质和记录加以说明:

(一) 应收票据登记簿的性质

应收票据登记簿是应收票据的明细(或辅助)记录,但是,它与应收账款的明细(或辅助)分类账不同。后者是按赊欠客户分户设置的明细分类账户,分户立账(明细分类账),有欠有还,连续登记,随时可以结算各户结欠余额;而应收票据登记簿则按发生的顺序逐笔登记每一票据的详细情况,如记账日期、票据种类、号数和出票人名称、出票日期、票据期限、票面金额、票据利息、付款人、承兑人或单位名称,以及贴现记录等。应收票据收回结算时，即在该笔票据发生时原记录的同一行平行注销，一据一清，登记簿上未注销各笔票据的总合，即为应收票据总分类账户的余额。

(二) 应收票据登记簿的记录

应收票据登记簿的记录有一定程序。现举例如下：

假设阿马德公司向小型石油钻井公司供应设备、工具和用品业务，其赊销采用应收票据方式，并设置应收票据登记簿随时登记，对应收票据进行控制。在200×年6月30日有下列四笔未收应收票据，付款银行均为第一州立银行。

1. 明星钻井公司一百二十天期票据$9 000，利息9%，出票日期3月20日(3月30日在第一州立银行贴现)。

2. 华尔士公司八个月期票据$1 000，利息10%，出票日期5月8日。

3. 世纪石油煤气公司六十天期票据$4 500，利息10%，出票日期5月14日。

4. 大卫公司三十天期票据$2 000，无息，出票日期6月20日。

以上共计应收票据四张，计$16 500。

7月份的应收票据交易如下：

7月2日 接受雷格尔石油公司开出的三十天期票据$1 500，利息11%，抵冲过期应收账款。

7月5日 将6月20日收进的大卫公司三十天期票据，在第一州立银行贴现，贴现率12.5%。

7月13日 世纪石油煤气公司支付其5月14日票据本息。

7月19日 接到第一州立银行通知：3月30日在该行贴现的3月20日明星钻井公司票据拒付，银行从阿马德公司往来账上取出贴现票据的到期本息，外加辩诉费$5(将此笔银行转回之数记入普通日记账，冲转"应收票据贴现"或有负债的分录也记入普通日记账)。

7月20日 接到第一州立银行通知：7月5日贴现的大卫公司6

第九章 应收账款和应收票据

月 20 日票据已收妥无误。

7 月 22 日　将华尔士公司 5 月 8 日开出的票据持向第一州立银行贴现,贴现率 12.5%。

以上各笔应收票据交易中,有关贴现票据的利息计算如下:

7 月 5 日　大卫公司 $2 000 票据贴现息为:

$$\$2\,000 \times 12.5\% \times 15/360 = \$10.42 \text{(贴现期十五天)}$$

$$\text{贴现收入} = \$2\,000 - \$10.42 = \$1\,989.58$$

7 月 22 日　华尔士公司 $1 000 票据贴现息为:

$$\text{贴现票据到期值} = \$1\,000 \times (1 + 10\% \times 8/12) = \$1\,066.67$$

$$\text{票据贴现息} = \$1\,066.67 \times 12.5\% \times 5.57/12$$

$$= \$61.87 \text{(贴现期为五个月十七天)}$$

$$\text{票据贴现收入} = \$1\,066.67 - \$61.87 = \$1\,004.80$$

7 月 13 日　世纪公司 $4 500 票据利息为:

$$\$4\,500 \times 10\% \times 60/360 = \$75$$

应收票据登记簿的格式及其登记,如图表 9-10 所示。

应收票据登记簿可以仅作为一种备忘记录,在应收票据业务较多的情况下使用,以便于对应收票据实行内部控制。也可以作为一种特种日记簿,但作日记簿时可将格式加以调整,如将"票据金额"栏作为借记"应收票据"的依据,增设贷方账户及金额栏,形成一个完整的借贷分录,据以过记总分类账。

为了例解应收票据业务的核算,假设应收票据登记簿仅作为控制应收票据的备查记录,并将 7 月份各笔应收票据业务作为普通日记账的分录如下:

7 月 2 日　接收雷格尔公司票据 $1 500,抵冲过期应收账款时:

借:应收票据	$1 500
贷:应收账款——雷格尔公司	$1 500

7 月 5 日　应收大卫公司 $2 000 票据贴现时:

(图表9-10)

应收票据记录簿

第12页

记账日期		出票人	支付单位	票据日期		票据期限	到期日期		票据金额	票据利息		票据贴现		支付日期		备注
月	日			月	日		月	日		利率%	金额	银行	日期	月	日	
6	30	明星钻井公司		3	20	120天	7	18	$9 000	9	$270	第一州立银行	3/30		(拒付)	6月30日结转 四笔,共计 $16 500
		华尔士公司		5	8	8个月	1 (1995)	8	1 000	10	66.67	第一州立银行	7/22			
		世纪石油煤气公司		5	14	60天	7	13	4 500	10	75.00	第一州立银行	7/5	7	13	
		大卫公司		6	20	30天	7	20	2 000	无						
7	2	雷格尔石油公司		7	2	30天	8	1	1 500	11				7	20	
									$18 000							

借：现金 $1 989.58
利息费用 10.42
贷：应收票据贴现 $2 000.00

7月13日 世纪石油煤气公司支付票据 $4 500 本息时：
借：现金 $4 575
贷：应收票据 $4 500
利息收入 75

7月19日 明星钻井公司3月20日票据拒付时：
借：应收账款——明星钻井公司 $9 275
贷：现金 $9 275
借：应收票据贴现 $9 000
贷：应收票据 $9 000

7月20日 向银行贴现的大卫公司票据收妥时：
借：应收票据贴现 $2 000
贷：应收票据 $2 000

7月22日 应收华尔士公司票据 $1 000 向银行贴现时：
借：现金 $1 004.80
贷：应收票据贴现 $1 000.00
利息收入 4.80

将以上分录过入有关的总分类账，如图表9-11、9-12所示：
（图表9-11）

应 收 票 据

6/30	明星钻井	$9 000	7/13	世纪石油煤气	$4 500
	华尔士	1 000	19	明星钻井	9 000
	世纪石油煤气	4 500	20	大卫	2 000
	大卫	2 000			
7/2	雷格尔	1 500	7/30	余额	2 500
		$18 000			$18 000
	余额结转	$2 500			

(图表9-12)

应收票据贴现

7/19	明星钻井	$9 000	6/30	明星钻井	$9 000
7/20	大卫	2 000	7/5	大卫	2 000
7/30	余额	1 000	7/22	华尔士	1 000
		$12 000			$12 000
			余额结转		$1 000

以上"应收票据"账户借方金额数与应收票据登记簿"票据金额"栏数额相符;该账户借方余额$2 500为华尔士公司未付的$1 000和雷格尔公司的$1 500之和,也彼此相符。"应收票据贴现"账户的贷方余额$1 000也与应收票据登记簿的"票据贴现"尚未支付的华尔士公司一笔$1 000相符。由此说明这两个账户与应收票据登记簿之间的相互联系与勾稽关系。

在资产负债表内,"应收票据贴现"列为"应收票据"的减项如下:

流动资产		
现金		×××
应收票据	$2 500	
减:应收票据贴现	1 000	$1 500
应收账款		×××

第十章 商品存货

第一节 商品存货和存货估价的涵义

一、存货的涵义

存货(inventory)是企业最大的流动资产项目之一。就商业企业而言,无论是零售商业和批发商业,其正常营业活动是商品的购销,商品存货包括企业所拥有的准备销售给顾客的全部商品。存货在正常经营过程中会陆续销售转变为现金(或转变为应收账款,最后转变为现金)。为了保证销售商品的供应,需要不断地购进商品(进货),购进商品需付出现金(或发生应付账款,最后支付现金偿还)。在商品购进至销售之间的储备阶段形成商品存货,随着企业的购销经营活动而周转循环并经常保持有合理数量的存货。存货在购销周转中不断地"新陈代谢",因此被视为流动资产。在资产负债表上,列在应收账款之后。

二、存货的类型

存货属于有形物质资产,包括以下三项:在企业的正常经营过程中,为销售而持有的商品;为销售而生产但生产过程尚未完成的商品;为将来生产商品或提供服务而持有的材料。

以制造业来说,产成品存货是指已经生产完成并准备出售的产品;原材料存货是指在生产过程中使用的材料和零部件;在产品存货是指正处在生产过程中尚未完成的产品。

以商业企业来说,商品存货是指在正常经营过程中企业所拥有的准备向顾客出售的商品。

三、商品存货估价在会计核算中的重要意义

在一定时期（会计期间）内采购的商品，一部分已经销售，形成当期的销售成本，列入损益表作为销售收入的减项，计算销售利润；一部分尚未出售，则形成期末存货，列入资产负债表作为流动资产。在一定的商品采购成本中，如果期末存货价值估高，销售成本必然相应估低；反之，其结果则相反。因此，在会计核算中，就存在着商品采购成本如何在期末存货和销售成本之间分配的问题。

按照损益表中销售成本的计算模式（即"期初存货＋本期进货净额＝可供销售商品成本，可供销售商品成本－期末存货＝销售成本"），"本期进货净额"在账上有实际记录，"期初存货"由上期"期末存货"结转过来，只有本期的"期末存货"有待确定。因此，所谓商品存货估价就是指对期末存货的估价。其中含有两个内容：一是实物的盘定；二是价值的估定。简述如下：

（一）实物盘定

即确定存货的实物项目和数量。有两种盘定方法：一是定期盘存法或称实地盘存法，即通过实地盘点计量，确定期末存货的存量；二是永续盘存法或称账面盘存法，即利用存货的账面及明细记录，随时详细登记存货的购进和售出，从而反映各项存货的数量和金额。

（二）价值估定

它是根据成本流动的假设对期末存货的成本加以估定。估定存货价值的方法有四种：具体认定法、先进先出法、后进先出法、加权平均法。企业根据其购销经营的方式和经营商品的性质，可以选择适用的估价方法。

第二节 商品存货以所有权归属为界定标准

在进行存货盘定和估价时，不论存货位于何处，只要是本企业合法拥有的商品，都应包括在期末存货之内。例如，异地销售运出商品，所

有权的转移视运输条款而定。如果是启运地交货（FOB shipping point），当货物由卖方交运后，所有权便发生变更。如果条款是目的地交货（FOB destination），则在货物运达目的地交付买方，所有权才变更。

从会计核算角度讲，在商品所有权变更时，卖方便应贷记"销售"，买方应借记"进货"。但是，实际上在装运时就记录"销售"，在收到时就记录"购货"。

为了在年终时提高财务报表的准确性，应对本会计期间最后一至两个星期以及下一个期间开始的一至两个星期的购买和销售发票进行核查，以确定是否有应包括在存货之内、但尚在运输途中的商品。例如，以启运地交货条件购买的商品，年末处于运输途中的，应记录为并包括在商品中，但必须加以注明。如果将这一部分在途货物排除在外，虽然对净收入并无影响，但是资产将会低报。如果以目的地交货条件销售的商品，在年终时尚在运输途中，应包括在其期末存货中，也应加以注明。因为按照运输条件，商品在未运达目的地交货之前，其所有权并未转移。

有时，卖方已收到买方订单，尚待办理销货手续，商品也还未装运，一般暂不记录销售。但是，如果收到订单后，商品已准备装运，而由于买方要求货物推迟交运，作为卖方则应从存货中剔除，作为买方则应包括到存货中。当然，有时所有权是否已经转移可能并不清楚，会计人员必须运用自己的最佳判断力，来判断交易各方何时打算变更所有权，作适当的会计处理。

第三节 商品盘存制度和存货计价方法

一、商品盘存制度

商品存货的盘存和核算主要有两种制度，即定期盘存制（periodic inventory method）和永续盘存制（perpetual inventory method）。采用定期盘存制时,设置"进货"账户,借方登记进货的成本;设置"销货"账户,贷方登记销货的收入。期末决算时,"进货"账户借方余额必然含有两个部分:一是已售部分,为销售成本;二是未售部分,为期末存货。"销货"账户的贷方余额也含有两个部分:一是销售成本;二是销售利润。作为"进货"账户,只有确定了期末存货,才能确定销售成本;作为"销货"账户,从销售总额中减去销售成本,才能得出销售利润。由此可见,关键在于首先确定期末存货。为了确定期末存货,在每个会计期间结束时,必须对商品进行实物盘点和计价,以决定存货成本。

永续盘存制和定期盘存制不同之处在于:前者不是通过定期对实物进行盘点和作价确定存货数额,而是设置"存货"和"销货成本"账户,"永续地"或"连续地"(而不是定期地)对商品的进货和销货进行记录。因此,在账面上随时可以反映存货的数额。在永续盘存制下,虽然一般也在期末作一次实物盘点,但盘点的目的不是像定期盘存制那样,为了确定期末存货数额,而是在于验证账面上所反映存货数额是否准确。如果发现有出入,经查明原因,可以进行必要的调整。

现举例说明在定期盘存制和永续盘存制下会计分录程序的差别:

定期盘存制		永续盘存制	
(1) 赊购商品 $1 200(信用条件 2/10,n/30)			
借:进货	$1 200	借:存货	$1 200
贷:应付账款	$1 200	贷:应付账款	$1 200
(2) 向卖方退货 $200			
借:应付账款	$200	借:应付账款	$200
贷:进货退回与折让	$200	贷:存货	$200
(3) 支付货款(享有现金折扣)			
借:应付账款	$1 200	借:应付账款	$1 200
贷:进货折扣	$24	贷:存货	$24
现金	1 176	现金	1 176

(4) 销货收入 $800(成本为 $500)

借：应收账款	$800	借：应收账款	$800
贷：销货	$800	贷：销货	$800
		借：销货成本	$500
		贷：存货	$500

(5) 期末盘点存货为 $19 800,定期盘存制下的存货账户余额为 $25 000(期初存货),永续盘存制下的"存货"账户余额为 $20 000,与实际盘点存货相差 $200。

(存货的调整分录)

借：收益汇总	$25 000	借：待处理财产损溢	$200
贷：存货(期初)	$25 000	贷：存货	$200
借：存货(期末)	$19 800		
贷：收益汇总	$19 800		

由上例可见,在永续盘存制下的"存货"账户,由于进货而增加,应记借方,由于销货成本、进货退回与折让和折扣而减少,应记贷方。因此,在期末唯一需要调整的是使存货的账实相符。上例第(5)笔永续盘存制的会计分录即反映此种情况。经过分录并过账后,"存货"账户的余额为 $19 800,与实物盘点相符。

二、存货计价方法

存货计价一般采用的有四种方法:个别认定法、先进先出法、后进先出法、平均成本法。在采用定期盘存制时,平均成本法为加权平均法;在采用永续盘存制时,平均成本法则为移动平均法。从会计核算角度考虑,在正常情况下,这四种方法都是可以采用的。但是,在价格处于变动情况时,不同的方法将产生不同的期末存货和商品销售成本的金额。一般说,后进先出法、先进先出法和平均成本法是最常用的三种方法。企业根据其经营方式和经营商品的性质,可以因地制宜选择采用。

第四节 定期盘存制及其计价方法

在采用定期盘存制时,期末库存商品的种类和数量必须通过实物盘点来确定,然后采取一定的计价方法进行计价。一般说,商品的成本须从发票或其他存货记录中确定。在价格处于变动情况时,摊配到期末存货的成本取决于企业所采用的成本流动假定。期末存货的成本一经确定,便可以从"可供销售商品成本"中减除而计算出销货成本。现举例如图表 10-1 所示:

(图表 10-1)

日期		商品数量	单位成本	总成本
1月1日期初商品存货		20	$10	$200.00
本期进货:				
4月15日购买		24	11	$264.00
7月7日购买		30	12	360.00
	进货总计	54		$624.00
	可供销售商品成本	74		$824.00
12月31日	期末商品存货	38		$?
本期销售				
4月20日	销售	16		
8月12日	销售	20		
销售总计		36		$?

(表中的金额将在以后计算)

一、个别认定法

个别认定法(specific identification method)要求对销售每一单位商品的成本和现存每一单位商品的成本都应根据有关的购货发票予以确认。为此,企业必须使用一些确认的形式,如编列系列数码。

假定某公司期末存货的 38 单位商品分别确认为 20 单位是7月7日

的进货,18单位是期初存货。成本的摊配计算,如图表10-2所示:

(图表10-2)

可供销售商品的成本(74单位)			$824.00
减:期末38单位商品存货的成本			
日期	单位	单位成本	全部成本
1/1	18	$10	$180.00
7/7	20	12	240.00
期末商品存货成本	38		$420.00
销售成本	36		$404.00

由此可见,销售成本 $404,是可供销售商品成本 $824 减期末商品存货成本 $420 后的剩余金额。此数可以验证如下:

2 单位是期初存货	单价 $10	$ 20.00
24 单位是 4 月 15 日购买	单位 $11	264.00
10 单位是 7 月 7 日购买	单价 $12	120.00
36 单位销售成本合计		$404.00

采用个别认定计价法,成本摊配过程,如图表10-3所示:

(图表10-3)

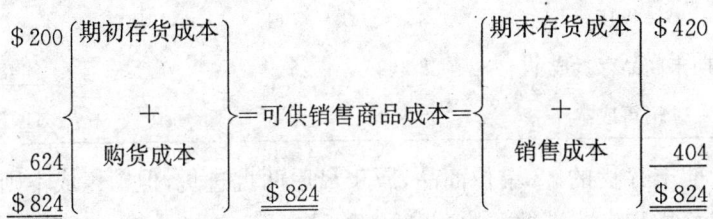

采用定期盘存制时,在资产负债表上,期末存货($420)列为流动资产,而在损益表上列为可供销售商品成本的减项。通过结账或调整分录,登入分类账户。这一过程与其他三种计价方法大体相同,但是金额则随采用的计价方法而有所不同。

二、先进先出法

先进先出法(first-in, first-out method,缩写为 FIFO)基于先买进的商品先卖出这一商品流动假定,将销售的商品依进货的先后顺序,按各批商品的成本依次递推计算,使销售成本与取得的收入相配比。采用此法,期末商品存货的成本便自然是最近购入的成本。

按先进先出法,销售成本是由期初存货和先购进批次的商品成本所构成,而期末存货则是由后购进批次的商品所构成,因此,从核算角度说,销售成本是按期初存货和进货的批次顺序由先向后依次推计,而期末存货则是从最近进货的批次由后向前倒推计算。

这里需要指出：这只是一种成本流动的假定,并不一定代表实际的实物商品流动；在定期盘存制下,先计算期末存货,从可供销售商品成本中减计后得出销售成本,因此销售成本是一个剩余数额。现举例说明如图表 10-4 所示：

(图表 10-4)

可供销售商品成本——74 单位			$824.00
减：38 单位期末商品存货的成本			
日期	单位	单价	总成本
7/7	30	$12	$360.00
4/15	8	11	88.00
期末商品存货成本	38		448.00
销售成本	36		$376.00

期末存货的 38 单位商品,属于最后两批进货,但销售成本则包括期初存货和先购进批次的商品。验算如下：

销售商品成本——36 单位	
20 单位属于期初存货,单价 $10	$200.00
16 单位属于 4 月 15 日的购货,单价 $11	176.00
销售成本总计	$376.00

销售的 36 单位商品中,包括期初存货的 20 单位和 4 月 15 日第一批购入的 16 单位。4 月 15 日购入的一批原为 24 单位,减 16 单位还余 8 单位。

三、后进先出法

后进先出法(last-in, first-out method,缩写为 LIFO)与先进先出法相反,系基于最后购入的商品最先售出这一商品流动假设。因此,损益表上,销售成本是最近购货批次的成本与销售收入相配比。期末存货成本则由期初存货和最初购买批次的成本所构成。成本分配如图表 10-5 所示:

(图表 10-5)

可供销售商品成本——74 单位			$824.00
减:期末商品存货的 38 单位:			
日期	数量	单价	总成本
1/1	20	$10	$200.00
4/15	18	11	198.00
期末商品存货成本	38		398.00
销售成本	36		$426.00

销售成本包括最后购进批次的商品,验算如下:

销售成本——36 单位		
30 单位属于 7 月 7 日的购货	单价 $12	$360.00
6 单位属于 4 月 15 日的购货	单价 $11	66.00
销售成本合计		$426.00

在定期盘存制下采用后进先出法,期末库存商品按期初存货和最初购买批次的成本计列。这样,期内销售的商品便是按最近的购买成本计算。换言之,即使在销售时还未在库的商品也有可能列入销售成本。例如,在采用后进先出法时,如果在最后一笔销售日即 8 月 12 日之后发生的一批购买,这批商品也视为先卖。

四、加权平均法

加权平均法(weighted average method)须计算每一单位商品的平均成本。其计算方法是:可供销售商品的总成本(包括期初存货和期内全部购买额)除以可供销售商品的总数量,得出每单位商品的加权平均成本,然后乘以库存商品数量,即为期末存货的成本。

$$\frac{\text{可供销售的商品成本}}{\text{可供销售的商品数量}} = \frac{\$824.00}{74 \text{ 单位}} = \$11.135(每单位)$$

期末存货 = 38 单位 × \$11.135(每单位) = \$423.13

销售商品的成本:由可供销售的商品成本减按加权平均成本计算的期末存货成本,其余额即为销售成本。

可供销售商品成本——74 单位	\$824.00
减:期末存货成本——38 单位	423.13
销售成本——36 单位	\$400.87

摊配到销售成本的数额可验证如下:

36 单位 × \$11.135(每单位) = \$400.86

注:差数 0.01 是因为单位成本尾数四舍五入所致。

第五节 永续盘存制及其计价方法

在永续盘存制下,商品购入和销售都在存货记录上登记,存货记录随时可以反映商品的购入、销售和存量。因此,可以对存货实现更有效的控制。

采用永续盘存制时,对于库存的每种商品都设置存货卡。存货卡起着明细分类账的作用。在总分类账上,则设有存货统驭账户。存货卡和存货账户随时登记商品购入和销售,为商品购销业务提供连续而及时的记录。商品的购入按成本记入"商品存货"账户和存货卡,商品的销售按售价记入"销售"账户,同时按成本记入"商品存货"账户和存货卡。下面是销售时应作的会计分录(假设销售收入为 \$20,销售成本为$15)。

卖出存货时：

| 借：应收账款(或现金) | $20 |
| 贷：销售 | $20 |

结转销售成本时：

| 借：销售成本 | $15 |
| 贷：商品存货 | $15 |

第一笔会计分录的金额以销售价格为基础。第二笔会计分录以成本为基础，其金额依所采用的成本计价方法而定。

一、个别认定法

个别认定法的计价方法，与上述定期盘存制的个别认定法相同，唯一区别是：在永续盘存制下，在销售时，除按售价作销售收入的会计分录外，同时应再作一笔会计分录，将成本从商品存货账户转入销售成本账户。

二、先进先出法

利用前例定期盘存制的数据，填制永续盘存制存货卡，如图表10-6所示。

在先进先出法下，从商品存货中转出的成本(转入销售成本)，系假设为每次销售时可供销售的早批存量的成本。例如上表，4月20日销售的16单位商品的成本($160)，来自当时可供销售的最早一批存量即期初存货的单位成本($10)，此批销售后，商品存货余数为28单位，其中属于期初存货的是4单位(期初存货原为20单位，此次售出16单位，尚存4单位)，其余24单位属于4月15日购进的。下一批销售是8月12日售出20单位，按先进先出的假定顺序，其中4单位属于期初存货，原单位成本为$10，16单位属于4月15日购进的，单位成本为$11，应由商品存货转入销售成本$216($40＋$176)。最后存货为38单位，其中8单位属于4月15日进货，单位成本为$11，30单位属

(图表10-6)

存 货 卡
(永续盘存制——先进先出法)

存货名称:计算机软件   最低存量:10
                      最高存量:60

日期	说明	进货			销售成本			余额		
		单位	单位成本	总成本	单位	单位成本	总成本	单位	单位成本	总成本
1/1	期初余额							20	10	200	200
4/15	购进	24	11	264				20 24	10 11	200 264	464
4/20	销售				16	10	160	4 24	10 11	40 264	304
7/7	购进	30	12	360				4 24 30	10 11 12	40 264 360	664
8/12	销售				4 16	10 11	40 176	8 30	11 12	88 360	448

于7月7日进货,单位成本为$12,存货金额为$448($88+$360)。如以后继续有购进和销售活动,照此递推计算。

由此可见,在先进先出法下,销售成本和存货成本随着进货和销售发生的先后顺序,层层下推确定其属于某一批进货而计算成本,因此又常称为"存货成本层次"。

上例,销售成本累计为$376,最后存货为38单位计$448,验证如下:

期初存货	20 单位	$200
＋进货总额	54 单位	624
＝可供销售成本	74 单位	$824
－销售成本	36 单位	376
＝期末存货	38 单位	$448

三、后进先出法

在永续盘存制下采用后进先出法,在每次销售时,根据最后购进的商品最先售出这一假设,确定销售成本。例如,前表所列购货销货数据中 4 月 20 日出售的 16 单位商品,其成本即为 4 月 15 日购入的商品,售货后同日的结存余额 28 单位中有 8 个单位属于 4 月 15 日的进货(4 月 15 日进货 24 单位,减 4 月 20 日销售 16 单位,余 8 单位)20 单位属期初余额(如采用先进先出法,则出售的 16 单位全属期初存货,4 月 20 日结存的 28 单位中有 4 单位为期初存货,24 单位属于 4 月 15 日的进货)。

在永续盘存制下后进先出法的存货卡如图表 10-7 所示:

(图表 10-7)

存 货 卡
(永续盘存制——后进先出法)

存货名称:计算机软件　　　　　　　　　最低存货:10
　　　　　　　　　　　　　　　　　　　最高存货:60

日期	说明	购买			已销售商品成本			余额		
		单位	单位成本	总成本	单位	单位成本	总成本	单位	单位成本	总成本
1/1	期初余额							20	10	200　200
4/15	购买	24	11	264				{ 20 24	10 11	200 264　464
4/20	销售				16	11	176	{ 20 8	10 11	200 88　288
7/7	购买	30	12	360				{ 20 8 30	10 11 12	200 88 360　648
8/12	销售				20	12	240	{ 20 8 10	10 11 12	200 88 120　408

四、移动平均法

移动平均法是在每次以不同单价购买商品后计算出每件商品的新的平均成本,并用新的平均成本计算销售成本,而不是在年末计算加权平均数。其计算公式如下:

$$\frac{当时可供销售的商品成本}{当时可供销售的商品总量} = 移动平均成本$$

在以上例举的数据中,期初余额单位成本为 $10,在期初到 4 月 15 日之间未发生购货和销货,至 4 月 15 日按单价 $11 购进 24 单位,计算平均成本如下:

($10×20+$11×24)/(20 单位+24 单位)= $10.55(单位成本)

4 月 20 日销售 16 单位商品,此前未另进行新的购买,所以,销售成本如下:

16×$10.55=$168.80

售后尚有 28 单位存货成本,其成本如下:

$464−$168.80=$295.20

或

$10.55×28=$295.20

至 7 月 7 日又按单价 $12 购进 30 单位,计算新的加权平均单位成本如下:

($10.55×28+$12×30)/(28+30)=$11.30

至 8 月 12 日销售 20 单位,销售成本如下:

20×$11.30=$226

同日存货成本如下:

38×$11.30=$429.20

在永续盘存制下移动平均法的存货卡如图表 10-8 所示:

(图表 10-8)

存 货 卡

(永续盘存制——移动平均法)

商品名称:计算机软件　　　　　　　　　　　　最低余额:10

最高余额:60

日期	说明	购买			销售成本			余额		
		单位	单位成本	总成本	单位	单位成本	总成本	单位	单位成本	总成本
1/1	期初余额							20	10.00	200.00
4/15	购买	24	11	264				44	10.55	464.00
4/20	销售				16	10.55	168.80	28	10.55	295.20
7/7	购买	30	12	360				58	11.30	655.20
8/12	销售				20	11.30	226.00	38	11.30	429.20

第六节　永续盘存制与定期盘存制比较

前两节运用同样数据分别对四种成本流量假定(即四种商品存量计价方法),在永续盘存制和定期盘存制作了论述。为了进行比较,下面列出两种盘存制所得出的不同结果,并假定销售 36 单位商品取得的总收入为 $720、营业费用为 $180、平均所得税率为 30%。

两种盘存制度四种成本计价方法的比较,如图表 10-9、10-10 所示。

现将四种成本计价方法具体分析说明如下:

个别认定法和先进先出法:无论是定期盘存制还是永续盘存制,个别认定法和先进先出法的期末存货和销售成本是相同的。这是因为,在个别认定法两种盘存制确认的已销售商品是相同的。采用先进先出法时得到同样的数额是因为销售成本是在最早购进的商品最先售出这一假定下计算出来的。

(图表 10-9)

	永续盘存制			
	个别认定	先进先出	后进先出	移动平均
销售——36 单位	$720	$720	$720	$720
减:销售成本	404	376	416	395
销售毛利	$316	$344	$304	$325
减:营业费用	180	180	180	180
税前收益	$136	$164	$124	$145
减:所得税(30%)	41	49	37	43
净收益	$95	$115	$87	$102
期末存货	$420	$448	$408	$429

(图表 10-10)

	定期盘存制			
	个别认定	先进先出	后进先出	移动平均
销售——36 单位	$720	$720	$720	$720
期初存货	200	200	200	200
加:进货	624	624	624	624
可供销售商品	$824	$824	$824	$824
减:期末存货	420	448	398	423
销售成本	$404	$376	$426	$401
销售毛利	$316	$344	$294	$319
减:营业费用	180	180	180	180
税前收益	$136	$164	$114	$139
减:所得税(30%)	41	49	34	42
净收益	$95	$115	$80	$97
期末存货	$420	$448	$398	$423

第十章 商品存货

后进先出法：在采用后进先出法时，永续盘存制与定期盘存制之间的期末存货和销售成本的金额有可能不同。在上表中，定期盘存制下后进先出法的销售成本是＄426、期末存货是＄398。而永续盘存制下后进先出法的销售成本为＄416、期末存货为＄408。两种方法产生不同结果的原因是：由于计算销售成本的计时方式不同。在定期盘存制下，销售成本在期末计算而不考虑销售日期；而在永续盘存制下，销售成本则是在每次销售时计算。兹表列两种盘存制度销售成本和期末存货的计算，如图表10-11所示：

（图表10-11）

定期盘存制				永续盘存制			
销售成本							
购货日期	数量	单位成本	合计	购货日期	数量	单位成本	合计
4/15	6	＄11	＄66	4/15	16	＄11	＄176
7/7	30	12	360	7/7	20	12	240
销售成本			＄426	销售成本			＄416
期末存货							
1/1	20	＄10	＄200	1/1	20	＄10	＄200
4/15	18	11	198	4/15	8	11	88
—	—			7/7	10	12	120
期末存货			＄398	期末存货			＄408
可供销售总成本			＄824	可供销售总成本			＄824

在定期盘存制下采用后进先出法时，最后购买的单位成本较高的商品计算在销售成本之内。期初存货和早批购买的成本较低的商品则列入期末存货视为商品库存。在永续盘存制下采用后进先出法时，如价格上升，成本较低的商品（即在每次销售时的最近的进货批次）计入

销售成本。如7月7日最后以单位价格$12购买的30单位商品中有10单位包括在期末存货内。有20单位计入销售成本,结果永续盘存制计算的期末存货较定期盘存制计算的期末存货高,而销售成本则相应较低。

移动平均法:虽然在两种盘存制度下平均成本的计算基本相同,但在会计报告期内价格变动时,两种制度则将产生不同结果。其原因是:第一,在定期盘存制下,整个期间都用同一个加权平均成本对所有已销售商品计算成本。在期末计算定期加权平均时受后期较高的单位购买成本的影响。第二,在永续盘存制下,每次销售时转入销售成本的数额是根据移动平均法计算的单位成本。移动平均法不受销售后发生的价格变动的影响。当价格上涨时,移动平均成本将产生较定期加权平均低的销售成本和高的期末存货。

价格发生变动时期,采用后进先出法和移动平均法,在定期盘存制和永续盘存制下将会产生不同的净收益额。差异的程度主要决定于期内价格变动率以及进货和销货的频度。

第七节 成本与市价孰低原则

成本是大部分资产的记录和列报的主要基础。以上所述四种存货计价方法是单位成本波动时进行存货成本计价的方法。但是,当存货的价值或重置成本减少时,按成本的金额列报存货也是一种可行的方法。价值的下降可能由于商品过时、受损、变质或供需因素引起的单位成本下降所造成。如果在期末存货的重置成本低于其历史成本,存货就可按较低的重置成本减计并列报损失。这种计价方法称为成本与市价孰低(cost or market whichever is lower)原则。这里所使用的市价,是指通过正常的供货渠道购买一定数量存货的重置成本。

用低于成本的数字计价是符合稳健性惯例的。按照这一惯例,价值的下降要在发生下降的期内予以认定并记录。使用成本与市价孰低原则可以使存货价值的损失在损失发生期内记录(与收入配比),而不是在以后存货销售时才记录。重置存货成本的增长则不予记录,因为没有通过销售实现。

为了说明这一点,假定期末存货的成本为 $140 000,而重置成本为 $138 500,则应认定 $1 500 为当期损失。在定期盘存制下,从可供销售成本减计的期末存货金额为 $138 500,结果是销售成本相应增加 $1 500。如果损失相对于销售成本来讲并不算大,这种处理方法是可以接受的。如果损失甚大,则应在损益表上单独列报,因为它与销售商品无关。但是,当存货成本为 $140 000,而重置成本为 $142 000 时,这种价值的增加则不予确认。

应用成本与市价孰低原则的方法:成本与市价孰低原则的应用可以采用三种不同的方法。在会计上,这些方法都是可以接受的。但是,某种方法一经选定,就应连续使用,而不宜随时变更。这三种方法是按单项计、按分类计、按总额计。现举例说明这三种计算期末存货价值的方法,如图表 10-12 所示:

(图表 10-12)

项目	数量	单 价		成本总数	市价总数	成本与市价孰低		
		成本	市价			按单项计	按分类计	按总额计
第一类								
A项	4	$400	$250	$1 600	$1 000	$1 000		
B项	6	600	620	3 600	3 720	3 600		
合计				$5 200	$4 720		$4 720	
第二类								
C项	3	150	120	450	360	360		
D项	4	225	300	900	1 200	900		
合计				$1 350	$1 560		1 350	
总计				$6 550	$6 280	$5 860	$6 070	$6 280

这三种方法得出的期末存货数额不同：按单项计算时价值为 $5 860，按主要类别的价值为 $6 070，按全部存货总额为 $6 280。无论采用何种方式，计算所得的期末存货价值要在资产负债表上列报，在损益表上则从可供销售商品成本减计。

在商业企业的存货中常有过时的、陈旧的、毁损的商品。对这类项目一般采用"可变现净值"(net realizable value)估价，即在正常交易中预期的售价减估计销售和处理费用后的净额。其核算方式与上述的重置成本相似。

第八节 零售价盘存法和毛利法

零售价盘存法(retail inventory method)和毛利法(gross profit method)是在不进行实物盘点情况下估计商品存货的两种方法，常由商业企业特别是零售商业所采用。因为进行一次实物盘点费时费力，通常只是在会计期末进行，然而企业的管理人员和外界的报表使用者需要企业提供期中财务报表，在编制期中报表时就要确定商品存货，以便计算销售成本和销售利润。

零售价盘存法和毛利法除解决期中报表的要求外，还可以用来检验公司实物清点的准确性，了解由于盗窃、受损等原因引起的存货减少的金额。如果存货遭受意外损失（如火灾、洪灾的损害），还可估算存货数额申请投保的保险公司赔偿。

一、零售价盘存法

采用零售价盘存法，须对期初存货和期内进货保持按成本和按零售价的记录。可供销售商品成本除以可供销售商品的零售价格，称为成本与零售价比率或简称为成本比率。它反映成本与售价之间的比率关系。然后，从按零售价计算的可供销售商品数额中，减去期内记录的销售额，其金额即为按零售价计算的存货估计，乘以成本比率，即得出按成本计算的期末存货估计。现举例说明如下：

第十章 商品存货

假设下列在账上和补充记录中累积的数据,如图表 10-13 所示:

(图表 10-13)

	成 本	零售价
期初存货	$49 000	$80 000
期内净进货额	71 000	120 000
净销售额	—	160 000

按上述数据,计算结果如下:

	成 本	零售价
期初存货	$49 000	$80 000
加:期内净进货额	71 000	120 000
可供销售商品数额	$120 000	$200 000
成本与零售价比率		

$$\frac{\$120\,000}{\$200\,000} \times 100\% = 60\%$$

减:净销售额		$160 000
按零售价计算的期末存货估计		$40 000
成本比率		60%
按成本计算的期末存货估计		$24 000

按成本计算的可供销售商品-按成本计算的期末存货=销售成本估计
销售成本=$120 000-$24 000=$96 000

此法的特点是:将按成本记录的期初存货和期内进货折成零售价,与销售额计价标准一致,相减后得出按零售价计算的期末存货,最后用成本比率将期末存货折回成本。

在一个零售商店,每种供销售的商品一般都标明售价。因此,在进行实物清点时,商品按现行零售价标列,可以不必再查看购货发票确定每项商品的单位成本。经过实物盘点的存货零售价值,乘以成本比率,即可转变为成本。按零售价计算的期末存货估计,还可以作为一个控制措施,因为实际零售价值和估计之间如有巨大差异,可以反映会计制度中的问题或由于盗窃或其他原因而造成的巨大损失。

由零售价盘存法所确定的期末存货的准确性取决于:期末存货的商品组合或构成与计算成本比率所用的商品组合或构成的一致性。此法假设期末存货所包括的各种成本百分比的商品组合与可供销售商品组合的各种成本百分比相同。实际上,最初制定的销售价格在整个期间并不是保持不变的。恰恰相反,在一年期间,由于特殊销售价格下降或由于市场价值上升而导致价格涨落的情况是经常会发生的。对于市价上升而标高和市价下降而标低,都要保持记录,并定期进行计算,据此对存货进行估价,其结果就接近于成本与市价孰低的估价。

二、毛利法

有些企业并不保持期初存货和进货的零售价格记录。如果得不到这一数据资料,就无法采用零售价盘存法。但是,可以在不进行实物清点的情况下,通过采用毛利法对现存存货进行估价。此法的假定是各期毛利率基本相同。现举例说明如下:

假设某企业存货由于火灾全部损失。通过对过去两年经营情况的分析,毛利率为40%。发生火灾当天的分类账(每月结账后账簿存放防火保险柜内)已经过齐。有关账户的余额如图表10-14所示:

(图表10-14)

会计科目	借方或贷方余额
销售	($210 000)
销售退回与折让	12 000
进货	124 650
存货——期初余额	24 450
进货退回与折让	(3 750)
进货运费	1 050

注:有括弧的为贷方余额。

对销售商品成本和毛利的估计,可以用净销售分别乘以成本 60%和毛利率 40%计算得出。期末存货成本的估计如图表 10-15 所示:

(图表 10-15)

销售		$210 000
减:销售退回与折让		12 000
销售净额		$198 000(100%)
销售成本:		
期初存货		$24 450
进货	$124 650	
减:进货退回与折让	(3 750)	
加:运入运费	1 050	
进货净额		121 950
可供销售商品成本		$146 400
减:估计期末存货		?
估计销售成本		
($198 000×60%)		$118 800(60%)
估计销售毛利		
($198 000×40%)		$79 200(40%)

从记录中可以确定,到火灾发生日为止,该公司共有 $146 400 的可供销售商品。销售净额乘以成本 60%,已销售商品成本估计为 $118 800。可供销售的商品中尚未售出的部分必然就是现存存货,其成本是估计的销售成本($118 800)和可供销售商品成本($146 400)之间的差额即 $27 600。

第九节　存货计价错误及其影响

对许多企业而言,销售成本是最大的费用。商品存货也是资产负债表上列报的最大的流动资产。因此,在会计报表上列报这两个项目的确切金额是十分重要的。由于商品交易数量很大而且需要进行多次计算,所以,在存货会计核算的各个阶段可能发生一些差误。

一、永续盘存制

采用永续盘存制,在期末要对存货进行实物清点,以验证存货卡标明的数量和金额。即使存货记录与实物清点相符,账上依然可能存在错误。

常见错误有:一是在期末对于已归企业所有但运输在途的商品未记录入账,这类错误对净收益虽无影响,但是,在存货和应付账款账户都会低报。二是未能遵守记录销售和有关的销售成本的时间上正确划分。例如,年末以后进行的销售,可能在年末之前作了记录。如在年末这项存货单独隔离存放而未计入,则销售、销售成本、毛利和净收益都将受到影响。在资产负债表上,应收账款、存货,以及总资产和所有者权益也均受影响。

二、定期盘存制

采用定期盘存制,在存货清点和作价以及正确划分记录购买和销售日期时,可能会发生错误。为了说明在定期盘存制中错估的影响,可考虑销售成本的计算。

仍以上例,假定在年末实物清点时,期末存货低估 \$20 000,将导致销售成本的多计以及毛利和净收益的少计。同时,由于期末存货在资产负债表列为流动资产,还将使流动资产、总资产和所有者权益都相应少计 \$20 000;反之,如果期末存货是多计而不是少计,则情况相反。

若期末存货的错估未能发现,还会造成下期损益表不准确。因为一个期间的期末存货结转为下一期间的期初存货,这样到下一会计期间,销售成本将少计 \$20 000,而毛利和净收益将多计 \$20 000;反之,如果多计期初存货,则情况相反。由此可见,存货错估的影响在这连续两个期间相互抵销,即第一年的净收益少计 \$20 000,而次年的净收益则多计 \$20 000。至于第二年期末,只要存货计算和记录是正确的,净收益便无影响。不过,由于会计结算是分会计期间进行的,存货的清盘和估价应力求精确,以免发生错估。

反映两个经营期间因存货错估所影响的比较损益表,如图表10-16所示:

(图表10-16)

	2002年		2003年	
	期末存货正确	期末存货低估	期初存货低估	期初存货正确
销售收入	$600 000	$600 000	$600 000	$600 000
销售成本				
期初存货	100 000	100 000	100 000	120 000
进货	380 000	380 000	400 000	400 000
可供销售商品	$480 000	$480 000	$500 000	$520 000
减:期末存货	120 000	100 000	160 000	160 000
销售成本	$360 000	$380 000	$340 000	$360 000
销售毛利	$240 000	$220 000	$260 000	$240 000
营业费用	140 000	140 000	150 000	150 000
净收益	$100 000	$80 000	$110 000	$90 000
两个期间的净收益总额	正确		不正确	差异
2002年	$100 000		$80 000	($20 000)
2003年	90 000		110 000	20 000
合计	$190 000		$190 000	—0—

如果错估是在2003年以后发现而且已编制了会计报表,即使错估已经抵销,在会计报表上列报的相应金额应予更正。否则,将会歪曲公司盈利的趋势。例如,在上表中,正确的存货金额产生下降的盈余趋势,而不正确的金额却表现净收入增长。如果错估在2003年年末之前发现,应该作一笔更正的会计分录,增加存货账户金额。对于留存盈余则对应记入贷方,因为结入留存盈余的净收入在2002年年末时已少计

$20 000。

存货错估对会计报表有关项目的影响,如图表10-17所示:

(图表10-17)

	损益表		资产负债表	
	销售成本	净收益	存货余额	所有者权益
第一年期末存货少报	多计	少计	少计	少计
第二年期初存货少报	少计	多计	正确	正确
第一年期末存货多计	少计	多计	多计	多计
第二年期初存货多计	多计	少计	正确	正确

第十节 存货的内部控制

存货内部控制的目的,在于保障存货的安全,防止流失、偷盗、侵用等损失,加速存货的周转,取得最大经济效益。具体可有以下几点:

第一,对于存货的物质控制程度,必须适合于存货的性质。对于体积小、价值高并易于处理的项目,如珠宝之类的控制程度和方法,与木材之类存货的控制程度和方法就大不相同:前者要求严密细致的安全保管,后者则较粗放。

第二,商品采购宜利用应付凭单制度或类似的机制控制,既保证采购商品的控制,也促使应付货款的及时支付。

第三,从仓库或其他存放地点提取货物,必须凭销货发票、运货单证或其他经有关主管部门批准的单证或书面文件,发货后立即登记账卡。

第四,定期盘点实物(至少在年末盘点一次),以确定实物存量及价值,并与账面记录核对。如有盘盈、盘亏或毁损,应先以待处理财产损溢入账,保证账实相符,同时查核原因进行处理。

第五,存货的单位成本数字,必须现场查对验证。如由外界审计人员进行审计,通常由审计人员考察实物盘点程序并鉴证。

第十一章 固 定 资 产

本章论述固定资产的性质、种类、成本组成、成本摊入费用的方法，固定资产退出使用、报废、出售或以旧易新，以及固定资产租赁等会计处理。

第一节 固定资产的涵义和特点

一、固定资产的涵义

固定资产（fixed assets）或称营业资产（operating assets），是指企业用于生产经营而不是为了再出售的可供长期使用的非流动性资产。固定资产包括：有形资产（如土地、建筑物、机器、设备等）、无形资产（如专利权、租赁权、商誉等）和自然资源（如矿藏、森林等）。

二、固定资产的特点

固定资产的主要特点表现为：

第一，在若干个会计期间为企业的生产、经营提供服务而不是为了出售。如建筑物为企业的生产经营提供场所，车辆提供交通运输服务，机器设备为生产加工服务，计算机用以进行数据处理等。若某公司购进土地供以后出售，就不能作为固定资产；但是，如作为建筑厂房的基地，就属于固定资产。

第二，固定资产的成本基于配比原则分期摊到使用它的各个会计期间，作为费用从各期营业收入中扣减。房屋、设备等固定资产的成本分摊，称为折旧（depreciation）；无形资产的成本分摊，称为摊销（amortization）；自然资源的成本分摊，称为折耗（depletion）。

第三，固定资产的成本（入账原值）和累计折旧应分别设置科目核算，在资产负债表内累计折旧作为固定资产的减项。随着固定资产的连续持有和使用，累计折旧逐渐增加，固定资产的账面价值（固定资产的入账原值－累计折旧＝固定资产账面价值）逐渐减少。

第二节　固定资产的取得成本

固定资产取得成本的确认，关系到固定资产的计价问题。究竟是按原始成本计价，还是按重置成本计价，在西方会计学界仍有争论。但是，根据目前西方公认的会计准则，固定资产是按取得时的原始成本为基础计价的。

一、固定资产取得成本的内容

固定资产的取得成本，是取得该项资产和使之投入运营所发生的一切费用。不同种类的固定资产，其取得成本的内容和计价方法也有所区别。

（一）土地

土地的取得成本，包括购价、经纪人佣金、测量、登记、过户费用，以及使土地处于可按预定用途使用状况所发生的清理、平整、排水、美化环境等费用。如果由购买者支付并承担出让土地者拖欠的财产税，则该项财产税也应计入土地成本。如果购买的土地上有需要拆除的旧房屋，则拆除费用扣除废弃物处理残值所得后的余额，也应计入土地成本。因为这是使土地具备可供使用状态而发生的费用。

土地成本记入"土地"账户，不计提折旧。但与土地的购置和使用有关的支出，如车道、围墙、停车场等方面的建造费用，因其使用寿命是有限的，应另行记入"土地改良"账户，并按有效使用年限计提折旧。

（二）房屋

房屋的取得方式可以是购入或自建。如系购入，其成本包括购价、契税、佣金、登记过户费用以及为达到可供使用状态而发生的改造、改良和修理费用。如果房屋和土地一并购入,所付代价是混在一起的,则应按公平市场价值将其成本在房屋和土地之间进行分配,并分别记入"房屋"和"土地"账户。

如系自建,其成本包括所有直接用于房屋建造的支出,如建造期间的人工费、材料费、保险费、设计费、工程费、建造许可证费,以及建造期间的动力费用、管理费用、建筑设备的折旧费和建造期间借入所需资金的利息等。

(三) 机器设备

机器设备的成本,包括购置机器设备的原价、税款、运费及运输途中的保险费、装卸费、基座建造费及安装费、试车费,以及达到交付使用状况前的一切有关费用。

假定200×年1月21日购得一台设备,其成本计算如下:

设备标价	$ 50 000
减:现金折扣($3‰ \times \$50\,000$)	1 500
净现金价格	$ 48 500
税金($6‰ \times \$48\,500$)	2 910
运费	1 450
安装费	940
合计	$ 53 800

以上数据,编制会计分录如下:

借:机器与设备	$ 53 800
贷:现金	$ 53 800

二、一揽子成本的分配入账

如果几项固定资产是一揽子计价、一次总付购置,必须将一次总付的成本分配到所购置的各项资产中去。这是因为:有的资产不需计提折旧,而需要计提折旧的资产,其折旧年限也不尽相同。

最常用的分配方法是依据所购置资产的公平市场价值按比例摊算。所谓公平市场价值,可以是这些资产的现行售价,也可以是专业评

估机构的估价。例如,一次性总付购价 $980 000,包括土地、房屋和设备。各项资产由评估机构估价如下:

房屋	$720 000
土地	200 000
设备	100 000
公平市场价值合计	$1 020 000

根据公平市场价值分配一次性总付购置成本 $980 000 如下:

先计算房屋、土地和设备三项资产公平市场价值各占的比例,然后按比例分配买入总价 $980 000。如图表 11-1 所示:

(图表 11-1)

	公平市场价值	%	按%分配总价
房屋	$720 000	70.6	$692 000
土地	200 000	19.6	192 000
设备	100 000	9.8	96 000
合计	$1 020 000	100.0	$980 000

根据计算分配结果,作会计分录如下:

借:房屋	$692 000
土地	192 000
设备	96 000
贷:现金	$980 000

第三节　固定资产折旧

机器设备等工厂资产为企业的生产经营服务,其价值在有限的使用年数中逐渐消耗而转移到所生产的产品成本中去,称为折旧费用(depreciation expense)。对工厂资产计提折旧,一般是按照收益与费用配比的原则处理的。本节讨论工厂资产折旧的会计处理。关于无形资产的摊销、自然资源的折耗的会计处理,将在以后的有关部分论述。

第十一章 固定资产

一、折旧的涵义和性质

固定资产的折旧,是指将固定资产的入账成本(原始价值),在固定资产的有效寿命期内,系统而合理地分期分配到使用受益的各个会计期间。所谓"系统",是指分配在各会计期间的折旧额应具有一定的规律性。所谓"合理",则是指所选择的折旧方法要基本符合资产效用的损耗程度。

一般认为,机器、设备等工厂资产的折旧是由以下原因引起的:

(一) 自然耗蚀

它是指由于自然条件如气候等因素作用于工厂资产而发生的自然损耗,如锈蚀等。

(二) 使用磨损

它是指工厂资产由于使用而发生的损耗。随着使用时间的推移,尽管其物质形态基本保持不变,但使用效能则不断降低。

(三) 提前废弃

它是指由于科技进步,导致了具有更高效率的工厂资产的出现;或者由于生产经营规模扩大,现有机器设备已不能适应,需要用具有更大生产能力的机器设备来更替;或者由于其他原因,使得继续使用现有机器设备已成为不经济,最终促使工厂资产提前废弃。

由此可见,工厂资产的使用,不仅有自然寿命,而且有一定的经济寿命,在其使用寿命终了时就将被废弃。通过折旧,按照系统、合理的方式,将资产的取得成本摊转为使用期的费用,计入产品成本,可以使其价值从产品成本中得到补偿。

二、有关固定资产折旧的几个概念

(一) 固定资产的取得成本和账面价值

固定资产的取得成本,是指企业为取得该项资产并将其正式投入使用前所发生的各项支出。原始成本是固定资产取得成本的计价基础。

固定资产的账面价值,是固定资产的取得成本减去累计折旧后的余额。它表明尚未转作费用的固定资产成本余额,即固定资产净值。

（二）折旧率和折旧额

折旧率是一定时期的折旧额和该时期内应计提折旧总额（即固定资产的取得成本）的比率。按时间长短的不同，折旧率可分为年折旧率、月折旧率等；按计提折旧范围的不同，折旧率可分为综合折旧率、分类折旧率和个别折旧率。折旧率的高低，与固定资产的可使用年限成反比，即：使用年限越长，则折旧率越低；使用年限越短，折旧率越高。

折旧额是根据固定资产应计提折旧总额和依其使用年限而确定的某一时期应计提折旧的数额。以应计提折旧总额，乘以折旧率，即可求得。

（三）残余价值和可折旧数额

残余价值是指固定资产在其使用寿命终了作退废处理时可收回的净额。计算折旧所使用的估计残值，是估计退废处理时可收回的价值减去拆除和处理费用后的净额。若预期残值微不足道，在计算折旧费用时可以略而不计。

可折旧数额是固定资产总值减去估计残值后的余额。它是计算各会计期间折旧额的基础。

（四）折旧费用和累计折旧

折旧费用是指在一定会计期间使用固定资产计提的折旧费，属于期间费用，计入当期损益。

累计折旧（accumulated depreciation）是固定资产分期计提折旧费用的累加之和，又称"备抵折旧"或"折旧准备"。累计折旧是固定资产的冲抵账户。固定资产入账原值减累计折旧后的余额，即为固定资产的账面价值。

三、折旧方法

固定资产计提折旧有多种方法。最常用的有直线法、产量法、年数总和法、余额递减法。

（一）直线法

此法在固定资产有效使用寿命期内的各个会计期间计提相等的折

旧额。每年的折旧额等于固定资产的取得成本减去预计残值后的差额（即应计折旧成本）除以估计使用年数。其计算公式如下：

$$年折旧额 = \frac{固定资产取得成本 - 估计残值}{估计使用年数}$$

假定一台机器的取得成本为 $66 000，估计残值为 $6 000，可使用5年，则每年的折旧额如下：

$$(\$66\,000 - \$6\,000) \div 5 = \$12\,000$$

假定这台机器是年初购进的，则在期末应作会计分录如下：

借：折旧费用　　　　　　　　　　　　　　　$12 000
　　贷：累计折旧——机器　　　　　　　　　　$12 000

按照直线法所计提的折旧额，是时间的函数。此法计算简便。尤其适用于固定资产在各会计期间的使用强度或提供的服务大致均衡的情况。

仍以上例，应计折旧的资产在各年的折旧费用、累计折旧和账面价值，如图表 11-2 所示：

（图表 11-2）

各年折旧费用、累计折旧和账面价值表

年份	取得成本减残值	折旧费	年末余额		
			取得成本	累计折旧额	账面价值
1	$60 000	$12 000	$66 000	$12 000	$54 000
2	60 000	12 000	66 000	24 000	42 000
3	60 000	12 000	66 000	36 000	30 000
4	60 000	12 000	66 000	48 000	18 000
5	60 000	12 000	66 000	60 000	6 000

由图表 11-2 可见，每年计提的折旧数额相同，各年的累计折旧以相同的数额增加，账面价值以相同的数额递减。由于直线折旧法计算简单，因而被广泛采用。

(二)产量法

产量法又称"作业量法",系根据固定资产在各会计期间工作量的多少,按比例计提折旧。此法适用于固定资产在各期的使用程度不均衡的情况,能更好地反映费用与收益之间的配比原则。在业务量大的会计期间,固定资产的磨损较大,从使用中得到的效益也大,因而对固定资产计提较多的折旧费用。

采用产量法,要预估固定资产在其有效寿命期内提供的总产量。所谓产量,随不同的固定资产可以有多种表示方式。例如,运输工具可用里程,生产工具可用工作时间或生产量。按单位产量应计提的折旧额,其计算公式如下:

$$单位产量应计提折旧额 = \frac{固定资产取得成本 - 估计残值}{预估总产量}$$

采用此法需要对固定资产在每一会计期间的实际产量作成记录,将实际产量乘以单位产量应提折旧额,即为应提的折旧费用数额。

假定一台机器的成本为 \$66 000,估计残值为 \$6 000,预计使用期内的总有效工时为 20 000 工时,则每工时应计提折旧额如下:

$$每工时应计提折旧额 = \frac{\$66\,000 - \$6\,000}{20\,000} = \$3.00/工时$$

若机器在第一年工作了 3 000 小时,其折旧费用如下:

$$\$3.00/工时 \times 3\,000 = \$9\,000$$

作会计分录如下:

  借:折旧费用   \$9 000
    贷:累计折旧——机器   \$9 000

其他各年依次类推。

(三)年数总和法

年数总和法(sum of the year digits method)的计算公式如下:

$$每年折旧额 = (固定资产成本 - 残值) \times \frac{剩余使用年数}{年数总和}$$

假定某台机器的取得成本为 $66 000,估计残值为 $6 000,使用年限为五年。则年数总和为 $1+2+3+4+5=15$,剩余使用年数第一年初为五年,第二年初为四年,以后几年依此递减,至第五年初为一年。各年应计提折旧费用,如图表 11-3 所示:

(图表 11-3)

年份	成本减残值	分数	折旧费用	年末余额 成本	累计折旧	账面价值
1	$60 000×5/15=		$20 000	$66 000	$20 000	$46 000
2	60 000×4/15=		16 000	66 000	36 000	30 000
3	60 000×3/15=		12 000	66 000	48 000	18 000
4	60 000×2/15=		8 000	66 000	56 000	10 000
5	60 000×1/15=		4 000	66 000	60 000	6 000

从图表 11-3 可以看到,每年计提的折旧费用以一个不变的数额递减(本例是 4 000),在固定资产使用期终了,其账面价值的最后余额应等于固定资产的残值。当固定资产的使用年限较长时,年数总和可用 $n\left(\dfrac{n+1}{2}\right)$ 来计算,n 指固定资产的使用年限。

(四)余额递减法

余额递减法是用固定资产的折旧率,乘以递减的年初固定资产应计折旧成本(即账面价值),来确定各会计期间的折旧费用。在实际工作中,固定折旧率常采用直线折旧率的 2 倍,如直线折旧法折旧率为 10%,则双倍折旧率即为 20%。因此,余额递减法又称"双倍余额递减法"(double declining balance)。所谓双倍,是指折旧率为直线法折旧率的 1 倍。所谓余额,是指应计折旧成本或账面价值,随折旧的提存而逐年递减。

假设仍以上例有关数据,直线折旧率为 20% $\left(\text{即}:\dfrac{1}{\text{使用年限}}\right)$,乘以

倍数 2,为 40%,即为余额递减法的固定折旧率。据此计算各会计年度的折旧费用,如图表 11-4 所示：

(图表 11-4)

年份	年初账面价值	固定折旧率	折旧费用	年末余额		
				成本	累计折旧	账面价值
1	$66 000×0.40=		$26 400	$66 000	$26 400	$39 600
2	39 600×0.40=		15 840	66 000	42 240	23 760
3	23 760×0.40=		9 504	66 000	51 744	14 256
4	14 256×0.40=		5 702	66 000	57 446	8 554
5	8 554		2 554	66 000	60 000	6 000

上表需注意以下三点：按双倍于直线法的折旧率(本例为 40%)计算折旧费用时,以期初固定资产的账面价值为基数,估计残值不作扣除；每年的折旧费用以等比级数(本例等比为 60%,即 1－40%)递减；最后一年(即第五年)的折旧费用不是用该年年初账面价值 $8 554 乘以 40%($8 554×0.4＝$3 422),因为那将导致固定资产退废时的账面价值($8 554－$3 422＝$5 132)低于其估计残值,故而最末一年的折旧费用是用该年年初的账面价值减去残值来确定($8 554－$6 000＝$2 554)。

由上可见,年数总和法和余额递减法在固定资产使用期的前几年计提较多的折旧费用,而最后几年则计提折旧较少,且各年计提的折旧费用是以等差级数或等比级数递减的。这两种方法都属于加速折旧法。

西方最常用的是加速折旧方法。这是因为：第一,固定资产在其使用的头几年生产效率较高,也能提供较多的收益,应负担较多的折旧费用,这样既符合固定资产的使用规律,也符合成本与收益配比的原则。第二,科技进步的速度加快,新产品、新技术日新月异,要求加速更新固定资产,从而促进固定资产的"陈废"。实行加速折旧,可以在较短的年限内收回固定资产的大部分成本,有助于固定资产的更新。第三,随着固定资产役龄的增加,维修费用也必增多,而递减的折旧费用和递增的维修费用,使各会计期间摊销的固定资产的费用总和趋于均衡,比直线法合理。第四,采用加速折旧法,可以减少固定资产使用初期的应税收益,企业可得到一定的财务利益。因此,西方视其为国家推动科学技术进步和促进生产发展而提供的"无息信贷"。

四、折旧的会计处理

固定资产的折旧虽然在固定资产存在和使用过程中连续不断地发生,却不见于有形,平时也不在账面上作何记录表现;但是,固定资产的实体确实在发生磨损,工作效能逐渐下降,价值也随之逐渐消耗。消耗的价值一方面以折旧费用转入生产成本或冲抵收入,列入损益表;同时转入"累计折旧",列入资产负债表冲抵"固定资产"。所以,固定资产折旧的会计处理包含两个部分:一是在会计期末作为一个调整项目作调整分录;二是在会计报表上反映。

(一) 会计期末作调整分录

借:折旧费用　　　　　　　　　　　　　×××
　　贷:累计折旧——房屋建筑　　　　　　　　　×××

(二) 会计报表上反映

折旧费用结转"收益汇总"(或"本期损益",或"本年利润"),列入损益表,累计折旧列入资产负债表如下:

资产
　流动资产　　　　　　　　　　　×××
　　—　　　　　　　　　　　　　×××
　　—　　　　　　　　　　　　　××× ×××
　固定资产　　　　　　　　　　　×××
　　—　　　　　　　　　　　　　×××
　　—　　　　　　　　　　　　　×××
　　房屋建筑　　　　　　　×××
　　减:累计折旧——房屋　　　　×× ××× ×××

固定资产减累计折旧后的余额为固定资产的账面价值。

第四节 固定资产的维修与改良

一、资本支出和收益支出

固定资产的购入成本和购入后至开始投入正式运用前所发生的有关支出,如安装费、调试费等,都计入固定资产的原值,属于资本支出。固定资产开始使用后,在生产运作和管理经营上所发生的支出,则应加以分析和区分。凡是能够延长固定资产的使用寿命,增加其生产能量或提高生产效率的支出,其受益期超过一个会计期间以上的,应属资本支出。凡是只在本会计期间内受益的支出,如日常维修、保全工资与费用等,则属于收益支出,与当期收益相配比,作为当期费用。资本支出和收益支出必须正确划分和严格掌握,以便正确反映固定资产的置存价值,正确计算产销经营的财务成果。

二、固定资产的大修与改良

固定资产的大修与改良常常是相结合的,其目的在于延长固定资产的使用寿命或提高其使用效能,一般属于资本支出。

关于大修与改良的会计处理,可区别以下两种情况:一是大修与改良的结果只提高使用效能或增加使用能量,而使用寿命不变,大修与改良支出借记固定资产科目;二是大修与改良的结果延长使用寿命,大修理与改良支出借记累计折旧科目。

这两种处理方法的结果:相同的是增加固定资产的账面价值。但是,不同的是:第一种情况,使用寿命不变,折旧率自然也不变,但由于固定资产数额的增加,大修与改良后每期所提折旧额也将增加;第二种情况,使用寿命延长,折旧率相应降低,而固定资产的数额未变,每期所提折旧额相应减少。

固定资产大修与改良的会计处理如下:

假设某公司以 $21 000 购置运货卡车,估计使用年限为五年,残值

为 $3 000，按直线法计提折旧。则在第四年年末运货卡车的账面价值为 $6 600。其计算情况如下：

成本	$21 000
累计折旧 $\left[\frac{4}{5}\times($21\,000-3\,000)\right]$	14 400
账面价值	$6 600

在第五年年初，决定更换卡车的发动机，成本为 $6 300，更换后的卡车将能再使用三年（即较原估计可使用年限延长两年），残值仍为 $3 000。该项支出应作会计分录如下：

借：运货卡车	$6 300
贷：现金	$6 300

在以后的三年使用期内，每年的折旧费计算如下：

总成本（$21 000＋$6 300）	$27 300
累计折旧（第一年至第四年已提）	14 400
更新发动机后的账面价值	$12 900
减：估计残值	3 000
新的应计折旧额	$9 900
新的年折旧费用（$9 900/3 年）	$3 300

三、日常维修与养护

  日常维修与养护，是为了使固定资产处于良好运行状态而发生的小额的、经常性必要支出。如建筑物需要油漆、粉刷，机器设备经常需要润滑、清洁和更换零部件等。

  这些支出是为了保证从资产原来的估计使用年限内获益，并没有增加资产的经济价值或延长使用寿命。因此，日常维修保养支出属于收益支出，应借记费用账户，而与当期收益相配比。

第五节 固定资产的废弃

  企业的固定资产在使用一定时期后，由于磨损或其他原因（如陈废)而废弃时,需按固定资产清理程序进行会计处理。首先将从当期期初至废弃日止的应计折旧额计算入账,然后将固定资产的成本及其累计折旧额从账面上转销,转销后的差额加减清理过程中的清理费用或清理收入,作为"营业外收入"或"营业外支出"处理。下面就固定资产废弃的不同情况,分别说明其会计处理方法。

一、如期废弃

若企业的固定资产报废之时恰值其预计使用年限终了之期,固定资产的折旧也正好提足,则账面价值余额即为估计的残值(如原估无残值,则账面价值为零),此种情况的会计处理最为简单,只需作借记累计折旧、贷记固定资产会计分录即可。

若固定资产如期报废时,尚有一定的残料清理收入,并发生了清理费用,这两者的差额便构成固定资产清理收益或损失。在进行会计处理时,除作借记"累计折旧"、贷记"固定资产"会计分录外,如发生清理收益,则贷记"营业外收入",如发生清理损失,则借记"营业外支出"。现举例如下:

假设固定资产入账原值为 $10 000,估计残值为 $2 000,累计折旧已提足 $8 000,到期报废时处理残料取得清理收入 $2 500,支付清理费用 $300。应作会计分录如下:

借:累计折旧	$8 000
现金	2 200
贷:固定资产	$10 000
营业外收益	200

二、提前废弃

若固定资产折旧尚未提足而提前报废,也无残料清理收支,则其账面价值将是资产处置损失。

假定一台机器的成本为 $10 000,截至废弃日止的累计折旧为 $9 400,则应作会计分录如下:

借:累计折旧——机器	$9 400
资产处理损失	600
贷:机器	$10 000

若有残料清理收入,则应借记现金、贷记营业外收入,以相应减计资产处理损失。

第六节 固定资产的售出和以旧易新

在某项固定资产退出使用时,不论是采取售出还是以旧易新的处置方式,均需作借记"累计折旧"、贷记"固定资产"的会计分录,以冲减固定资产的账面价值。若固定资产的处置日期是在会计期间的中间期,则应核算当期期初至处置日期止的折旧费用作成会计分录入账,将应提折旧补提足额。

一、固定资产的售出

若固定资产的售价与其账面价值相等,便没有资产处理损益。若售价超过固定资产处理时的账面价值,便产生资产处理收益;反之,若售价小于资产处理时的账面价值,则产生资产处理损失。资产处理损益如果数额不大,可作为营业外收入或营业外支出列入损益表。

假设1998年1月2日购置一台机器,成本为$33 000,估计残值为$4 200,有效使用寿命为八年,使用5年半后,于2003年7月1日卖出。自1998~2002年已提五年折旧如下:

$$(\$33\,000 - \$4\,200) \times \frac{5}{8} = \$28\,800 \times 0.625 = \$18\,000$$

补提2003年1~6月折旧 = 1 800

$19 800

补提2003年1~6月折旧,应照常作借记折旧费用、贷记累计折旧的会计分录。至机器出售日,"累计折旧"账户余额(贷方)为$19 800。

计算账面价值如下：

机器成本	$33 000
累计折旧——机器	19 800
账面价值	$13 200

假定机器的售价有以下三种不同情况：

(一) 按账面价值售出

若机器按账面价值即 $13 200 出售，则不存在资产处置损益，应将出售机器取得的现金登记入账，并从账面上减除机器成本和相关的累计折旧。其会计分录如下：

借：现金	$13 200
累计折旧——机器	19 800
贷：机器	$33 000

(二) 按高于账面价值售出

若机器以 $14 000 的价格售出，则高于账面价值 $800（$14 000 − $13 200），为资产处置收益。其会计分录如下：

借：现金	$14 000
累计折旧——机器	19 800
贷：机器	33 000
营业外收入	800

(三) 按低于账面价值售出

若机器以低于账面价值的价格 $11 500 售出，则与账面价值 $13 200 之间的差额 $1 700 为资产处置损失。其会计分录如下：

借：现金	$11 500
累计折旧——机器	19 800
营业外支出	1 700
贷：机器	$33 000

从原则上讲，处理固定资产所发生的收益或损失，其性质属于资本

收益或资本支出。在固定资产按高于账面价值的条件售出时,其高出部分还可能有以下两种情况:

1. 售出固定资产的收入超过账面价值、但等于或小于原始入账成本。

固定资产的账面价值是原始入账成本减已提累计折旧后的余额。在此情况下出售收入超过账面价值的部分,等于已提累计折旧的收回。现举例如下:

假设生产设备原始成本为 $2 000 000,预计使用寿命十六年,无残值,六年后售出,收入 $1 400 000。

计算售出生产设备的账面价值:

年折旧额 = $2 000 000/16 年 = $125 000

已提累计折旧 = $125 000 × 6 年 = $750 000

账面价值 = $2 000 000 - $750 000 = $1 250 000

售出所得的收入 $1 400 000 高于账面价值,但低于原始入账成本,说明售价超过账面价值的差额 $150 000($1 400 000 - $1 250 000)属于已提累计折旧的回收。应作会计分录如下:

借:现金	$1 400 000
累计折旧	750 000
贷:固定资产	$2 000 000
留存盈利	150 000

2. 售出固定资产的收入超过原始入账成本。

在此情况下,其出售收入超过账面价值的数额实际包括两个部分:一是账面价值小于原始入账成本的部分,属于已提累计折旧的收回;二是出售收入超过原始入账成本部分,性质属于资本公积。现举例如下:

假设生产设备原始成本 $600 000,预计使用寿命六年,无残值,两年后售出,收入 $675 000。

计算售出设备的账面价值以及售价超过账面价值和资本收益：

年折旧额＝＄600 000/6年＝＄100 000

累计折旧＝＄100 000×2年＝＄200 000

账面价值＝＄600 000－＄200 000＝＄400 000

售价超过账面价值＝＄675 000－＄400 000＝＄275 000

资本收益＝＄275 000－已提累计折旧收回＄200 000＝＄75 000

根据上述数据，应作会计分录如下：

借：现金	＄675 000
累计折旧	200 000
贷：固定资产	＄600 000
留存盈利	200 000
资本公积	75 000

上述分录主要反映出售固定资产的收入中含有已提累计折旧的回收(原始入账成本超过账面价值)、原始入账成本的收回和出售固定资产所取得的资本收益。这三者的性质是有所不同的。

二、固定资产的以旧易新

在西方国家，机器、汽车以及其他设备等固定资产的以旧换新(trade-in)是常见的交易活动。在以旧换新的情况下，从新资产价格中扣除旧资产折旧后的余额(即账面价值)，由企业按正常的信用条件付款。固定资产以旧易新的会计处理程序取决于换进的新资产是否与旧资产属于同类资产。

(一) 换入同类资产

若用旧资产换入同类的新资产，则会计分录依固定资产以旧易新发生收益或损失而不同。

若旧资产折价超过其以旧易新时的账面价值，便产生资产处理收益；反之，则产生资产处理损失。固定资产以旧易新交易中的损失应立即确认入账；但以旧易新中的收益则不予确认，而是以其抵减新资产的入账价值。

第十一章 固定资产

假定一台机器的成本为 $33 000，截至以旧换新时止的累计折旧为 $22 000（账面价值为 $33 000－$22 000＝$11 000），新机器的现金价格为 $45 000。旧机器折价 $6 000，差价 $39 000（$45 000－$6 000）支付现金。旧机器的账面价值大于其折价的部分 $5 000（$11 000－$6 000）是以旧易新交易中的损失。其会计分录如下：

借：机器（新）	$45 000
累计折旧——机器（旧）	22 000
资产处理损失	5 000
贷：机器（旧）	$33 000
现金	39 000

上述分录将新机器的现金价格 $45 000 记入资产账户的借方，同时贷记旧机器成本、借记与之相关的累计折旧，将此两账户中的有关金额冲减。对损失 $5 000 的立即确认，符合"稳健性"的会计原则。

仍以上例，假定旧机器的折价为 $14 000，与新机器现金价格 $45 000 之间的差额 $31 000 用现金支付。此笔交易虽然旧机器折价（$14 000）超过其账面价值（$11 000），有 $3 000 的收益，但是不予确认，而是冲减新机器的现金价格。其会计分录如下：

借：机器（新）	$42 000
累计折旧——机器（旧）	22 000
贷：机器（旧）	$33 000
现金	31 000

新机器的价值是按其现金价格 $45 000 减不确认为收益的 $3 000 后的余额 $42 000 入账的。此数也就等于旧机器的账面价值 $11 000 加以旧易新时支付的现金 $31 000。以旧易新时不予确认的收益 $3 000，实际上属于延期收益。因为新机器使用寿命期内的总折旧费用比按 $45 000 现金价格计提的折旧费少 $3 000，而净收入则相应增加 $3 000。此项在交换时未予确认的收益，在新机器使用期内由于每年的折旧费用相应较少，因而逐渐被确认了。

(二) 换入非同类资产

当以某项旧资产换入不同用途的新资产时(如以建筑物交换机器),收益和损失都应立即予以确认。因为这种以旧易新的交换不是原有同样生产能量的延续,而是一笔新交易。旧资产和相关的累计折旧账户应作对转冲减的会计分录;新资产应按公平市场价值入账;旧资产账面价值和公平市场价值之间的差额确认为收益或损失入账。

假设某公司的房屋成本为$250 000,累计折旧$120 000,按公平市场价值$180 000换得建筑设备(不含现金的找收或找付)。该项交换活动应作会计分录如下:

借:建筑设备	$180 000
累计折旧——房屋	120 000
贷:房屋	$250 000
资产处理收益	50 000

在此笔分录中,换入的建筑设备按公平市场价值$180 000入账,房屋的成本$250 000和相关的累计折旧$120 000转销,差额$50 000[$180 000-($250 000-120 000)],为确认的收益。

第七节　固定资产的租赁

租赁(lease)是指以由承租人向出租人支付一定的租金为条件,出租人授予承租人在约定期限内占有和使用某项资产的权利的一种契约。承租人因租赁而获得额外经济利益,其所拥有的租赁权就成为一种无形资产。由于租赁具有融资性质,且风险低、灵活性高等优点,因此,在西方国家发展得很快。租赁一般分为融资性租赁和经营性租赁。

一、融资性租赁

通常要区分融资性租赁(financial lease)和分期购买是很困难的。

根据财务会计准则委员会的规定,融资性租赁是指租赁合同不可取消,同时要满足下列标准之一的租赁业务:在租赁期满时,租赁财产的所有权可转让给承租人;由双方协商议价,由承租人购买租赁财产;租赁期相当于租赁财产经济寿命的 75% 或更长;支付租金的现值达到或超过租赁财产公平市场价值的 90%。

融资性租赁的会计处理步骤如下:

(一) 签订租赁合同

租赁合同签订后,承租方应计算租赁期内应付租金的现值总和,作一笔借记租赁资产、贷记租赁负债的会计分录。

假设某航空公司向一家飞机出租公司租入飞机,双方签订租赁合同:租赁期八年(预期飞机经济寿命为十年),年租金额 \$1 000 000,当时市场利率 12%。

按 12% 利率,八年期年金现值为 \$4.9676

八年租金现值总合为:

$$\$1\,000\,000 \times 4.9676 = \$4\,967\,600$$

应作会计分录如下:

借:租入固定资产——飞机　　　　　　\$4 967 600
　　贷:租赁负债　　　　　　　　　　　　\$4 967 600

(二) 支付租赁费

每年支付租赁费 \$1 000 000,是一常数,性质有如年金。其内涵为:一部分是利息费用;一部分是租赁负债的摊销。利息部分是以租赁负债为基数,每年实付租赁费减利息费用后的余额为租赁负债的摊销。计算如下:

$$\text{利息费用} = \$4\,967\,600 \times 12\% = \$596\,112$$

$$\text{租赁负债摊销} = \$1\,000\,000 - \$596\,112 = \$403\,888$$

根据以上数据,作成会计分录如下:

借：利息费用　　　　　　　　　　　　　　$ 596 112
　　租赁负债　　　　　　　　　　　　　　 403 888
　　贷：现金　　　　　　　　　　　　　　　　　　$ 1 000 000

租赁负债的余额，随着分期摊销而逐年递减，利息费用也随着租赁负债的递减而逐期减少，租赁负债的摊销则相应地逐期递增。

(三) 计算列表

根据上列数据计算，如图表 11-5 所示：

(图表 11-5)

年 份	实付租赁费 (1)	租赁负债摊销 (2) [(1)-(3)]	利息费用 (3) [12%×(4)]	租赁负债余额 (4)
0				4 967 600
1	1 000 000	403 888	596 112	4 563 712
2	1 000 000	452 355	547 645	4 111 357
3	1 000 000	506 637	493 363	3 604 720
4	1 000 000	567 434	432 566	3 037 286
5	1 000 000	635 526	364 474	2 401 760
6	1 000 000	711 789	288 211	1 689 971
7	1 000 000	797 203	202 797	892 768
8	1 000 000	892 768	107 232	—
合 计	8 000 000	4 967 600	3 032 400	

注：(2) 租赁负债摊销＝(1)实付租赁费－(3)利息费用；(3) 利息费用＝(4)租赁负债余额×利率12%；(4) 租赁负债余额＝逐期递减的租赁负债余额－(2)租赁负债摊销。

(四) 折旧费用

假设无残值，每年应摊折旧费用如下：

$$\$ 4\ 967\ 600 \div 8 = \$ 620\ 950$$

作会计分录如下：

借：折旧费用　　　　　　　　　　　　　　　　＄620 950
　　贷：累计折旧——租入财产　　　　　　　　　　＄620 950

融资性租赁是一种长期租赁。对租赁财产折旧的处理，与自有财产的折旧处理方法相似。

（五）租入固定资产的改良

承租方对于长期租赁（融资性租赁）的财产常需作特殊改良。如打隔断、装配固定性装置设施等。这种改良成为租赁财产的固定部分，在租赁期满时承租人不能拆除。这些改良的支出，应借记"租赁财产改良"账户，并在改良设施的使用寿命期或租赁期两者相比较短的时期内摊入费用，其会计分录如下：

借：租赁费用　　　　　　　　　　　　　　　　×××
　　贷：租赁财产改良　　　　　　　　　　　　　　×××

"租赁财产改良"属于"递延资产"。列入资产负债表。

（六）租赁期满后

如果租入的资产退还出租方，这时累计折旧已经提足，其数额如下：

$$\$620\,950 \times 8 = \$4\,967\,600$$

应作会计分录销账如下：

借：累计折旧　　　　　　　　　　　　　　　　＄4 967 600
　　贷：租入固定资产　　　　　　　　　　　　　　＄4 967 600

如果租赁的财产于期满时转归承租方所有，经双方协商按残余价值作价＄50 000支付出租方。

承租方可作会计分录如下：

借：固定资产　　　　　　　　　　　　　　　　＄50 000
　　贷：现金　　　　　　　　　　　　　　　　　　＄50 000

以上是承租方的会计处理步骤。

出租方的会计分录如下：

签订租赁合同时：

 借：应收租赁费 $ 4 967 600

  贷：租出固定资产 $ 4 967 600

收到租金时（第一期）：

 借：现金 $ 1 000 000

  贷：利息收入 $ 596 112

    应收租赁费   403 888

租赁期满时：

 借：租出固定资产   ×××

  贷：固定资产   ×××

如贷记固定资产的数额较该固定资产的账面价值有出入时，其差额以"营业外收入"或"营业外支出"处理。

二、经营性租赁

若租赁业务不符合前述融资性租赁标准，则该项租赁可看作是经营性租赁（operating lease）。经营性租赁的租赁期一般较短，租赁合同可由任何一方通知取消，出租人承担出租财产的使用风险并拥有所有权收益。例如，某公司在其销售旺季按周租入送货卡车就是经营性租赁。承租方的租金支付按费用处理，即借记租赁费用、贷记现金。租入资产和相关的租赁费用不需要在承租方的账面上作记录。

第八节 自然资源的取得和折耗

自然资源主要是指油田、矿藏、森林、天然气等使用情况比较特殊的有形固定资产。由于不断地采掘、采伐，自然资源逐渐转作产品，其存量逐渐下降，成本价值也相应减少。因此，这些自然资源又常被称为递耗资产（wasting assets）。递耗资产的成本，随着资源的采掘、采伐而转销的部分，称为折耗（depletion）。

第十一章 固定资产

折耗与固定资产折旧虽然相似,但两者的差异很明显:折耗是指自然资源本身的减少,而折旧不是指固定资产实体的耗减,乃是使用价值的减少;递耗资产除森林外不能重置,而应计折旧固定资产可以重置;自然资源的产出直接构成产品的有形实体,是可以售卖的商品,而应计折旧固定资产在生产过程中不构成产品的有形实体;折耗只发生在开采使用时,而折旧的发生不限于固定资产的使用,即使在闲置时,由于自然耗蚀,亦有折旧。

一、递耗资产的取得成本

递耗资产按取得的成本入账,包括其购买价格和勘探、开发成本。勘探、开发成本包括清理露天地面、支架、钻井、勘探等所发生的费用支出。由于勘探开发的结果难以预料,会计处理一般采用稳健性原则,先将未开发土地的取得成本与勘探开发成本分开立账,再将成功的勘探开发成本计入递耗资产成本,而将不成功的勘探开发成本列为当期费用,即只将与成功的勘探开发直接有关的支出资本化。当然,一些规模较小的主营勘探开发业务的公司,则将全部勘探开发支出予以资本化。

二、递耗资产的折耗

将自然资源(递耗资产)的成本,分期摊配到开发的数量上,称为折耗。折耗的计算方法,与计算折旧的产量法相同:将扣除残值后的递耗资产成本,除以估计总贮藏量,确定单位贮藏量的折耗(折耗率),再乘以当期的采伐(取)量,即为该期的折耗。

假定某铜矿的取得成本为 $15 000 000,估计残值为 $1 000 000,该矿估计可供开采的铜矿数量为 7 000 000 吨,则折耗率如下:

($15 000 000 − $1 000 000) ÷ 7 000 000 = $2/吨

假如第一年开采了 450 000 吨,则该年的折耗费用如下:

450 000 × 2 = $900 000

其会计分录如下:

借：折耗——铜矿　　　　　　　　　　　　　　　　＄900 000
　　贷：铜矿藏　　　　　　　　　　　　　　　　　　　　＄900 000

有些公司可用累计折耗账户，而不直接贷记递耗资产账户。

折耗只是开采资源或生产产品的一部分成本。开采的自然资源可能未在当年全部售出，则未售出部分的折耗代表存货应作为流动资产在资产负债表上反映。仍以上例，如果开采的铜矿只有300 000吨，在当年进行了加工并出售，则＄600 000（＄300 000×2）应作为折耗计入销售产品成本，列入损益表反映，其余＄300 000则作为存货在资产负债表上列示。这就是说，当年发生的折耗，应依据销售数量和存货数量在销售成本和存货之间进行分配。其会计分录如下：

借：销售成本　　　　　　　　　　　　　　　　　　＄600 000
　　存货　　　　　　　　　　　　　　　　　　　　　　300 000
　　贷：折耗——铜矿　　　　　　　　　　　　　　　　　＄900 000

第九节　无形资产的取得和摊销

无形资产(intangible assets)是指不具实物形态的资本资产。它反映企业所拥有的法定权利和经济利益。无形资产包括专利权、版权、租赁权、特许权和商誉等。没有实物存在形态的短期资产，如应收账款和预付费用，就不属于无形资产。

无形资产管理的会计原则，应与应计折旧的固定资产相似。但是，由于无形资产没有实物形态，其识别、估价和使用年限的估计更为困难。无形资产一般按其原始取得成本入账。有些无形资产，如商标、商店名称，可能没有付出取得成本。尽管它们对企业经营极有价值，但由于它们没有取得成本，因而不能包括在资产负债表中。无形资产只反映没有摊销的成本部分，在资产负债表固定资产部分之后单独列示，或归入"其他资产"类。

将无形资产成本分配在由于使用而受益的各会计期间，称为"摊销"。摊销与固定资产的折旧相似。所不同的是:一般不需要使用累计摊销账户,而直接借记摊销费用,贷记无形资产账户。所有无形资产均须在其法定有效期或使用期两者相比较短的期限内摊销完毕,最长的不得超过四十年。如果无形资产的估计使用年限有重大变化,应将其未摊销成本分配在剩余使用年限。无形资产最常用的摊销方法是直线法。

一、专利权

专利权(patent),是由政府授予的在一定时期内生产和销售某一特定产品,或使用特定制造工艺的专有权利。承认专利权,有利于鼓励新机器、新工艺、新设计的诞生。美国企业每年用于新产品、新工艺的研究开发费用数额甚巨。这些支出对国民经济的增长和生产率的提高起了很大作用。

如果专利权系由企业研究开发取得,难以确定专门用于开发某项专利权的支出,而所付研究开发支出又不能从政府部门或其他方面取得补偿时,可将有关支出计入其发生期间的费用。企业内部开发专利权的唯一增加的成本,是支付的法律和申请费用,由于这些费用的数额较小,亦经常于发生时作为当期费用。

如果专利权是从发明人或持有人手里购买的,而不是企业内部开发的,其购买费用应借记专利权账户。此外,为了有效地保护专利权而发生的法律费用,也应借记专利权账户。

尽管西方国家大多规定了专利权的法定有效期,但由于新发明常使专利权很快过时。因此,专利权的成本应在其估计有效使用期内摊销完。

有些企业使用累计摊销账户,而不是直接贷记专利权账户。累计摊销账户是一个估价账户,在资产负债表内作为无形资产——专利权的一个减项列报。

二、版权

版权(copyright)是由政府授予的生产和销售艺术作品或出版物

的专有权。这种专有权的法定有效期限是著作权人的生存期加死后五十年。如果是购买版权,则购买价格借记版权账户,并在不超过四十年的使用寿命期内摊完。由于版权的受益期限很难确定,版权成本大多在较短时期内摊完。

三、商标和企业牌号

商标和企业牌号(trade mark, brand)是在政府主管机构注册后所取得的。其开发的主要成本是广告费,一般计入当期费用。其他如注册费、设计费等支出,如果数额较大,应予资本化,并分期摊销。由于这些费用往往数额较小,一般于发生时作为当期费用。如果商标或企业牌号是购买的,其买价可能较高,则应借记适当的无形资产账户,并在其使用寿命期内(一般不超过四十年)摊完。

四、专营特许权

专营特许权(franchise)是由政府单位授予个人或企业在一定地点或地区经营某种业务的权利。如政府授予经营城市公共交通的特权,由一公司让给另一公司的某些专营权或特许权。专营特许权一般有规定的期限。

专营特许权的初始成本可能很高,应予资本化,并在专营特许权的有效期内摊销完毕。如为永久专营特许权,一般应在四十年内摊完。如果专营特许权协议规定,根据产量或净收入的百分比,按年支付专营特许权费,则应直接借记专营特许权费用账户,贷记现金。

五、商誉

商誉(goodwill)是指一家企业由于顾客信任、管理卓越、地理位置有利、生产效率高或其他特殊优势,而具有超过一般行业正常收益率水平的获利能力。

商誉可以由企业自己通过发展上述条件而建立。但是,由于这方面的费用支出很难具体界定,故平时不记商誉资产账户,只有在一个企业被整体购买时才能将商誉入账。购买者支付的超过被购企业的净资产公平市场价值的部分即为商誉价值。

和其他无形资产一样,商誉的成本必须在其使用寿命期内(一般不超过四十年)摊完。

除以上各项外,属于无形资产的还有租赁权,已在本章第七节作了介绍。

第十二章 证券投资

第一节 投资的涵义和分类

一、投资的涵义

投资(investment)是指企业将多余的资金,以买进其他公司发行的股票和债券等有价证券的方式,向这些企业单位的投资(不包括列入现金项下等同现金项目中随时准备并可以换现的证券和票据凭证)。投资的目的一般在于取得投资于债券的利息或股票的股利,以及在最后处理这些投资时由于卖价与成本间的差价所产生的投资收益;还可以通过投资长期持有其他公司发行股票的较大比例,取得对被投资公司生产经营决策和运营的控制或施行一定的影响作用。这类投资属于长期投资。

二、投资的分类

(一)直接投资和间接投资

直接投资是由企业直接出资办厂或经营其他营业,借以扩大生产经营规模或扩充经济业务联系。

间接投资则是通过购买和持有其他公司发行的股票或债券,对其他公司的经营决策起控制或影响作用(特别是持有一定比例的有投票表决权的普通股),同时以股利或利息形式取得投资收益。

直接投资和间接投资的会计处理方式不同。本章所述投资,系指间接投资,包括投资于其他企业发行的股票和债券。

(二)短期投资和长期投资

短期投资是指企业购入的各种能随时变现并持有时间不超过一年

的有价证券以及不超过一年的其他投资。

长期投资则是指不准备在一年内变现的投资。

上述两种投资都可包括股票投资、债券投资和其他投资。

短期投资和长期投资的区别,主要表现在以下三个方面:

1. 投资期限长短不同。

持有期限不超过一年的为短期投资;超过一年以上的为长期投资。投资期限长短主要取决于企业的投资意图。

2. 投资目的不同。

短期投资以运用短期闲置资金取利为主;长期投资除取利外,还有对被投资企业加强业务联系、施加决策影响和实现管理控制的目的。

3. 投资资金来源不同。

短期投资的资金一般来自短期来源(但并不排除长期资金来源安排作短期运用);长期投资的资金来自长期来源(包括长期负债和权益资本),不能以短期资金来源作长期投资运用。

(三) 投资性质不同

股票和债券都属有价证券,都可作为短期投资和长期投资的标的,但是,两者属性不同。股票属于权益证券,持有股票即处于被投资公司净资产权益所有者(股东权益)地位;债券则属于债务凭证,持有债券则处于发行债券公司的债权人地位。这是两者的根本不同,此外还有以下不同之处:

第一,股票和债券虽然都有面值,但股票的实值决定于企业的财务状况和经营成果,而债券则按定率付息,并于到期时按票面额还本,一般不受企业财务状况和经营成果所影响。

第二,普通股一般没有固定股利率,其股利率由公司董事会根据企业财务状况和经营成果而决定。债券利率则是固定的,不论公司盈亏或盈利多少,都按债券规定的利率定期支付利息。

第三,债券利息是筹资支付的成本,属于财务费用,在计算净损益时,作为费用扣除;而股票股利则属税后利润分配。两者在性质上和会计处理上均有所不同。

第二节 短期投资的性质与核算要点

一、短期投资的性质

短期投资(short term investment)主要是将短期闲置资金(如季节性余资),投资在有组织的市场,公开买卖并且容易出售的证券,可以使处在生产经营淡季时期的闲置资金,通过投资运用,获取投资收益,并在需用资金时能以比较有利的条件出售、收回现金。此外,企业在流动资金随生产经营活动不断流转的过程中,出于预防性或准备性动机,常常需要保持一定数量的"后备现金",这一部分现金具有相对稳定性,往往投资于高质量证券(所谓高质量证券,是指:买卖方便、价格稳定,买卖成本低、收益高、风险小)。短期投资既不影响正常营运资金周转和业务经营,又可取得较好收益,并于需用资金时,可以售出收回现金。

二、短期投资的会计核算要点

第一,设置"短期投资"科目,并按投资的种类设置明细账。

第二,按取得时的实际成本入账,实际成本包括买价、经纪人手续费和交易税等。

第三,买进债券的日期如果是在两次付息日期之间,其所付买价之内必然含有从最近一期付息日至买卖成交日之间的利息(如付息日期为4月1日和10月1日,买进日期为6月15日,则买价之内含有4月1日至6月15日之间的应计利息),这部分应计利息用作"应收款项"处理,不计入投资成本。买进股票日期如果是在公司董事会已经宣布股利、但在发放之前,则买价内含有的股利,也应作为"应收款项",不列入投资成本。

第四,短期投资如在持有期内收入债券利息或股票股利,作为当期收入入账(如果在购买时买价内含有一部分应计利息或股利,应冲转"应收款项",其余部分作当期收入)。

第五,期末决算时,对于截至决算日止应计利息,应按一般程序作调整分录计入本期收入。

第六,期末决算时,对持有证券,按"成本与市价孰低"原则估价。

第七,短期投资的流动性(变现性)较强,在资产负债表内列在"货币资金"(包括现金、银行存款和其他货币资金)之后。

第八,短期投资的证券在最后售出时发生的收益或损失作为当期损益处理。

第三节　短期投资——债券

一、债券的购入

债券一般是分期按定率付息、到期按票面还本。如果是在两次付息期之间购入债券时,支付的买价内含有应计利息,这部分应计利息,在收取下期利息时,便可冲账。因此,所含应计利息不能计入买进成本。

假设甲公司于6月1日以闲置资金买入乙公司发行的债券,票面共$10 000,债券利息为10%,按九五折(即95%)买进。该债券一年分两次付息,上期付息日为4月1日,下期为10月1日。另外,支付经纪人手续费$50,列入债券的购买成本。计算如下:

按95%买进$10 000票面债券	$9 500
加:经纪人手续费	50
债券成本合计	$9 550
加:应计利息(4月1日~6月1日):	
$10 000×10%×2/12)	167
共付现金	$9 717

应作会计分录如下:

借:短期投资——债券		$9 550
应收款项(或利息收入)		167
贷:现金		$9 717
(按95%购入乙公司债券票面$10 000)		

以上会计分录中借记"应收款项",也可以借记"利息收入",待付息日收进利息时,再贷记"应收款项"或贷记"利息收入"冲转。

二、收入债券利息

10月1日收入债券利息 \$500(\$10 000×10%×6/12),如果买入时系借记"应收款项"。应作会计分录如下:

借:现金	\$500
贷:应收款项	\$167
利息收入	333

(收入4月1日～10月1日债券利息)

如果买入时系借记"利息收入",则应作会计分录如下:

借:现金	\$500
贷:利息收入	\$500

"利息收入"借贷相抵,净贷\$333,结果相同。

三、期末决算应计利息的调整

期末决算时,计算应计利息,作调整分录如下:

应计利息(10月1日～12月31日)= \$10 000×10%×3/12 = \$250

应作调整分录如下:

借:应收款项	\$250
贷:利息收入	\$250

调整分录在次年开始时作倒转分录或不作倒转分录,按常规程序处理。

四、短期投资债券的售出

假设上例购入短期投资债券,于次年2月1日按票面的96%价格售出,取得收入\$9 600,加上从上次付息日(10月1日)至售出日的应计利息\$333(\$10 000×10%×4/12),并扣除经纪人手续费\$45。计算如下:

按 96% 价格售出 $10 000 票面债券	$9 600
减：经纪人手续费	45
售出债券净收入	$9 555
加：应计 10 月 1 日～2 月 1 日债券利息	333
收入现金合计	$9 888

售出债券取得的净收入 $9 555 与账载入成本 $9 550 的差额 $5，即为售出投资债券损益（投资收益）。

上述计算结果，应作会计分录如下：

借：现金	$9 888
贷：短期投资——债券	$9 550
利息收入	333
投资收益	5

（按 96% 价格售出短期投资债券）

五、期末决算对持有债券短期投资的估价

债券短期投资按取得的成本入账，期末决算时，在资产负债表上按成本列报。但是，如果持有债券在决算日的市价低于入账成本而且差额较大，市价的下降又不是属于暂时情况，则根据成本与市价孰低原则，按债券的市价估价列报，作会计分录如下：

借：短期投资估价损失	×××
贷：短期投资——债券	×××

日后如果市价回升，不予考虑调整，因为短期投资——债券账户的余额视为一个新的替换成本。

六、债券短期投资的溢价和折价

投资购入债券的价格超过债券面额，称为"溢价"；低于债券面额，称为"折价"。在购入债券时，如果市场利率高于债券利率，一般按折价计价，反之，如市场利率低于债券利率，则按溢价计价。从这个角度看，溢价和折价可视为调协市场利率和票面利率的一种手段。长期投资的溢价和折价应分期摊销(摊销的方法见长期投资部分)。至于短期投资,则因债券系短期持有,而不是持有至债券到期日;在日后投资债券处理时所实现的价格因事先并不预知,无法确定摊销的数额,因此对于溢价或折价不作摊销。

第四节 短期投资——权益证券(股票)

企业持有短期闲置资金,除短期投资于债券外,还往往投资于权益证券,即其他公司发行的股票。这是因为,股票投资可能取得较高的股利收入或者存在有利的市场条件。作为短期投资买入的股票,应当是高质量、低风险,并具有稳定的市场价值。

短期投资于其他公司发行的股票时,为了分散风险,可投资于几家公司股票,从而形成股票投资组合。

一、短期投资股票的购入

购入其他公司发行的股票作为短期投资,按取得的成本入账。入账之后,对被投资公司的经营损益不作反映和调整。也不受股利收入的影响(股利收入系作为投资收益,并不影响成本)。取得成本包括买价、经纪人手续费、交易税以及其他有关支出。

假设甲公司于1月5日购买乙公司股票200股(乙公司已发行在外的普通股为50 000股),每股买价$60,经纪人手续费和交易税共$200元,乙公司董事会已决定并公布每股发股利$5,但尚未开始支付,应作会计分录如下:

借:短期投资——股票　　　　　　　　　　　$11 200
　　应收款项(股利)　　　　　　　　　　　　1 000
　　贷:现金　　　　　　　　　　　　　　　　$12 200
(买入乙公司普通股200股,每股$60,含未付股利$5,加有关费用$200)

由于买入时董事会已经决定并公布股利,所以买价内含有应收股利,应记入"应收款项",买价减应收股利后的数额作为投资成本[即

200×(60−5)＝＄11 000,加上经纪人手续费和交易税＄200,共计＄11 200]。

二、收入现金股利

买入后,乙公司开始支付股利时,按实收数额,作借记"现金"、贷记"应收款项"分录,过账后此笔应收款项冲清。

假设买入时,乙公司董事会尚未作出股利的决定,买入后,董事会才根据营业情况和财务状况决定普通股股利＄7.50,应作会计分录如下:

  借:应收款项——股利   ＄1 500
   贷:投资收益——股利   ＄1 500

收到乙公司发放现金股利时:

  借:现金   ＄1 500
   贷:应收款项——股利   ＄1 500

也可在乙公司宣布定期发入股利时先不作账,而等到实际收到股利现金时再按收到的金额,以借记"现金"、贷记"投资收益——股利"入账。

三、期末持有股票短期投资组合的估价

按照公认会计原则(GAAP),公司证券短期投资组合,应按资产负债表日期(即决算日)组合的总成本和总市价孰低在资产负债表上列报(即"成本与市价孰低"原则)。如果股票投资组合的市价总额下降至投资组合的成本总额之下,就应放置一个估价账户,名称为"备抵短期投资市价下降损失"(allowance to reduce temporary investment to market)。这是一个贷方余额账户,在资产负债表内列在"短期投资"账户之后,作为一个冲抵项目。与这个账户相对应的借方余额账户,名称为"未实现短期投资损失"(unrealized loss on short-term investments)。这是一个损益类账户,列入损益表。现举例说明如下:

假设某公司在第一年经营期末的短期股票投资组合,如图表12-1所示。

(图表 12-1)

股 票	成 本	市 价
联合波赖得公司普通股	$4 290	$3 800
倍优油脂公司优先股	$17 000	$17 500
史万公司普通股	16 500	15 200
合 计	$37 790	$36 500

由上表可知,市价总额低于成本总额 $1 290(即 $37 790 — $36 500),应作会计分录如下:

借:未实现短期投资损失 $1 290
 贷:备抵短期投资市价下降损失 $1 290
(短期股票投资组合未实现损失)

短期投资在资产负债表内列报如下:

    流动资产
    ……
  短期投资——股票 $37 790
  减:备抵短期投资市价下降损失   1 290 $36 500
    ……

"未实现短期投资损失"是仍在企业手中持有的短期投资股票的估价损失(如果当时售出便成为实际损失),作为损失项目列入损益表。

四、短期投资股票的售出

在短期投资股票售出时,售出所实现的收入与股票原成本之间的差额,作为收益或损失入账。

假设上例持有的联合波赖得公司普通股于次年全部售出,取得收入 $3 800,应作会计分录如下:

借:现金 $3 800
  售出短期投资股票损失   490
 贷:短期投资——股票 $4 290
(售出短期投资联合波赖得公司普通股)

售出短期投资组合中的某公司普通股,必然影响次期资产负债表编报日(也即次期期末)的备抵数额,在次期期末核算并调整备抵数额时,将会自动调整解决。

五、未实现损失的收复

由于股票市价的变化或股票投资组合结构的变化,前后两期期末的短期股票投资组合总成本和总市价之间的差额也会发生变化。因此,"备抵短期投资市价下降损失"账户的每期期末余额也会增加或减少,以反映期末投资组合未实现损失净额。如果本期期末未实现损失净额少于上期期末数额,应做调整分录,以反映未实现损失的收复。

假设前例某公司的股票短期投资组合在第二年期末的情况,如图表12-2所示:

(图表12-2)

股　　票	成　本	市　价	备　注 (第一年期末市价)
联合波赖得公司普通股	($4 290)		$3 800
倍优油脂公司优先股	$17 000	$17 600	$17 500
史万公司普通股	16 500	15 700	15 200
合　　计	$33 500	$33 300	$36 500

注:联合波赖得公司普通股已在第二年全部售出,第二年期末不再列其市价,其成本只是作参考,不计入合计之内,故加括号。

现在的未实现净损失为$200($33 500－$33 300),而在上年末则是$1 290($37 790－$36 500),说明未实现损失收复$1 090($1 290－$200),应作下列分录调整备抵账户:

借:备抵短期投资市价下降损失　　　　　　　　$1 090
　　贷:收复短期投资未实现损失　　　　　　　　　　$1 090
　　　　(短期股票投资未实现净损失减少)

"收复短期投资未实现损失"列入当年损益表,作为其他收入;备抵账户的贷方余额$200列入期末资产负债表,作为短期投资的减项。

由于股票市价回升产生的"收复未实现损失"(有时也称"未实现收益"),其调整的金额以不超出备抵账户的余额为限度(即充其量备抵账户的余额冲抵为零,或者说股票短期投资的账面价值不能大于总成本)。否则,便不符合成本与市价孰低原则。

股票短期投资组合含有的各种股票是可能有变化的,有的股票售出以取得现金,以后又用多余现金买进其他股票。因此,股票短期投资组合的成本总额和市价总额也是会有变动的。如果在下一个时期股票短期投资组合的市价总额高于其账面价格(账面价格=成本-备抵),就要确认"收复短期投资未实现损失"。计入当期损益。但确认的数额以不超过"备抵短期投资市价下降损失"账户的余额为限度。这就是说,投资组合如果根据成本与市价孰低原则曾按其市价抵估,可以随市价的变动,按回升的市价回估,但是只能以估回到原成本为限。

假设某公司在 2003 年 12 月 31 日的短期投资股票组合,如图表 12-3 所示:

(图表 12-3)

股票投资	成本	市价
甲	$33 000	$27 000
乙	69 000	73 500
丙	52 500	52 500
丁	121 500	105 000
合计	$276 000	$258 000

根据表列总市价低于总成本 $18 000,应作会计分录如下:

  借:未实现短期投资损失 $18 000

    贷:备抵短期投资市价下降损失 $18 000

如果在下年年末(2004 年)投资组合总市价回升为 $270 000,计回升 $12 000(但仍低于总成本),应作会计分录如下:

借：备抵短期投资市价下降损失　　　　　　　　$12 000
　　贷：收复短期投资未实现损失　　　　　　　　　$12 000

由于投资组合的市价回升所产生的未实现收益（或收复未实现损失），只以备抵短期投资市价下降损失为限，备抵账户的余额充其量只能减少为零。因此，根据成本与市价孰低原则，短期投资的账面价值总额不可能大于其总成本的。

第五节　长期投资的性质与核算要点

一、长期投资的性质

长期投资（long term investment）是相对于短期投资而言。短期投资是可以立即出售的投资，即在一年或一个正常营业周期两者孰长的期间内，随时可以转换为现金，以应需要的投资。长期投资则不是为了应付正常营业需要而随时可以转换为现金的投资。长期投资的主要目的，除通过取得利息（债券投资）、股利（股票股利）和投资证券市价增值而增加收益外，还在于扩大经营规模和业务联系。企业扩大经营规模和业务联系一般有两个方法：一是扩大现有设备和条件；一是购买其他公司发行的有表决权的普通股股票，达到能起控制作用的份额，以影响或控制其经营决策。后一种方法为较多公司所采用，主要原因是：第一，扩大规模的目的可能较快达到，因为被投资公司已经有现成的设备、顾客、供应商和沟通渠道可以利用。第二，被投资公司可能持有商品和物资资源，而这些商品或物资资源恰为投资方公司所需要，可以起到互济互补的作用。第三，投资方公司可以通过取得另一家公司略多于50％的有表决权的股票（实际上在股票分散持有的情况下，不必达到此比例也可起作用），便可以用比自建或购买新的同等设备少得多的投资，对被投资公司起控制或影响作用。

二、长期投资的核算要点

第一，长期投资包括债券和股票，买进时都按取得的成本（包括买价、经纪人手续费和交易税,但不包括截至购买日止的应计利息)入账,这一点和短期投资相同。

第二,买进债券时,如果有溢价(高出票面)或折价(低于票面),需要按期摊销。如果债券在到期日之前售出,需要将溢价或折价摊销至售出日止。

第三,买进股票作长期投资时,按持有股份占被投资公司发行股份总额的比例不同,分别采用成本法或权益法核算。

第四,长期股票投资,如持有股份占被投资公司发行股份的比例少于20%时,对于股票投资组合采用成本与市价孰低程序进行估价,核算方式与短期股票投资相似,只是"长期投资未实现损失"账户列入资产负债表股东权益部分作为减项,而不列入损益表。

第五,长期投资——债券如果持有至到期年份,则到期当年便可收回本金,对于到期年份来说,便不再具有长期性质,可在流动资产类下以"一年内到期的长期债券投资"项目单独反映。

第六节 长期投资——债券

一、长期投资债券的购入

购入其他公司发行的债券,按取得的成本入账。如果债券是在两次付息期之间购入,从上次付息期至购买日之间的应计利息也包括在买价之内,但是,这一部分应计利息并不计入成本,而是借记"利息收入"或"应收款项(利息)",在最近一个付息日收入利息的冲转。

二、溢价购入和折价购入

债券可以按票面价值购入,也可以按高于票面价值,即溢价(premium)或低于票面价格,即折价(discount)的价格购入。在市场利率和债券票面利率存在差额的情况下,通过溢价或折价,使投资者的利息收入达到均衡。这一点前已论及。

投资者买入债券时的溢价或折价,与发行者发行债券的溢价或折价是对应的。在投资者按溢价或折价购入时,发行者也必然同时是按溢价或折价售出。投资者和发行者双方对于溢价或折价都要按期摊销,通过摊销使实际利息得到调整。双方对溢价或折价摊销处理的不同之处在于:投资方对于溢价或折价在债券购入时都记入投资的成本(溢价买入加大成本,折价买入减低成本),按期摊销时直接转记"长期投资"(摊销溢价贷记"长期投资",摊销折价借记"长期投资"),待债券到期摊销足额时,"长期投资"账户的账面余额恢复为其票面数额,按票面数额收回投资;发行方则将长期负债的"应付债券",按票面数额入账,溢价和折价另设"应付公司债溢价或折价"科目核算,此科目期末余额在资产负债表上作为"应付公司债"项目的加项(溢价)或减项(折价)反映,待债券到期时,溢价或折价全部摊清,此科目便无余额。

长期投资债券全部处理过程,如图表 12-4 所示:

(图表 12-4)

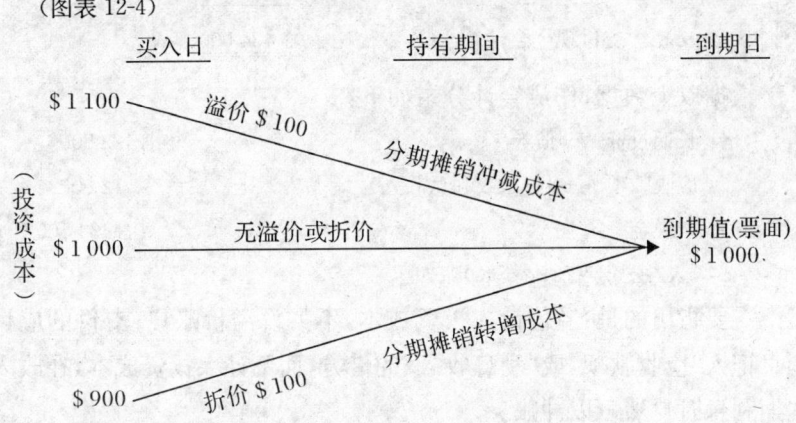

由上可见:长期投资债券如系溢价买入,其溢价部分分期摊销冲减投资成本,折价部分则分期摊销转增投资成本,在债券到期时,其到期值均恢复为票面价值。

三、溢价购入债券的直线摊销法

长期投资债券如系溢价或折价购入,溢价或折价部分均应分期摊销。摊销的方法有直线摊销和实际利息摊销两种。现例举溢价的直线摊销法如下：

假设甲公司于2000年5月1日在证券市场上购入乙公司发行的债券400张，债券票面每张＄1 000，利息率12％，每半年付息一次，付息日期为7月31日和1月31日。买进价格为每张债券＄1 050（含溢价每张＄50），并支付经纪人手续费＄2 500。债券到期日为2004年1月31日。从购买日至到期日共为四十五个月。计算投资成本和支付现金数额如下：

按溢价＄1 050购入400张	＄420 000（含溢价＄20 000）
加：经纪人手续费	2 500
买入成本合计	＄422 500
加：应计利息（2001年1月31日～5月1日，计三个月）	
（＄400 000×12％×3/12＝＄12 000）	12 000
支付现金合计	＄434 500

根据以上数据，作成会计分录如下：

借：长期投资——债券	＄422 500
应收款项——利息（或利息收入）	12 000
贷：现金	＄434 500

（购入乙公司发行的债券400张）

需要指出的是：溢价计入投资成本，不另设溢价账户；支付的应计利息记入"应收款项"或"利息收入"的借方，而不计入投资成本，在收入本期利息时自然可以冲账。

收入本期半年利息时应连同摊销溢价作会计分录如下：

借：现金	＄24 000
贷：长期投资——债券	＄1 500
应收款项——利息	12 000
利息收入	10 500

（收入当年1月31日～7月31日半年利息）

如果购入债券时,应计利息系记入"利息收入"的借方,而不是记入"应收款项",便不应贷记"应收款项",而应贷记"利息收入"＄22 500,"利息收入"与原记借方金额＄12 000 相抵后,实际贷方为＄10 500,结果相同。

每月应摊销溢价金额和利息收入金额计算如下:

摊销溢价金额:

投资成本	＄422 500
债券面值	400 000
应摊销数额	＄22 500
每月摊销额(＄22 500/45 个月)	＄500

(2000 年 5 月 1 日～7 月 31 日,计三个月

摊销额＝＄500×3 个月＝＄1 500)

利息收入金额:

到期值(即债券面值)	＄400 000
45 个月利息(＄400 000×12‰×45/12)	180 000
合　计	＄580 000
减:投资成本	422 500
利息收入总额	＄157 500
每月利息收入(＄157 500/45 个月)	＄ 3 500

至 12 月 31 日办理年末决算,对于应计利息和摊销溢价应行计算并作调整分录。

应计利息(7 月 31 日～12 月 31 日,计五个月)为:

$$＄3 500×5 个月＝＄17 500$$

应摊销溢价(五个月应摊销)为:

$$＄500×5 个月＝＄2 500$$

应作调整分录如下:

借：应收利息	$20 000
贷：长期投资——债券	$2 500
利息收入	17 500

四、折价购入债券的直线摊销法

如果长期投资债券是按折价购入（债券利率低于当时市场利率），则分期摊销折价的数额应借记"长期投资"（与溢价摊销贷记"长期投资"相反）。溢价摊销使"长期投资"的账面价值逐渐减少，折价摊销则使"长期投资"的账面价值逐渐增加，待债券到期时，都将使"长期投资"的账面价值等于投资债券的到期值（即债券面值）。届时按投资债券的到期值收回现金。其会计分录如下：

借：现金	$400 000
贷：长期投资——债券	$400 000

（收回到期债券本金）

假设上例甲公司 2000 年 5 月 1 日购入乙公司发行的债券 $400 000，作为长期投资，是按折价 $391 000 买进（包括经纪人手续费在内），外加应计利息 $12 000。该项债券的折价为 $9 000（$400 000 － $391 000），按四十五个月计算，每月摊销折价 $200（$9 000/45 个月）。此外，其他条件同上例。在第一年，债券投资的核算如下：

2000 年 5 月 1 日购入债券：

借：长期投资——债券	$391 000
应收款项——利息（或利息收入）	12 000
贷：现金	$403 000

（按折价购入债券）

2000 年 7 月 31 日收入上半年利息并摊销折价：

利息：$400 000×12%×6/12＝$24 000

摊销三个月（5 月 1 日～7 月 31 日）折价 $600（$200×3 个月）

作会计分录如下：

借：现金　　　　　　　　　　　　　　　　$24 000
　　长期投资——债券　　　　　　　　　　　　600
　　贷：应收款项——利息　　　　　　　　　$12 000
　　　　利息收入　　　　　　　　　　　　　12 600
（收入利息和摊销折价）

如果应计利息原记入"利息收入"借方，而不是记入"应收款项"，则应将全数$24 600记入"利息收入"贷方。

2000年12月31日年终决算，应对应计利息和摊销折价作调整分录。

利息（五个月）：　$400 000×12‰×5/12＝$20 000

摊销五个月折价：$200×5＝$1 000

作会计分录如下：

借：应收款项——利息　　　　　　　　　　$20 000
　　长期投资——债券　　　　　　　　　　　1 000
　　贷：利息收入　　　　　　　　　　　　　$21 000
（应计利息和摊销折价五个月）

五、售出投资债券

投资的债券在未到期前售出时，其核算程序与售出其他资产类似，收入的款项借记"现金"，售出债券的账面价值贷记"长期投资——债券"，两者的差额为确认的收益或损失。除债券售价外，还应计收从上期付息日以后至售出日之间的应计利息，并将溢价或折价摊销至债券售出日为止。现举例说明如下：

假设甲公司在2001年4月1日售出持有的乙公司债券的50%，得价$216 000（除经纪人手续费），外加应收利息$4 000（即$200 000×12‰×2/12）。此项债券原系按溢价购入。

在入账之前，应计算从上次付息日至债券售出日之间应摊销的溢价：

$$2 \text{个月应摊销溢价} \$500 \times 2 = \$1\,000$$

作会计分录如下：

借：利息收入 $1 000

    贷：长期投资——债券 $1 000

过账后，"长期投资——债券"账户的内容，如图表 12-5 所示：

(图表 12-5)

长期投资——债券

(借方)		(贷方)	
2000.5.1	$422 500	2000 年摊销	$4 000
		2001 年摊销	6 000
		2002 年摊销（至 4 月 1 日）	1 500
2002.4.1 余额	$411 000		

(2000 年摊销包括 5 月 1 日～12 月 31 日计八个月：8×$500＝$4 000；1994 年摊销包括全年十二个月：12×$500＝$6 000；2002 年摊销包括 1～3 月，计三个月；3×$500＝$1 500。实际上每年摊销都不止一次，应分次记录。为举例简便计，现按年分列。)

溢价摊销补齐至债券售出日期后，可对债券出售作会计分录如下：

借：现金 $220 000

    贷：长期投资——债券 $205 500

        利息收入   4 000

        投资收益   10 500

(售出乙公司债券 50%)

说明：现金(借方)$220 000(包括售价$216 000 加应收利息$4 000)；长期投资(贷方)$205 500，为"长期投资——债券"账户借方余额$411 000 的 50%；利息收入(贷方)$4 000，为二三两个月的应计利息；投资收益(贷方)的计算：售价收入(扣除经纪人手续费)$216 000－售出债券的账面价值 205 500($411 000×50%)＝售出长期投资——债券收益$10 500。

由于长期投资——债券售出50%,持有债券尚余50%,即$200 000,以后每半年一期(7月31日和1月31日)的利息就是$12 000($200 000×12%×6/12),每期摊销溢价就是$250(原为$500)。

六、折价或溢价购入债券的实际利息摊销法

实际利息摊销法(effective interest method of amortization)是根据实际利率分期摊销折价或溢价的方法,摊销的基数(即债券投资的账面价值),随着分期摊销而增加(折价)或减少(溢价)。因此,各期摊销溢价或折价的金额也随之而有不同。此法能够更合理地反映债券投资的收益和账面价值。

(一) 实际利息和名义利息

所谓"实际利息",是相对于"名义利息"(nominal interest)而言的。名义利率是债券的票面利率,名义利率乘以票面金额就等于名义利息。名义利率和票面额都是票面上规定的。因此,名义利息的数额是不变的。"实际利率"则是名义利率除以债券实际支付价格或实际金额得出的利息率。实际利息法用于债券投资(或发行)是计算债券溢价或折价及其在会计上摊销的一种方法。

(二) 债券折价或溢价的估算

为了说明实际利息法,假设甲公司在2000年1月1日购入乙公司发行的每张面额为$1 000、利率为10%的债券50张。此债券定期四年,于2004年12月31日到期,每年于12月31日付息一次。债券发行时的市场利率为12%。所谓市场利率,即以资金投入市场,投资运用可得12%收益,在此视为实际利率。根据以上所给数据资料,计算未来现金流动(包括到期本金和各期利息)的现值,决定债券的买入价格如下:

到期本金的现值,四年期,市率12%,查现值表:

$$0.6355 \times \$50 000 = \$31 775$$

四期利息年金现值$5 000(每期利息为$50 000×10%),查年金

现值表：

$$3.0373 \times \$5\,000 = \underline{\$15\,187}$$

现值合计(买价) $\underline{\$46\,962}$

折价 = 债券面值 — 现值合计

$= \$50\,000 - \$46\,962 = \$3\,038$ （折价 6.076%）

购入债券按成本入账，作会计分录如下：

借：长期投资——债券　　　　　　　　　　$46 962

贷：现金　　　　　　　　　　　　　　　　$46 962

（未计入其他有关费用）

上例是债券利率低于市场利率，按折价购入。如果债券利率高于市场利率，则应按溢价购入。假设债券利率为12%，市场利率为10%，其他数据同上。计算买入价格及溢价如下：

到期本金的现值，四年期，市率10%，查现值表：

$$0.6830 \times \$50\,000 = \$34\,150$$

四期利息年金现值$6 000(每期利息为$50 000×12%)，查年金现值表：

$$3.1699 \times \$6\,000 = \underline{\$19\,019}$$

现值合计(买价) $\underline{\$53\,169}$

溢价 = 现值合计 — 债券面值

$= \$53\,169 - \$50\,000 = \$3\,169$ （溢价 6.338%）

购入债券按成本入账。会计分录略。

以上溢价或折价的计算，系以市场利率和债券利率的差异为根据（如果债券发行时市场利率和债券利率相同，便无溢价或折价，而按票面发行）。实际上除利率因素外，债券的买卖价格还受其他多种因素影响，如银根松紧、供求关系、政府政策、经营业绩等。但这些因素无从量化，而且也未必稳定，因此，从会计和财务角度考虑，在计算和决策时，主要以市场利率（实际利率）和票面利率的差异为依据。

(三) 折价或溢价购入债券的摊销——实际利率摊销法

1. 折价的摊销。

假设实际利率(市场利率)为12%,名义利率(票面利率)为10%,根据上例,按实际利率摊销法列折价摊销表,如图表12-6所示:

(图表12-6)

折 价 摊 销 表

日　期 (1)	收入现金利息 (2)	利息收入 12%×(5) (3)	摊销折价 (3)-(2) (4)	账面价值 (5)
1/1,2000				$46 962
12/31,2000	$5 000	$5 635	$635	47 597
12/31,2001	5 000	5 712	712	48 309
12/31,2002	5 000	5 797	797	49 106
12/31,2003	5 000	5 894	894	50 000
合　计	$20 000	$23 038	$3 038	

上表(2)栏"收入现金利息",是按票面利率乘票面金额,即$5 000(10%×$50 000)收入的利息,其数额是固定的;(3)栏"利息收入",是按市场利率(即"实际利率")乘以"长期投资——债券"的账面价值计算得出的,如2000年12月31日的"利息收入",是以市场利率乘以2000年1月1日的账面价值,即$5 635(12%×46 962),此数即为"实际利息"(effective interest);(3)栏的"利息收入"减(2)栏的"现金利息",其差额即为折价摊销额,2000年12月31日数额为$635($5 635-$5 000),即(4)栏;(5)栏的"账面价值"为各期账面价值分别递加摊销折价后的余额,如2000年12月31日的账面价值即为上年末账面价值加2000年度的折价摊销,即$47 597($46 962+$635);各期摊销折价逐期递加账面价值,至债券到期时账面价值即恢复为票面价值$50 000,如数付清后,"长期投资——债券"账户结平无余额。本例最后一期折价摊销数额为$893($49 106×12%-$5 000),较最后一期

摊销数额＄894相差＄1,是由于小数晋位所致,应按＄894入账,使账面价值与票面价值相等。最后按票面收回投资。

各期收入投资债券利息和摊销折价,应作会计分录如下:

借:现金　　　　　　　　　　　　　　　＄5 000
　　长期投资——债券　　　　　　　　　　635
　　贷:利息收入　　　　　　　　　　　　＄5 635
（2000年12月31日收入债券投资利息及摊销折价）

借:现金　　　　　　　　　　　　　　　＄5 000
　　长期投资——债券　　　　　　　　　　712
　　贷:利息收入　　　　　　　　　　　　＄5 712
（2001年12月31日收入债券利息及摊销折价）

以后各期应作分录照此类推。

2. 溢价的摊销。

假设市场利率为10%,票面利率为12%,按溢价发行。根据前例,按实际利率摊销法列溢价摊销表如图表12-7所示:

（图表12-7）

溢 价 摊 销 表

日　期 (1)	收入现金利息 (2)	利息收入 [10%×(5)] (3)	摊销溢价 (2)−(3) (4)	账面价值 (5)
1/1,2000				＄53 169
12/31,2000	＄6 000	＄5 317	＄683	52 486
12/31,2001	6 000	5 249	751	51 735
12/31,2002	6 000	5 174	826	50 909
12/31,2003	6 000	5 091	909	50 000
合　计	＄24 000	＄20 831	＄3 169	

说明:溢价摊销和折价摊销的结果相反。(2)栏"现金利息"按票面利率12%计算,每年

为 $50 000×12%＝$6 000,固定不变。(5)栏"账面价值"随着溢价的摊销而逐年下降,使得按市场利率(10%)计算的(3)栏"利息收入"也随之下降,而(4)栏溢价摊销则按年递增。(5)栏"账面价值"随着溢价摊销而逐年下降,至债券到期时,账面价值与票面价值相等。最后按票面收回投资。

各期收入投资债券利息和摊销溢价,应作会计分录如下:

  借:现金 $6 000
   贷:长期投资——债券 $683
    利息收入   5 317
(2000年12月31日收入债券利息及摊销溢价)

  借:现金 $6 000
   贷:长期投资——债券 $751
    利息收入   5 249
(2001年12月31日收入债券利息及摊销溢价)

以后各期应作分录照此类推。

第七节 长期投资——权益证券(股票)

一、权益证券长期投资的内容与核算方法

投资于权益证券,一般包括优先股、普通股、优先认股权(stock right)、认股权(stock option)、购股权(stock warrant)等。其中优先认股权、认股权和购股权,一经认购股票,权利便已经享受而不复存在。因此,权益证券长期投资主要是购买其他公司发行的股票。

买入其他公司发行的股票作为长期投资,按取得时的成本入账。如果投资于多家公司发行的股票,就形成一个投资组合,按成本与市价孰低原则估价核算。这里重点论述长期投资于普通股。其核算方法取决于持有的股份数量是否足以对被投资企业的经营及财务活动起显著的影响作用。如果持有的有投票表决权的普通股所占的份额比例不足20%,起不了明显的影响作用,就采用"成本法"

(cost method)核算;如果所占份额比例在20%~50%,采用"权益法"(equity method)核算(如果持有份额比例超过50%,通常作为合并的分支单位处理)。

二、成本法

(一)购入其他公司发行的普通股的份额比例不到20%

按购入的成本入账(包括经纪人手续费)。例如,甲公司(投资方公司)购入乙公司(被投资方公司)发行的100 000股普通股中的10%,即10 000股,作为长期投资,价格每股$22.25,加经纪人手续费$2 000,应作会计分录如下:

 借:长期投资——股票 $224 500
  贷:现金 $224 500
  (购入乙公司普通股10 000股,@$22.25,经纪人手续费$2 000)

(二)宣布股利

乙公司宣布股利,每股$0.75,甲公司应作会计分录如下:

 借:应收股利 $7 500
  贷:股利收入 $7 500
  (乙公司宣布股利,每股$0.75)

(三)收入股利现金

在收入现金时,应作会计分录如下:

 借:现金 $7 500
  贷:应收股利 $7 500
  (收入股利现金)

如果宣布股利当日支付现金,便可作会计分录如下:

 借:现金   ×××
  贷:股利收入   ×××

(四)按成本与市价孰低原则估价

投资持有其他公司发行的普通股所占份额比例不足20%时,按长

期投资股票组合的成本与市价孰低估价。如果投资组合的市价总和低于组合的成本总和,应按其差额作会计分录如下:

借:未实现长期投资损失 ×××
　　贷:备抵长期投资市价损失 ×××

其会计处理与短期投资相同。但是,长期投资的"未实现长期投资损失"账户,列入资产负债表的股东权益部分作为一个冲减项目;短期投资的"未实现短期投资损失"则是列入损益表,作为损失项目。长期投资的"未实现长期投资损失"账户在期末并不结平,在下期,"未实现损失"账户和"备抵"账户按下期长期投资股票组合成本与市价孰低原则估价进行调整。"备抵"账户的余额列入资产负债表,作为"长期投资"的冲抵账户。现举例说明如下:

假设甲公司2000年12月31日长期投资股票组合,如图表12-8所示:

(图表12-8)

被投资公司	股票种类	成　　本	市　　价
A公司	普通股	$26 000	$28 000
B公司	普通股	15 000	14 000
C公司	普通股	44 000	36 000
合　　计		$85 000	$78 000

由于投资股票组合的市价总额小于组合的成本总额$7 000,应作会计分录如下:

借:未实现长期投资损失 $7 000
　　贷:备抵长期投资市价损失 $7 000

"未实现损失"和"备抵"账户在资产负债表内列报,如图表12-9所示:

(图表 12-9)

资　产		
流动资产		$278 000
固定资产(扣除折旧)		312 000
长期投资——股票	$85 000	
减：备抵长期投资市价损失	7 000	78 000
资产合计		$668 000
负　债		$120 000
股东权益		
普通股 30 000 股，票面$5	$150 000	
留存盈利	405 000	
合　计	$555 000	
减：未实现长期投资损失	7 000	548 000
负债与股东权益合计		$668 000

假设下年期末(2001.12.31)长期投资股票组合的结构未变而市价有变动，如图表 12-10 所示：

(图表 12-10)

被投资公司	股票种类	成　本	市　价
A 公司	普通股	$13 000 *	$14 000
B 公司	普通股	15 000	12 000
C 公司	普通股	44 000	42 000
合　计		$72 000	$68 000

　　* 投资持有 A 公司普通股于 2001 年内售出 50%，成本由 $26 000 减为 $13 000。但"未实现损失"和"备抵"都未作调整，总成本则减为 $72 000。

　　由上可见，投资股票组合的市价总额低于成本总额 $4 000（$72 000－$68 000），较上年同期的差额减少 $3 000（上年同期为

$7 000），应作调整分录如下：

  借：备抵长期投资市价损失 $3 000
   贷：未实现长期投资损失 $3 000

  调整分录过入总分类账后，"未实现损失"账户的借方余额和"备抵"账户的贷方余额均为 $4 000。

（五）长期投资股票的售出

  长期投资股票售出时，成本和售价之间的差额应认定为已实现损益。假设上例中投资于 A 公司股票售出其余的 50%，收入 $14 500，减去成本 $13 000，实现收益 $1 500。应作会计分录如下：

  借：现金 $14 500
   贷：长期投资——股票 $13 000
     投资收益   1 500

三、权益法

  在投资方公司取得另一家公司有投票表决权的普通股所占有份额的比例在 20% 以上但不足 50% 时，可以起显著的影响作用，但还达不到可控制的比例份额，应按权益法核算。

（一）权益法和成本法的区别

  有两个主要方面：第一，在权益法下，投资方公司对于被投资方公司的收益，按投资所占份额比例认定，作为"投资"账户的增加，并作为当期的收入。如果被投资公司为亏损，则按投资所占份额比例，减少"投资"账户，并确认损失。而在成本法下，则只有在被投资公司宣布股利后才能确认股利收入。第二，在权益法下，投资方公司在被投资公司宣布现金股利时，应贷记"投资"账户，不是贷记"股利收入"账户。而在成本法下，则在宣布现金股利后贷记"股利收入"账户。

（二）买入投资股票

  按成本入账（包括买价、经纪人手续费、交易税以及其他有关费用）。售出投资股票时，售出部分的账面价值记入"投资"账户贷方，取得收入与售出部分账面价值的差额作为收益或损失。其核算程序与成本法大致相同。

假设2001年1月12日甲公司买入乙公司发行40 000股普通股的25%，即10 000股，共支付买价和有关费用共$245 000。应作会计分录如下：

  借：长期投资——股票 $245 000
   贷：现金 $245 000

（三）乙公司期末报告损益

甲公司按其投资所占份额比例，借记"投资"账户，贷记"收入"账户。假设上例乙公司截至2001年期末止，决算税后净收益为$120 000，甲公司按其持股比例应入账$30 000。应作会计分录如下：

  借：长期投资——股票 $30 000
   贷：投资收益 $30 000
  （乙公司当年税后净收益的25%）

（四）收入乙公司支付现金股利

由于甲公司在乙公司期末报告损益时，已按其所占份额比例借记"投资"账户，在收入现金股利时应贷记"投资"账户。假设乙公司于2002年2月10日支付现金股利每股$1，甲公司收入$10 000，应作会计分录如下：

  借：现金 $10 000
   贷：长期投资——股票 $10 000
  （收入乙公司现金股利）

（五）记录乙公司亏损

假设2003年度乙公司发生亏损$50 000，甲公司应按其投资所占份额比例记录损失如下：

  借：投资损失 $12 500
   贷：长期投资——股票 $12 500
  （乙公司决算亏损的25%）

总结以上各笔业务,股票"投资"账户的借方、贷方金额用丁字账户登记反映,如图表 12-11 所示:

(图表 12-11)

长期投资——股票

（借方）			（贷方）
2002		2003	
1/12 买入乙公司股票	$245 000	2/10 收入现金股利	$10 000
12/31 公布净收益的份额	30 000	12/31 净亏损的份额	12 500
2003		12/31 余额	252 500
12/31	$275 000		$275 000
2004			
1/1 余额结转	$252 500		

这里用丁字账户格式而未用三栏结余式账户格式举例,可以更清楚地反映长期股票投资账面价值增减的来龙去脉。

四、成本法和权益法的比较

成本法与权益法的异同,如图表 12-12 所示:

(图表 12-12)

项 目	成 本 法	权 益 法
(1) 取得投资	按取得成本入账("投资"账户保持不变)	与成本法同,但余额每年变动
(2) 投资收入	宣布股利时才记账	投资方按所占的盈利份额比例借记"投资"账户,贷记"投资收益"账户
(3) 宣布股利	确认收入	不记收入,而是贷记"投资"账户
(4) 使用成本与市价孰低法	比较长期股票投资组合的总成本和总市价,如果市价低于成本,利用冲抵账户减计	"投资"账户不减计,除非市价下降较巨且较持久

第十三章 流动负债

第一节 负债的涵义和分类

一、负债的涵义

负债是会计等式三大要素之一。它是指企业现在所承担的能以货币计量并需在未来一定时期内以交付资产或提供劳务偿付的债务。这个定义可分解为以下几个要点：

第一，由过去发生的经济活动所造成而由现在承担的债务。过去(截至现在止)已经发生的经济活动是负债产生的前提。

第二，现时承担的需要在一定时期内偿还的债务，是负债存在的条件。

第三，到期时以资产或劳务偿还，偿还后此项负债便不再存在。这是负债消除的过程。

二、负债的分类

负债分类最基本的标准是期间长短。

(一) 流动负债

流动负债(current liability)是指将在一年或者超过一年的一个营业周期内偿还的债务，包括短期借款、应付票据、应付账款、预收货款、预提费用和其他各项应付款。

流动负债与资产部分的流动资产相对应，均为流动资金(或称营运资本)的组成部分。

(二) 长期负债

长期负债(fixed liability)是指偿还期在一年或者超过一年的一个

营业周期以上的债务,包括长期借款、应付债券、长期应付款项等。

长期负债将于一年内到期偿还,应在流动负债下单列项目反映。

流动负债和长期负债,除长期负债中的应付债券应按债券的面值记账外,其余项目均按实际发生的数额记账。

第二节 流动负债的内容和分类

一、流动负债按其债务关系和金额是否确定分类

(一)债务关系和金额都确定的流动负债

此类流动负债包括应付账款、应付票据、短期借款等项目。

1. 应付账款。

它是账面挂欠,分户立账,有欠有还,除非中止业务关系,所立账户将继续存在。

2. 应付票据。

它对债权方开具票据(或承兑汇票),票据到期,凭票付款,一笔一清。应设置应付票据登记簿记录,而不设分户账。

3. 短期借款。

它与金融单位签订借款合约,订明期间、金额和利率,并向银行开具票据,借款到期,金融单位收取本息,一般也是一笔一清。

(二)债务关系确定,但金额依经营结果而定

此类负债包括应付股利、应交税金等。

1. 应付股利。

除优先股利应按约定的(在股票票面上印就股利率)股利率优先计付外,普通股股利率则由公司董事会根据盈利情况和股利政策决定后宣布。一经宣布后,债务关系和应付金额便均可确定。

2. 应交税金。

税率和计税方法是由国家规定的。期末决算结出利润数额,便可计算应交税金数额(税务部门核定的应纳税额如与企业申报数额有出

入,应作调整)。

以上两项,作为流动负债的发生是肯定的。只是它们的金额要视经营成果如何,并分别经公司董事会决定和税务部门核定才能确定。

(三) 债务存在,但是否实现和金额都不确定

此类负债又称估计负债(estimated liability)。例如,产品质量担保债务。可根据过去年度销售产品发生质量问题所占的百分比估计。

(四) 债务是否成立决定于一定条件是否发生

此类负债又称或有负债(contingent liability)。例如,应收票据贴现,如果贴现票据到期时出票人拒付,应由贴现企业将贴现款退还贴现的银行,成为贴现企业的实际负债。

二、流动负债的产生来源

(一) 业务经营产生的

由于赊购商品应付货款和接受劳务应付劳务费而产生的应付账款和应付票据。

(二) 筹集资金产生的

如向银行或其他单位借入的期限在一年以下的各种短期借款。

(三) 预收或暂收款项产生的

如按照合同规定向购货单位预收的货款,存入保证金(属暂收款项,具有担保性质,待担保事项解除,仍退还交款者)等。

(四) 由于核算制度产生的

如采取权责发生制核算,预提而尚未支出的各项费用,称为"预提费用",列入流动负债。

(五) 其他

例如,应付利润(企业应付给投资者的利润)、"其他应付款"等。

第三节 应付账款

上节所述流动负债项目中,大量的、经常发生的而且性质比较重要

的是应付账款和应付票据。本节首先讲述应付账款。

一、应付账款的涵义

应付账款是企业因购买材料、物资、商品和接受劳务供应而应付给供应单位的款项。应设"应付账款"科目核算,并按供应单位设置明细分类账。

二、应付账款的一般会计处理

它包括应付账款的发生、偿还、换开应付票据和在报表中的列报等。

(一)应付账款的发生

企业购入材料、物资、商品等已验收入库,但货款尚未支付时(或已按合同约定预付一部分货款,记入"预付账款"还有一部分未付)。应根据有关凭证,如发票账单和企业有关部门的收货单,借记有关账户,贷记"应付账款"账户。如果有"预付账款",应冲记预付账款,余额记应付账款。

假设某企业购入商品 \$5 000,付款条件 2/10,n/30,曾预付货款40%,应作会计分录如下:

借:商品存货	\$5 000
贷:预付账款	\$2 000
应付账款	3 000

(二)应付账款的偿付

如果在折扣期内偿付,可享受现金折扣(在销货方称销货折扣,在进货方称购货折扣)。

仍以上例,假设在 10 天的折扣期内付款,可以享受 2%折扣,即 \$100,实付 \$4 900,应作会计分录如下:

如无预付账款:

借:应付账款	\$5 000
贷:购货折扣	\$100
现金	4 900

如有预付账款(偿付应付账款＄3 000,享受折扣＄60,实付现金＄2 940)：

　　借：应付账款　　　　　　　　　　　　　　＄3 000
　　　　贷：购货折扣　　　　　　　　　　　　　　＄60
　　　　　　现金　　　　　　　　　　　　　　　 2 940

三、购货折扣的处理

购货方对于现金折扣的会计处理有两种方法：总额法和净额法。现分别说明如下：

（一）总额法

购货时的会计分录，按发票总额列记，如果在折扣期内付款，享受的现金折扣贷记"购货折扣"账户。此科目列在损益表内的销售成本部分作为"购货"的减项(与此对应，在销货方为销货折扣，在损益表内作为销售收入的减项)。现举例如下：

购货		＄43 860
减：购货退回与折让	＄1 250	
购货折扣	410	1 660
购货净额		＄42 200

(购货净额＋期初存货－期末存货＝销货成本)

如果超过折扣期付款而未享受现金折扣，对于丧失的现金折扣在账上不作反映。

（二）净额法

购货时的会计分录，按发票总额减除现金折扣后的净额入账。如果在折扣期内按折扣后净额付款，与购货时入账的金额相同，便不反映折扣；如果在折扣期限以后付款，则付款额超过购货时入账净额，即为丧失的现金折扣，视为一种损失，应借记"折扣损失"账户。仍以前例数据，应作会计分录如下：

购货时，按现金折扣后净额入账：

| 借：商品存货 | $4 900 |
| 贷：应付账款 | $4 900 |

如果超过折扣期付款，放弃现金折扣：

借：应付账款	$4 900
折扣损失	100
贷：现金	$5 000

关于"折扣损失"的处理，可以列在损益表内的销售成本部分，作为"购货"的加项，也可以作为一种财务费用，计入当期损益。

采用净额法的根据，是将在折扣期内支付货款享受现金折扣，视为一种常规的财务政策，而将放弃现金折扣作为一种例外。既便于考核折扣政策的执行情况，而且账上反映的应付账款数额也符合于按折扣后净额结算时应付的数额。不过，在实际上，多数企业对于应付账款和现金折扣的处理采用总额法；如果采用净额法处理的，需要在报表中注明。

第四节 应付票据

一、应付票据的涵义

应付票据是一种以书面形式承诺付款的债务凭证。具有以下特点：第一，由出票人开具并签章，或由承兑人签章承兑，前者一般称为期票或本票，后者称为承兑汇票；第二，向持票人承诺凭票无条件支付票面金额；第三，票面上有确定的支付日期或期间；第四，向票面上指定人或单位付款(已背书转让，则向被背书人付款)，如票面无指定收款人，则向持票人付款；第五，如系带息票据，应在票面上写明利率。

应付票据一般可以流通转让，出票人并可持应付票据向金融单位申请贴现。

应付票据和应收票据是相互对应的。在付款方属应付票据，为流动负债;而在收款方则属应收票据,为流动资产。

二、带息票据和不带息票据

所谓带息票据,系指票面上既有金额,也有利率。票据到期时,计算应付利息,连本金(即票面金额)和利息一并支付,收回票据了结债务。不带息票据则不计利息,到期时付清票面金额,收回票据了结。

利息是使用资金或货币,由使用方对提供资金者支付的代价。在使用方(即欠债方)为利息费用,在供应方(即债权方)为利息收入。

关于利息的计算,本书在第九章第三节"应收票据"部分曾有说明。应付票据利息的计算与之相似,其计算公式如下:

$$利息 = 本金 \times 利率 \times 时期$$

本金为票面金额,利率用百分数表示。如计算天数,则时期用分数表示。例如,票据天数为九十天,则计算利息的时期即为90/360。

假设票面金额$5 000,利率12%,票据天数九十天,其利息如下:

$$\$5\,000 \times 12\% \times 90/360 = \$150$$

应付票据签发后,应从签发日期起,按票据天数计算其到期日期,以便预作准备,准日支付,以免造成延期影响信用。由于各月实有天数不同,需要加以推算。

假设4月15日签发九十天期应付票据,推算其到期日期如下:

签发票据当月的天数	15天	(4.16~4.30)
5月份天数	31天	
6月份天数	30天	
签发日至6月30日天数	76天	
到期月份的天数(7月份)	14天	
合计天数	90天	

如果不按日计算,而按三个月期计算,签发日期4月15日,7月15日即为到期日。

三、应付票据的用途及其核算

(一) 向银行借款

企业常向银行借款,并开具应付票据,作为债务凭证交银行凭执。银行于借款到期时收回借款本息。

假设企业于7月1日向银行借入三个月期借款 $10 000,利率12%,同时开具同期限同金额的应付票据交付银行。作会计分录如下:

　　借:现金　　　　　　　　　　　　　　　　　$10 000
　　　贷:应付票据——银行　　　　　　　　　　　$10 000

10月1日借款到期,应付票据也同时到期,银行凭企业的应付票据,从企业的存款户中收回借款本金 $10 000,同时收取利息 $300($10 000×12%×90/360)。作会计分录如下:

　　借:应付票据——银行　　　　　　　　　　　$10 000
　　　利息费用　　　　　　　　　　　　　　　　　300
　　　贷:现金　　　　　　　　　　　　　　　　　$10 300

在许多情况,银行按票据贴现处理,预扣利息,按票面额扣除利息后的余额付给贴现企业。

假设银行贴现息为12%,则企业实得 $9 700($10 000 - $300)。作会计分录如下:

　　借:现金　　　　　　　　　　　　　　　　　$9 700
　　　利息费用　　　　　　　　　　　　　　　　　300
　　　贷:应付票据——银行　　　　　　　　　　　$10 000

10月1日应付票据到期,按应付票据面额偿还银行,作会计分录如下:

　　借:应付票据——银行　　　　　　　　　　　$10 000
　　　贷:现金　　　　　　　　　　　　　　　　　$10 000

(二) 购买资产

如果开出期票或承兑对方开出的商业汇票用以支付货款,应贷记"应付票据"账户,借方则视买进资产的性质和用途,借记有关的流动资产账户或固定资产账户。

(三) 偿还应付账款

应付账款系账面挂欠,不像应付票据可以背书转让或贴现,具有较大的流通性和约制性。因此,应付账款如果过期未还,债权方往往要求开具应付票据。在这种情况下开出的应付票据,往往是带息的。其会计分录如下:

借:应付账款 ×××
    贷:应付票据 ×××

(四) 应付票据部分偿还或全部延期

如果应付票据到期只作部分偿还,可由收款方在票据上背书签收,不另就余额换开新票据,出票方就应付票据的余额部分承担继续偿还责任,并作借记"应付票据"、贷记"现金"分录,同时在应付票据登记簿上注明;也可将原票据注销,另就余额部分签发新票据。其会计分录如下:

借:应付票据 ×××(原票据金额)
    贷:现金 ××(偿还金额)
        应付票据 ××(新票据金额)

如果应付票据到期,与收款方协议同意延期支付,原票据可仍有效,也不必作额外会计分录,但须在应付票据登记簿上注明。

对于不带息的应付票据,部分偿还后的余额和全部延期偿还的金额,一般均作为带息票据计算利息。

四、应付票据登记簿

如果签发的应付票据较多,可设置应付票据登记簿(notes payable register)作详细记录。登记簿的格式如图表 13-1 所示:

(图表13-1)

应付票据登记簿

记账日期		收款者	支付处所	票据日期	期限	到期日期			票面金额	利息		支付日期		备注
月	日					年	月	日		利率	金额	月	日	
3	15	××公司	××银行	3 15	90天		6	14	$3 000	12%	$90			已贴现

凡属同一票据的内容,都记在同一行的有关专栏。已到期支付的票据,登在与该票据同行的"支付日期"栏内。"支付日期"栏的登记,具有销账作用。凡在该栏登记有日期的票据,代表已付票据;未在该栏登记有日期的票据,则代表未支付的票据。每月月终将在"支付日期"栏未登记日期的票据(代表未付票据),填列应付票据清单加计总额,应与总分类账"应付票据"账户的余额相等。

五、应付票据的内部控制

应付票据的内部控制要点有:

第一,只有个别指定人员可以允许以公司名义对外签发应付票据;

第二,所有签发的应付票据和应付票据的偿付应及时登记应付票据登记簿,登记后应换手复核,避免有误记或漏记发生;

第三,指定人员负责按期偿付到期应付票据,保证到期票据及时支付;

第四,收回付讫的应付票据须加盖付讫戳记,在一定期限内归档保存。

第五节 估计负债和或有负债

估计负债和或有负债有其相似之处。但又不完全相同。相似之处在于:它们都有估计成分和不确定性因素。不同之处则在于:估计负债的债务是基本确定存在的,但其金额则是不确定的,需要加以估计;而或有负债则是由现在的情况发展而成的负债,至于是否发展为实际负债则取决于未来事项的发生。

一、估计负债

估计负债和收入,与费用的分期配比有关。例如,产品质量担保、各种税款等。

(一) 产品质量担保(product warranties)

许多企业对其出售的产品在一定时期内提供担保(例如,我国对产品销售后的"三包":包退、包修、包换。任何一种都会给企业造成一定的费用,因此,需要作出估计)。按照收入与费用配比的原则,对于提供此种担保的估计成本应确认为销售年度的费用,而不是在实际支付担保成本的年度确认为费用。

假设某公司销售某种产品,单价 $300,此价格含有三十天内不出问题的质量保证。根据以往经验,销售数量中有 3% 可能证明有缺陷,每一件有缺陷产品的平均返修成本为 $40。某月该项产品的销售额为 $240 000,该月售出产品数量中有 13 件有缺陷,需进行修理。根据以上数据资料,月末计算产品质量保证应计负债如下:

销售数量 $240 000/ $300	800 单位
缺陷品率 3%	× 0.03
估计缺陷品数量	24
减:销售月份缺陷品数量	13
保证期剩余期间预期缺陷品数量	11
每单位产品平均返修成本	× $40
期末产品保证估计负债	$440

应作会计分录如下:

借:产品保证费用	$440	
贷:产品保证估计负债		$440
(登记估计产品保证费用)		

在以后期间，如果已售产品在保证期内发现缺陷退回修理时，支付的修理成本作会计分录如下：

　　借：产品保证估计负债　　　　　　　　　　×××
　　　　贷：现金(或用品、或其他)　　　　　　×××

（二）财产税（property taxes）

主要由于企业的会计年度（1～12月）和国家的财政年度和税款的计征日期不一致。企业在会计年度之末，应对应纳税款进行估计并作账反映而形成估计负债。现举例说明如下：

假设国家财政年度为7月1日至下年6月30日，财产税计征日期为10月1日，支付日期为11月15日。某企业估计其下年度财产税为$18 000，平均每月为$1 500。在7、8、9月的月末应按月作会计分录反映当月的估计财产税如下：

　　借：财产税费用　　　　　　　　　　　　$1 500
　　　　贷：估计应付财产税　　　　　　　　$1 500
　　（记录估计财产税费用）

在10月1日接到税务部门的纳税通知，应交一年财产税$19 008，平均每月为$1 584（即$19 008÷12），超出原估计每月税款$84。7、8、9月$252。在10月份交纳税款时一并补交，合计应交$1 836（$1 584+$252），作会计分录如下：

　　借：财产税费用　　　　　　　　　　　　$1 836
　　　　贷：估计应付财产税　　　　　　　　$1 836
　　（记录应交10月份和7、8、9月应补交财产税）

此数加7、8、9月的估计应交财产税，共为$6 336（$1 500×3+$1 836），加11月至下年1～6月的税额$12 672（$1 584×8），共为$19 008，为全年应交财产税。其中：$6 336为"估计应付财产税"，$12 672为"预付财产税"。作会计分录如下：

借：估计应付财产税 　　　　　　　　　　　$6 336
　　预付财产税 　　　　　　　　　　　　　12 672
　贷：现金 　　　　　　　　　　　　　　　　　$19 008
（记录支付财产税）

通过这笔会计分录，"估计应付财产税"借贷冲平（在未冲平前，其贷方余额反映估计负债）。"预付财产税"借方余额则自11月至下年1～6月摊转"财产税费用"，每月摊转$1 584，各月会计分录如下：

借：财产税费用 　　　　　　　　　　　　　$1 584
　贷：预付财产税 　　　　　　　　　　　　　$1 584

各国税制不同，财政年度也未必一致，同一国家的税种也有多种，但其理相通，会计核算大同小异，不另细举。

二、或有负债

（一）或有负债的定义

或有负债是可能由现存情况发展而成的负债。至于是否能够发展成为负债，则取决于某种未来事项的出现。如果未来事项可能出现，而且负债的金额能够合理地估计，就应在账上予以登记。如果未来事项不会出现或者负债的金额不能合理的估计，或有负债就不能作为负债入账。如果数额很大，可以在会计报表上注明。

（二）或有负债举例

下面是常见的或有负债例子：

1. 应收票据贴现。

在本书第九章第三节中曾作过介绍。企业按有追索权（with recourse）条款贴现应收票据。如果贴现票据到期原出票人拒付，贴现企业要承担付款责任。这种或有负债的科目名称为"应收票据贴现"，在资产负债表上或列作"应收票据"的减项，或从"应收票据"账户减除，而在资产负债表上用底注说明。

2. 信用担保(credit guarantees)。

一个企业可能对与其往来较多但财务安全程度较差的供应商或顾客的债务凭证会签担保。在原债务人偿还其负债前，会签担保的企业对这笔债务承担或有责任。在债务到期时，如果原债务人如数清偿，会签担保的企业的或有负债便可解除；如果原债务人不能如数清偿，则会签担保的企业有连带清偿的责任。在此情况下，会签担保人的或有负债就成为实际负债。

3. 未决涉讼(lawsuits)。

企业在业务经营过程中，可能由于顾客提出损失赔偿的诉讼而成为被告。有时一场官司要拖延相当长的时间。如果最后败诉，要承担赔款责任，还要偿付诉讼费用。因此，在涉诉后至最后判决前，企业就承担或有负债。如果败诉，就成为实际负债。在此期间，应将未决诉讼产生的或有负债在会计报表上加以说明。

4. 税款额外计征。

在申报税款未经税务部门审查核定，或虽经税务部门审查，但企业提出申诉意见，在此期间企业对额外税款即存在或有责任，应在会计报表上注明。

上述是普通常见的几项或有负债。但不论何种情况，或有负债存在，就有在一定条件下转变成为实际负债的可能。如果变成实际负债，相应地必然在资产方面有一部分资产数额相对应。因此，凡是有可能减少或损及企业资产的可能事项和可能发生的金额，根据"充分反映"的公认会计原则，都应作为或有负债，以适当形式加以反映(或者用冲抵账户，如"应收票据贴现"，从有关的资产项目如"应收票据"，列减的形式；或者在会计报表上以附注形式注明)。此外，如果有足够的证据和合理的理由表明或有负债极有可能成为正式负债时，也可以预提准备正式入账，即从"留存盈利"账户(借记"留存盈利")转出，贷记备抵或有负债。待以后或有负债消灭或转作正式负债时再作相反的会计分录冲回。

第六节 其他负债

从会计意义上讲,其他负债可以分作两类:一类是反映实际债务关系的负债,如应付股利、应交所得税、预收账款、存入保证金等。这类负债需要支付现金、提供劳务或以其他方式进行清偿。另一类是期末决算按权责发生制调整所产生的负债项目,如应付薪工费用、应付借款利息,以及其他应付费用项目。这类项目都是应属本期费用但在下期支付,为了贯彻同期收益与费用配比原则而产生,并不代表需要在本期支付的实际债务关系。这两类负债在资产负债表上都列入流动负债项下。

一、反映实际债务关系的流动负债项目

(一)应付所得税

企业年终决算编制资产负债表和损益表,并根据取得的净收益额计算应交所得税,向主管税务部门申报,作会计分录如下:

借:所得税费用　　　　　　　　　　　　×××
　　贷:应付所得税　　　　　　　　　　　　×××

所得税费用结转本年利润,税后利润结转留存盈利,"应付所得税"则属于流动负债,列入资产负债表。

(二)应付股利

公司向股东发放股利,属于税后利润分配。公司董事会根据企业的盈利状况、现金地位和股利政策,决定发放股利的股利率并对外宣布。在宣布股利后和支付股利前,有一个间隔期间,形成"应付股利",应作会计分录如下:

借:留存盈利　　　　　　　　　　　　　×××
　　贷:应付股利　　　　　　　　　　　　　×××

(决算结出的"本期利润"结转"留存盈利",分配股利由"留存盈利"转出。)

如果除普通股外,还发行有优先股,则按优先股的约定股利率计算应付股利,会计分录同上。

(三) 预收账款

它是企业按照合同规定向购货单位预收的货款。预收时的会计分录如下:

借:现金　　　　　　　　　　　　　　　×××
　贷:预收账款　　　　　　　　　　　　　×××

在货物发出结算货款时,借记"预收账款"账户。在未结算转账前,列入流动负债项下。

(四) 存入保证金

企业为了保证出借或出租的财产按约定如期完整地收回或保证某项经济业务活动按正常秩序顺利进行,往往向对方收取保证金。待出租或出借的财产收回后或预定的经济活动完成后再行退还。在未最后退还前,此项"存入保证金"(或用其他科目,如"其他应付款")作为流动负债在资产负债表内列报。

二、期末按权责发生制调整所产生的流动负债项目

(一) 应计未付费用

在期末办理决算时,由于费用的支付日期和费用应归属的期间不一致,将会产生本期预付、应由下期负担的费用项目和应归属本期负担而将由下期支付的费用项目,均应在期末作调整分录反映。前者属于"待摊费用",列入流动资产;后者则属于"预提费用",列入流动负债。

(二) 预收收益

收益的收入日期和收益应归属的月份不一致,也将会产生本期预收应归属下期的收益项目和应归属本期收益但由下期收入的项目。前者属于预收收益,后者属于应计未收收益,也均应在期末作调整分录反映。前者列入流动负债项下。

必须指出:"预提费用"账户的核算内容是企业预提但尚未实际支出的各项费用,如预提的租金、保险费、借款利息、修理费等。企业预提

的各项费用,借记各项有关的费用(如制造费用、管理费用、财务费用等)、贷记预提费用;实际支出时,借记预提费用,贷记银行存款和其他(如原材料等)。"待摊费用"账户主要核算企业已经支出但应由本期和以后各期分别负担的分摊期在一年以内的各项费用。企业发生各项待摊费用时,借记待摊费用账户、贷记银行存款和其他。分期摊销时,借记各项费用和其他、贷记待摊费用。

第十四章 长期负债和应付债券

第一节 长期负债的涵义、特点和分类

一、长期负债的涵义

长期负债是指偿还期在一年或者超过一年的一个营业周期以上的债务,包括长期借款、应付债券、长期应付款项等。长期借款和长期应付款项按实际发生额记账,应付债券则按债券的面值记账。如果债券是按溢价或折价发行时,实收价款与面值的差额(即溢价或折价),应设置科目单独核算并分期摊销冲减(溢价)或者增加(折价)各期的利息支出。

长期负债的偿还期要视企业所归属的行业和企业本身的具体情况以及取得资金的用途而定,但其起码年限则为一年或一个周期。

二、长期负债的特点

长期负债筹集的资金,是为了解决长期资金的需要。例如,企业为了扩大生产经营需要长期资金,有两个渠道可供选择:一是发行股票;一是发行债券。两者的性质各不相同:发行股票增加权益资本;发行债券则增加长期负债。权益资本和长期负债的区别表现在以下几个方面:

第一,权益资本没有期限,也无所谓偿还(如公司股份,可以买卖转让,但没有退股一说)。而长期负债则有偿还期限,在期限内分期偿还或到期时一次偿还。

第二,长期负债支付的利息,列作财务费用入账,损益作为减项,在计算所得税时扣除,而权益资本分配的股利则是税后利润的分配。

第三,长期负债按约定的固定利率付息,不论企业经营是盈是亏、盈利是多是少,固定利率不变。如果由于借债扩大经营而增加利润,债权人不能参与分配,而股东则可多分配股利。

第四,长期负债的债权人不能参与公司的经营管理,而股东则可通过股东会的投票权,间接参与公司的决策。

由于种种因素,如果利用长期负债借入资金的利率低于利用借入资金扩大经营所取得的收益率,以借款经营为有利。但是,需要注意的是:如果借入长期负债资金投入运用所取得的收益率达不到借入资金的利率,甚至影响长期负债的偿还和付息时,便会造成财务风险。

在会计上,"长期负债"和"长期投资"是相互对应的。例如,在发行债券的一方,记入"长期负债——应付债券";在投资买入债券的一方,则记入"长期投资——债券投资"。发行方按票面入账,如有溢价或折价,应单独列账;投资方则按买入成本入账,如有溢价或折价,应计入成本,摊销时冲记成本。特别是在同一企业,可能既有债券发行,又有债券投资,尤应理清,防止混淆。

三、长期负债的种类和会计处理要点

长期负债包括长期借款、应付债券、长期应付款和其他长期负债。

(一)长期借款

它是指借入的期限在一年以上的各种借款。一年是长期借款的下限,在此以上可达五年或更多年数。年限较长的借款常采取抵押借款方式,以土地、房屋、设备、车辆等作为押品。如果借款到期不能偿付本息,贷款者有权扣留和处理押品,以所得收入还债。利息可以一年一付,但通常是半年一付。借款本金可以在到期时一次清偿,也可以分期支付。

关于抵押借款的会计处理要点如下:

第一,取得借款时,贷记"应付抵押借款",不存在溢价或折价问题。

第二,支付借款利息和偿还借款时,借记"利息费用",或"应付抵押借款",贷记"现金"。分批还本付息时,必须分清本金和利息,不能

第十四章 长期负债和应付债券

混淆。

第三，年末决算时，应计借款利息应按常规调整程序处理。

第四，借款到期偿清时，借记"应付抵押借款"、贷记"现金"或"银行存款"账户。

(二) 发行债券

它是长期负债的主要项目，会计核算也较复杂，将在以下分节专述。

(三) 发出不带息票据，取得现金以外的资产

假设发出两年期不带息票据 $50 000，买进土地一块。已知土地的公平市场价值为 $40 000，土地按公平市场价值入账，应付票据按票据的面额入账，差额 $10 000。作会计分录如下：

借：土地	$40 000
应付票据折价	10 000
贷：应付票据	$50 000

如果取得财产的价值不能决定，可采用现值法计算票据的现值，计算现值所用的利率是在既知出票人财务状况的前提下按当时情况认为合理的利率。

假设上例发出 $50 000 的两年期不带息票据，购买不能决定市场价值的二手机器一件，在当时情况下认为合理的利率为 10%。查现值表两年期每元现值为 0.8264（也即现在投入 0.8264 元，利息 10%，按复利计算两年后本利和为 $1），$50 000 的现值为 $41 320，其差额 $8 680 即为应付票据折价。作会计分录如下：

借：机器及设备	$41 320
应付票据折价	8 680
贷：应付票据	$50 000

"应付票据折价"列入资产负债表，作为"应付票据"的减项，分两年摊销。按平均摊销法，每年应摊销 $4 340。

第二节　应付债券的分类

债券实质上也是一种应付票据。其主要特点是：借款者从大量提供不同数额资金的贷款者收进资金；债券通常是可转让、可买卖流通的；债券的发行涉及多个方面，借款企业可选择一个受托管理人，通常是大银行(代表广大持券者)。如果借款企业不能履行债券协议的规定，代表广大持券者的受托管理人可以采取行动，如限制股利支付、规定最低现金余额或财务比率、限制增加筹资、选举新董事参加董事会，以至于没收押品(取消抵押品赎回权)。受托管理人还可以作为债券还本付息的支付代理人。

债券可作如下分类：

一、有担保债券和无担保债券

(一) 有担保债券(secured bonds)

即有指定财产作抵押，担保借款企业履行债券协议。这种债券以作担保的抵押财产命名，有：不动产担保债券(以土地、房产等担保)、动产担保债券(以机器、设备等担保)、证券担保债券(以可转让证券担保)。有的财产可以作两次或两次以上抵押，应标明"第一"、"第二"、"第三"抵押，代表每次抵押的相对优先权。有的债券还可以标明到期年份。如"第一抵押10％不动产应付债券，2002"，即代表以不动产为担保、第一抵押权、利息10％、2002年到期的应付债券。

(二) 无担保债券(unsecured bonds)

又称信用债券(debenture bonds)，没有财产作抵押，全凭企业的一般信誉。这种债券风险较大，因此利息也较高。

二、记名债券和无记名债券

(一) 记名债券

记名债券(registered bonds)上记有持券人名称，发行公司或其受托管理人也备有记名债券持有者的记录。如果持券人转让所有权时，须向发行公司或其受托管理人登记,付息时由公司或其受托管理人按持券人登记的姓名、地址分别通知或寄送付息支票。

(二) 无记名债券

无记名债券上不记持券人名称,发行公司或其受托管理人也不备持券人名录,债券买卖转让时,不需向发行公司或其受托代理人登记。

三、分期偿还债券和到期一次偿还债券

(一) 分期偿还债券

分期偿还债券(serial bonds)的到期日期是在连续的各年度错开的。例如,发行 \$1 000 000 分期偿还债券,每年到期 \$100 000,共计十年。这种债券的优点在于贷款者(即购买债券者)能够选择到期日和其所要求的投资期时间长度相配调的债券。

(二) 到期一次偿还的债券

到期一次偿还的债券则与此不同。投资者必须持有长期而且数额较大的资金才适合购买此种债券。这两类债券虽然偿还期间不同,但一般都是分期付息的。

四、可提前收兑债券

可提前收兑债券(callable bond),又称可提前赎回债券(redeemable bond),即债券附有在发行一定日期后借款企业可以提前收兑的条款,收兑时一般对持券人按高于票面的数额付款。此种债券对借款企业可提供较大的灵活性,即在市场利率下降,能以远低于原发行债券的利率借入款项时,提前收兑已发行债券常是有利的。

五、可调换债券

可调换债券(convertible bond),允许持券人按一定比率将持有债券调换为股票。转换的结果使持券人从债权者地位转为股东。

六、附息票债券

附息票债券(coupon bonds),每期应付利息的息票都附在债券上,到付息期时,持券人将当期付息息票从债券上扯下,凭以收取利息。如果是记名债券,则付息时按照记名债券持有人登记名册将应付债券利

息分别寄送。

第三节 债券的发行

一、债券发行的程序

核准债券发行通常要经过以下手续:公司董事会作出正式决议;向政府主管部门申请并经过批准;确定受托管理者;办理与发行债券有关的全部协商和法定手续。

如果是有担保债券,核准发行的债券总额只能是作为担保的财产价值的一部分。发行的债券总额与担保财产价值之间的差额,代表债券持有人的安全幅度。

债券核准发行后,应在总分类账开立账户,并作备忘录说明核准债券发行的总额。

二、债券发行的价格

一般有平价发行、溢价发行和折价发行三种:

（一）平价发行

即按债券的票面额发行。

（二）溢价发行

按超过债券面额的价格发行,超过部分为溢价。

（三）折价发行

按低于债券面额的价格发行,低于面额部分为折价。

溢价或折价是由于债券发行时的市场利率与债券票面利率之间的差额而产生。从理论上说,如果市场利率与票面利率相同,按平价发行;如果市场利率低于票面利率,则按溢价发行;如果市场利率高于票面利率,则按折价发行。溢价和折价实际上是对利率的调整,使实际利率达到均衡。关于溢价与折价的估算在本书第十二章第六节中曾有说明,故不再赘述。

溢价:假设面值为 $50 000,按 $53 169 溢价发行。应作会计分录

如下：

借：现金	$53 169
贷：应付债券	$50 000
应付债券溢价	3 169

折价：假设面值 $50 000，按 $46 962 折价发行。应作会计分录如下：

借：现金	$46 962
应付债券折价	3 038
贷：应付债券	$50 000

三、债券在两次付息日之间发行——带息发行

售出债券的日期不一定和债券起息日期相一致，常有在付息日期开始后下期付息日之前售出的，则售价中必然包含有一部分应计利息在内，称为"加应计利息"的价格，用"应付债券利息"科目记账，待下期付息日支付利息时再行冲转。

假设某公司原定于 1 月 1 日发行债券 $100 000，利息 10%，定期四年，每年于 6 月 30 日和 12 月 31 日分两期付息。由于某些原因（如期待更有利的债券市场）在 4 月 1 日按票面发行，仍由 1 月 1 日起计息，另加 1～3 月的应计利息 $2 500（$100 000×10%×3/12），作会计分录如下：

借：现金	$102 500
贷：应付债券	$100 000
应付债券利息	2 500

在 6 月 30 日付息时，作会计分录如下：

借：债券利息费用	$2 500
应付债券利息	2 500
贷：现金	$5 000

经过这笔分录，"应付债券利息"冲平，支付现金减去冲记"应付债

券利息"后的余额$2 500($5 000—$2 500),借记"债券利息费用"。以后各期支付债券利息即全数记入"债券利息费用"。作会计分录如下:

  借:债券利息费用 $5 000
    贷:现金 $5 000

第四节 债券的折价和溢价发行的直线摊销法

一、债券的折价发行和折价的直线摊销

(一)债券的折价发行

如果债券的票面利率小于市场利率(同类型同质量的债券),就要按低于票面价值的价格发行,使得投资者能够取得相当于市场利率的投资收益。如前所述债券发行的折价或溢价,代表债券整个寿命期的实际利率的调整。假设上例票面额共为$100 000的债券是按98%折扣发行。计算如下:

应付债券持有人全部本息总额:
  本金 $100 000
  利息($100 000×10%×4)   40 000 $140 000
售出债券收入总额($100 000×98%)   98 000
差额等于支付利息总额 $42 000
平均每年利息费用($42 000/4) $10 500
  其中利息为$100 000×10% =$10 000
  摊销折价$2 000/4   = 500 $10 500

从以上分析可见,每年支付利息数额虽为$10 000,但是,实际的利息费用则为$10 500,超出的$500为摊销的折价。债券折价的摊销也就是分期从债券折价转入利息费用的数额。

按折价售出债券的会计分录如下:

第十四章 长期负债和应付债券

借：现金 　　　　　　　　　　　　　　　$98 000
　　债券折价 　　　　　　　　　　　　　2 000
　　贷：应付债券 　　　　　　　　　　　　$100 000

（二）债券折价的直线法摊销

直线法即每期（所谓每期，是指各期日数相同的期间，如每年、每半年、每季或每月等）将相等的数额从折价或溢价转入利息费用。

仍以上例，债券期限为四年，折价为$2 000，如按年摊销，每年摊销$500；如按半年摊销则每半年摊销$250。假设为每半年付息一次，折价采用直线法每半年摊销一次，付息和摊销折价的会计分录如下：

支付半年利息$5 000时：

借：债券利息费用 　　　　　　　　　　　$5 000
　　贷：现金 　　　　　　　　　　　　　　$5 000

折价半年摊销$250时：

借：债券利息费用 　　　　　　　　　　　$250
　　贷：债券折价 　　　　　　　　　　　　$250

每半年支付债券利息和摊销折价一次，均记入"债券利息费用"的借方，共计为$5 250，全年利息费用为$10 500，年末决算计入损益。全年摊销债券折价$500，记入"债券折价"的贷方，四年到期共摊销折价$2 000，"债券折价"账户结平无余额。

二、债券的溢价发行和溢价的直线摊销

（一）债券的溢价发行

如果债券的票面利率高于市场利率（同类型同质量的债券），就要按高于票面的价格发行。由于债券利率高于市场利率，投资者也乐于支付溢价购买。债券的溢价和折价相同，也应视为在债券的寿命期内对利息费用的调整，即：折价摊销增加利息费用，溢价摊销减少利息费用。

假设上例票面额为$100 000的债券，按票面值的104%售出。计算如下：

应付持券人全部本息总额：
本金	$100 000	
利息	40 000	$140 000
售出债券收入总额（$100 000×104%）		104 000
差额等于支付利息总额		$36 000
平均每年利息费用（$36 000/4）		$9 000
其中利息为$100 000×10%	=$10 000	
减：摊销溢价$4 000/4	=−1 000	$9 000

每年支付利息总额为$10 000（按票面数额和利率计算，与折价或溢价无关），但实际的利息费用则是$9 000，相差的$1 000为摊销溢价——每半年摊销溢价$500。

按溢价售出债券的会计分录如下：

借：现金	$104 000	
贷：应付债券		$100 000
债券溢价		4 000

（二）债券溢价的直线法摊销

每半年付息一次，金额为$5 000，每半年摊销溢价$500（$4 000/8），应作会计分录如下：

支付半年利息$5 000时：

借：债券利息费用	$5 000	
贷：现金		$5 000

溢价半年摊销$500时：

借：债券溢价	$500	
贷：债券利息费用		$500

每半年支付利息和摊销溢价均照此分录。四年到期共摊销溢价$4 000，"债券溢价"账户结平无余额。

三、直线摊销法的摊销表

根据以上例举的数据,编制直线摊销法的摊销表,如图表 14-1 所示:

(图表 14-1)

年度(期末)	溢价发行($104)			折价发行($98)		
	余额		账面价值	余额		账面价值
	应付债券(贷)(1)	债券溢价(贷)(2)	(1)+(2)	应付债券(贷)(3)	债券折价(借)(4)	(3)-(4)
发行时	$100 000	$4 000	$104 000	$100 000	$2 000	$98 000
1	100 000	3 000	103 000	100 000	1 500	98 500
2	100 000	2 000	102 000	100 000	1 000	99 000
3	100 000	1 000	101 000	100 000	500	99 500
4	100 000	0	100 000	100 000	0	100 000

由上表可见:溢价和折价随着摊销而逐年下降。在溢价部分,账面价值随溢价摊销而下降;在折价部分,账面价值随折价摊销而上升。但是,最后都恢复到应付债券的票面总额,按票面价值全部偿还收回债券了结。其会计分录如下:

借:应付债券 $100 000
　贷:现金 $100 000

四、未摊销溢价和折价余额在报表内的列报

在资产负债表内,未摊销溢价的余额列作"应付债券"的加项,未摊销折价的余额列作"应付债券"的减项。

假设共发行"10%,2002 第一抵押权债券"和"10%,2002 第二抵押权债券"各 $100 000,前者系溢价发行,未摊销溢价余额为 $2 000,后者系折价发行,未摊销折价余额为 $1 000,在资产负债表内列报如下:

长期负债

应付债券,10%,2002 第一抵押	$100 000	
加:未摊销溢价	2 000	$102 000
应付债券,10%,2002 第二抵押	$100 000	
减:未摊销折价	1 000	99 000
		$201 000

在下年到期的应付债券,应转列流动负债。

第五节 债券折价和溢价的实际利息摊销法

一、必须明确两组有关名词的涵义

(一)账面价值和票面数额

1. 账面价值(book value)。

它是账面上"应付债券"余额(即其票面总额)加未摊销的溢价额或减未摊销的折价额。

2. 票面价值(face amount)。

它是"应付债券"账户(贷方)的票面总额。

如果溢价发行,则账面价值大于票面数额;如果折价发行,则账面价值小于票面数额。溢价发行的账面价值,随溢价摊销而逐渐减少;折价发行的账面价值随折价摊销而逐渐增加。但是,最后都恢复为面值。

(二)实际利息和支付利息

1. 实际利息(effective interest)。

实际利息为市场利率乘账面价值。在债券溢价发行的情况下,账面价值(含溢价)随溢价的摊销而逐渐减少,实际利息也随之而逐渐下降;折价发行时情况相反。

2. 支付利息(interest paid)。

支付利息为债券票面额乘以票面利率,其数额是固定不变的(因票面额和票面利率不变),各期支付利息与实际利息的差额为溢价或折价的摊销额。支付利息大于实际利息,其差额为溢价摊销;反之,实际利息大于支付利息,其差额为折价摊销。

二、溢价和折价的计算

如前所述,债券可以按超过面值的溢价发行、按低于面值的折价发行、按面值平价发行,决定于市场利率和票面利率的比较差异。

假设发行债券 $100 000,期限四年,每半年付息一次,共八期,票面利率12%。比较折价、溢价、平价发行的差异,如图表14-2所示:

(图表14-2)

	(1) 折价发行 (市场利率16%)		(2) 溢价发行 (市场利率10%)		(3) 平价发行 (市场利率12%)	
	现值乘数	现 值	现值乘数	现 值	现值乘数	现 值
到期收回本金 $100 000(半年付息一次,共为8期)	0.540	$54 000	0.677	$67 700	0.6274	$62 740
利息收入,每期 $6 000($100 000 ×12%×1/2)	5.747	34 482	6.463	38 778	6.210	37 260
债券发行售价		$88 482		$106 478		$100 000
债券面额		$100 000		$100 000		$100 000
债券折价或溢价	(折价)	$11 518	(溢价)	$6 478	(折价或溢价)	0

说明:"现值"是未来一定时期后的一定金额,按一定的利率(通称"贴现率")折算成为现时的价值,以便于统一计算、比较和决策,这是一个资金的时间价值概念(the time value of money)。上表(1)栏市场利率为16%,高于票面利率,按折价发行;上表(2)栏市场利率为10%,低于票面利率,按溢价发行;上表(3)栏市场利率与票面利率相同,按平价发行。

利用实际利息法计算折价和溢价的分期摊销额,其步骤如下:

(一)确定各期的利息费用

将各期期初的账面价值,乘以实际利率(市场利率),即可求得。在溢价发行时,由于各期账面价值随溢价摊销而下降,各期的利息费用也随之逐年减少。在折价发行时,则情况相反,各期账面价值随折价摊销而上升,各期的利息费用也随之逐年增加。这种情况如图表14-3所示:

(图表14-3)

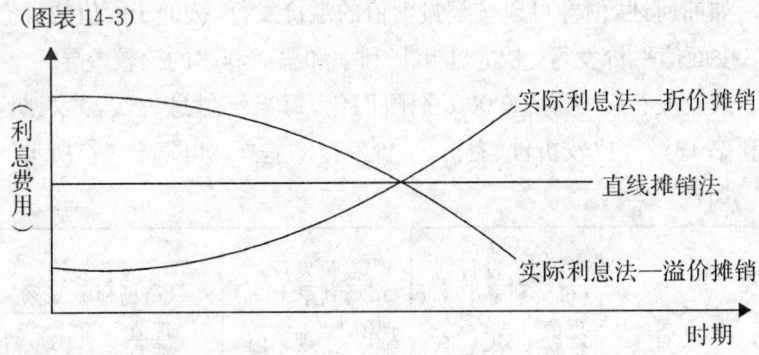

(二)确定各期的折价或溢价摊销额

以上述步骤计算的各期利息费用,与支付利息数(此数是固定的)相比较,如果利息费用大于支付的利息,其差额为折价摊销;如果利息费用小于支付的利息,其差额为溢价摊销。

三、折价摊销表

根据上述数据,计算并编制折价摊销表,如图表14-4所示:

(图表14-4)

折 价 摊 销 表

年	利息期间	(1) 支付利息 (面额×6%)	(2) 利息费用 (账面价值×8%)	(3) 分期摊销 (2)−(1)	(4) 未摊销折价余额 (4)−(3)	(5) 期末账面价值 [$100 000−(4)]
(发行时)					$11 518	$88 482
1	1	$6 000	$7 079	$1 079	10 439	89 561
	2	6 000	7 165	1 165	9 274	90 726
2	3	6 000	7 258	1 258	8 016	91 984

（续表）

年	利息期间	(1) 支付利息 (面额×6%)	(2) 利息费用 (账面价值×8%)	(3) 分期摊销 (2)-(1)	(4) 未摊销折价余额 (4)-(3)	(5) 期末账面价值 [$100 000-(4)]
2	4	6 000	7 359	1 359	6 657	93 343
3	5	6 000	7 467	1 467	5 190	94 810
	6	6 000	7 585	1 585	3 605	96 395
4	7	6 000	7 712	1 712	1 893	98 107
	8	6 000	7 893*	1 893	0	100 000

* 第七期期末账面价值 $98 107，乘以 8%，应为 $7 849，但表列第八期利息费用为 $7 893，两数相差 $44，系四舍五入的累积误差，应列 $7 893，使第八期期末账面价值恢复为 $100 000。

据上表，发行时的会计分录如下：

借：现金　　　　　　　　　　　　　　　　　　$88 482
　　债券折价　　　　　　　　　　　　　　　　 11 518
　贷：应付债券　　　　　　　　　　　　　　　$100 000

第一期支付利息及摊销折价时的会计分录如下：

借：利息费用　　　　　　　　　　　　　　　　$7 079
　贷：现金　　　　　　　　　　　　　　　　　$6 000
　　　债券折价　　　　　　　　　　　　　　　 1 079

以下各期付息分录依次类推。

四、溢价摊销表

根据上述数据，计算并编制溢价摊销表，如图表 14-5 所示。

根据图表 14-5，发行时的会计分录如下：

借：现金　　　　　　　　　　　　　　　　　　$106 478
　贷：应付债券　　　　　　　　　　　　　　　$100 000
　　　债券溢价　　　　　　　　　　　　　　　 6 478

(图表14-5)

溢 价 摊 销 表

年	利息期间	(1) 支付利息 (面额×6%)	(2) 利息费用 (账面价值×5%)	(3) 分期摊销 (1)—(2)	(4) 未摊销 溢价余额 (4)—(3)	(5) 期末账面价值 [$100 000+(4)]
(发行时)		$6 000			$6 478	$106 478
1	1	6 000	$5 324	$676	5 802	105 802
	2	6 000	5 290	710	5 092	105 092
2	3	6 000	5 255	745	4 347	104 347
	4	6 000	5 217	783	3 564	103 564
3	5	6 000	5 178	822	2 742	102 742
	6	6 000	5 137	863	1 879	101 879
4	7	6 000	5 094	906	973	100 973
	8	6 000	5 027*	973	0	100 000

* 第七期期末账面价值 $100 973,乘以 5%,应为 $5 049,表列第八期利息费用为 $5 027,两数相差 $22,系四舍五入的累积误差,应列 $5 027,使第八期期末账面价值恢复为 $100 000。

第一期支付利息及摊销溢价时的会计分录如下:

借:利息费用	$5 324
债券溢价	676
贷:现金	$6 000

以下各期付息分录依次类推。

第六节 期末或期中调整

如果分期支付利息的日期,与年度期末的日期不一致,自最近一次付息日至年度期末这一阶段的利息费用和应摊销的折价或溢价,应

第十四章 长期负债和应付债券

加以计算并作调整分录反映。如果在期中编制期中会计报表，而期中日期与支付利息日期不一致时，也应作同样调整。

假设上节所举之例，发行债券的付息日期为3月1日和9月1日，每年12月31日需要就9～12月份的应计利息和应摊销折价或溢价进行计算和调整。根据上节实际利息摊销法的折价摊销表和溢价摊销表的数据为例，计算并作调整分录如下：

应调整的期间为9月1日～12月31日，共计四个月，按4/6调整如下：

折价：

  应计利息 $6 000×4/6＝$4 000
  利息费用 $7 165×4/6＝$4 777
  摊销折价 $1 165×4/6＝$777

作调整分录如下：

 借：利息费用 $4 777
  贷：债券折价 $777
    应付利息   4 000

第二年1月1日作转回分录。

第二年3月1日支付利息和摊销折价，按常规程序处理，与上节折价摊销的有关分录相同。

溢价：

  应计利息 $6 000×4/6＝$4 000
  利息费用 $5 290×4/6＝$3 527
  摊销溢价 $710×4/6＝$473

作调整分录如下：

 借：利息费用 $3 527
   债券溢价   473
  贷：应付利息 $4 000

第二年1月1日作转回分录。

第七节 债券的收回与调换

一、债券的收回

债券收回有两种情况:一是到期收回;一是到期前提前收回。到期收回的处理比较简单,按债券票面付清债款,收回债券并注销,作会计分录如下:

 借:应付债券　　　　　　　　　　　　　　$100 000
 　贷:现金　　　　　　　　　　　　　　　　　　$100 000

如果是到期前提前收回,在会计处理上应做好以下工作:将溢价或折价摊销到收回日期;将应付债券账户和有关的债券溢价或债券折价账户作分录转销;如果提前收回债券发生收益或损失应作账反映。

假设本章第五节例中按$106 478溢价发行的债券,于发行后第三年的6月1日按$107 000提前收回。这时有关账户的余额如下:

 应付债券　　　　　　　　　　　$100 000
 未摊销溢价　　　　　　　　　　　 2 742
 账面价值　　　　　　　　　　　　102 742

由于债券利息是在3月1日和9月1日支付,同时分期摊销溢价或折价,所以,在6月1日有3月1日~6月1日的溢价未摊销,也未计列应计利息,故应补计和摊销:

 应计利息　　　　$6 000×3/6=$3 000
 补计溢价摊销　　$822×3/6=$411

摊销溢价时的会计分录如下:

 借:债券溢价　　　　　　　　　　　　　　　$411
 　贷:利息费用　　　　　　　　　　　　　　　　$411

第十四章 长期负债和应付债券

分录过账后,未摊销溢价余额为 $2 331。

收回债券时的会计分录如下:

借:应付债券		$100 000
债券溢价		2 331
利息费用		3 000
债券收回损失		1 669
贷:现金		$107 000

收回债券损失的金额为:付出现金 $107 000 与收回债券的账面价值 $102 331(票面 $100 000 + 未摊销溢价余额 $2 331)的差额 $4 669,减应计利息 $3 000,余额 $1 669。

二、债券转换为普通股

可转换债券(convertible bond)可用现金收回,也可在规定的时期内按规定价格转换为普通股股份,等于为持有可转换债券的投资者提供一种购股权。可转换债券对投资者具有吸引力,因之其售价通常高于不可转换债券。发行可转换债券,对发行的公司也是有利的。因为公司可以在转换时按照比在无转换条件下的利率为低的利率发行。再说,如果是发行普通股,由于普通股股数的增加,必然对每股盈利产生冲淡效应,而发行债券则不会产生此结果。还有,在发行可转换债券时,新换的价格高于普通股的现行市价。例如,公司想取得 $100 000 资金,可以按每股 $20 发行普通股,需要发行 5 000 股。公司也可以发行 $100 000 可转换债券并设定每股转换价格 $25,在以后转换时发行普通股的股数就是 4 000 股($100 000÷$25),可转换债券转换为普通股股数的减少,比一开始就发行普通股而不是发行可转换债券会产生较高的每股盈利。

在会计核算上记录债券转换的会计分录是:将债券的账面价值转入普通股账户。假设本章第四节的举例中某公司按 98% 折价发行的债券 $100 000,已摊销折价 $1 000,账面价值为 $99 000,在第三年初转换为每股票面为 $40 的普通股 2 000 股。应作会计分录

如下：

借：应付债券	$100 000
贷：债券折价	$1 000
普通股	80 000
超面值交入股本	19 000

此分录借记"应付债券"和贷记"债券折价"，过账后这两个账户结平无余额，贷记"普通股"系发出普通股的票面数额，反映以票面$80 000的普通股转换收回应付债券的账面价值$99 000，差额$19 000为"超面值交入股本"（paid-in capital in excess of par value），属于"股东权益"的组成部分，性质属于"资本公积"（capital surplus）。

第八节　偿债基金和留存盈利的专用拨定

一、偿债基金

为了对债券持有人提供到期还本的安全保障，取信于投资者，同时也便于公司作好分期安排，积累足额资金到期如数还债收回债券，债券协议往往规定发行公司分期提存基金，专款存储或委托银行或信托公司管理，应付债券到期时用于偿还债款。此项基金称为偿债基金（bond sinking fund）。

各期提存的等额基金数额，可以根据提存的期数和估计的运用收益率查表（即按复利计算的偿债基金表），计算编列偿债基金分期拨存表。

假设公司发行四年期债券$100 000，每半年于期初提出偿债基金一次，共八个半年期，各期所提数额相等，委托信托公司管理投资运用，估计投资运用的年收益率为12%，半年期为6%。查偿债基金表，八期每期利率6%，每1元应提0.1010。计算结果如图表14-6所示：

第十四章 长期负债和应付债券

(图表 14-6)

年	期	每期提存	利息 6%	期末基金余额
1	1	$10 100	—	$10 100
	2	10 100	606	20 806
2	3	10 100	1 248	32 154
	4	10 100	1 929	44 183
3	5	10 100	2 651	56 934
	6	10 100	3 416	70 450
4	7	10 100	4 227	84 777
	8	10 100	5 123*	100 000

* 计算应为 $5 087(即 $84 777×6%= $5 087),如按 $5 087 计算,基金的最后一期余额为 $99 964,与 $100 000 相差 $36,系由于尾数误差的累积。为了在最后一期期末余额恢复为 $100 000,故把最后一期的利息列为 $5 123。

每期期末基金余额的计算如下:

上期期末余额+上期期末余额应计利息+本期提存=本期期末余额

第二期的余额= $10 100+606+10 100= $20 806

第三期的余额= $20 806+1 248+10 100= $32 154

以下递推计算。

作会计分录如下:

每期拨提基金时:

 借:债券偿债基金 $10 100
  贷:现金 $10 100

各期运用基金收益时:

 借:债券偿债基金 $606
  贷:偿债基金收益 $606

此系第二期,以后各期依次类推。

债券到期偿清时:

借：应付债券 $100 000
　　贷：债券偿债基金 $100 000

债券到期时用偿债基金偿付。如有不足，可增拨现金补足；如有剩余，则转回现金账户，将偿债基金结清。

"债券偿债基金"在资产负债表内列作投资，"偿债基金收益"列入损益表"其他收入与费用"项下。

二、留存盈利的专用拨定

为了对债券持有人提供进一步保障，并对股东表明在应付债券未清偿之前需要拨定一部分留存盈利，有时称为"债券偿债基金准备"（reserve for bond sinking fund），作为偿还到期债券的准备，拨定部分不能再作股利分配。这种对留存盈利的专用拨定，应与债券偿债基金的提存相配合。

假设公司发行债券$100 000，期限四年，每年提存偿债基金$25 000。除作提存偿债基金的分录外，同时应作拨定留存盈利的会计分录如下：

借：留存盈利 $25 000
　　贷：拨定留存盈利——备偿应付债券 $25 000

在应付债券清偿之后，拨定专用的留存盈利仍转回"留存盈利"，作会计分录如下：

借：拨定留存盈利——备偿应付债券 $100 000
　　贷：留存盈利 $100 000

在资产负债表内，"留存盈利"和"拨定留存盈利"并列股东权益部分留存盈利项下。

第九节　资本租赁和抵押负债

一、租赁的涵义和分类

财产租赁的基本涵义，是以出租者（lessor，即财产的所有权者）为一方和承租者(lessee,即财产的使用者)为另一方的财产租赁关系。在财产租赁中双方的权利义务关系,通过租赁协议或合约固定下来。根据租赁协议或合约转让给承租人的权利,称为租赁权(leasehold)。在财产租赁期内承租者向出租者分期支付租赁费,财产的所有权仍归出租者。租赁期满或结束租赁关系时,租赁财产由出租方收回或由双方协议续租,也可由承租方按当时的公平市场价格作价购买。

财产租赁有多种不同形式,但可归纳为经营性租赁和资本性租赁两种基本类别。

(一) 经营性租赁(operating lease)

租赁合约签订,承租方在一定时期内(租期较资本租赁短)使用租入财产,分期交付租金,而出租方则承担正常风险,收取租金收入。承租方支付的租金,以租赁费用入账。如果租赁期较长,承租方须预付一部分租金,则借记"租赁权"账户,在租赁期的最后各月分摊。例如,租期十年,预付一年租金,预付的租金一直保留在"租赁权"账上,直到第十年转入各月的租赁费用。在租赁期内,承租方对租入财产进行改善的支出,记入"租赁财产改良"(leasehold improvement)账户(列入资产负债表内无形资产或固定资产项下),构成租赁财产的一部分。在租赁期满时,随同租赁财产退还出租方。因此,"租赁财产改良"的支出,应在租赁期或改善的有效使用期孰短的期限内摊销。

经营性租赁是一种短期租赁关系,而且是可取消的。承租方仅有定期支付租赁费用的义务,会计上并不反映债务关系,不属于长期负债。

(二) 融资性租赁(financial lease)

又称资本租赁(capital lease)。融资性租赁具有不同于经营性租赁的以下特点:租赁期长,等于或者超过租赁财产估计有效寿命期的75%;非经双方同意,不能取消租赁合约;出租方对于租赁财产不提供维修和其他服务,一般由承租方按照自有财产的折旧和维修政策摊提折旧和进行维修;出租方通过向承租方收取租赁费,收回资金、补偿资金成本和取得利润,整个租赁期全部租赁费支出最低总额的现值至少为租赁财产的公平市场价值减去出租方原来所得补贴和税款减免后余额的90%,基本接近租赁财产价值全额;租赁期终了时,租赁财产的所有权转给承租方。

资本租赁,在承租方的账上,既反映长期资产,也反映相关的长期负债。

二、资本租赁的会计核算

承租方按未来租赁费支出现值,登记资产账户和相关的负债账户,租赁费用不列入损益表(与经营性租赁对租赁费用的处理不同),而是作为租赁资产的摊销和租赁负债的利息费用。

假设承租方与出租方于199×年1月1日签订资本租赁协议,租入计算机一台,有效寿命期五年,无残值,承租方于每年6月30日和12月31日支付租赁费$40 000,共计$400 000,借款利率为12%,按半年6%、10期年金现值计算如下:

$$7.3601 \times \$40\,000 = \$294\,400$$

(尾数$4舍掉,化零为整)

作会计分录如下:

借:租赁资产	$294 400
贷:资本租赁负债	$294 400

每年年末决算时,应作会计分录摊销租赁资产(折旧)费用。

假设采用直线法,每年应摊销$29 440($294 400÷10),作会计分录如下:

借:摊销费用——租赁资产	$29 440
贷:累计折旧——租赁资产	$29 440

"摊销费用——租赁资产"列计损益表,"累计折旧——租赁资产"列入资产负债表,作为"租赁资产"减项。

每期期末支付租赁费,应分解为"利息费用"和冲减"资本租赁负债"两项。计算结果如图表14-7所示:

第十四章 长期负债和应付债券

(图表 14-7)

年	期	(1) 期初租赁 负债	(2) 租赁费	(3) 利息费用 (1)×6%	(4) 摊销租赁负债 (2)−(3)	(5) 期末租赁负债 (1)−(4)
1	1	$294 400	$40 000	$17 664	$22 336	$272 064
	2	272 064	40 000	16 324	23 676	248 388
2	3	248 388	40 000	14 903	25 097	223 291
	4	223 291	40 000	13 397	26 603	196 688
3	5	196 688	40 000	11 801	28 199	168 489
	6	168 489	40 000	10 109	29 891	138 598
4	7	138 598	40 000	8 316	31 684	106 914
	8	106 914	40 000	6 415	33 585	73 329
5	9	73 329	40 000	4 400	35 600	37 729
	10	37 729	40 000	2 271 *	37 729	0

* 第十期第(3)栏应为 $37 729×6%= $2 264，与所列摊销数 $2 271 相差 $7，系尾数四舍五入积累。

每期支付租赁费时，应作会计分录如下：

第一期：

借：利息费用	$17 664
资本租赁负债	22 336
贷：现金	$40 000

第二期：

借：利息费用	$16 324
资本租赁负债	23 676
贷：现金	$40 000

以下各期依次递推。截至第十期止，"资本租赁负债"账户的借方累计总额，应与贷方总额相等，账户结平无余额。

与此同时，"累计折旧——租赁资产"的贷方累计余额也达到

$294 400,与"租赁资产"账户的借方余额相等,账户对冲结平无余额。应作会计分录如下:

  借:累计折旧:租赁资产 $294 400
   贷:租赁资产 $294 400

  至此,这笔租赁业务的会计核算就告一段落。如果租赁的财产由双方协议作价留用,另作会计处理。

  关于固定资产租赁的会计处理,在第十一章"固定资产"部分曾作过论述。但第十一章是从租赁资产角度出发,而本章则从租赁负债角度出发。这两部分可以互相参照结合。

三、抵押负债

  抵押负债(mortgage liability)即抵押借款。如果通过抵押借款借入长期资金,需作会计分录如下:

收到借款时:

  借:现金   ×××
   贷:应付抵押借款   ×××

支付借款利息时:

  借:利息费用   ××
   贷:现金   ××

  年终决算,按常规调整程序,对应计抵押借款利息作调整分录。在资产负债表内,"应付抵押借款"列入负债部分的长期负债项下。作为抵押借款担保品的资产,另按担保品的管理要求处理。

偿还借款时:

  借:应付抵押借款   ×××
   贷:现金   ×××

第三部分

企业的法定组织

第十五章 合伙组织的会计

从以上各章所讲内容可以看出,不同法定组织类型(包括独资、合伙和公司)的企业,对一般经济活动的日常会计处理程序,没有太大差别,只是主要由于不同法定组织形式的企业在权益资本结构和损益分配方式上有所不同,因而核算方式也有差异。独资组织是由业主一人单独出资,独享利润和承担损失;合伙是由两人或两人以上人数出资,按议定比例分配利润和分担损失;公司(股份有限公司)则分股集资,以股利方式按股东持股比例分配利润。本章围绕权益资本和利润分配问题对合伙组织的会计加以说明。

第一节 合伙组织的性质和特点

一、合伙组织的性质

合伙组织(partnership)是两个或两个以上人数的组合,在合伙协议议定的条件下结合起来,集合生产技术、经营能力和财富资源,经营以盈利为目的的营业。在国外,合伙组织广泛用于规模比较小的服务性行业和自由职业领域。

二、合伙组织的特点

合伙组织区别于其他组织形式,特别是公司组织的特点,有以下几项:

(一)共同持有和相互代理

合伙人共同持有合伙企业的财产,每一个合伙人(个别有限责任合伙人除外)都有权与外界签订对合伙企业具有约束力的合约。

（二）无限责任

合伙组织是无限责任。合伙人对于合伙组织的对外债务，连带并分别承担清偿责任。

（三）无持续性

合伙组织的生存期是有限的。任何一个合伙人死亡或丧失行为能力，接纳新合伙人，现有合伙人退出或转让其权益，都使现有合伙组织终结。但是，这并不等于合伙作为一个经营实体的消灭，而是从法律上认为旧合伙结束、新合伙产生，事实上合伙仍可以新合伙组织存在和经营。

（四）非纳税主体

合伙组织本身不是所得税的纳税主体，但是，合伙人从合伙企业的利润分配中取得的份额，则须由合伙人作为个人所得交纳所得税。

第二节 合伙组织的成立

成立合伙组织的程序比成立公司组织要简单得多，也不像公司组织受国家专门制定的《公司法》的约制。这也是合伙组织区别于公司组织的特点之一。

一、在独资企业基础上接纳出资建立合伙组织

合伙企业可以由两个或两个以上的个人结合，共同出资组成；也可以在已存在的独资企业基础上，接纳他人参加出资合伙经营；还可以由两个或两个以上独资企业，以各自所有者的名义结合，改组为合伙组织。一个独资企业由于业务扩充，需要增加商品储备或者扩大赊销业务、增加销售额，但是限于资金，往往会吸收合伙人参加，以加强其人财物实力。

不论是何种方式组成合伙企业，都应由合伙人共同签订合伙协议。合伙协议具体规定出资数额、合伙人的权利和义务、合伙人的津贴数额和出资利息、损益分配比例、合伙人提款额度、会计核算方法、解散或清

理,以及其他有关事项。

二、结束独资企业账务

如果是在现有独资企业基础上接纳其他个人参加出资合伙经营,在会计处理上应分作两项:结束独资企业账务,为新建合伙企业开账。

结束独资企业账务,分以下步骤:将截至结束日止的损益类账户结平,结出的净损益转入独资业主资本账户;将业主提款账户的余额(在借方)结转业主资本账户;编制结账后试算表;将各项资产和负债账户进行核实,并对各项资产进行估价,经合伙人同意后,作分录调整,并编制调整后试算表;作结账分录,结束独资企业的全部账务,并以调整后的业主权益作为对合伙企业的投资。

三、开立合伙组织账户

在作开账分录之前,先在普通日记簿上作备忘分录,除说明开账的年月日外,在摘要栏记入以下文字:"是日,由大卫朗与罗森组成合伙企业,根据即日起生效的合伙协议,定名为'默克利鞋业中心',经营旅游鞋和运动鞋买卖业务。"

根据独资企业的调整后试算表,将各项资产和负债项目的估价调整后余额,作成会计分录,登入普通日记簿上的备忘分录。资产总额和负债总额的差额,作为独资企业业主在新建立的合伙组织中的"合伙人权益"。

再将接纳的新合伙人的出资作成会计分录,记入普通日记簿。

最后编制开账后的试算表。

开账后,对于合伙组织发生的经济业务,按常规会计处理程序进行处理。现举例说明如下:

假设独资企业大卫朗鞋店于2003年1月1日接纳罗森参加组成合伙企业,店名为默克利鞋业中心。大卫朗鞋店2002年12月31日结账后试算表,如图表15-1所示。

大卫朗鞋店的全部资产和负债转归新成立的合伙组织。经大卫朗与参加的合伙人罗森协商对资产重估如下:

(图表 15-1)

大卫朗鞋店试算表

2002 年 12 月 31 日

科目	借方	贷方
现　　金	$ 3 000	
应收账款	14 500	
备抵坏账		$ 1 500
商品存货	46 000	
家具设备	34 000	
累计折旧		20 000
应付账款		10 000
业主提款	2 000	
业主资本		68 000
合　计	$ 99 500	$ 99 500

应收账款（扣除备抵坏账后净额）	$ 12 500
（较原账面减少 $ 500）	
商品存货（较原账面增加 $ 2 000）	48 000
家具设备（扣除累计折旧后净额）	14 500
（较原账面增加 $ 500）	

据此，编制工作底表，如图表 15-2 所示：

(图表 15-2)

科　目	2002.12.31 试算表		重估调整后试算表		＋或－
现　金	$ 3 000		$ 3 000		
应收账款	14 500		14 500		
备抵坏账		$ 1 500		$ 2 000	($ 500)
商品存货	46 000		48 000		2 000
家具设备	$ 34 000		$ 34 500		$ 500
累计折旧		$ 20 000		$ 20 000	

(续表)

科 目	2002.12.31试算表		重估调整后试算表		＋或－	
应付账款		10 000		10 000		
业主提款	2 000					$2 000
业主资本		68 000		68 000*		
合 计	$99 500	$99 500	$100 000	$100 000	$2 000	$2 000

* 业主资本由于资产估价增值$2 000，业主提款$2 000结转业主资本，使业主资本减少$2 000，增减同额相抵，重估调整后的业主资本仍为$68 000未变。

根据上列工作底表，大卫朗独资企业账上应作估价调整的会计分录如下：

借：商品存货 $2 000
  家具设备   500
 贷：备抵坏账 $500
  业主资本   2 000

同时，将"业主提存"结转"业主资本"，作会计分录如下：

借：业主资本 $2 000
 贷：业主提存 $2 000

最后，将大卫朗独资企业的账户全部结平，作结账分录如下：

借：备抵坏账 $2 000
 累计折旧   20 000
 应付账款   10 000
 业主资本   68 000
 贷：现金 $3 000
  应收账款   14 500
  商品存货   48 000
  家具设备   34 500

在默克利鞋业中心合伙企业的账上，对接受大卫朗独资企业的资产负债应作开账分录，登记在普通日记簿的备忘分录。作会计分录如下：

借：现金	$3 000
应收账款	14 500
商品存货	48 000
家具设备	34 500 *
贷：备抵坏账	$2 000
累计折旧	20 000
应付账款	10 000
大卫朗资本	68 000

* 关于家具设备一项，也可以列记扣除累计折旧后的净额，即 $34 500－$20 000＝$14 500，累计折旧不另反映。此折旧后净额$14 500，即代表对接受的家具设备按其当时状况所作出的估价。计算折旧时，即在此重新估价的基础上，按新旧程度和使用状况估计尚可使用的年限和估计残值，重新确定折旧率计算应提折旧额。

假设合伙人罗森投入与大卫朗资本同额的现金，即$68 000，取得与大卫朗相等的权益。其会计分录如下：

| 借：现金 | $68 000 |
| 贷：罗森资本 | $68 000 |

以上会计分录全部过记总分类账的各有关账户后，可编制资产负债表，以反映新的合伙企业创始时的资产、负债及所有者权益情况。如图表 15-3 所示：

(图表 15-3)

默克利鞋业中心
资 产 负 债 表
2003 年 1 月 1 日

资　　产			负债及所有者权益	
流动资产			流动负债	
现金		$71 000	应付账款	$10 000
应收账款	$14 500		所有者权益	
减：备抵坏账	2 000	$12 500	大卫朗资本	$68 000

(续表)

资产			负债及所有者权益		
商品存货		48 000	罗森资本	68 000	
		$131 500	所有者权益合计		$136 000
固定资产					
家具设备	$34 500				
减：累计折旧	20 000	14 500			
资产总计		$146 000	负债及所有者权益总计		$146 000

第三节 合伙人资本账户和提款账户

合伙人投入资本后，根据其对合伙企业所作的服务和贡献，可以取得薪工津贴，并根据其对合伙企业投资的数额，按照一定利率取得利息。在年终决算时，可以按预定的利润分配比率分配利润。除此之外，合伙人平时如有需要，可以在限定额度内提用款项。此项提款，既不作为薪津报酬，也不是取回投入的资本，其性质属于事前支取预期年终可分配的利润。对于此类提款，另设合伙人提款账户专户记载。合伙企业对每一合伙人开立一个资本账户和一个提款账户。

仍以上例，对大卫朗和罗森应各设资本账户和提款账户如下：

大卫朗资本(David Long capital)

大卫朗提款(David Long drawing)

罗森资本(Rosen capital)

罗森提款(Rosen drawing)

合伙人原投入资本和以后增加投资记入其投资账户的贷方；合伙人提款如果是为了减少其资本，并经过其他合伙人同意，就直接记入其资本账户的借方。合伙人资本账户是贷方余额，反映合伙人的投资数

额。合伙人提款记入其提款账户的借方,在年末决算时,各合伙人提款账户的余额,分别结转其资本账户。其会计分录如下:

借:大卫朗资本　　　　　　　　　　　　　　×××
　　贷:大卫朗提款　　　　　　　　　　　　　×××

借:罗森资本　　　　　　　　　　　　　　　×××
　　贷:罗森提款　　　　　　　　　　　　　　×××

过账后,分类账上合伙人提款户结平无余额。每年度盈利分配后,分别记入各合伙人资本账户的贷方。合伙人提款,原则上不应超过其预期分配盈利的数额(除非利润未达到预期,甚至发生亏损)。因此,合伙人资本账户保持为贷方余额。

第四节　合伙组织的利润分配

一、合伙利润的分配

合伙损益的分配,如果合伙协议规定有分配比例,应从其规定;如无规定,则平均分配。如果协议只规定有利润分配的比例,在发生亏损时也按利润分配的比例分配。

二、合伙人平均资本、薪工津贴和资本利息津贴

这是与合伙组织利润分配直接有关的三个项目。在这里,合伙人"薪工津贴"(salary allowance)和"资本利息津贴"(allowance for interest on capital),只是用以说明在合伙人之间利润分配的过程,不能与会计记录中的"薪工费用"和"利息费用"相混淆,也不能与"合伙人提款"相混淆。例如,合伙协议规定:合伙人可以按等于其薪工津贴的数额提取现金作个人用途。这类提款应借记"××合伙人提款"账户,各个合伙人提款账户的余额应于期末分别结转各个合伙人的资本账户。合伙人的提款并不影响净收益对合伙人的分配,收益分配是按协议规定进行的。

第十五章 合伙组织的会计

(一)合伙人平均资本的计算

如果合伙人的资本一次投入,在年度内无增减变化,则账面余额即为平均资本余额,如年度内有增减变化便应计算其平均资本余额。

仍以上例,大卫朗和罗森合伙时出资相同,各为 $68 000,比率为50%对50%。合伙后由于业务扩大需要增加资金,大卫朗于7月1日追加投资 $32 000,其资本额度变为 $100 000,罗森于同年10月1日追加投资 $12 000,资本额度为 $80 000,两人合计为 $180 000。计算他们的平均资本和比率如下:

	金额×月数	平均投资	比率
大卫朗	$68 000×6=$408 000		
	100 000×6= 600 000		
	$1 008 000÷12=	$84 000	54%
罗 森	$68 000×9=$612 000		
	80 000×3= 240 000		
	$852 000÷12=	$71 000	46%
	$1 860 000	$155 000	100%

(二)合伙人薪工津贴和资本利息的假设

	大卫朗	罗 森
薪工津贴	$7 200	$6 900
资本利息津贴 (@8%)	$84 000×8% =$6 720	$71 000×8% =$5 680

三、合伙利润分配的步骤

合伙利润分配的步骤如下:

(一)分配和登记合伙人薪工津贴

根据以上数据,作会计分录如下:

借:收益汇总	$14 100
贷:大卫朗资本	$7 200
罗森资本	6 900

(二) 分配和登记合伙人资本利息津贴

根据以上数据,作会计分录如下:

借:收益汇总	$12 400
贷:大卫朗资本	$6 720
罗森资本	5 680

(三) 分配和登记合伙利润的剩余部分

合伙利润的剩余部分究有多少,取决于合伙利润的多少。可分三种情况:利润大于薪工津贴和利息津贴;发生经营亏损;利润少于薪工津贴和利息津贴。

四、利润大于薪工津贴和资本利息津贴情况下的分配

假设年终决算净收益为$30 000(即"收益汇总"账户贷方余额为$30 000)。

应编制分配表如图表15-4所示:

(图表15-4)

	大卫朗	罗森	合计
净收益			$30 000
薪工津贴	$7 200	$6 900	14 100
资本利息津贴	6 720	5 680	12 400
余 额			$3 500
余额分配	1 900	1 600	
合伙人份额合计	$15 820	$14 180	

(余额分配比例:大卫朗54%,罗森46%)

作会计分录如下:

登记薪工津贴时:

借:收益汇总	$14 100
贷:大卫朗资本	$7 200
罗森资本	6 900

第十五章 合伙组织的会计

登记资本利息津贴时：

借：收益汇总	$12 400
贷：大卫朗资本	$6 720
罗森资本	5 680

登记净收益余额分配时：

借：收益汇总	$3 500
贷：大卫朗资本	$1 900
罗森资本	1 600

结转合伙人提款时：

借：大卫朗资本	$7 200
贷：大卫朗提款	$7 200
借：罗森资本	$6 900
贷：罗森提款	$6 900

以上各笔分录过记总分类账"大卫朗资本"账户和"罗森资本"账户，以及"收益汇总"账户，如图表 15-5、15-6、15-7 所示：

(图表 15-5)

大 卫 朗 资 本

提款结转	$7 200	原投入资本	$68 000
资本余额	108 620	续投入资本	32 000
		薪工津贴	7 200
		资本利息津贴	6 720
		净收益余额分配	1 900
	$115 820		$115 820
		上期结转	$108 620

(图表 15-6)

罗 森 资 本

提款结转	$ 6 900	原投入资本	$ 68 000
资本余额	87 280	续投入资本	12 000
		薪工津贴	6 900
		资本利息津贴	5 680
		净收益余额分配	1 600
	$ 94 180		$ 94 180
		上期结转	$ 87 280

(图表 15-7)

收 益 汇 总

薪工津贴	$ 14 100	本年净收益	$ 30 000
资本利息津贴	12 400		
余额分配	3 500		
	$ 30 000		$ 30 000

五、经营亏损情况下的分配

假设年终决算净亏损为 $ 8 000（即"收益汇总"账户为借方余额 $ 8 000）。

编列分配表如图表 15-8 所示：

(图表 15-8)

	大卫朗	罗 森	合 计
净亏损			$ 8 000
薪工津贴	$ 7 200	$ 6 900	14 100
资本利息津贴	6 720	5 680	12 400
			$ 34 500
合伙人分配	18 630	15 870	
合伙人分担亏损	$ 4 710	$ 3 290	

作会计分录如下:
登记薪工津贴时:

借:收益汇总	$ 14 100
贷:大卫朗资本	$ 7 200
罗森资本	6 900

登记资本利息津贴时:

借:收益汇总	$ 12 400
贷:大卫朗资本	$ 6 720
罗森资本	5 680

登记亏损分配时:

借:大卫朗资本	$ 18 630
罗森资本	15 870
贷:收益汇总	$ 34 500

结转合伙人提款时:

借:大卫朗资本	$ 7 200
贷:大卫朗提款	$ 7 200
借:罗森资本	$ 6 900
贷:罗森提款	$ 6 900

以上各笔分录过记总分类账有关账户,如图表 15-9、15-10、15-11 所示:

(图表 15-9)

大 卫 朗 资 本

分担亏损	$ 18 630	原投入资本	$ 68 000
提款结转	7 200	续投入资本	32 000
资本余额	88 090	薪工津贴	7 200
		资本利息津贴	6 720
	$ 113 920		$ 113 920
		上期结转	$ 88 090

(图表 15-10)

罗森资本

分担亏损	$15 870	原投入资本	$68 000
提款结转	6 900	续投入资本	12 000
资本余额	69 810	薪工津贴	6 900
		资本利息津贴	5 680
	$92 580		$92 580
		上期结转	$69 810

(图表 15-11)

收 益 汇 总

本期亏损	$8 000	亏损分配	$34 500
薪工津贴	14 100		
资本利息津贴	12 400		
	$34 500		$34 500

六、利润少于薪工津贴和资本利息津贴情况下的分配

假设净收益为 $5 000，小于薪工津贴与资本利息津贴之和 $26 500（$14 100 + $12 400）。"收益汇总"账户的内容，如图表15-12 所示：

(图表 15-12)

收 益 汇 总

薪工津贴	$14 100	本年净收益	$5 000
资本利息津贴	12 400	（借方余额 $21 500）	

收益汇总账户的借方余额 $21 500 代表亏缺。按投资比率向合伙

人分配如下：

　　大卫朗　　$21 500×54%＝$11 610
　　罗森　　　$21 500×46%＝$9 890

根据上述数据，作会计分录如下：

　　借：大卫朗资本　　　　　　　　　　　　　　　$11 610
　　　　罗森资本　　　　　　　　　　　　　　　　　9 890
　　　贷：收益汇总　　　　　　　　　　　　　　　　　　$21 500

过入总分类账后，"收益汇总"账户结平，"大卫朗资本"账户和"罗森资本"账户分别如图表 15-13、15-14 所示：

（图表 15-13）

大 卫 朗 资 本

分摊"收益汇总"亏缺	$11 610	原投入资本	$68 000
提款结转	7 200	续投入资本	32 000
资本余额	95 110	薪工津贴	7 200
		资本利息津贴	6 720
	$113 920		$113 920
		上期结转	$95 110

（图表 15-14）

罗 森 资 本

分摊"收益汇总"亏缺	$9 890	原投入资本	$68 000
提款结转	6 900	续投入资本	12 000
资本余额	75 790	薪工津贴	6 900
		资本利息津贴	5 680
	$92 580		$92 580
		上期结转	$75 790

第五节 接纳新合伙人

一个合伙组织的企业在接纳新合伙人参加后,就形成原有合伙组织的解散和新合伙组织的成立,应制定新的合伙协议。这里所谓解散,是就法律的和会计的意义而言,对于业务的连续经营没有明显影响。在会计方面,记录接纳新合伙人之前需要做两步工作:在新合伙开账之前,原合伙组织应做结账工作,结出的净损益按正常程序分配转入原合伙人资本账户;对于现有资产负债应进行重估,重估数额经过原合伙人和新合伙人同意后,调整原合伙组织有关账户,并将重估产生的损益按原分配比率向原合伙人分配转入他们的资本账户。然后结束原合伙组织账务,开始新合伙组织账务,这时将接纳新合伙人的出资事项登记入账。

一、新合伙人出资参加合伙组织的方式

新合伙人参加合伙出资方式可分以下两种:

(一)向现有合伙人购买资本份额

一般应经其他原合伙人的认可。应支付的款项或其他事项,由购买者直接与出让权益的合伙人办理。合伙账上只需将让售部分借记原合伙人账户,贷记新合伙人账户。合伙组织的资本总额并无变化。如果买方为购买合伙资本份额支付的款项超过或低于其账面价值,合伙组织只按账面价值转账,至于超过或不足账面价值的部分,由购买和出让双方直接清算了结。如果在合伙人之间相互转让其出资份额,也仿此办理,并须经其他合伙人同意。

(二)新合伙人向合伙组织投资

新合伙人不是从原合伙人手中购买一部分资本份额,而是向合伙组织投资现金或其他财产,投资的结果使得合伙组织的资本额增加。新合伙人的投资、占有份额,以及损益分配的比例等,都需在合伙人之间协商决定,并在新合伙组织的合伙协议中规定。

二、新合伙人按其投资数额享有比例权益

假设甲、乙两人曾建立有合伙组织,其出资额如下:

甲出资 　　　　$ 28 500
乙出资 　　　　 27 500 　　合计 $ 56 000

(议定分配比例为 50∶50)

丙投入现金作为出资,出资额为新合伙组织资本额的 1/3,占有 1/3 的权益。其出资额计算如下:

$$(28\,500+27\,500)/2 = \$28\,000$$

丙的出资数额 $ 28 000 为合伙组织资本总额 $ 84 000($ 28 500＋$ 27 500＋$ 28 000)的 1/3。以后的经营利润(或亏损)也按 1/3 分配。既不占便宜,也不吃亏。

三、对原合伙人或新合伙人的额外补贴或产生商誉

常常有这样的实际情况:新合伙人的出资额与其占有权益份额的比例不一定一致。新合伙人的出资较占有权益份额的账面价值(账面价值是指新合伙人在投资后的所有者权益总额中所占的份额)多或少,一般有四种情况:

(一)新合伙人的出资额多于其所取得的权益份额

其超出部分等于新合伙人对原合伙人的"额外补贴"(bonus to present partners)。此种情况常出现在盈余能力较强或经营前景较好的合伙企业。

(二)新合伙人的出资额小于其所取得的权益份额

其所差部分等于原合伙人对新合伙人的"额外补贴"(bonus to new partner)。此种情况常出现在新合伙人具有较丰裕的现成财力、独特的技能、经营管理的能力或其他有利特点,原合伙人宁愿减少其资本余额,以补贴新投资者。

(三)新合伙人按其投入资金作为应享权益份额

按其出资所占权益比例计算调整合伙组织的资本额,如有增出部

分,即作为企业商誉并相应分配提高原合伙人的资本额,称为"原合伙人商誉"(goodwill to present partners)。此种情况常出现在原合伙组织的财产的现行价值高于其账面价值,但从未作过重估。因此,合伙人资本的账面数额已远不能代表其实际价值。

(四) 新合伙人的出资额小于其所取得的权益份额

原合伙人不愿采取对新合伙人的额外补贴法,以免影响他们本身的权益份额。因此,将新合伙人的出资额小于其权益份额的差额,以商誉入账,称为"新合伙人商誉"(goodwill to new partner)。

现按上述四种情况举例说明如下:

1. 对原合伙人的额外补贴

仍以前例,甲、乙两人原合伙出资经营的合伙组织,甲出资 $28 500,乙出资 $27 500,共 $56 000。现接纳丙为新合伙人,由丙出资 $34 000,占有权益份额 1/3。计算如下:

原合伙人出资:	甲	$28 500	
	乙	27 500	$56 000
新合伙人出资:	丙		34 000
合 计			$90 000

丙占权益份额 1/3,为 $30 000,实际出资超出 $4 000,应平均分配给甲、乙两个合伙人。作会计分录如下:

接受丙投资时:

借:现金	$34 000
贷:丙合伙人资本	$34 000

丙投资超过份额 $4 000,向甲、乙两合伙人分配时:

借:丙合伙人资本	$4 000
贷:甲合伙人资本	$2 000
乙合伙人资本	2 000

最后,甲、乙、丙三个合伙人的资本变成如下:

甲合伙人 　$28 500+$2 000＝ $30 500
乙合伙人 　 27 500＋ 2 000＝ 29 500
丙合伙人 　 34 000－ 4 000 ＝ 30 000
合　计 　　　　　　　　　$90 000

2. 对新合伙人的额外补贴

假设在原合伙人甲、乙共出资$56 000的基础上，新合伙人丙出资$25 000，占有权益份额 1/3。计算如下：

原合伙人甲乙共出资　　　　　$56 000
新合伙人丙出资　　　　　　　 25 000
合　　计　　　　　　　　　　$81 000

丙占权益份额 1/3 即$27 000($81 000/3)，超过其出资额$2 000，应由甲、乙两合伙人由其资本额中分别减少$1 000。作会计分录如下：

借：现金　　　　　　　　　　　　　　　　$25 000
　　甲合伙人资本　　　　　　　　　　　　 1 000
　　乙合伙人资本　　　　　　　　　　　　 1 000
　　贷：丙合伙人资本　　　　　　　　　　　$27 000

最后，甲、乙、丙三个合伙人的资本变成如下：

甲合伙人 　$28 500－$1 000 ＝ $27 500
乙合伙人 　 27 500－ 1 000 ＝ 26 500
丙合伙人 　 25 000＋ 2 000 ＝ 27 000
合　计　　　　　　　　　　　 $81 000

由于甲、乙两合伙人都需减少$1 000，所以他们往往不愿采取这种办法。

3. 对原合伙人的商誉

假设新合伙人丙仍投入$34 000，按其投入原额占投入后权益份额 1/3，则总资本额变为$102 000($34 000×3)。丙合伙人投入

$34 000加甲、乙两合伙人投入原额,共为$90 000,其余额$12 000($102 000－$90 000)应作为原合伙人的商誉,按原合伙人甲、乙的分配比率50:50,分配入甲、乙的资本各$6 000。作会计分录如下:

借:商誉	$12 000
贷:甲合伙人资本	$6 000
乙合伙人资本	6 000

最后,甲、乙、丙三个人的资本变成如下:

甲合伙人	$28 500＋$6 000＝$34 500
乙合伙人	27 500＋ 6 000＝ 33 500
丙合伙人	34 000
合　计	$102 000

4. 对新合伙人的商誉

假设新合伙人丙投入$25 000,取得权益份额1/3。甲、乙两合伙人投入额合计为$56 000,占2/3,则丙合伙人1/3的份额应为$28 000,超过投入的现金$3 000,应作为商誉。作会计分录如下:

借:现金	$25 000
商誉	3 000
贷:丙合伙人资本	$28 000

最后,甲、乙、丙三个合伙人的资本变成如下:

甲合伙人	$28 500
乙合伙人	27 500
丙合伙人	28 000
合　计	$84 000

第六节　合伙人的退出

合伙人退出合伙,有三种情况:将持有的合伙份额出售给外界(须经其他合伙人同意);将持有的合伙份额让售予其他合伙人;由合伙组织向退出的合伙人支付款项。

第十五章 合伙组织的会计

一、合伙人的资本份额出售外界或让售其他合伙人

由于这只是合伙人相互间(出售资本份额的原合伙人与买入资本份额的新合伙人之间或原合伙人相互之间)个人的收付转让活动,并不影响合伙组织的资本总额,所以,只需按账面数额,作借记转出的原"合伙人资本"账户,贷记转入的新"合伙人资本"账户的分录,而不问其现金收付。如果转让的价格超过(或低于)账面价值,其差额由转出的合伙人自理。

二、个别合伙人提取款项退出合伙

合伙人退出合伙提取款项的结果,使合伙组织的资本总额减少。现设例说明其会计处理过程如下:

仍以上例,甲、乙、丙三个合伙人的最后资本余额分别为 $28 500、$27 500、$28 000,经营损益平均分配。假设丙合伙人要求退出合伙,合伙人协商同意对丙合伙人的权益份额支付 $35 000,即支付额外补贴 $7 000($35 000 — $28 000)。

如果作为商誉登记,应作会计分录如下:

借:丙合伙人资本	$28 000
商誉	7 000
贷:现金	$35 000

如果不登记商誉,而由甲、乙两合伙人的资本吸收,应作会计分录如下:

借:丙合伙人资本	$28 000
甲合伙人资本	3 500
乙合伙人资本	3 500
贷:现金	$35 000

最后,甲、乙两合伙人的资本如下:

甲合伙人	$28 500 — $3 500 = $25 000
乙合伙人	$27 500 — $3 500 = $24 000

第七节 合伙的清理

合伙企业由于某些原因无力经营(如严重亏损、无力承担)或合伙人无意继续经营,往往结束经营,进行清理。于是,收回债权,处理财产,交清税款,清偿债务,最后把剩余现金按资本余额对合伙人进行分配,在分配时可能有两种情况:一是资本余额超过损失;一是损失超过资本余额。现举例说明如下:

一、资本余额超过损失

假设甲、乙、丙三人出资合伙经营,损益分配比率为 5:3:2。由于经营不利,三个合伙人协商同意进行清理结束。损益类账户已全部调整后结平,最后的资产负债表如图表 15-15 所示:

(图表 15-15)

资产负债表

现金	$ 15 000	应付账款	$ 13 000
其他资产	80 000	甲合伙人资本	12 000
		乙合伙人资本	20 000
		丙合伙人资本	50 000
	$ 95 000		$ 95 000

如果售出其他资产(包括收回应收账款债权)取得的收入为 $ 65 000,则损失为 $ 15 000($ 80 000 — $ 65 000)。按照损益分配比率,甲、乙、丙三人应分别承担如下:

　　甲合伙人　　$ 15 000×0.5 = $ 7 500
　　乙合伙人　　$ 15 000×0.3 = $ 4 500
　　丙合伙人　　$ 15 000×0.2 = $ 3 000　　$ 15 000

作会计分录如下:

第十五章 合伙组织的会计

借：现金	$65 000
甲合伙人资本	7 500
乙合伙人资本	4 500
丙合伙人资本	3 000
贷：其他资产	$80 000

将分录过入总分类账后,编制资产负债表如图表15-16所示：

(图表15-16)

资产负债表

现金	$80 000	应付账款	$13 000
		甲合伙人资本	4 500
		乙合伙人资本	15 500
		丙合伙人资本	47 000
	$80 000		$80 000

最后,用现金偿还负债和支付合伙人资本。作会计分录如下：

偿还负债时：

借：应付账款	$13 000
贷：现金	$13 000

支付合伙人资本时：

借：甲合伙人资本	$4 500
乙合伙人资本	15 500
丙合伙人资本	47 000
贷：现金	$67 000

分录过入总分类账后,合伙组织账面全部结平。

由以上可见,清理损益是按协议规定的损益分配比率计算分配。最后向合伙人分配剩余现金则是按各合伙人资本账户分配清理损益后的账面余额支付结清。

二、损失超过资本余额

如果售出其他资产取得的收入为 $40 000,损失为 $40 000。按照损益分配比率,甲、乙、丙三人应分担如下:

  甲合伙人 $40 000×0.5＝$20 000
  乙合伙人 $40 000×0.3＝$12 000
  丙合伙人 $40 000×0.2＝$ 8 000 $40 000

应作会计分录如下:

借:现金	$40 000
甲合伙人资本	20 000
乙合伙人资本	12 000
丙合伙人资本	8 000
贷:其他资产	$80 000

以现金 $13 000 偿还应付账款,作会计分录如下:

借:应付账款	$13 000
贷:现金	$13 000

最后编制资产负债表如图表 15-17 所示:

(图表 15-17)

资产负债表

现金	$42 000	甲合伙人资本	($8 000)
		乙合伙人资本	8 000
		丙合伙人资本	42 000
	$42 000		$42 000

偿还负债(应付账款)后,现金尚余 $42 000,应向甲、乙、丙三人分配。三个合伙人中,只有甲为亏欠数 $8 000。如果甲能够以现金补足缺欠,则现金即为 $50 000,恰足以付还乙、丙两合伙人资本。如果甲无力补足其亏损,则应作为损失,由乙、丙两合伙人按分配比例 3:2 分

第十五章 合伙组织的会计

配(合伙组织的合伙人承担连带无限责任,即如果企业发生损失,其中某合伙人无力承担或无力全数承担其份额时,应由其他合伙人分配承担),即:3/5 归乙,应摊 \$4 800;2/5 归丙,应摊 \$3 200。作会计分录如下:

借:乙合伙人资本　　　　　　　　　　　　　　　　\$4 800
　　丙合伙人资本　　　　　　　　　　　　　　　　3 200
　　贷:甲合伙人资本　　　　　　　　　　　　　　　\$8 000

分摊后,甲合伙人资本亏欠弥平,乙、丙两合伙人资本变成如下:

乙合伙人资本　　\$8 000－\$4 800＝\$ 3 200
丙合伙人资本　　\$42 000－\$3 200＝<u>38 800</u>
　　　　　　　　　　　　　　　　\$42 000

最后,支付现金付清乙、丙两人资本。作会计分录如下:

借:乙合伙人资本　　　　　　　　　　　　　　　　\$3 200
　　丙合伙人资本　　　　　　　　　　　　　　　　38 800
　　贷:现金　　　　　　　　　　　　　　　　　　 \$42 000

至此,全部结清。

如果甲合伙人资本的亏欠数能补还 50%,即 \$4 000,其余 \$4 000 无力交付,则现金增至 \$46 000,甲无力补足的亏缺数由乙、丙两合伙人按 3/5、2/5 比例分摊如下:

乙合伙人　　\$4 000×3/5＝\$2 400
丙合伙人　　\$4 000×2/5＝\$1 600

作会计分录如下:

借:乙合伙人资本　　　　　　　　　　　　　　　　\$2 400
　　丙合伙人资本　　　　　　　　　　　　　　　　1 600
　　贷:甲合伙人资本　　　　　　　　　　　　　　　\$4 000

分摊后,甲合伙人资本亏欠弥平,乙、丙两合伙人资本如下:

乙合伙人 　　$8 000－$2 400＝ $ 5 600
丙合伙人 　　$42 000－$1 600＝ $40 400
　　　　　　　　　　　　　　　$46 000

最后，支付现金付清乙、丙两人资本。作会计分录如下：

借：乙合伙人资本　　　　　　　　　　　　$5 600
　　丙合伙人资本　　　　　　　　　　　　40 400
　贷：现金　　　　　　　　　　　　　　　$46 000

至此，全部结清。

第十六章　公司组织的所有者权益

在西方发达国家，公司特别是股份有限公司，已成为大中型企业的主要组织形式。以美国为例，虽然从数量上看，公司组织比独资和合伙企业少，但公司经营的业务量却大大超过独资和合伙企业业务量相加之和，公司控制的资源也远远超过独资和合伙企业。由于公司在经济生活中所起的支配作用，并鉴于社会上多数人成为公司职工的一分子，或者拥有公司的股份，所以，对公司及其会计实务的了解就更具有重要的意义。在独资、合伙、公司三种不同的企业组织形式中，会计上的主要区别是公司组织所有者权益（即股东权益的会计记录与报告）。本章对此将集中进行论述。

第一节　公司组织的涵义、类型和特点

一、公司的涵义和类型

公司是依法组成和存在并与其所有者相分离的法人实体。

公司可按不同标准分类如下：

（一）营利性公司和非营利性公司

1. 营利性公司

它以营利为目的而从事经营活动，其继续存在取决于获利状况。

2. 非营利性公司

它不是以营利为目的，一般从事于教育、慈善、医疗保健和其他社会福利事业，主要依赖于公共拨款和捐助，一部分以自给自足而维持存在。

（二）公开招股集资公司和非公开招股集资公司

1. 公开招股集资公司

它的股份由社会公众广泛拥有，有的可通过证券交易所进行买卖转让。

2. 非公开招股集资公司

它的股份由少数人（通常是由公司发起人或单一家族的成员）所拥有，而且不公开交易。

二、公司组织的特点

（一）法律方面

1. 法人实体

公司可用自己的名义取得实物资产和法定权利，承担债务和法定义务，签订合同，依法起诉和被诉。

2. 有限责任

公司的所有者（即股东）个人不对公司的债务负责。在公司遇到财务困难时，他们承担损失的最大金额仅限于在公司所占有权益的份额。

3. 股份转让

公司股份可以自由转让而不干扰公司的正常经营活动和公司的存在。公开招股的公司可以向证券交易所提出申请，经批准后，其股票可在交易所上市买卖。这样，股东在需要时就可以在证券交易所将持有股票卖出。

4. 持续存在

公司具有无限期的寿命，即使股份所有权发生变更，仍可继续存在。股份在所有者之间转让，对公司的存在并不产生影响。而独资或合伙企业则不然。后者由于某个所有者的死亡、丧失行为能力、抽资退伙，都会造成企业的解散。

（二）财务方面

1. 筹资能力强

公司的资本分为股份，每股金额相同，数额一般也较低，而且可以转让,大小投资者均可买入并持有公司股份,这样就扩大了公司通过发行股票筹集大量资金的能力。

2. 公司可以发行公司债券

公司还可申请政府有关部门批准,发行公司债券筹集所需要的期限较长的资金,进一步提高了筹资能力。

(三)会计方面

公司组织的会计核算,特别是在所有者权益部分,与独资和合伙组织的会计核算不同,而且也比较复杂和严密。

以上是公司组织的优点。但是,也有其不利之处:

(一)在法律方面

公司组织比独资和合伙组织,要受较大程度的监督与管理。

(二)在财务方面

公司组织的税负较重。在美国,公司应缴纳联邦和州所得税,税款总和常常超过收入的40%。公司的税后利润作为股利分配给股东时,股东还须缴纳个人所得税。因此,可以说公司的收入属于双重课税。

(三)在会计方面

公开招股的公司必须定期向证券交易委员会和股票上市的证券交易所报送有关的报告。为了保护公司债权人和股东的权益,政府对公司的管理和要求,比独资和合伙更加严格。

不过利弊相权,公司组织与独资和合伙组织比较,其优越性还是显而易见的。

第二节 公司的组建和管理

一、公司的组建

在美国,大多数公司是通过从所在州政府主管部门取得营业执照建立的。美国各州的法律规定:公司发起人必须向州政府有关部门填送申请公司执照的报告。申报内容包括:公司的名称、地址和营业性质;对不同种类股票的说明,以及每股的票面价值或设定价值;每种股票的额定股数;每种股票的权利、优先权及限制的说明;股票原始认股人的姓名、地址及认购金额。

公司一经批准成立,由政府有关部门发给公司执照,即可开始营业。公司发起人主持召开股东会议,通过公司章程,并选举董事会。然后董事会任命公司总经理和其他高级管理人员。在发行股票筹足资金后,即可从事业务经营活动。

二、公司的管理

虽然对公司的管理最终属于公司股东,但是由于股东人数众多而且分散,他们的管理只能是间接的,即由股东大会选举董事组成董事会,由董事会制定公司的方针政策并任命公司总经理和高层管理人员,管理公司的日常事务,执行董事会制定的各项政策。

(一)公司股东和股东会

股东并不直接参与公司的日常管理(除非被选为董事或指派为经理等高层管理人员,以董事或经理等高层管理人员的身份参加管理),他们只参与董事会的选举,并按公司章程的规定对公司的某些重要事务进行投票表决。

股东就其投资的股份取得公司发行的股票。股票是一种代表所有权的法定凭证,属于有价证券,可以买卖转让,转让后其所代表的权益也随之转移。

股东享受公司章程规定的如下权利:

第一,投票选举董事和对公司章程中规定的事项进行表决(但优先股股东通常不具有这种权利)。

第二,以按股收取股利的形式,分配公司利润的权利,股东对公司的利润无直接索求权,只有在董事会宣布股利后才能取得股利。

第三,在公司破产或解散清算时,分配公司剩余资产的权利。公司清算,按照法定偿债程序偿还债务后的剩余资产,最后按持有股份比例分配给股东。

第四,公司增发新股时,原股东有优先认股权,即按原持股比例购买新股的权利,使原股东得以保持其在公司股权中的比例。

股东大会通常一年举行一次,选举董事,并按照公司章程的规定完成其他任务。投票表决时一股一权。因此,一个拥有较多股份的股东常能对选举董事并通过董事会对公司决策产生较大影响。公开招股公司的股东比较分散,有些股东不能出席股东大会的,可以签署委托书,授权其他股东代为行使其投票权。股东这种投票权往往授予一个现职管理人员,使他们能继续进行管理和控制。

(二) 董事会

在正常情况下,董事会的主要作用是制定公司的经营方针和政策,任命负责执行这些方针和政策的高层管理人员,董事会的任务在公司的章程中一般都有明确规定,主要包括:负责保护股东和债权人的权益;规定高层管理人员的薪金;宣布股利;批准长期借款、发行新股及重大发展规划;检查内部控制系统。董事会由董事组成,其成员一般包括:公司的高层管理人员和持有大量本公司股份的股东。此外,董事会内还可包括有外界董事,以保证对公司业绩能有更加客观的评价。

董事会备有会议记录,会计部门可以董事会的有关决议,作为编制某些会计分录的根据。

(三) 高层管理人员

公司的最高管理人员是总经理。总经理管理并控制公司的全面经营活动,向董事会负责。总经理可有数名副经理作其副手,他们的职责是分管具体职能部门。其他高层管理人员还有总会计师,负责公司的全部会计工作,进行会计核算、内部控制、预算编制、计算和缴纳税款,等等;总司库(财务经理),负责公司的现金管理、资金的收付调度,以及现金状况的分析和调整等等。公司可以设秘书,负责公司的文秘工作,保管董事会和股东大会的记录,并代表公司出面处理许多法律和合同事务。在较小的公司,秘书还同时保管股东名录,记载股东姓名、地址以及认股和股权数量等。在大公司这些工作则利用外界的证券登记代理商或委托专营信托公司进行。

公司的组织系统图,如图表 16-1 所示:

(图表 16-1)

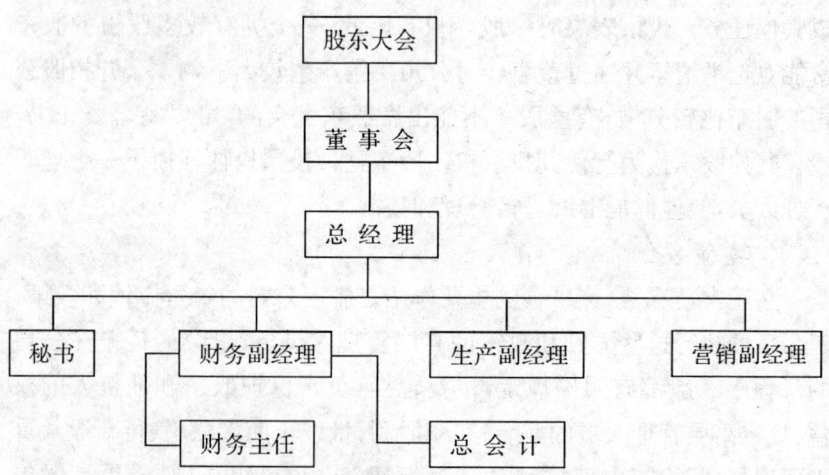

公司还可设置监察人,向股东大会负责,监察公司的决策制定和执行情况。

第三节 公司组织的资本构成

企业组织的资本,是指其在政府主管部门登记注册的资本。对公司组织来说,就是公司的股本。公司章程规定并在政府主管部门登记的股本,称为核定股本。

一、核定股本、认购股本和缴入股本

(一) 核定股本

公司成立时,公司执照中明确填写核准发行的股份数额以及每股面值或设定价值。这一最高股份数额即为核定股本(authorized capital),或称法定股本。公司可能申请批准发行一种股票,即称为普通股,也可能申请批准发行普通股和优先股。还有一种常见的情况是:公司获准发行的股票数额多于其计划立即发行的数额。这就等于允许公司在成立后可陆续发行股票筹资,只要不超过核定股本额,便无须再申请批准。

(二) 认购股本

有些投资者可能无力一次交付他们所要购买股票的款项,在这种情况下,公司往往要求他们签署一份按照一定价格购买公司股票,并按固定计划交付认股款的认股合约。这就是认购股本(subscribed capital),应付股款可能一次交清,也可能分期交付。采取这种先认股后付款的方式,在公司方面产生应收认股人股款的契约权利,同时承担在应收认股款付清后向认股人发行股票的义务。

为了反映这种权利与义务关系,应设置以下两个会计科目:

1. 应收认股款

应收认股款(subscription receivable)是资产类科目,属于流动资产。如果同时发行普通股和优先股,应分设"应收认股款——普通股"和"应收认股款——优先股"两个科目,并设置按认股人户名分户的明细分类账。

2. 已认股本

已认股本(capital stock subscribed)列入资产负债表的股东权益项下。如果同时发行普通股和优先股,应分设"已认普通股"和"已认优先股"两个科目。

在收到股东认股书时,其会计分录如下:

借:应收认股款(户名) ×××
　　贷:已认股本——普通股 ×××

(三) 缴入股款和发出股票

缴入股款为股东交付公司的认股款,代表股东在公司的投资。在认购股款交足后,由公司发给股票。公司发行股票可以按票面发行。如为无票面股票,则按设定价值(stated value)发行。也可以按超过票面或设定价值的价格发行,称为溢价发行;如果按低于票面或设定价值的价格发行,则为折价发行。折价发行的情况不多,而且在美国许多州不允许股票折价发行。

关于缴入认股款和股款交足后发出股票时的会计分录如下:

缴入认股款时:

  借:现金   ×××

   贷:应收认股款   ×××

如果接收认股人以现金以外的其他财产交付认股款,则就其缴入其他财产的种类,按照估定的价值,借记有关的资产科目。

发出股票时:

  借:已认股本——普通股   ×××

   贷:股本——普通股   ×××

如果是优先股,则用优先股科目。这里需要指出的是:"已认股本"和"股本"都按股票的票面额(如系无票面股票,则按其设定价值)入账。如果是溢价(超面额)发行,其溢价部分用"超面值缴入股本——普通股"(或优先股)处理(paid-in capital in excess of par value-common stock),列入资产负债表"股东权益"部分。

二、普通股和优先股

公司发行股票的种类和数量须在公司章程中规定。一般是:一股一权,权利相等。有些公司为了吸引投资,迎合广大投资者的要求,往往在普通股之外发行优先股。

(一)普通股

普通股股东具有如下权利:参加股东大会;投票选举董事并有权对其他事项进行表决;在董事会宣布股利时有权分配股利;有权在一定时期和地点对公司的财务记录和其他有关记录进行监督;在公司发行新股时,有权按持有股份的比例,购买公司新发行的股份;在公司清理解散时,有权按持股比例分配最后的剩余财产。

第十六章 公司组织的所有者权益

有人将普通股视为一种剩余权益。就是说,普通股东是最后一批享有资产分配权的人。如果公司盈利,他们是最大的潜在获利者。但是,如果一个公司经营不景气或甚至失败,普通股股东则冒有最大的损失和风险。

(二) 优先股

优先股通常享有一种或多种优先于普通股的优先权利。最普通的是优先分配股利权和公司清算时优先分配剩余资产权。此外,优先股一般是可以收回的。有时按照优先股股东的选择,优先股还可转换为普通股。作为享有这些优先权的代价,优先股股东一般没有投票表决权。优先股与普通股之间,不同的优先股之间,都具有不同特征。对此,在公司章程和认股合同中都需有明确规定。

1. 分配股利优先权。

年终决算,分配盈余,优先股有按事先约定的股利率先于普通股分配股利的权利。优先股在发行时明确规定其股利率。例如,优先股利率规定为10%,此优先股即称为10%优先股,按照10%股利率优先取得股利。优先股在优先分配股利上还有累积和非累积以及参与分配和非参与分配之分。

(1) 累积和非累积(cumulative, noncumulative)。

累积优先股即某期如未能按规定的优先股股利率付足,其所差部分应与下期应付股利率累积支付补足。例如,12%优先股,本期由于盈余所限,只分配了11%,所差的1%应与下期应付的12%累积支付13%。非累积优先股则未付足部分不在下期累积支付。

(2) 参与和不参与(participating, nonparticipating)。

参与优先股是除按规定优先股股利率分得当年的股利外,还可参与普通股一同分配当年的剩余利润。而不参与优先股则按规定股利率优先分得股利后,不再参与普通股共同分配剩余利润。参与优先股还有部分参与和全部参与之分,前者只能再分得一定限额,后者则全部参加分配。

现举例说明累积和参与分配优先股如下：

假设某公司发行的股票包括有：(1) 累积和参与分配优先股 500 股,票面 $100,股利率 12%；(2) 无票面普通股 4 000 股,设定价值为 $50。

还假设：本期从税后利润中拨出 $36 000 发放股利；上期优先股股利只发 11%,欠发 1%；测算本期除将上期欠发优先股股利 1% 补发外,普通股股利率为 14.2%。现计算如下：

优先股股利：

  规定股利率   12%

  补发上期股利率   <u> 1%</u>

                13%

  500 股 × $100 × 0.13 $6 500

参加分配股利：

  500 股 × $100 × (14.2% − 12%)   <u>1 100</u>

优先股股利合计 $7 600

普通股股利：

  4 000 股 × $50 × 14.2%   <u>28 400</u>

共计支付股利 $36 000

2. 资产清算优先权。

除股利优先权外,当公司清算时,大部分优先股在公司对债权人进行偿付后,对剩余清算资产享有优先于普通股的分配权。这一优先权还包括累积优先股的拖欠股利。

3. 可收回优先股。

优先股的认股合同中通常含有可收回的规定,即公司有权按照事先确定的价格,从股东手中收回优先股股票。收回价格或称作兑回价格(redemption price)经常高于面值。在优先股收回时,公司应向股东支付收回价格并加上拖欠的股利和按比例应分得的当年股利。可收回优先股(callable preferred stock)的规定,使公司在调整权益结构方面可以有一定的权衡余地。例如，收回优先股可以使普通股股东分配更多的股利；或者当市场一般利率较低时，可以发行一种股利较低的优先股而收回原发行的优先股。

4. 可转换优先股。

可转换优先股(convertible preferred stock)是允许优先股股东，可按事先确定的转换比率，将其优先股转换为普通股。这种转换权对投资者是颇具吸引力的。如果公司经营业绩良好，其普通股的市价上升，优先股由于可转换为普通股，其市场价格也将上升，即使普通股的市价不增，优先股依然拥有取得正常固定股利的优先权。

当普通股的市价上升时，可转换优先股股东可以将其优先股转换成普通股。假定某公司有 20 000 股流通在外的、股利为 8%、面值 $100 的可转换优先股。股票是几年前按面值发行的。一股优先股可转换成三股面值为 $10 的普通股。如果某股东以 1 000 股优先股转换为普通股 3 000 股，公司应作会计分录如下：

借：股本——优先股　　　　　　　　　　$100 000
　　贷：股本——普通股　　　　　　　　　　$ 30 000
　　　　超面值缴入普通股股本　　　　　　　　70 000

第四节　公司组织的股票

一、股票的性质和要点

股票是投资者向一个公司组织的企业投入资本所取得的书面凭证或有价证券，也代表投资者对公司净资产的相当于其投资所占份额的一部分所有者权益。

股票作为一种代表所有者权益的凭证，从经济上取得按股分配股利（即一般所谓"按股分红"）和公司清理时按持有股数分配剩余资产的权利，从管理上取得按持有股数享有决策的权利（体现在股东会上的投票权）。

公司章程内规定并在公司登记时经政府主管部门核准的资本总额，称为"核定股本"，这是公司最高可发行的股份额。已经发行售出的股份，称为"已发行股票"（issued stock），已发行而又重新取得或买回，但不作为减少核定资本的股份，称为"库藏股票"（treasury stock），已发行股票减去库藏股票后的余额，称为"发行在外股票"（outstanding stock）。

核定股本一经发行，即为流通在外股本。如果核定股本为 1 000 000 股，而实际发行了 400 000 股，则剩余 600 000 股为未发行股本，在其发行之前不带有任何权力，公司全部由已发行的 400 000 股的股东所拥有。公司的股本总额是由"股份总数×每股面额"计算得出的。每股面额是公司为每股股票规定的一个金额，称为面值。面值的金额在股票凭证上记明。股票也可以无面值发行，称为无面值股票（no-par stock）。一般是由公司董事会为无面值股票规定一个设定价值（stated value）。股票面值的意义在于设定一个资本的最低数额，称为法定资本，以保护债权人的利益。在美国，各州对法定资本金额的要求不尽相同，但一般都包括已发行股本的面值或设定价值。

二、有票面股票和无票面股票

（一）有票面股票

股票面值是公司组织的企业在办理公司登记、申请公司执照时，为每股股票规定的一个金额。每股面值最普通的为 $1、$5、$10，但是也有高于 $10 的，如 $50，并无统一规定。一个公司如发行有面值股票，则按面值计算的股本总额，即为股本账户上记录的金额。公司债权人对于公司资产只有相当于其债权数额的要求权。而法定资本则以相当于资本额的最低数额的资产对债权人提供额外的保障。除非发生经营损失或经大部分股东投票表决，并向政府主管部门申请作变更登记外，法定股本是不能增加或减少的。发行带面值股票的公司的全部法定股本，等于流通在外的股份数量乘以每股面值。股票面值与其本身价值或市场价值没有关系，面值是每股的固定金额，而市场价值通常几乎每天都在变动。

(二)无面值股票

在美国公司的早期历史上,所有的股票都要求有面值,现在则各州都允许发行无面值股票。有一些州所有销售无面值股票的收入,都必须作为法定股本贷记股本账户。这种股票称为纯无面值股。而另外一些州,董事会可以给其无面值股票规定每股的设定价值。从会计核算的角度看,设定价值与面值是一样的,都代表在股本账户中作为法定股本记录的那部分金额。

三、股票的发行价格

公司发行股票的价格常常高于面值或低于面值。发行价格高于面值时,称为溢价。发行价格低于面值时,称为折价。例如,面值为 $50 的股票,按 $60 发行时,溢价金额即为 $10;按 $45 发行时,折价金额即为 $5。

(一)股票的溢价发行

溢价发行时,所收到的金额全数借记现金或其他资产,按股票面值金额贷记普通股或优先股账户,而溢价的金额则贷记"超面值缴入股本"账户。例如,某公司发行 2 000 股面值为 $50 的优先股,发行价格为每股 $55。作会计分录如下:

借:现金	$110 000	
贷:股本——优先股		$100 000
超面值缴入股本——优先股		10 000

股票溢价不属于法定股本的一部分,需要与股本账户区分开,另设反映溢价的账户即"超面值缴入股本"处理。

(二)股票的折价发行

在美国,多数州不允许股票折价发行。只有很少州允许折价。在折价发行的情况下,如果发生公司清算,而公司又无足够的资金偿债时,公司股东负有补足原折价数额以偿还债款的责任。

股票折价发行时,实际收入的现金或其他资产的金额借记现金或其他有关的资产科目,折价金额借记折价账户,贷方则记股票的面值金

额。例如,某公司以＄23的价格发行20 000股面值为＄25的普通股,这笔交易的会计分录如下:

借:现金	＄460 000
普通股折价	40 000
贷:股本——普通股	＄500 000

这＄40 000的折价在资产负债表内,列在普通股之下,作为减项。

四、股票分割

许多投资者往往倾向于通过购买几个公司的股票,以分散其投资风险。由于股票一般以100股为单位进行交易。如果购买100股市价格每股＄100的股票,需要＄10 000的投资。小额投资者可能无力购买并持有较多公司的股份。因此,为了便于更广大投资者购买,并有利于股票的分散出售,公司往往采取股票分割(stock split)的办法。股票分割即降低每股面额(或设定价值),同时按比例相应增加股份数量,而股本总额保持不变。

假定某公司原来的股东权益,如图表16-2所示。

(图表16-2)

股 东 权 益

缴入股本	
普通股,面值＄20,核定为25 000股	
发行并流通在外者15 000股	＄300 000
超面值缴入股本	200 000
全部缴入股本	＄500 000
留存盈利	400 000
股东权益合计	＄900 000

假设普通股当期市场价格为每股＄100,为了降低市场价格,董事会决定按2:1的比例分割股票。这样,就有可能将每股的市场价格减少到约每股＄50。股票分割后,每股面值减少为＄10(＄20/2),核定股

份的数量增加到 50 000 股,流通在外的原面值为 $20 的股票收回,换发面额为 $10 的新股票。每一股换发两股新股票。

股票分割并不改变股东权益的结构和数额,核定股本也不发生变化,只是每股面额减少,股份总数增加,所需要做的只是在普通日记簿和总分类账普通股账户中作一笔备忘分录,说明面值减少、股份数量增加这一事项。

还有一种是股票的反向分割。在股票的市场价格低于所期望的价格水平时,可以实行反向分割,即提高每股面额或设定价值,而相应地减少发行在外的股数,使得股票价格上升。但在事实上股票反向分割的情况是少见的。

五、库藏股票

(一)库藏股票的性质

库藏股票是指已由公司发行后又被公司收回、但并未注销或可以重新发行的公司股票。库藏股票可以是优先股,也可以是普通股。但是,如收回优先股,一般都有特殊目的,收回后即不再重新发行。因此,大部分库藏股票是普通股。公司收回普通股的最常见原因是:为了维持股票的现行市场价格,因为股东经常根据股票的市场价格判断经营管理的业绩;为了使手头有足够的股票发给公司雇员或高级职员或分配股票股利;为了有足够的股票换购其他公司的股票,以实现控制或影响的目的。因此,大公司收回并重新发行自己的股份在西方国家是常见的。

大部分库藏股票都是在公开市场上以现金购买的,因而便导致公司资产和股东权益的相对减少。库藏股票可以无限期保留,也可以随时再发出或注销。库藏股票由公司持有时,相当于未发行股本,不具有任何股东权力,如表决权、分配股利权、清算时分配剩余资产权等。

库藏股票不同于未发行股本。如果带面值股票的原始发行价格低于面值,股票的原始购买者可能由于折价的金额而对公司的债权人负有债务责任。如果原始发行的股票价格是超过面值的,在作为库藏股票收回后,它可以以低于面值的价格重新发行(出售)而不发生由于折价而对债权人的债务责任。

(二) 库藏股票的购进

在一般情况下,购买库藏股票按成本入账,借记库藏股票账户,贷记现金账户。例如,某公司以每股 $35 的价格购回了 4 000 股本公司发行的面值为 $10 的普通股。作会计分录如下:

借:库藏股票	$140 000
贷:现金	$140 000

所购回股份按成本借记库藏股票账户,股票的面值或设定价值以及原始发行价格均不表现。

在购入库藏股票后,实际上公司既减少了股东权益又减少了公司资产。只是由于减少法定资本需要经过变更登记手续,而且,库藏股票以后可以重新发行,所以,记录在库藏股票账户。在资产负债表股东权益部分中,作为一个减项从缴入股本和留存盈利的总额中减计。如图表 16-3 所示:

(图表 16-3)

股 东 权 益

缴入股本	
普通股,面值 $10,核定股份为 100 000 股	
已发行 50 000 股,流通在外 46 000 股	$500 000
超面值缴入股本	275 000
全部缴入股本	$775 000
留存盈利	221 000
缴入股本与留存盈利合计	$996 000
减:库藏股票 4 000 股成本	140 000
股东权益总计	$856 000

资产负债表的股东权益部分表明,已发行普通股 50 000 股,其中 4 000 股为库藏股票。因此,发行在外股本为 46 000 股,构成公司的全部所有者权益。

(三) 库藏股票的再发行

再发行库藏股票时,需借记现金(或有关的其他资产账户),重新发行股份的成本,贷记库藏股票账户,成本与重新发行价格之间的差额,贷记或借记"库藏股票交易缴入股本"。

假设上例某公司将其买回的 4 000 股库藏股票中的 2 000 股,以每股 $45 的价格重新发售。作会计分录如下:

借:现金　　　　　　　　　　　　　　　　$90 000
　贷:库藏股票　　　　　　　　　　　　　　$70 000
　　　库藏股票交易缴入股本　　　　　　　　20 000

如果库藏股票以低于其成本的价格重新发行,则借记"库藏股票交易缴入股本"。如果以前的库藏股票交易并未产生缴入股本,或者该缴入股本账户余额不足以弥补成本超过重新发行价数额,则应借记留存盈利账户。

应当注意的是:库藏股票的重新发行价格与其成本之间的差额,应贷记或借记缴入股本账户,而不应贷记或借记损益账户。因为它不属于正常业务经营所发生的损益。

(四) 捐赠的库藏股票

一个公司除买回本公司发行在外的股票外,还可以通过捐赠(外界捐赠或股东捐赠)取得一部分已发行的股票。捐赠取得的库藏股票不需要付出成本。因此,在取得时可不作正式会计分录,只需在"库藏股票"账户上作一备忘录,登记捐赠股票的种类、股数、股票号数,以及捐赠者的户名。在日后将捐赠的库藏股票售出时,再作会计分录如下:

借:现金　　　　　　　　　　　　　　　　×××
　贷:捐赠资本——出售库藏股票　　　　　　×××

"捐赠资本——出售库藏股票"账户,属于资本公积性质,列在资产负债表的股东权益项下,不能作为收益进行分配。

六、每股账面价值的计算

这里有三点需要说明:

第一,所谓每股账面价值,是指普通股,不包括优先股。如果股东权益包括有优先股在内,在计算每股账面价值时,应将优先股部分从股东权益中减计。第二,库藏股票的股数应以计算时实际持有的库藏股票股数为依据。例如,库藏股票买入为100股,后售出50股,则持有股数应为50股。第三,计算普通股股数时,应考虑:期内普通股发行股数如有变动,应计算平均数;已发行普通股股数应将持有的库藏股票股数减除,计算得出实际发行在外的普通股股数。

上例"股东权益"的数据,系假设全部是发行普通股,计发行50 000股,期末持有库藏股票4 000股,实际流通在外普通股为46 000股。又假设:已发行的普通股中有50%是1月1日发行,50%是7月1日发行;库藏股票系8月1日买回5 000股,11月1日售出1 000股,期末尚持有4 000股。据此计算普通股发行在外股数的平均数和平均每股账面价值如下:

普通股发行在外股数的平均数:

25 000×12=300 000(1~12月共12个月)

25 000×1=25 000(7月1日~8月1日买回5 000股之前)

(25 000−5 000)×3=60 000(8月1日买回库藏股票至11月1日售出1 000股之前)

(25 000−4 000)×2=42 000(11月1日售出库藏股票1 000股之后至12月31日)

——————

427 000

普通股发行在外股数的平均数 $\frac{427\ 000}{12}=35\ 583$(股)

第十六章 公司组织的所有者权益

计算平均每股账面价值：

$$\frac{\$856\,000}{35\,583} = \$24.06$$

这里计算的平均每股账面价值，并不入账核算，但可在财务报告中说明，反映经营业绩，并便于进行比较。

第十七章 公司组织的利润及其分配

第一节 利润的形成

一、利润是企业在一定期间(会计期间)生产经营活动的财务成果

企业的利润包括营业利润、投资净收益和营业外收支净额。营业利润是企业利润的主要成分。企业利润形成的来龙去脉,通过损益表综合反映。

营业利润是营业收入减去营业成本、期间费用(期间费用是指一个会计期间从销售毛利中扣除的不计入产品成本的本期费用发生总额,如销售费用、管理费用和财务费用。销售毛利则是指销售收入净额减去已售商品的完全成本。)和各种流转税及附加税费后的余额。

投资净收益是企业对外投资收入减去投资损失后的余额,如企业转让、出售投资购入的股票、债券所取得的收益或发生的损失,收入债券利息和股票股利,以及收回其他投资时,其收回的数额与原投出资金的差额。

营业外收支净额是指与企业生产经营没有直接关系的各项收入和支出相减后的余额,如固定资产盘盈或盘亏、处理固定资产净收益或净损失等。

关于利润总额的形成,在不同行业之间无根本差异,只是由于主要行业的情况不同而有所出入。

二、企业利润总额的构成

利润总额的构成,如图表17-1所示:

第十七章 公司组织的利润及其分配

(图表17-1)

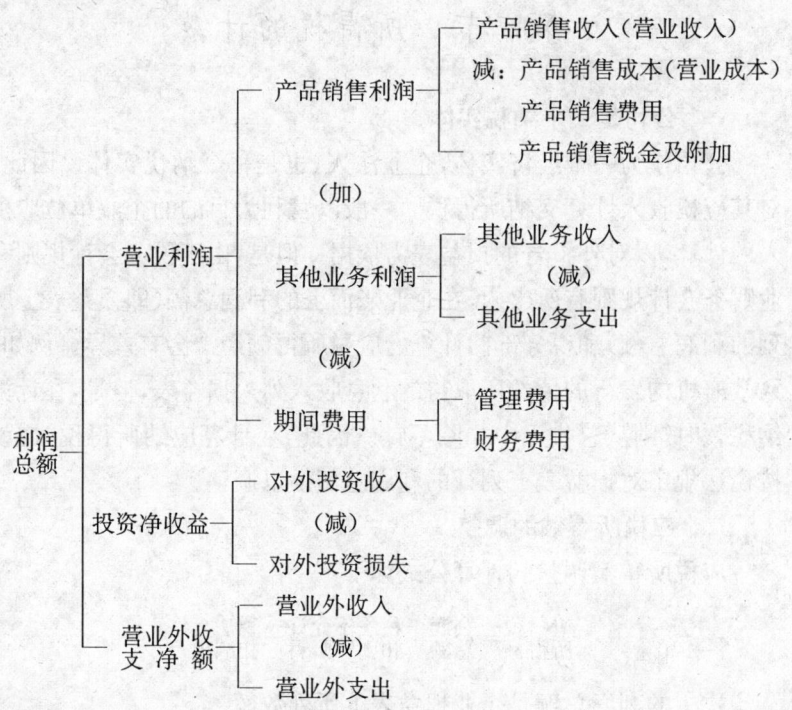

说明：(1)此图可与损益表互相对应。损益表的结构是：产品销售收入－产品销售成本－产品销售费用－产品销售税金及附加＝产品销售利润，产品销售利润＋其他业务利润－管理费用和财务费用＝营业利润(其他业务利润＝其他业务收入－其他业务支出)，营业利润＋投资收益(投资收入－投资损失)＋营业外收入－营业外支出＝本年利润(即"利润总额")。(2)产品销售收入是销售收入减销售退回与折让和销售折扣后的净额。(3)销售费用、管理费用和财务费用都属于期间费用，在期末结转"本年利润"科目。但在损益表上销售费用从产品销售收入中减计，管理费用和财务费用则从产品销售利润中减计。

以上这些项目在分类账中都分别设置相应的账户(一级账户和二级账户)，进行登记和核算。在会计期末办理决算时，损益类账户的余额全部结转"收益汇总"(或称"本年利润")账户，最后结算利润(或亏损)，反映财务成果。

第二节 所得税的计缴

一、公司是一个纳税实体

公司作为一个经济实体,企业法人,也是一个纳税实体。因此,须对其应税收入计算交纳所得税。一般以营利为目的的企业单位应税收入的计算,以对外报告的损益表为依据。但是,由于税务会计规则和企业财务会计规则有所出入,在企业账面上的利润总额(即损益表上所计列的利润总额)和税务部门计算的应税所得额经常会有差异。例如,购入政府机构发行的债券所取得的利息收入列入损益表,但是,在计算应纳税款时,则从总收入中扣除不计。因此,在计算应纳所得税时,就应按税法规定对损益表上列计的利润总额加以调整。

二、应税所得额的调整

应税所得额调整的计算公式如下:

$$\text{应税所得额} = \text{利润总额} + \text{税法不允许扣减项目} - \text{税法允许扣减项目}$$

式中的利润总额是企业损益表上所列数额。

税法不允许扣减的项目,指企业在计算损益时已作为费用从收益中扣减的项目。主要有:非公益性和非救济性的捐赠支出、超出费用标准的开支、滞纳金、罚息、罚款、支付给总机关的特许权使用费、与生产经营业务无关的费用、估计的产品担保费用(实际上是一种估计负债,在销售成立时借记"产品保修费用"、贷记"产品质量担保债务")、因会计折旧年限和折旧方法与税法有关规定不同而多列的折旧费等。

税法允许扣减的项目,主要有:投资于国家发行的公债和国库券所取得的利息收入、国家规定企业留用的单项留利、在对方单位已纳税的投资收益、在规定期限内的亏损弥补等。

三、应交税款的核算

应税所得额经过调整计算后,乘以适用的所得税率,即为应交所得税数额。计算应交所得税有规定的起征点,在起征点之上,按规定的累进税率对所得额分层次计算税额,然后加总即为应纳所得税数额。其会计分录如下:

  借:留存盈利   ×××
    贷:应交税金——应交所得税   ×××

所得税是从应税所得额计征的。当期税前利润总额结转"留存盈利"账户贷方,计算应交所得税后作如上分录,记"留存盈利"借方,税后利润按有关法规和公司章程的规定进行分配。

四、纳税额减免数和应税收入减除

纳税额减免数(tax credit)是按应税所得额计算的应交纳税款数额的减除,是应纳税款的直接减免。应税收入减除(tax deduction)则是从应税所得额中减除的数额。由于应税收入减除而造成的纳税额的减少,等于应税收入减除数额乘以纳税人的边际税率。对纳税人来说,纳税额减免,比应税收入减除更为有利,因为纳税额减免是应纳税款的直接减免。

五、总收入和扣除项目

计算公司应税收入的第一步是决定年度内确认的公司总收入和收益,如销售商品或提供劳务取得的收入、债券投资的利息和股票投资的股利、售出非经营性资产的收益、租金收入等。但是,也有一些收入虽然列入损益表,但应从应税总收入中排除,如政府债券的利息。

从总收入中扣除的项目如下:

最普通和占比例最大的是在业务经营和产生收入中所发生的经常性费用,包括销售成本、销售费用和管理费用等。法律规定的某些费用的其他扣除与限制,使得会计核算所产生的收入(即损益表上所列计的利润总额,或称会计收益)和按照税法规定计算的应税收入之间存在差异。最普通的差异如下:

1. 资本收益和损失。

一个公司的资本损失不能冲抵正常收益,资本损失只能冲抵资本收益。在美国,资本损失的未冲抵部分,可以倒溯至发生资本损失年份的前三年和后延至发生资本损失年份的后五年。无论是倒溯或后延,资本损失只能冲抵资本收益。短期资本收益,包括在应税收入中,并按正常税率计税;长期资本收益则按正常税率或特定税率(34%)取其低者计税。

2. 收入股利扣除。

一个公司从持有其他公司股份所收入的股利,在计算应纳税收入时允许扣除80%;如果是从联营公司收入的股利,则允许扣除100%。其目的是减少同一笔收入对三个实体(即持股公司、联营公司和公司股东)收税的影响。

3. 净营业损失。

在一定的限制下,允许公司将某一年的损失由其他年份的收入抵补。损失可以倒溯至前三年,重计税款,并将重计数额与原税额的差额退款给纳税的公司,未弥补损失可以后延至亏损年份之后十五年。

4. 慈善捐款。

公司可以从应纳税收入中扣除慈善捐款,但扣除数额限于在扣除捐款和扣除80%股利收入之前的应税收入的10%。超过10%限制的捐款,可以后延至五个连续年份,每年受10%的限制。

5. 不能扣除的费用。

支付以公司为受益人的职工寿险的保险费和商誉的摊销,在计税时不能扣除。

六、应纳税款的计算

公司定期结算损益编制损益表,根据所计净收益,按照税法规定计算应交税款,填报税款申报单。计算应交税款时,不只要根据公司的收益,而且还要根据在当时适用的税率、收益的内容、可享受的纳税减除数,以及其他有关因素。在美国,联邦所得税率可由国会决议调整。假设某公司某年度应税净收益为$125 000,按当时的税率计算应纳税款如下:

第十七章 公司组织的利润及其分配

第一个 $25 000 按 15%税率	$ 3 750
第二个 $25 000 按 18%税率	4 500
第三个 $25 000 按 30%税率	7 500
第四个 $25 000 按 40%税率	10 000
收益高出 $100 000 部分按 46%税率	11 500
合　　　计	$37 250

在国外,例如美国,税法的内容是很复杂的。企业的管理部门特别是财会管理部门,必须细致了解税法,按照税法规定进行计算,填单报税。即使这样,税务部门最后核定的税额也常与估计数额有所出入。因此,补税或退税在所难免。在应纳税款核定并计征后,账务上需作必要的调整。

第三节　非常损益项目的处理

一、正常损益项目和非常损益项目

在权责发生制的基础上,分期将正常条件下反复发生的费用,与同期的收入相配比,编制损益表,计列净损益。这是正规的会计处理程序。但是,有的收入和费用项目不是正常反复发生的,而在这种收入和费用之间也不存在配比关系,需要特殊考虑和处理。这就称为非常的,非反复发生的项目。

判别收入和费用是否属于非常项目,有两个标准:一是性质不平常;一是很少发生。在性质上不平常的项目,一般是高度反常而且显著不同于企业日常经济活动的事项;一项很少发生的事项,一般是难以预期在可见的未来再发生的事项。假设一个烟草种植业者遭受水灾损失,而在这一地区过去的经历是每隔几年就要发生一次水灾,根据水灾发生的历史可以合理预期在可预见的未来会再次发生水灾而预先作好防灾准备。因此,这种水灾损失就不符合非常项目的标准。但是,如果另一个烟草种植业者由于堤坝崩溃而第一次受灾,这是事前所没有预料到的。在这种情况下,水灾损失就是一项非常损失。至于非常性收益,例如一项从未在营运中使用过的资产出售得到收益,由于资产出售不是一再发生的,就可视为非常收益。

一项事件和经济交易属于不平常性质或者是在可预见的未来不会再发生,而不是这两项标准同时具备,则不能认为非常项目。

二、非常损益项目的会计处理

非常损益项目会计处理的方式,关键在于收益范围的确定,即非常损益项目是否列入损益计算的范围。有两种处理方法:

(一) 当期损益法

或称当期营业概念(current operating concept)。主张此法者认为,只有正常地重复发生的损益项目应列入损益表,至于非重复发生的损益项目,则应直接借记或贷记留存盈利账户,在留存盈利表中反映。

(二) 损益满计法

或称损益满计概念(the all-inclusive concept)。主张此法者认为,每一个损益项目都应包括在损益表内,即除了正常经营活动所发生的损益列入损益表外,其他一些非正常、特殊的经济事项(如意外灾害损失)对企业的损益有影响的也应列入损益表内反映。按此法编制的损益表,对于非正常、特殊的经济事项应列在正常经营活动所产生的损益项目之下,最后计算得出净损益。

这两种方法的不同,主要是在对非正常、特殊项目的处理上,为了求得协调和统一,美国的会计原则委员会建议一项折衷的方式,即将非正常、特殊性项目,作为特殊一类在损益表上反映。现在已形成一种修订的损益满计法,即将损益表分作两个部分:第一部分列报正常的、反复发生的损益项目;第二部分列报非正常的、非反复发生的项目。将这两部分损益相加或相减,求得最终的净损益数额。采用修订的损益满计法,除前期调整项目(如改正前期错误)外,几乎没有其他损益项目直接记入留存盈利账户。

修订的损益满计法损益表,如图表 17-2 所示:

(图表 17-2)

产品销售收入		$1 540 000
减:产品销售成本		920 000
产品销售利润		$620 000
减:各项费用		420 000
所得税前营业净利润		$200 000
减:营业净利润应交所得税		80 000
税后营业净利润		$120 000
非常损益:		
加:征用土地收益	$12 000	
减应付税款	3 600	$8 400
减:水灾损失	$10 000	
减税款减除	4 500	$5 500
非常损益净额		2 900
本年利润总额		$122 900

第四节 利润分配和股利支付

一、利润分配

期末结算,作结账分录,将"产品销售收入"、"其他业务收入"、"投资收益"、"营业外收入"等收入类账户的余额结转"收益汇总"账户(income summary account)的贷方,将"产品销售成本"、"产品销售费用"、"产品销售税金及附加"、"管理费用"、"财务费用",以及"其他业务支出"、"营业外支出"等成本费用类账户的余额结转"收益汇总"账户的借方。兹假设数据作成会计分录如下:

期末将各收入账户余额结转"收益汇总"账户:

借：产品销售收入	$1 250 000
其他业务收入	12 500
营业外收入	22 500
投资收益	15 000
贷：收益汇总	$1 300 000

将各支出账户余额结转"收益汇总"账户：

借：收益汇总	$1 175 000
贷：产品销售成本	$875 000
产品销售费用	75 000
产品销售税金及附加	70 000
管理费用	80 000
财务费用	25 000
其他业务支出	10 000
营业外支出	40 000

以上两笔会计分录过账后，"收益汇总"账户为贷方余额 $125 000。估计应纳所得税额为 $42 500，税后利润即为 $82 500，然后就此数从"收益汇总"账户转入"留存盈利"(retained earnings)账户。作会计分录如下：

借：收益汇总	$125 000
贷：应付所得税	$42 500
留存盈利	82 500

过账后，"收益汇总"账户结平无余额。"留存盈利"账户结算的贷方余额列入资产负债表的股东权益部分。也可以先将"收益汇总"账户的贷方余额 $125 000 全部结转"留存盈利"账户的贷方，然后再从"留存盈利"结转"应付所得税"。作会计分录如下：

借：收益汇总	$125 000
贷：留存盈利	$125 000
借：留存盈利	$42 500
贷：应付所得税	$42 500

二、支付股利

支付股利是利润分配的主要内容,应从"留存盈利"项下转出,然后进行支付。假设经过董事会决议,优先股(假设为1 500股,每股票面$100,股利率12%)支付股利$18 000,普通股(假设为2 000股,每股票面$50付股利$5)支付股利$10 000。应作会计分录如下:

借:留存盈利	$28 000
贷:应付股利——优先股	$18 000
——普通股	10 000

三、现金股利和股票股利

(一)现金股利

即用现金向在册股东支付股利。支付现金股利的会计分录如下:

借:应付股利——优先股	$18 000
——普通股	10 000
贷:现金	$28 000

(二)股票股利

即以公司本身的股票,按在册股东原持有公司股票的比例,配发给股东作为股利。一个公司有经营利润,但可能缺少现金,或者拟将盈利再投资于业务经营。因此,往往采取股票股利的方式向股东分配应付利润。在宣布股票股利时,按支付股利所发出股票的估计市场价值,借记"留存盈利"科目。假设上例优先股支付现金股利,普通股付给股票股利,每10股配发股票1股,共配发200股,普通股的预期市场价值为每股$54。普通股配发股票股利的会计分录如下:

借:留存盈利	$10 800
贷:应配发普通股股票股利	$10 000
缴入股本超面值——普通股	800

在发出股票时,作会计分录如下:

借：应配发普通股股票股利 　　　　　　　　　　　$10 000
　　贷：普通股(200股) 　　　　　　　　　　　　　　$10 000

配发股票股利的结果，是将企业的一部分留存盈利转作股本，股东权益的账面总值并无变化，但每股账面价值则由于发行在外的股数增加而相应减少。

1. 小额股票股利。

因支付股票股利而发出的股份少于已发行在外股份的 20%～25%为小额股票股利。美国执业会计师协会（AICPA）建议将等于发出股份的市场价值数额从"留存盈利"转入"缴入股本"。从一定的意义上说，以支付股利的形式发行新股，可视为避开市场的交易，因为如果发给现金股利，股东收到现金后立即用来买进公司发行的股票，必然要按市场价值买进。为此，转出一定数额的留存盈利发放股票股利，其数量应与股票的市场价值相联系。

假设某公司在宣布 10%股票股利之前，其股东权益如下：

　　普通股（票面$50）——发行在外 2 000 股　　　$100 000
　　交入股本超面值　　　　　　　　　　　　　　　　 5 000
　　留存盈利　　　　　　　　　　　　　　　　　　　 80 000
　　　股东权益合计　　　　　　　　　　　　　　　　$185 000

对于发行在外的 2 000 股宣布 10%股票股利，需要发出 200 股。假设每股市价为$70，则应转出留存盈利$14 000，其中$10 000（股票面值）应贷记"待发股票股利"，其余$4 000 为溢价，贷记"缴入股本超面值"。会计分录如下：

　　借：留存盈利　　　　　　　　　　　　　　　　　$14 000
　　　贷：待发股票股利　　　　　　　　　　　　　　　$10 000
　　　　　交入股本超面值　　　　　　　　　　　　　　 4 000

在配发股票后再作会计分录如下：

借：待发股票股利　　　　　　　　　　　　　　$10 000
　贷：普通股股本　　　　　　　　　　　　　　　　$10 000

配发股票股利后的股东权益部分如下：

普通股(票面$50)——发行在外2 200股　　　　$110 000
交入股本超面值　　　　　　　　　　　　　　　　9 000
留存盈利　　　　　　　　　　　　　　　　　　　66 000
　　　　　　　　　　　　　　　　　　　　　　　$185 000

如果在宣布股票股利后、发出股票前编制资产负债表，则在表内将"待发股票股利"作为一个单独项目，列在"普通股股本"之后。

普通股股东的权益地位并不因取得股票股利而有所变动。如果配发10%股票股利，全部股东持有的股份都将增加10%，股东除得到作为股票股利配发的股票外，并未实现其他实际收入。由于配发的股票股利所占发行在外股份的比例不大，公司股票的市场价值变化很小或无变化，股票市价不至于减少；公司以后按股发放现金股利，则股利分配使股东受益。因此，投资者认为小额股票股利是盈余的分配。

2. 大额股票股利。

支付股票股利增发的股份数量超过发行在外股份的20%～25%，属于大额股票股利，其增发数量足以显著减少每股市场价值。在这种情况下，股东可能不会看到像小额股票股利那样同样的利益。配发大额股票股利类似于但并不等同于股票分割。它们之间在核算上的区别是：在股票分割下，股票的面额或设定价值减少，发行在外的股份数量相应增加，但股本总额不变，股东权益部分的结构也不变；而在股票股利下，每股面额或设定价值不变，但需要从留存盈利项下转入缴入股本等于法定资本的数额，股东权益部分的总额虽然不变，但其结构则发生变化，即留存盈利减少，法定资本增加。因此，需要作会计分录反映。

3. 库藏股票的股利。

库藏股票不支付现金股利。至于股票股利则可以以全部已发行股份(包括库藏股票)为基础,或者只限于发行在外股份(不包括库藏股票,已发行股份－库藏股票＝发行在外股份)。前者在配发股票股利后,全部股东的相对权益地位保持不变,而后者则发行在外股份对已发行股份总量的比率增加。

第五节 留存盈利的积累、支用和拨定

一、留存盈利的积累

留存盈利是企业税后利润分配后余额的积累,与法定资本同为股东权益的重要组成部分。留存盈利与法定资本的区别主要在于:

第一,股本和留存盈利虽同属企业自有资金,但股本是由股东投入的,而留存盈利则是由企业经营积累的。股东对于公司的法定资本和留存盈利都按持有股份的比例享有所有者权益。

第二,在股东权益部分中,法定资本是固定的,除非增资或减资并修改公司章程,申请变更登记,否则法定资本数额是不变的。留存盈利则随税后利润分配后余额积累的增加而增加(如有亏损则减少)。

第三,留存盈利可用于转增资本,转增资本后,留存盈利减少,资本增加,但股东权益总额不变。

评价一个企业财力的强弱,既要看创利能力,也要看积累力度,这两点最后都反映在留存盈利上。留存盈利增加一分积累,也就反映"净资产"(资产总额减负债总额后的余额)增加一分实力。留存盈利的再投资,是企业扩大生产经营规模、增加创利能力的重要手段。

二、留存盈利的支用与调整

在本章第三节曾经提到在"损益满计法",对于当年认定的收益或损失项目都计入当年损益,只有期末结转税后利润、宣布股利和从留存盈利中转出与设置专项准备金,须经过"留存盈利"转账。除此之外,对于以前年度损益的改正与调整,应直接转"留存盈利"账户(因为以前年

度税后和分配后利润余额都已转入并累计在"留存盈利"账户)。这属于以前年度调整而不属于当期损益。现设例说明如下:

假设在 2004 年 1 月 5 日买进一部运货用二手卡车,买价 $15 000,估计还可使用五年,残值 $2 000。购进时错误地借记"运送费用",而未记"运送设备"。2005 年 12 月 31 日办理年度决算清查财产时发现,作了改正。

对于这笔业务活动的会计核算含有两个错误:一是将资本支出误作收益支出处理,致使资产少计而费用多计;二是由于资产少计,使得折旧费用少提。这两个错误都影响"留存盈利":前者使留存盈利减少,后者使留存盈利增加。应按以下步骤调整改正:

先将原购入运货卡车的成本记入资产账户"运输设备"。

再从购入日起补提折旧,贷记"累计折旧——运输设备"账户,按直线法计算应提折旧额如下:

$$\frac{\$15\,000 - \$2\,000}{5} = \$2\,600(年)$$

最后将以上两项的差额,即 $15 000 − $2 600 = $12 400 贷记"留存盈利"账户,作会计分录如下:

借:运输设备	$15 000
折旧费用	2 600
贷:累计折旧——运输设备	$5 200
留存盈利	12 400

此分录中,借记"折旧费用"$2 600,是 2005 年 1 月 1 日至 12 月 31 日应提折旧数额,应计入 2005 年当年损益。2004 年应补提的折旧费,由于 2004 年的税后分配后利润已经结转"留存盈利"账户,所以应冲抵"留存盈利",冲抵后"留存盈利"余额为 $12 400。累计折旧贷记 $5 200,是补提 2004 年和 2005 年的折旧额。

三、留存盈利的拨定

留存盈利数额是反映公司支付股利能力的重要指标。向股东分派股利属于税后留存盈利的分配。税后和作为股利分配后的留存盈利，是企业自有资金积累的来源，可以拨定作指定的专项用途，称为留存盈利的拨定(appropriation of retained earnings)。留存盈利一经拨定，其拨定部分便不能再用于分派股利。留存盈利分成已拨定和未拨定两个部分，而其总额不变，资金也不作转移。拨定留存盈利可以是企业自愿的。例如，经过公司董事会决议，增加生产设备，扩大生产能力，就应将留存盈利拨定一部分作增加生产设备的指定用途；拨定留存盈利也可以是法律规定或契约约定的。例如，美国有的州规定公司将拨定留存盈利限定在等于购买库藏股票的成本数额。契约约定的拨定，如在公司发行债券或优先股时，规定在债券合约有效期内将留存盈利限定在等于债券债务的数额。

拨定留存盈利不论属于何种情况，都要作成会计分录。例如，董事会决议扩充厂房，并由留存盈利拨定 $60 000。其会计分录如下：

借：留存盈利 　　　　　　　　　　　　　　　　$60 000
　　贷：留存盈利——拨定作扩充厂房　　　　　　$60 000

留存盈利的拨定，有的称为"准备"，如拨定作建筑仓库，即称为"建筑仓库准备"(reserve for warehouse construction)，等于"留存盈利——拨定作建筑仓库"(retained earnings appropriated for warehouse construction)。

在资产负债表内，留存盈利分拨定和未拨定两项，列报如下：

留存盈利：
　　拨定作扩充厂房　　　　　　　　　　$60 000
　　未拨定部分　　　　　　　　　　　　　90 000
　　　留存盈利合计　　　　　　　　　　$150 000

（留存盈利——未拨定部分，英文名称为 retained earnings-unappropriated）

关于留存盈利的拨定，需要补充说明以下两点：

第一，为了完成一个特定的目标而拨定一部分留存盈利，只能达到限制分配股利数额的作用，而不能保证有足够的流动资金可供预定目标支用。因此,在公司为了作扩充厂房用途而拨定留存盈利时,如果数额较大,管理部门还需要为拨定的数额预筹资金或拨出资金设置特别资金账户,准备扩充厂房时的资金需要。

第二,留存盈利在拨定的限额内,按拨定的用途支用时,并不借记拨定留存盈利账户(留存盈利在按指定用途和数额拨定后,除非原定的拨定计划变更,否则账面上拨定数额保持不动)。只有在拨定的目的已经完成或拨定所规划的事项已经发生时,将拨定的数额原数转回未拨定留存盈利。假定上述厂房扩充计划执行结果实际支付$55 000,包括扩建厂房$30 000,增购机器设备$25 000。应作会计分录如下:

扩建厂房增加设备时:

借:厂房建筑		$30 000
机器设备		25 000
贷:现金(银行存款)		$55 000

转回拨定的留存盈利时:

借:留存盈利——拨定作扩充厂房		$60 000
贷:留存盈利		$60 000

这里需要注意的是:按预定用途拨定留存盈利是属于股东权益范围的活动,目的在于限定可作股利支付的留存盈利;而按预定用途实行扩建计划,则属资产范围的变动。两者虽存在联系并应相互配合,但毕竟属于两项经济活动,既不能割裂,在进行会计核算时也不容混淆。

四、留存盈利表的编制

留存盈利表是对一定会计期间的"留存盈利"账户的分析表列,通常与资产负债表、损益表和财务状况变动表(现金流量表)一并提出,表式并无标准规定。下面是假设的一份留存盈利表,如图表17-3所示:

(图表17-3)

留存盈利表
(2002年度)

拨定部分:			
	1月1日余额——拨定作厂房扩充	$40 000	
	本年度拨定	10 000 *	$50 000
未拨定部分:			
	1月1日余额	$43 000	
	加:更正前期存货差误	21 000	
	调整更正后1月1日余额	$64 000	
	加:本年度净收益	35 000	
		$99 000	
	减:宣布股利	$15 000	
	拨定作厂房扩充	10 000 * 25 000	74 000
留存盈利合计,12月31日			$124 000

说明:(1)本年度拨定$10 000,拨定部分为加项,在未拨定部分为减项,在上表中均作有*号。(2)在未拨定部分中加计的本年度净收益$35 000,系损益表上列计的数字,两者应相符。(3)留存盈利最后包括拨定部分和未拨定部分的合计数$124 000,即为12月31日资产负债表上股东权益项下的留存盈利余额,两者应相符。

第六节 我国公司组织企业利润分配的会计处理

按照我国《企业财务通则》和《企业会计准则》制定的会计制度关于企业利润分配的原则和处理方法,以及我国《公司法》的有关规定,对我国公司组织的企业利润分配的会计处理作一简单综述:

一、关于税后利润分配的有关规定

(一)提取法定公积金和法定公益金

《公司法》规定:"公司分配当年税后利润时,应当提取利润的10%

列入公司法定公积金,并提取利润的 5%～10% 列入公司法定公益金。公司法定公积金累计额为注册资本的 50% 以上的,可不再提取。""公司在从税后利润中提取法定公积后,经股东会决议,可以提取任意公积金。"

(二) 提取资本公积

《公司法》规定:"股份有限公司依照本法规定,以超过股票票面金额的发行价格发行股份所得的溢价款以及国务院财政主管部门的规定列入资本公积金的其他收入,应当列为公司资本公积金。"《企业财务通则》规定:"企业在筹积资本金活动中,投资者缴付的出资额超出资本金的差额(包括股票溢价)、法定财产重估增值,以及接受捐赠的财产等,计入资本公积金。"

(三) 公积金和公益金的支用

《公司法》规定:"公司的公积金用于弥补公司的亏损,扩大公司生产经营或者转为增加公司资本。""公司的法定公积金不足以弥补上一年度公司亏损的在依照前款规定提取法定公积金和法定公益金之前应当先用当年利润弥补亏损。"《企业财务通则》规定:"资本公积金可以按照规定,转增资本金。"《公司法》还规定:"股份有限公司经股东大会决议将公积金转为资本时,按股东原有股份比例派送新股或增加股份面值。但法定公积金转为资本时,所留存的该项公积金不得少于注册资本的 25%。""公司提取的法定公益金用于本公司职工的集体福利。"

(四) 所余利润的分配

《公司法》规定:"公司弥补亏损和提取公积金、法定公益金后所余利润,有限责任公司按照股东出资的比例分配,股份有限公司按照股东持有的股份比例分配。"

(五) 企业税后利润的分配顺序

《企业财务通则》规定:"企业的利润按照国家规定做相应的调整后,依法缴纳所得税。""缴纳所得税后的利润,除国家另有规定者外,按照下列顺序分配:(1)被没收财物损失,违反税法规定支付的滞纳金和罚款。(2)弥补企业以前年度亏损。(3)提取法定公积金。法定公积金用于弥补亏损,按照国家规定转增资本金等。(4)提取公益金。公益金主要用于企业职工的集体福利设施支出。(5)向投资者分配利润。企业以前年度未分配的利润,可以并入本年度向投资者分配。"有关的企业会计制度规定得更为具体:"法定盈余公积金按照税后利润扣除前两项后的10%提取,盈余公积金已达注册资金50%时可不再提取。""股份有限公司提取公益金以后,按照下列顺序分配:(1)支付优先股股利。(2)提取任意盈余公积金。任意盈余公积金按照公司章程或者股东会决议提取和使用。(3)支付普通股股利。当年无利润时,不得分配股利,但在用盈余公积金弥补亏损后,经股东会特别决议,可以按照不超过股票面值6%的比率用盈余公积金分配股利,在分配股利后,企业法定盈余公积金不得低于注册资金的25%。"

二、企业利润和利润分配的会计处理与核算

根据我国财政部发布的《企业会计准则》和有关的企业会计制度,现予分析和说明如下:

（一）本年利润

本科目核算企业在本年度实现的利润(或亏损)总额。期末结转利润时,应将收入类账户的余额转入本科目的贷方,成本费用类账户的余额转入本科目的借方。作成会计分录如下:

借：产品销售收入　　　　　　　　　　×××
　　其他业务收入　　　　　　　　　　×××
　　营业外收入　　　　　　　　　　　×××
　贷：本年利润　　　　　　　　　　　×××
借：投资收益　　　　　　　　　　　　×××
　贷：本年利润　　　　　　　　　　　×××
（"投资收益"如为借方余额,应作相反分录）

借：本年利润 ×××
　　贷：产品销售成本 ×××
　　　　管理费用 ×××
　　　　财务费用 ×××
　　　　产品销售费用 ×××
　　　　其他业务支出 ×××
　　　　产品销售税金及附加 ×××
　　　　营业外支出 ×××

上述分录过账后，损益类账户均结平无余额。"本年利润"账户的余额（净利润在贷方，如为亏损则在借方），转入"利润分配"账户，结转后，本账户结平无余额。

"本年利润"账户相当于西方财务会计的"收益汇总"账户。

（二）利润分配

本科目核算企业利润的分配（或亏损的弥补）和历年分配（或弥补）后的结存余额，类似西方财务会计中的"留存盈利"科目。本科目一般应设置"应交所得税"、"盈余公积补亏"、"提取盈余公积"、"应付利润"、"应交特种基金"、"未分配利润"等明细科目。企业在发生利润分配业务时，应作会计分录如下：

企业计算出应交纳的所得税时：

借：利润分配（应交所得税） ×××
　　贷：应交税金（应交所得税） ×××

企业用盈余公积弥补亏损时：

借：盈余公积 ×××
　　贷：利润分配（盈余公积补亏） ×××

从利润中按规定比例提盈余公积时：

借：利润分配（提取盈余公积） ×××
　　贷：盈余公积 ×××

企业计算出应分配给投资者的利润时：

  借：利润分配（应付利润）   ×××
    贷：应付利润   ×××

企业计算出应上交财政的能源交通重点建设基金和预算调节基金（通称为"两金"）时：

  借：利润分配（应交特种基金）   ×××
    贷：其他应交款   ×××

年度终了，将全年实现的利润总额自"本年利润"科目结转"利润分配"科目时：

  借：本年利润   ×××
    贷：利润分配（未分配利润）   ×××

如本年为亏损，则作相反的会计分录。

将"利润分配"科目下的其他明细科目的余额转入"利润分配（未分配利润）"明细科目时：

  借：利润分配（未分配利润）   ×××
    贷：利润分配（应交所得税）   ×××
      利润分配（提取盈余公积）   ×××
      利润分配（应付利润）   ×××
      利润分配（应交特种基金）   ×××
  借：利润分配（盈余公积补亏）   ×××
    贷：利润分配（未分配利润）   ×××

以上分录过账后，"利润分配"科目除"未分配利润"明细分类账户外，其他各明细分类账户均结平无余额。"利润分配（未分配利润）"明细账户的内容，如图表 17-4 所示。

本科目的年末贷方余额即为历年积存的未分配利润，如为借方余额，即为未弥补亏损。未弥补亏损可用盈余公积补亏，补亏数额过记"利润分配（未分配利润）"账户的贷方。

第十七章 公司组织的利润及其分配

(图表17-4)

利润分配(未分配利润)

利润分配(应交所得税)转入	期初未分配利润余额
利润分配(提取盈余公积)转入	本年利润转入
利润分配(应付利润)转入	利润分配(盈余公积补亏)转入
利润分配(应交特种基金)转入	

年终结账后发现的以前年度会计事项,如果涉及以前年度损益的,也应在"利润分配"科目的"未分配利润"明细科目核算。

三、资本公积和盈余公积的核算

(一)资本公积

本科目核算企业取得的资本公积。资产公积的来源有以下三个方面:

1. 接受的捐赠。

贷记"资本公积",如接受的是现金捐赠,借记"现金"、"银行存款"科目;如为实物捐赠,则借记"固定资产"或其他实物资产科目。

2. 缴入资本溢价。

投资人缴付的出资额大于注册资本而产生的差额,作为股本溢价,贷记"资本公积"。

3. 重估财产增值。

增值部分贷记"资本公积",资本公积可用于转增资本,其会计分录如下:

借:资本公积　　　　　　　　　　　×××
　　贷:实收资本　　　　　　　　　×××

(二)盈余公积

本科目核算企业从利润中按规定比率提取的盈余公积。

提取盈余公积时:

借：利润分配(提取盈余公积) ×××
 贷：盈余公积 ×××

用盈余公积弥补亏损时：

 借：盈余公积 ×××
  贷：利润分配(盈余公积补亏) ×××

用盈余公积转增资本时：

 借：盈余公积 ×××
  贷：实收资本 ×××

第四部分

会计报表

第十八章 会计报表的编制和分析

第一节 会计报表的涵义和报表体系

一、会计报表的涵义

编制会计报表是一定会计期间会计循环的最后一步,也是下一会计期间会计循环开始的衔接点。

一个企业采用规范的会计方法,按照一定的会计程序,对日常发生的会计事项,从取得原始凭证和填制会计凭证开始,经过审查和核证、分析和记录、分类和汇总,定期进行调整整理和结算,最后编制具有综合性和总结性的会计报表。通过会计报表,综合反映企业在一定日期的财务状况(财务结构)、一定期间的财务成果(经营盈亏)和一定会计期间内资金(指流动资金或现金)的来源、运用及其增减变动情况。

依传统的看法,视会计为"记账、算账、报账"的手段和方法。但是,现代会计则视会计为信息系统。在这个信息系统中,会计报表是对内对外传递"经济语言"、沟通财务信息的一个重要手段。就企业内部来说,可以综合反映财务状况、经营成果和资金变动,有助于企业管理部门总结和检查计划执行情况,制定经营与财务决策,实行有效的控制与考核。就企业外部来说,与企业有利害关系的各个方面,如投资者、债权人、有业务关系的客户、有存贷关系的银行、有关的政府机构(如工商管理部门、财税部门等),以及行业组织和征信机构等,也都需要企业会计报表提供会计信息,以便从中各取所需。

会计报表编制完成后,还有必要对报表所编列的数据进行分析并作出书面说明,以反映会计数据的内在联系和企业财务状况的深层情况。对会计报表的分析,是会计报表编报工作的继续和深化。

二、会计报表体系

会计报表可以按其反映的内容不同,分为三种:反映一定日期财务状况的"资产负债表";反映一定期间经营成果及其来龙去脉的"损益表";反映会计期间内流动资金(或现金)来源和运用情况的财务状况变动表(或现金流量表)。这三种报表互有联系、相互勾稽。

会计报表还可按它们之间的主辅关系分为主要报表和辅助报表。上述按横向分的三种报表均属主要报表。在主要报表中,某些科目辅有二级科目,并设有明细分类账,例如,资产负债表中的应收账款、应付账款等科目,损益表中的销售费用、管理费用等科目,都应分别编制明细报表,在主要报表和辅助报表之间存在着控制与辅助以及相互勾稽的关系。

会计报表的横向与纵向划分,以及它们之间存在的联系与勾稽关系,形成一个会计报表体系。会计报表体系的正常、有效运作,有赖于会计循环的正常、有效运行。会计报表应当根据记录及时、内容完整、核对无误的账簿记录编制,做到数字真实、计算准确、勾稽无误、报送及时。

第二节 资产负债表

资产负债表反映企业在某一特定日期的财务状况,是一种静态报表(英文名词 balance sheet,意为平衡表;日本会计称为"平衡表";我国在财会改制前称为"资金平衡表"),具体反映会计等式"资产=负债+所有者权益"的等式平衡关系,即企业所掌握的资源(包括物质财富、应收债权、无形资产以及其他资产),承担的债务(包括短期负债、长期负债和其他负债)和所有者权益(包括所有者投入的资本和税后利润分配后余额的积累)之间的关系。资产负债表提供分析企业财务结构、偿债能力、物质基础、发展潜力等所必需的数据信息,是企业的主要会计报表。

第十八章 会计报表的编制和分析

一、资产

资产负债表中,根据资产的流动性(指变现性)分为流动资产和非流动资产(即"长期资产")两大类:

(一)流动资产

它包括的项目按其流动性大小排列。如现金(含银行存款)、短期投资(有价证券)、应收票据(短期,即不超过一年或一个营业周期)、应收账款(减"坏账准备")、存货(商业购备销售的商品,工业储备的原材料、处在生产过程中的在产品和生产完成可供销售的产成品等)以及其他应收款、预付账款和待摊费用等。

(二)非流动资产

它包括长期投资(债券、股票等有价证券)、固定资产(土地、房屋、建筑、机器设备、运输设备等等)、无形资产(专利权、商标权、土地使用权、商誉等等)、递延资产(开办费、租入固定资产的改良支出以及摊销期限在一年以上的其他待摊费用)等。

二、负债

在资产负债表中,负债与资产的分类相对应,分为流动负债和长期负债。

(一)流动负债

它包括短期借款、应付票据、应付账款、预收账款、预提费用以及其他各项应付项目等。流动负债与资产方的流动资产相对应,统称为"流动资金"。流动资产减流动负债后的差额,称为"净流动资金",是衡量企业的财务流动性,即偿还现行债务能力的一个重要尺度。

(二)长期负债

偿还期超过一年以上的债务,包括长期借款、应付债券以及其他长期应付款项等。已届到期年份的长期负债,可在资产负债表内以"一年内到期的长期负债"列在流动负债项下。

三、所有者权益

资产负债表中,资产总额减负债总额后的余额,代表企业所有者享

有的权益,称为"所有者权益"(又称"净资产"或"净值")。在股份有限公司组织,称为"股东权益"。其内容包括:

(一)实收资本

在公司组织,称为股本。它指实收投资者投入的资金。股份有限公司发行股票筹集资本,应按股票面值入账。如只发行一种股票,即为普通股;如同时发行普通股和优先股,应在资产负债表中分别列示。

(二)其他投入股本

股票超面额发行(即溢价发行),其超面额部分作为"缴入股本超面额"入账。如同时发行普通股和优先股,并均超面额发行,应按普通股和优先股分设两个账户,分别列在普通股股本和优先股股本之后。

(三)留存盈利

为每期(年度)税后净收益分配后余额的逐年累计数额,性质属于积累的未分配利润。可编制"留存盈利表",反映保留盈余的增减变动及余额。

第三节 损 益 表

损益表,又称收益表(profit and loss statement)、利润表(income statement),是综合反映企业在一定时期内经营成果(损益情况)及其来龙去脉的动态报表。损益表所反映的是一种差额计算,即"收入－成本和费用＝利润(或亏损)",而不是等式平衡。

一、收入

收入指企业销售商品或提供服务等经营业务实现的营业收入,包括基本业务收入和其他业务收入。

收入的核算,主要是如何确认收入实现的问题。应当在发出商品或提供劳务并同时收讫价款或者取得索取价款的凭据时,确认营业收入。企业应合理确认营业收入的实现。未实现的不能虚列,已实现的不能漏列,并将已实现的收入按时入账。

第十八章 会计报表的编制和分析

这里所说的收入,主要是指企业在经营活动中所取得的正常收入,在损益表中应按常规列报。如果还有其他非正常、特殊性的经济事项(如灾害损失、法庭涉讼、变卖财产等不属正常业务范围且非经常发生的事项),对企业收益的影响应如何列报,可有两种方法:一种是在编制损益表时将此类项目列在正常经营项目之后,然后合并计算得出净收益,称为"损益满计法";另一种是损益表只编列当期发生的正常经营项目所产生的收入,至于非正常、特殊的项目,则直接计入留存盈利,列入留存盈利表中,称为"当期营业损益法"。详见第十七章第三节,此处不多赘述。

二、费用

费用是企业在生产经营过程中发生的各项耗费。其中除去为生产商品和提供劳务而发生的直接费用,应直接计入生产经营成本,间接费用按一定标准分配计入生产经营成本外,至于企业行政管理部门为组织和管理生产经营活动而发生的管理费用,为筹集和调拨生产经营资金而发生的财务费用,为销售产品或提供劳务而发生的销售费用等,都属于"期间费用",计入当期损益,列入损益表。

费用的核算主要是确认当期费用发生,并与当期收入实现合理配比。

关于收入和费用的确认与发生、记录与编报,关系着两个方面:

第一,在一个会计期间内收入和费用的实现与发生都归入当期经营成果的计算,反映这种情况的是损益表;损益表中计列的净收益最后结转资产负债表的"留存盈利","留存盈利"是连接损益表和资产负债表的纽带。

第二,收入的实现和费用的发生,往往同时影响资产负债表项目的增减变化。例如,收入银行存款利息,既是损益表项目"利息收入"的增加,也造成资产负债表资产项目"银行存款"的增加。又如,赊销业务,既是损益表项目"销售收入"增加,也使资产负债表项目"应收账款"相应增加。多数经济业务都是此类情况。

资产负债表和损益表是密切相关和有机联系的。此外,还有一种反映企业财务状况变动的报表,称为财务状况变动表。它是在资产负债表和损益表的基础上编制的。此表可以流动资金为基础,反映流动资金的增减变动,也可以现金为基础,反映现金的收付流动。后者又称为现金流量表。以后当设专章论述。

第四节 会计报表的结构

一、以绝对数表示和以百分比表示的报表

会计报表作为信息沟通的手段,都是以绝对数表示的。这些数字都来自分类账各个账户的实际数字,并在会计循环中与分类账这一环节相衔接。为了便于比较直观地反映会计报表的结构,可以在以金额数据反映的正规报表基础上变算为百分数。在资产负债表,以资产总额为100%,计算各项资产在资产总额中所占的百分比,这些百分比相加的总和为100%。同此,在负债和股东权益方面,以负债和股东权益的总和为100%,计算各项负债和股东权益各项目所占的百分比,其相加的总和也为100%。在损益表,以销售收入总额为100%,其他项目包括销售成本、各项费用以及营业外收支等均计算其占销售收入的百分比,再加上最后结算出来的净收益所占的百分比,其总和应为100%。这种以百分比表示的会计报表,称为"同型财务报表"(common size statement),可以作为会计报表结构性分析的依据,属于会计报表的纵向分析。

二、会计报表的格式

会计报表的格式有两种:一是横列式,表式分为左右两部分,如丁字式分类账户,又称"账户式";二是纵列式,由上向下顺序编列,也称"报告式"。

资产负债表一般是采用横列式,左半部列资产,右半部列负债和所有者权益,左右两部分总额平衡。

损益表采用纵列式,一般有两种表列方式。一是单步式——分收入、成本费用和净收益三项顺序依次编列,体现"收入－成本费用＝净收益"这一差额计算式;二是多步式——分作以下四个相衔接的步骤顺序编列:销售收入－销售成本＝销售利润,销售利润－各项费用＝营业利润,营业利润＋营业外收入－营业外支出＝利润总额(净收益),利润总额－应交所得税＝税后利润。

对税后利润进行利润分配,可以编制利润分配表,作为损益表的延续。

税后利润经过分配后的余额,归入"留存盈利"。"留存盈利"账户的余额,列入资产负债表的所有者权益项下。

第五节 比较会计报表

一个企业的财务状况和经营业绩需要通过比较和分析才能反映其实际成绩或不足。比较分析可有三个方面:与本企业过去邻近年份比较;与企业所归属行业的平均水平比较;与属于同行业的其他企业比较。

首先是同本企业过去邻近年份的财务状况和经营业绩比较,以过去年份的数据作为基数,计算本年度各项数据的比较增减,评估经营业绩,并进一步分析和推计发展趋势。这种分析是利用比较会计报表的方式进行的。将相邻的两个会计期间的同种会计报表平行并列,逐项分别计算其比较增减数额,并加计其比较增减总额。这种比较分析方法,属于会计报表的横向分析。一般包括以下几种:比较资产负债表;比较损益表;比较留存盈利表;各项比较明细表(如比较销售费用表、比较管理费用表)等等。

一、比较资产负债表

假设康维宁公司2002年12月31日和2001年12月31日比较资产负债表,如图表18-1所示:

(图表 18-1)

康维宁公司比较资产负债表

科　目	2002.12.31	2001.12.31	比较增减 金额	%	同型结构% 2002	2001
	(1)	(2)	(3)	(4)	(5)	(6)
资　产						
流动资产：						
现　金	$389 000	$413 500	($24 500)	(5.9)	12.8	15.2
应收账款(净额)	817 500	610 000	207 500	34.0	26.9	22.5
商品存货	1 500 000	1 250 000	250 000	20.0	49.4	46.0
预付保险费	21 000	26 000	(5 000)	(19.2)	0.7	1.0
小　计	$2 727 500	$2 299 500	$428 000	18.6	89.8	84.7
固定资产：						
房屋及设备	$447 500	$420 000	$27 500	6.5	14.7	15.5
减：累计折旧	(136 500)	(105 000)	(31 500)	30.0	(4.5)	(3.9)
	$311 000	$315 000	($4 000)	(1.3)	10.2	11.6
长期投资	0	$100 000	($100 000)	(100.0)		3.7
资产总额	$3 038 500	$2 714 500	$324 000	11.9	100.0	100.0
负债及股东权益						
流动负债：						
应付账款	$755 500	$622 000	$133 500	21.5	24.9	22.9
应付所得税	121 000	71 000	50 000	70.4	4.0	2.6
其他应付款	91 000	73 000	18 000	24.6	3.0	2.7
小　计	$967 500	$766 000	$201 500	26.3	31.9	28.2
长期负债：						
应付15%债券	$300 000	$300 000	0	0	9.9	11.1
负债合计	$1 267 500	$1 066 000	$201 500	18.9	41.8	39.3
股东权益：						
9%优先股	$500 000	$500 000	0	0	16.4	18.4
普通股(票面$50)	800 000	750 000	$50 000	6.7	26.3	27.6
普通股溢价	10 000	0	10 000		0.3	—
留存盈利	461 000	398 500	62 500	15.7	15.2	14.7
股东权益合计	$1 771 000	$1 648 500	$122 500	7.4	58.2	60.7
负债及股东权益总计	$3 038 500	$2 714 500	$324 000	11.9	100.0	100.0

第十八章 会计报表的编制和分析

在上述比较资产负债表中,既有相邻不同年度期末资产负债表的横向增减比较,也有同一年度的"同型结构"以资产总额(或负债与股东权益总额)为100%,而各个资产项目(或各个负债与股东权益项目)在总额中占有百分比的纵向结构性比较。上表(3)、(4)两栏属于前者,上表(5)、(6)两栏属于后者。在"同型结构"百分数栏的同类项目中各个项目(如资产类、负债及股东权益类)所占百分比的相加总数为100%,而横向比较各个项目的增减百分数则是分行按项分别计算,各项增减的百分数是不能相加(或相减)的。

根据比较资产负债表作的粗略分析,可以看出:

(一)资产增加及其资金来源

资产增加
 流动资产 $428 000
 固定资产(折旧后账面价值)   (4 000)
 长期投资   (100 000) $324 000
增加资产的资金来源:
 自有资金:资本 $60 000
  留存盈利   62 500   122 500
 借入资金:负债 $201 500

在增加的资金来源中,自有资金(资本和留存盈利)占37.8%,借入资金占62.2%,说明财务杠杆程度较高。

(二)流动资金状况

流动资金(working capital),又称营运资本,反映企业的流动性。两个年度期末的比较如下:

	2002.12.31	2001.12.31	比较(±)
流动资产	$2 727 500	$2 299 500	+$428 000
流动负债	967 500	766 000	+201 500
流动资金	$1 760 000	$1 533 500	+$226 500

2002年期末较上年同期,流动资金增加14.8%。

(三) 财务状况结构性变化

它包括总体结构变化和分项变化：

1. 总体结构变化的分析。

本例比较资产负债表中的"同型结构％"栏反映,2002年期末流动资产所占的百分比与2001年期末的百分比相比较,提高5.1个百分点,而长期资产(包括固定资产和长期投资)则降低5.1个百分点。

2. 各类项目变化分析。

例如,流动资产类的应收账款(减备抵坏账后净额)和商品存货两项,2002年期末占资产总额的百分比,较2001年期末提高7.8个百分点。应收账款和商品存货均与销售业务有关,还待与损益表中的销售收入结合分析。至于长期资产所占百分数的下降,则主要是2002年收回$100 000长期投资所致。又如,负债与股东权益类,2002年期末与2001年期末比较,负债所占百分比增加2.5个百分点,而股东权益总额则减少2.5个百分点。这说明财务杠杆程度增加,与上项分析结果是一致的。

二、比较留存盈利表

康维宁公司2002年12月31日和2001年12月31日比较留存盈利表,如图表18-2所示：

(图表18-2)

康维宁公司比较留存盈利表

项 目	2002.12.31	2001.12.31	比较(±)	
			金 额	%
1月1日余额	$398 500	$359 500	$39 000	10.8
增加：				
净收益	172 500	144 000	28 500	19.8
合计	$571 000	$503 500	$67 500	13.4

(续表)

项 目	2002.12.31	2001.12.31	比较(±) 金 额	%
减少：				
股利：优先股	$ 45 000	$ 45 000	—	—
股利：普通股	65 000	60 000	($ 5 000)	(8.3)
合计	$ 110 000	$ 105 000	($ 5 000)	(4.8)
12月31日余额	$ 461 000	$ 398 500	$ 62 500	15.7

说明：(1) 此表12月31日余额与比较资产负债表中留存盈利的数额是一致的。(2) 表内的增加额与比较损益表的最后净利润额是一致的,见以下的比较损益表。(3) 此表未列"同型结构%"栏。

留存盈利是各年税后利润分配后余额的累计,属于自有资金积累,提高股东权益的价值。各年税后利润来自各期的损益表,结转资产负债表股东权益部分的留存盈利。

三、比较损益表

康维宁公司2002年度和2001年度的比较损益表,如图表18-3所示：

(图表18-3)

康维宁公司比较损益表

科 目	2002	2001	比较(±) 金额	%	同型结构% 2002	2001
销售收入	$ 6 530 000	$ 5 932 000	$ 598 000	10.1	100.0	100.0
减：销货退回与折让	30 000	32 000	(2 000)	(6.2)	0.5	0.5
销售净收入	$ 6 500 000	$ 5 900 000	$ 600 000	10.2	99.5	99.5
销售成本	4 548 000	4 242 000	306 000	7.2	69.6	71.5
销售利润	$ 1 952 000	$ 1 658 000	$ 294 000	17.7	29.9	28.0

(续表)

科　　目	2002	2001	比较(±) 金额	%	同型结构% 2002	2001
营业费用：						
销售费用	$992 000	$859 500	$132 500	15.4	15.2	14.5
管理费用	621 500	538 500	83 000	15.4	9.5	9.1
合计	$1 613 500	$1 398 000	$215 500	15.4	24.7	23.6
净营业收入	$338 500	$260 000	$78 500	30.2	5.2	4.4
其他收入：						
售出投资收益	4 000	—	4 000			
收入总额	$342 500	$260 000	$82 500	31.7	5.2	4.4
其他支出：						
利息费用	$45 000	$45 000	—			
售出设备损失	4 000	—	$4 000			
其他支出合计	$49 000	$45 000	$4 000	8.9	0.7	0.8
税前净收入	$293 500	$215 000	$78 500	36.5	4.5	3.6
备付所得税	121 000	71 000	50 000	70.4	1.9	1.2
税后净收入	$172 500	$144 000	$28 500	19.8	2.6	2.4

根据以上比较损益表的表面数据粗略分析,可归结以下几点:

(一)销售收入

2002年度销售净收入较2001年增加10.2%,销售成本增加7.2%,销售净收入增加的百分数大于销售成本增加的百分数,使得2002年的销售利润与2001年相比较增加了17.7%。在同型结构百分比分析中,也反映2002年销售成本占销售收入的百分比(69.6%)低于

2001年的百分比(71.5%),使2002年的销售利润率(29.9%)高于2001年(28%)。从这一方面可以说明2002年的经营业绩好于2001年。

(二)费用开支

2002年的销售费用和管理费用与2001年比较,均增加15.4%,而销售净收入则增加10.2%。如无其他因素,说明销售仍有潜力可挖,或费用有节约可能。

(三)结合资产负债表分析

应收账款余额增加34%,商品存货增加20%。应收账款可视为开拓销售业务的投资,商品存货则是开展销售业务的物质后备。如无其他因素,都说明开展销售业务仍有潜力。

以上只是根据报表表面数据粗略的直观印象。还需要进行深入的细致分析(包括比率分析、趋势分析等),然后才能对企业的财务状况、经营成果作出分项的和综合的"诊断"。

第六节 比率分析

一、比率分析的涵义和内容

比率分析是会计报表中某一个项目的金额,除以另一个项目的金额计算所得的比率。比率分析的目的,是反映两个项目之间的关系,每一种比率各反映企业财务状况和经营业绩某一方面的情况。例如,流动资产金额除以流动负债金额所得的比率,称为流动比率,反映企业的偿债能力;净收益额除以资产总额所得的比率,称为总资产收益率,反映在总资产的基础上所取得的收益率,即获利能力。

计算比率关系涉及的两个项目,可以是同属一种会计报表的项目。例如,上述的流动比率,两个项目都是资产负债表项目;又如,销售利润率,销售利润和销售净收入都是损益表项目。也可以是两种不同会计报表的项目。例如,上述的总资产收益率,净收益和资产总额分属损益表和资产负债表。

比率关系也可以用百分数表示,即将计算所得的比率乘以100。

根据会计报表数据可以计算出多项比率。有些比率在企业财务分析上具有重要作用和普遍意义,并为投资者、债权者和企业经理人员所需要的。本书以下介绍的比率都属于此类。企业根据本身的经营性质和需要,在此类比率之外,可以设计和采用适合于本企业要求的其他比率。关于财务比率的选择和分类,存在一定的随意性,但许多分析者将财务比率分作以下三类:

(一)衡量获利能力和经营成果的比率

企业的获利能力由其取得的净收益衡量,这是没有疑义的。但是,所取得的收益是否充足,还需要结合销售额、经营性质、占用资产数额、股东权益,以及其他有关因素考虑。因此,需要采用一些比率,用以衡量企业获得的利润是否达到要求以及经营管理的效率如何。

(二)衡量财务实力和权益保障的比率

用以衡量企业的财务实力和对企业的长期负债的债权人和所有权人(公司组织的股东)提供的保障。企业的长期资金来源于长期负债和所有者投入的资金,前者为债权人权益,后者为所有者权益,两者在长期资金来源中的比例关系,称为"财务杠杆"(financial leverage),反映这种杠杆关系的比率,又称为财务杠杆比率。

(三)衡量流动性(liquidity)和偿付能力(solvency)的比率

企业偿付现时到期债务的能力,对于长期债权者和股东以及短期债权者都是十分重要的。一个企业即使经营有利并具有长期财务实力,但是,由于缺乏流动性和及时偿付到期债务的能力,也会陷入困难甚至导向失败。

下面是常用的财务比率的简要说明一览表,如图表18-4所示:

第十八章　会计报表的编制和分析

(图表 18-4)

财务比率的简要说明一览表

比　率	计　算　式	意　义
获利能力比率：		
(1) 资产收益率	$\dfrac{税前净收益+利息费用}{平均资产总额}$	量度在总资产基础上所获得的收益率，衡量对全部资产的有效利用程度
(2) 普通股股东权益收益率	$\dfrac{净收益-优先股股利}{平均普通股权益}$	量度普通股股东所取得的收益率
(3) 销售利润率	$\dfrac{净收益}{销售净额}$	量度每一元销售额的净盈利能力，衡量经营业绩
(4) 资产周转率	$\dfrac{销售净额}{平均资产总额}$	量度资产在开拓销售业务中的有效利用程度
(5) 普通股每股盈利	$\dfrac{净收益-优先股股利}{普通股发行在外股数}$	量度普通股每股的收益率
(6) 普通股价格与收益比率(市盈率)	$\dfrac{普通股每股市价}{普通股每股盈利}$	量度投资者对每一元盈利所支付的代价
(7) 股利实得率	$\dfrac{普通股每股股利}{普通股每股市价}$	量度在现时市价基础上普通股股东的收益率
(8) 股利支付率	$\dfrac{普通股股利总额}{净收益-优先股股利}$	量度净收益支付普通股股利的比例
财务实力和杠杆比率：		
(1) 利息保障倍数	$\dfrac{净收益(税前)+利息费用}{利息费用}$	量度净收益提供利息支出的安全幅度
(2) 优先股股利保障倍数	$\dfrac{净收益(税后)}{优先股股利}$	量度净收益提供优先股股利的保障
(3) 股东权益对权益总额比率	$\dfrac{股东权益}{负债(债权人权益)+股东权益(即权益总额)}$	权益总额=资产总额，此比率反映在资产总额中由股东所提供的部分
(4) 股东权益对负债总额比率	$\dfrac{股东权益}{负债总额}$	反映自有资本和借入资本之间的比率关系

(续表)

比　率	计　算　式	意　义
(5) 负债对资产比率	$\dfrac{\text{负债总额}}{\text{资产总额}}$	反映资产总额中由负债提供的部分。
(6) 固定资产对长期负债比率	$\dfrac{\text{房地产,厂场设备等}}{\text{长期负债}}$	反映以固定资产作为借款抵押时,对债权人提供的担保。
(7) 每股账面价值	$\dfrac{\text{股东权益}-\text{优先股权益}}{\text{普通股发行在外股数}}$	反映发行在外的普通股平均每股账面价值。

注：以上几项比率,(1)、(2)、(7)三项反映财务实力,其余四项反映财务结构,即杠杆关系。企业的财务实力和财务结构是相互有关的。组织好财务结构、运用好杠杆关系,可以提高财务实力。

流动性和变现性比率：

(1) 流动比率	$\dfrac{\text{流动资产}}{\text{流动负债}}$	反映企业偿还流动负债的能力,也即债权人的安全保障幅度。
(2) 速动比率 （酸性试验比率）	$\dfrac{\text{现金、应收账款、有价证券}}{\text{流动负债}}$	现金、应收账款（净额）、有价证券,又称速动资产,其变现性最强。
(3) 存货周转率	$\dfrac{\text{销售成本}}{\text{平均存货额}}$	反映在一定时期内平均存货重置的次数。
(4) 应收账款周转率	$\dfrac{\text{销售净额（赊销）}}{\text{平均应收账款余额}}$	量度在一定时期内应收账款转换为现金的次数,反映赊信的合理性和收账的效率。
(5) 应收账款平均收账期	$\dfrac{\text{应收账款平均余额}}{\text{平均日赊销净额}}$ 或 $\dfrac{365}{\text{应收账款周转率}}$	量度应收账款转换为现金的期间,反映应收账款收账的效率,平均收账期不能超过预定赊销信用期。

二、比率分析举例

以上共提出三类二十项比率。兹根据上节比较会计报表的有关数据,分别计算2002年和2001年两个年度的各项比率,比较增减,并加以说明,如图表18-5所示：

(图表 18-5)

各项比率比较表

	2002 年	2001 年
获利能力比率：		
资产收益率	$\dfrac{293\,500+45\,000}{(3\,038\,500+2\,714\,500)/2}=11.8\%$	$\dfrac{215\,000+45\,000}{(2\,714\,500+2\,543\,000)/2}=9.9\%$ (假设 2001.1.1 资产总额为 \$2 543 000)
普通股股东权益收益率	$\dfrac{172\,500-45\,000}{(1\,271\,000+1\,148\,500)/2}=10.5\%$	$\dfrac{144\,000-45\,000}{(1\,148\,500+1\,025\,500)/2}=9.1\%$ (假设 2001.1.1 股东权益为 \$1 025 500)
销售利润率	$\dfrac{172\,500}{6\,500\,000}=2.7\%$	$\dfrac{144\,000}{5\,900\,000}=2.4\%$
资产周转率	$\dfrac{6\,500\,000}{(3\,038\,500+2\,714\,500)/2}=2.2$	$\dfrac{5\,900\,000}{(2\,714\,500+2\,543\,000)/2}=2.2$
普通股每股盈利	$\dfrac{172\,500-45\,000}{16\,000\ 股}=\$8.0$ (\$800 000/\$50 = \$16 000 股)	$\dfrac{144\,000-45\,000}{15\,000\ 股}=\$6.6$ (\$750 000/\$50 = \$15 000 股)
普通股市盈率 (普通股价格与盈利比率)	$\dfrac{\$75.0}{\$8.0}=9.4$ (假设每股市价 \$75)	$\dfrac{\$65.0}{\$6.6}=9.8$ (假设每股市价 \$65)
股利实得率	$\dfrac{\$65\,000/16\,000}{\$75}=5.4\%$	$\dfrac{\$60\,000/15\,000}{\$65}=6.2\%$
股利支付率	$\dfrac{\$65\,000}{\$172\,500-\$45\,000}=5.1\%$	$\dfrac{\$60\,000}{\$144\,000-\$45\,000}=6.1\%$

(续表)

	2002 年	2001 年

财务实力和杠杆比率：

利息保障倍数 　　$\dfrac{\$293\,500 + \$45\,000}{\$45\,000}$ 　　$\dfrac{\$215\,000 + \$45\,000}{\$45\,000}$
　　　　　　　　　　　$=7.5$ 　　　　　　　　　　　$=5.8$

优先股股利
保障倍数　　　　$\dfrac{\$172\,500}{\$45\,000}$ 　　　　　　　　$\dfrac{\$144\,000}{\$45\,000}$
　　　　　　　　　　　$=3.8$ 　　　　　　　　　　　$=3.2$

股东权益对权
益总额比率　　　$\dfrac{\$1\,771\,000}{\$1\,267\,500 + \$1\,771\,000}$ 　$\dfrac{\$1\,648\,500}{\$1\,066\,000 + \$1\,648\,500}$
　　　　　　　　　　　$=0.58$ 　　　　　　　　　　$=0.61$

[权益总额＝负债（债权人权益）＋股东权益（所有者权益）＝资产总额]

股东权益对负
债总额比率　　　$\dfrac{\$1\,771\,000}{\$1\,267\,500}$ 　　　　　$\dfrac{\$1\,648\,500}{\$1\,066\,000}$
　　　　　　　　　　　$=1.4$ 　　　　　　　　　　　$=1.5$

负债对资产
比率　　　　　　$\dfrac{\$1\,267\,500}{\$3\,038\,500}$ 　　　　　$\dfrac{\$1\,066\,000}{\$2\,714\,500}$
　　　　　　　　　　　$=0.42$ 　　　　　　　　　　$=0.39$

固定资产对长期
负债比率　　　　$\dfrac{\$311\,000}{\$300\,000}$ 　　　　　　$\dfrac{\$315\,000}{\$300\,000}$
　　　　　　　　　　　$=1.04$ 　　　　　　　　　　$=1.05$

每股账面价值　　$\dfrac{\$1\,771\,000 - \$500\,000}{\$16\,000\,股}$ 　$\dfrac{\$1\,648\,500 - \$500\,000}{\$15\,000\,股}$
　　　　　　　　　　$=\$79.4$ 　　　　　　　　　　$=\$76.6$

流动性（变现性）比率：

流动比率　　　　$\dfrac{\$2\,727\,500}{\$967\,500}$ 　　　　　　$\dfrac{\$2\,299\,500}{\$766\,000}$
　　　　　　　　　　　$=2.8$ 　　　　　　　　　　　$=3.0$

速动比率　　　　$\dfrac{\$389\,000 + \$817\,500}{\$967\,500}$ 　$\dfrac{\$413\,500 + \$610\,000}{\$766\,000}$
　　　　　　　　　　　$=1.2$ 　　　　　　　　　　　$=1.3$

第十八章 会计报表的编制和分析

(续表)

	2002年	2001年
存货周转率	$\dfrac{\$4\,548\,000}{(\$1\,500\,000+\$1\,250\,000)/2}=3.3$	$\dfrac{\$4\,242\,000}{(\$1\,250\,000+\$1\,150\,000)/2}=3.5$ (假设2001.1.1存货额为$1 150 000)
应收账款周转率	$\dfrac{\$6\,500\,000}{(\$817\,500+\$610\,000)/2}=9.1$	$\dfrac{\$5\,900\,000}{(\$61\,000+\$580\,000)/2}=10.0$ (假设2001.1.1应收账款余额为$580 000)
应收账款平均收账期	$\dfrac{365}{9.1}=40.1$	$\dfrac{365}{10}=36.5$

以上每一项比率也就是一项指标,分别反映各别方面的情况,有些比率相互之间有较密切联系,将各种比率汇合起来,并与邻近年度比较,如能取得行业资料,还可与行业水平比较。

现将以上根据假设数据计算的2002年和2001年两个年度的比率比较并说明,如图表18-6所示:

(图表18-6)

	2002年	2001年	备注
获利能力及经营业绩:			
资产收益率	11.8%	9.9%	⎫
普通股东权益收益率	10.5%	9.1%	⎪
销售利润率	2.7%	2.4%	⎬ 获利能力与经营业绩,2002优于2001
资产周转率	2.2次	2.2次	⎪
普通股每股盈利	$8.0	$6.6	⎭
普通股价格与盈利比率	9.4倍	9.8倍	
股利实得率	5.4%	6.2%	⎫ 和股利政策有关
股利支付率	5.1%	6.1%	⎭

(续表)

	2002年	2001年	备注
财务实力和杠杆比率：			
利息保障倍数	7.5倍	5.8倍	
优先股股利保障倍数	3.8倍	3.2倍	
股东权益对权益总额比率	0.58	0.61	⎫
股东权益对负债总额比率	1.4	1.5	⎬ 财务杠杆程度，
负债总额对资产总额比率	0.42	0.39	⎭ 2002高于2001
固定资产对长期负债比率	1.04	1.05	
普通股每股账面价值	$79.4	$76.6	
流动性(变现性)比率：			
流动比率	2.8	3.0	⎫
速动比率	1.2	1.3	⎬ 流动性，2002较
存货周转率	3.3次	3.5次	⎭ 2001略差
应收账款周转率	9.1次	10.0次	
平均收账期	40.1天	36.5天	

三、比率分析方法的局限性和应用中的技术性

(一) 比率分析方法应用的局限性

在运用比率分析方法对企业的财务状况和经营成果进行分析评价和趋势预测时，有一些内在局限因素需要考虑：

第一，会计分析是根据历史数据进行的，目的在于分析过去成果、评价现行业绩和预测今后发展。但是，历史上的一般经济情况、所处营业环境和经营管理政策等方面的变化，未必能保持持续不变。

第二，计算各项分析比率的计量基础是历史成本，而分析的则是现行情况。例如，"总资产收益率"，作为计算中分子的净收益，是根据当期的销售收入、销售成本和各项费用计算，都是以现行的货币成本计量

的,而作为分母的固定资产和存货则是以历史成本计量。物价水平如有变动,计算的结果易于产生信息的误导。

第三,比率分析所用数据,有的是全期累计数(如损益类项目),有的是期末余额(如应收账款、存货等)。由于季节性关系或物价水平变动因素,期末余额往往不能代表全期平均余额,因此,一般采用期初余额和期末余额的平均数作为平均余额。

第四,在不同企业之间,即使是同行业企业之间,由于它们采用的会计方法或估计的方法不同,企业的规模不同,产品线多样化程度不同,对于它们的净收益和财务状况都会有不同程度的影响,因而难以作合理的比较。例如,采用先进先出法计量存货,如在物价水平上涨时期,必然使销售成本低而销售利润高,而采用后进先出法,则使销售成本高而销售利润低;反之,如在物价水平下降时期,则结果恰好相反。又如,固定资产折旧,采用传统的直线法和采用加速折旧法,对于各年折旧费用和固定资产账面价值也有不同的影响。

(二) 比率分析应用中的技术性问题

在运用比率分析时存在一些技术性问题应当认真考虑:

第一,以本期和前期数据进行比较时,在会计科目应用、核算内容或核算方法上如有变动,分析时应调整一致,使其具有可比性,或另作必要的说明。

第二,如果某一项目(科目)在作为基数的年度数额为负数值或零,在比较增减时可列增减的绝对数值,而不计算增减的百分数反映,以免造成信息误导。

第三,如果作为计算基数的过去年度的数额过小,则计算出来的增减百分数可能很大。例如,上期其他应收款余额为 $50,本期余额为 $100,绝对数只增加 $50,而按百分数则增加了 100%,看来增加比率甚大,如果不作说明,容易产生误解。

第四,如果个别项目有数额较大变化,或两个相关项目的变化差异较大时,宜作进一步分析。例如,销售费用增加的比率较高,远超过销售额增加的比率,就应对销售费用作明细分析,考核在促销手段上的支出取得的效果。

四、指标分解和趋势分析

(一)指标分解

有的比率(指标)具有较大的综合性,在分析时可进行指标分解。通过分解,可以发现问题,进行研究解决。

如上述比率分析举例中的"总资产收益率",可以分解如下:

$$\frac{净收益}{资产总额}=\frac{净收益}{(销售额)}\times\frac{销售额}{资产总额}$$
$$(投资收益率)\quad(销售利润率)\quad(资产周转率)$$

投资收益率可有两种计算模式:以资产总额为分母和以股东权益为分母。本例系用前一计算模式(净收益系用税前净收入数额)。

2002 年 $\quad \dfrac{293\,500+45\,000}{(3\,038\,500+2\,714\,500)/2}=\dfrac{338\,500}{6\,500\,000}\times\dfrac{6\,500\,000}{2\,901\,500}$

$11.7\%=5.21\%\times 224\%$

2001 年 $\quad \dfrac{215\,000+45\,000}{(2\,714\,500+2\,543\,000)/2}=\dfrac{260\,000}{5\,900\,000}\times\dfrac{5\,900\,000}{2\,628\,750}$

$9.9\%=4.41\%\times 224\%$

资产收益率 2002 年较 2001 年提高 1.8 个百分点。经过指标分解,资产周转率两年相同,均为 224%(即 2.24 次)。销售利润率 2002 年较 2001 年提高了 0.8 个百分点。这说明 2002 年投资收益率(以资产总额为分母)的提高,主要是由于销售利润率提高所造成的。

(二)趋势分析

趋势分析不属于比率分析,用以总结某些项目过去若干年的发展过程,并据以预测以后的发展趋向。趋势分析至少应有过去三至五年数据资料(不含明显非正常年份)。最简单的方法是以开始年份作为基期,以此年数据为 100,计算以后各年数据相对于基期的百分数。假设某公司过去五年的销售额和净收益额,如图表 18-7 所示:

(图表 18-7)

项 目	1998年(基年)	1999 年	2000 年	2001 年	2002 年
销售额	$1 000 000	$1 050 000	$1 120 000	$1 150 000	$1 220 000
净收益	200 000	206 000	218 000	222 000	232 000
销售利润率	20%	19.6%	19.5%	19.3%	19.0%

由上表数据可见,销售额和净收益都按年递增,但销售利润率则逐年下降,说明净收益的增加比销售额的增加速度慢。用百分比表示,此种趋向就更加明显。如图表 18-8 所示:

(图表 18-8)

项 目	1998 年	1999 年	2000 年	2001 年	2002 年
销售额	100	105	112	115	122
净收益	100	103	109	111	116

五、利用比率分析评价企业财务状况和经营业绩应结合外在环境和企业条件

会计数据来自实际,会计核算反映实际,会计分析也有规范化的模式,这些都是绝对的。但在具体运用时,需要结合外在环境和本身条件权衡决策。例如,高流动比率可以保证企业的偿债能力,但是,过高的流动比率往往需要持有过高的现金(含银行存款),而库存现金是不能创造收益的。又如,大量开展赊销可以增加销售额,但是,也将有较多的流动资金占用在应收账款,而应收账款的增长又必然会增加坏账损失。再如,保持较高数量的存货可以避免发生脱销而影响销售业务的开展,但是,也有可能造成商品储备的积压。因此,对于流动资金的管理,既要根据情况保持合理的比率关系,更要提高流动资金的周转率,并且随着主客观条件的变化保持一定的灵活性。

第十九章　资金流动和现金流量分析

基本会计报表包括资产负债表、损益表、留存盈利表和现金流量表。前三种报表的意义、性质和编制方法已在以前章节中论述。本章着重论介现金流量表，也即以现金为基础的财务状况变动表。

第一节　财务状况变动表的性质和作用

一、财务状况变动表的性质

会计报表的使用者最关切的是企业的财务状况或财务结构和财务成果或创利能力。一个企业的正常经济活动，总不外乎产销经营活动、筹集资金活动和投放资金活动三个方面。这些经济活动使企业的资金经常处于周转运动之中和财务状况经常处于变化之中。

资产负债表表示企业财务状况在一定日期上的静态结构，通过对两个连续期期末资产负债表的比较分析，可以确定资产、负债和所有者权益的结构性变化；但是不能说明造成这些变化的原因。损益表反映一定期间财务成果形成的动态过程和结果，留存盈利表反映利润分配和留存盈利的积累，但也都不能对企业的筹资活动和投资活动作全面反映。经营活动、筹资活动和投资活动在企业全部经济活动中是"三位一体"、密切相关的。对此，需要作出综合的全面的反映和分析。

从资产负债表和损益表的表式结构上看，这两个表是通过"留存盈利"这个项目挂钩的。但是，却不能将收入的实现和费用的发生同财务状况的变动直接联系起来。事实上,随着收入与费用的实现和发生,大部分资产负债表项目也同时发生相应的增减变动。财务状况变动表在资产负债表和损益表之间起着桥梁作用,将它们有机结合起来,从而反映企业财务状况变动的来龙去脉,以及企业财务地位的强势和弱点。

二、财务状况变动表编制的基础

财务状况变动表可以用流动资金(又称"营运资金",包括流动资产和流动负债;流动资产总额减流动负债总额后的余额,称为"净流动资金",反映企业的流动性或偿债能力)为基础,也可以用现金为基础。前者着重在流动资金的流入和流出,综合反映一定会计期间内流动资金的来源和运用及其增减变动情况,是传统的财务状况变动表,又称"流动资金来源与运用表"(或"资金来源与运用表")。后者着重在现金的流入和流出,反映一定会计期间内现金收入和支出情况,又称"现金流量表"。两种报表的编制基础不同,表现形式不同,但目的都在于反映企业财务状况的流动性,而现金流量表更能反映企业财务的流动性和现金地位。根据美国财务会计准则委员会(FASB)1987年11月公布的第95号公告,自1988年起以流动资金为基础的传统的财务状况变动表已被现金流量表所取代。本章论述现金流量表的编制,并设一节对以流动资金为基础的财务状况变动表的编制作一介绍,以便于对现金流量表的编制衔接和理解。

三、现金流量表的作用

美国财务会计标准委员会指出:"现金流量表的主要作用是提供关于一个实体在一定期间内现金收入和现金支出的信息"。一个企业即使有盈利,但是,如果现金地位不佳、流动性不强,也会遇到财务困难甚至走向破产。

现金流量表(cash flow statement)有助于投资者、债权人和其他报表使用者了解以下各点,借以对企业的现金地位作出评估:企业在将来产生正数净现金流动(即净流入)的能力;企业偿还到期债务和支付现金股利的能力;企业从外部筹措资金的需要;净收益和有关的现金收入与现金支出之间的差异及其原因;在一定期间内的企业投资活动和筹资活动的现金方面和非现金方面。

为了向投资者、债权人和其他有关方面提供有用的信息,以便于对以上各点作出评价,现金流量表应对期内关于经营活动、投资活动和筹资活动的现金收支情况进行列报。除对外部使用者提供信息外,现金流量表还对企业经理人员提供必要信息,以便他们据以作出计划和控制的决策。

第二节 现金流量表编制要点

根据美国财务会计标准委员会发布的第95号公告,编制现金流量表有以下几项要点:

一、以现金和等同现金项目为基础

在编制现金流量表中,现金的定义是银行可以正常接受作为支票户存款的项目加等同现金项目(cash equivalent)。所谓"等同现金项目",包括短期的具有高度可变现性的投资,如国库券、商业票据,以及可在金融市场转让的资金凭证等。这类项目随时可以按其票面金额转换成确定数额的现金,而且由于期限短、变现性强,其利率风险也小(所谓"利率风险",是指在证券凭证持有期间,由于利率水平的提高而产生损失的可能性。因为证券、票据或资金凭证的票面利率是不变的。但是,由于市场利率提高,其现值必然下降;反之,则现值上升。结果就造成利率风险)。将暂时多余现金短期投资于这些项目,实际是属于企业现金管理的一部分,而不属于其经营活动、投资活动和筹资活动。

二、分类列报经营活动、投资活动和筹资活动产生的现金流量

按这三项活动所产生的现金流动,分别计列其现金流入、现金流出和净现金流动,然后加总为总现金流量。总现金流量与期初现金余额相加(或减),即为期末现金余额,应与现金账户同日余额相符。

此外,对于数额大、期限短、周转快的收支项目,可只计列其净流入或净流出数额。这是根据公认会计原则中的重要性原则,如果某些项目的现金收支总量对于了解企业的经营活动、投资活动和筹资活动并无重要意义,便可只计列其收支净额。

对于不含现金收付、不影响现金流量,但影响企业财务状况的投资和筹资活动,应作注释说明。如发行普通股股票换回公司债券、权益资本增加,长期债务减少,纯属转账交易,并不含有现金收付,但影响财务结构,应在表上作出注释(也可介入现金因素同时一收一付,在报表上列计,这种方法虽不影响现金净流动,但现金收入和现金支出双方同时增加,虚增现金流量,未必可取)。

对于"等同现金"项目的范围应作注释说明。由于企业的性质不同,等同现金项目的范围也可能不尽相同,企业应根据本身具体情况确定等同现金项目的范围,并在表中对所依据的会计政策作注释说明。

三、经营活动产生的净现金流量以损益表计列的净收益为起点

净收益是经营活动产生的现金流量的主要来源。但是,损益表上的净收益是按权责发生制基础核算产生的,需要调整为现金收付基础。按现金收付基础调整后的净收益才能代表经营活动产生的现金净流量。

第三节 现金流量表的结构

在现金流量表内,现金收入和现金支付按企业的经济活动分作经营活动、投资活动和筹资活动三个部分。

一、经营活动产生的现金流量

经营活动包括商品的生产,采购和销售,服务的提供,以及利息的收支,费用和税款的支付等。经营活动产生的现金流量一般代表决定净收益的交易活动造成的现金流入和流出。

(一) 经营活动产生的现金流入

包括以下项目：

1. 现售商品和现供劳务所取得的现金收入和收回应收账款和应收票据取得的现金收入。

2. 贷款利息收入和持有其他企业发行的公司债券所取得的利息收入。

3. 投资于其他公司发行的股票所取得的股利收入。

4. 与经营活动有关但不属于以上三项的其他收入，如材料销售、包装物出租、运输劳务收入等其他收入。

(二) 经营活动产生的现金流出

包括以下项目：

1. 取得生产用原材料和备售商品储备支付的现金。

2. 偿付赊购原材料和商品结欠供应商的货款（即应付账款）。

3. 支付职工的工薪和各项费用。

4. 支付现金向政府财税部门缴纳税款罚金和其他公费。

5. 用现金向贷款人和其他债权人支付利息。

6. 其他现金支出，如涉讼支出、对外捐款、对客户退赔等。

二、投资活动产生的现金流量

投资活动一般包括借出款项和收回借款本金（收入借款利息列入经营活动产生的现金流入），取得和售出不属等同现金项目的证券，取得和变卖可在若干时期内生产产品或提供劳务的生产性资产。

(一) 投资活动的现金流入

包括以下项目：

1. 收回对外贷款的本金。

2. 贷款债权转让取得的收入。

3. 售出持有的其他企业发行的债券和权益性证券（不包括列入等同现金项目的短期的具有高度可变现性的投资）取得的收入。

4. 出售财产、厂房、设备和其他长期资产取得的收入。

(二)投资活动的现金流出

包括以下项目:

1. 提供对外贷款或转入其他单位的贷款。

2. 支付现金取得其他企业发行的债券或股票(不包括列入等同现金项目的短期易变现投资)。

3. 取得财产、厂房、设备和其他长期资产支付的款项。

三、筹资活动产生的现金流量

筹资活动一般包括:从资金的所有者取得资金和定期偿还,从债权人取得赊欠或借款并定期偿还或以其他方式了结。为此而支付的利息,列入经营活动的现金流出。

(一)筹资活动产生的现金流入

包括以下项目:

1. 发行权益性证券取得的现金收入

2. 发行债务性证券、抵押贷款、应付票据以及其他借款取得的现金收入。

(二)筹资活动产生的现金流出

包括以下项目:

1. 对投资者支付股利或其他形式的报酬。

2. 买回发行在外的股份(减少资本或作为库藏股票)。

3. 偿还借款(多数借款借入和偿还属于筹资活动。但是,偿付在日常业务活动中发生的负债,如应付费用和为购买存货和用品而发生的应付账款,则属于经营活动范围)。

有些项目的归类取决于企业的经营性质。例如,取得与售出或处理长期资产,属于投资活动。但是,如果取得长期资产是为了短期出租而后售出,则取得此项长期资产应认为是属于经营活动。又如,损益表的主要内容是经营活动的收益和费用,净收益也是经营活动产生的现金流量主要来源。但是,有一些正常包括在损益表内的收益和损失,是来自投资活动或筹资活动而不是经营活动。例如,售出厂房资产或处理不继续经营的业务所发生的损益,一般属于投资活动产生的现金流入的一部分;偿清债务发生的损益,一般属于筹资活动产生的现金流出的一部分。在编制现金流量表时,需要对此作出判断。

第四节 经营活动产生的现金流量

经营活动产生的现金流量,可以采用直接法或间接法列报,美国《财务会计准则公告》第95号主张采用直接法。不论采用直接法或间接法,这一部分都应从权责发生基础调整转换为现金收付基础。

一、直接法

用直接法列报经营活动产生现金流量时,按经营收入的主要来源分类,反映经营的现金流入量,按现金支付的主要用途分类,反映经营的现金流出量,借以说明现金的流量变化。如现金流入量可按从客户收取的现售货款和收回赊售欠款的现金、利息收入和股利收入的现金,以及其他经营性现金收入分项列报。现金支出按主要用途分类,反映经营的现金流出量,如向提供商品和服务的供应商支付的现购货款和偿还赊购欠款的现金、向职工支付工薪、向债权人支付利息以及向政府缴纳税款所支付的现金等。经营活动产生的现金流入量与现金流出量之间的差额,代表经营活动产生的净现金流量。直接法的主要优点是:可以反映经营现金收入和支出的来龙去脉。了解过去期间经营现金的来源和现金在经营中的使用途径,对于估计未来现金流量是有用的。

为了计算经营活动提供的现金流量,需要取得以下数据:一是当期的损益表。因为净收益是经营活动提供现金流入的主要来源。不过,损益表是按权责发生制基础的核算体系编列的,需要转换为按现金收付基础核算的净收益。一是比较资产负债表的流动资金部分。因为用直接法列计经营活动产生的现金流量,需要利用流动资金项目的比较增减变动的数据。

假设某公司2002年的损益表和2002年期末与2001年期末比较

第十九章 资金流动和现金流量分析

资产负债表流动资金部分的数据,如图表 19-1、19-2 所示:

(图表 19-1)

××公司损益表
(截至 2002 年 12 月 31 日止)

销售收入		$ 694 000
减:销售成本		316 000
销售利润		$ 378 000
减:营业费用		
广告费用	$ 48 600	
折旧费用	69 300	
保险费用	4 200	
维修费用	26 800	
工薪费用	112 600	
营业费用合计		261 500
税前净收益		$ 116 500
减:所得税费用		21 000
净收益(税后)		$ 95 500

(图表 19-2)

2002 年与 2001 年比较资产负债表的流动资金部分
(现金除外)

项　　目	12 月 31 日		比较(±)
	2002 年	2001 年	
流动资产:(不包括现金)			
应收账款	$ 169 400	$ 147 300	$ 22 100
存　货	101 600	109 500	(7 900)
预付保险费	6 800	9 400	(2 600)
流动资产小计:	$ 277 800	$ 266 200	$ 11 600
流动负债:			
应付账款	$ 74 200	$ 81 600	($ 7 400)
应付工薪费	24 900	21 400	3 500
应付所得税	9 300	—	9 300
流动负债小计	$ 108 400	$ 103 000	$ 5 400

计算经营活动提供的现金,应将按权责发生制核算的净收益转变为现金收付基础的净收益。在作此转变时,必须考虑营业交易对应计收入的影响和现金运动之间的关系。为此,各项按权责发生制核算的收入必须进行调整,以反映经营活动产生的现金流入量。同时,按权责发生制核算的成本费用也必须进行调整,以反映各项成本费用的现金流出量。经营产生的现金流入量与现金流出量之间的差额,即代表经营活动产生的净现金流量。具体转换过程如下:

(一)销货从顾客收到现金

按照权责发生制核算,赊销业务在每笔销售发生时,应借记"应收账款",贷记"销售收入";而按照收付实现制核算,则在收到现金时才确认收入。因此,将权责发生制销售收入转换为现金收付制销售收入时,应考虑应收账款的期初和期末余额。其计算公式如下:

$$权责发生制销售收入\begin{Bmatrix}+期初应收账款余额\\-期末应收账款余额\end{Bmatrix}=从顾客收入的现金$$

该公司损益表上销售收入为 $694 000,比较资产负债表上 2001 年 12 月 31 日和 2002 年 12 月 31 日的应收账款分别为 $147 300 和 $169 400。计算从顾客收入的现金如下:

损益表按权责发生制核算的销售收入	$694 000
加:期初应收账款余额	147 300
可从顾客收入的现金合计	$841 300
减:期末应收账款余额	169 400
从顾客收入的现金	$671 900

应收账款的期初余额即为上期的期末余额,与权责发生制销售收入相加,其合计数表示当期应可收入的现金数额。期末应收账款余额代表尚未收到现金的销售收入应予减除。其最后结果即为当期从应收账款收入的现金。

上述计算公式也可改换如下:

第十九章 资金流动和现金流量分析

权责发生制
销售收入 ±（期初应收账款余额－期末应收账款余额）

＝从顾客收入的现金

（如果期初应收账款余额＞期末应收账款余额，其差额为"＋"，如果期初应收账款余额＜期末应收账款余额，其差额为"－"。）

其他流动资产项目，均可仿此计列。但流动负债项目则与此相反。

（二）因购货向供货商支付现金

在权责发生制下，赊购商品发生时，应借记"购货"，贷记"应付账款"。而在现金收付制下，则在现金支出之前不确认购货。因此，将权责发生制的销售成本转换为现金收付制的销售成本时，必须对当年的存货和应付账款发生的变化进行调整，如图表19-3所示：

（图表19-3）

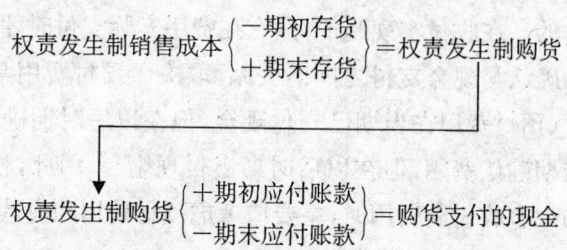

该公司损益表上销售成本为 $316 000，比较资产负债表上 2001 年 12 月 31 日和 2002 年 12 月 31 日的存货余额分别为 $109 500 和 $101 600，应付账款余额分别为 $81 600 和 $74 200。

利用上式计算购货支付的现金如下：

损益表上的权责发生制销售成本	$316 000
减：期初存货	(109 500)
加：期末存货	101 600
全年权责发生制购货额	$308 100
加：期初应付账款	81 600
减：期末应付账款	(74 200)
支付向购货商购货现金	$315 500

计算全年向供应商购货支付的现金,分两个步骤:第一步,利用上列第一个计算公式,在权责发生制销售成本上加期末存货余额减期初存货余额,得出权责发生制购货额。第二步,利用上列第二个计算公式,在第一步计算所得的权责发生制购货额的基础上,加期初应付账款余额减期末应付账款余额,所得出的数额即为购货支付的现金。这两个计算式可以合并表达如下:

$$\left.\begin{array}{l}\text{权责发生制}+\text{期末存货}-\text{期初存货}\\\text{销售成本}+\text{期初应付账款}-\text{期末应付账款}\end{array}\right\}=\text{购货支出现金}$$

(三) 用于费用的现金支出

权责发生制下,在运用资金取得盈利的同时,需要支付和确认费用。有的费用是预付的,有的是当期发生时支付的,还有一些是在期末应计而未付的。在收付实现制下,只有在费用实际支付时才予以确认。各种费用的确认与现金支付之间的关系,取决于预付费用与应计费用的有关变化(预付费用在当期已支付现金,但在以后时期确认费用;应计费用在当期确认费用,但在以后时期支付现金)。因此,权责发生制费用转换为现金收付制费用时,主要应考虑预付费用和应计费用问题。其计算公式如图表 19-4 所示:

(图表 19-4)

$$\text{权责发生制费用}\left\{\begin{array}{l}-\text{期初预付费用}\\+\text{期末预付费用}\\\text{和(或)}\\+\text{期初应计费用}\\-\text{期末应计费用}\end{array}\right\}=\text{现金支付费用}$$

该公司的比较资产负债表数据表明,2001 年 12 月 31 日和 2002 年 12 月 31 日预付保险费账户余额分别为 $9 400 和 $6 800。根据上述计算公式,将权责发生制保险费用转换为现金收付制保险费用如下:

第十九章　资金流动和现金流量分析

损益表上的权责发生制保险费	$ 4 200
减：期初预付保险费余额	(9 400)
加：期末预付保险费余额	6 800
保险费现金支出	$ 1 600

期初预付保险费余额系以前年度支付，并非本年现金支出，需从权责发生制保险费用中减去，期末预付保险费虽不属本年费用，但系本年的现金支出，在计算保险费现金支出时则应加上。

参看该公司比较资产负债表，在负债项下有两项应计费用：应付工薪费用和应付所得税费用。2001 年 12 月 31 日和 2002 年 12 月 31 日的应计未付工薪费用金额分别为 $ 21 400 和 $ 24 900，应付未付所得税费用分别为零和 $ 9 300。将权责发生制工薪费用和所得税费用转换为现金收付制费用如下：

	工薪费用	所得税费用
损益表上的权责发生制费用	$ 112 600	$ 21 000
加：期初应计未付费用	21 400	0
减：期末应计未付费用	(24 900)	(9 300)
本年度在费用项下支付的现金	$ 109 100	$ 11 700

将按权责发生制核算的费用转换为现金收付制时，期初应计未付费用应加到按权责发生制核算的费用中。因为期初应计费用虽然已在上年确认为应计费用，但上年并未支付，而是在本年支付，应列入本年的现金付出。期末应计未付费用，要到下年才支付现金，本年并未支付，则应予减计。

以上举例计算的由权责发生制转换为现金收付制的几个收付项目的数据，在用直接法编制现金流量表时，应在经营活动产生的现金流量部分逐项列计，如图表 19-5 所示。

关于从经营活动产生的现金流量的计算以及将权责发生制核算的收益转变为现金收付制收益可总结为下表，如图表 19-6 所示：

(图表 19-5)

某公司现金流量表(直接法)

(截至 2002 年 12 月 31 日止)

经营活动现金流量	
从客户收到的现金	$ 671 900
减：支付的现金：	
向供货商支付购货款	315 500
职工工薪费	109 100
保险费	1 600
广告费	48 600
维修费	26 800
所得税	11 700
经营活动现金支付合计	$ 513 300
经营活动净现金流量	$ 158 600

(图表 19-6)

经营活动产生的现金流量总结计算

权责发生制损益表		调 整		现金收付制损益表	
销售收入	($ 694 000)	＋期初应收账款 ($ 147 300) －期末应收账款 ($ 169 400)	＝从顾客收到的现金 (现金销售)	($ 671 900)
↓减			减		
销售成本	($ 316 000)	＋期初存货　　($ 109 500) ＋期末存货　　($ 101 600) ＋期初应付账款 ($ 81 600) －期末应付账款 ($ 74 200)	＝购货支付现金	($ 315 500)
↓减			减		
各项费用	($ 282 500)	＋期初预付费用 ($ 9 400) ＋期末预付费用 ($ 6 800) ＋期初应计费用 ($ 21 400) －期末应计费用 ($ 34 200) －折旧费　　　($ 69 300)	＝各项费用支付现金	($ 197 800)
↓等于			等于		
权责发生制净收益	($ 95 500)		现金收付制净收益	($ 158 600)

第十九章 资金流动和现金流量分析

各项费用按明细科目分析,如图表 19-7 所示:

(图表 19-7)

权责发生制损益表		调 整		现金收付制损益表
广告费	$ 48 600			$ 48 600
保险费	4 200	－期初预付费用 ＋期末预付费用	$ 9 400 6 800	1 600
维修费	26 800			26 800
职工工薪费	112 600	＋期初应计未付费用 －期末应计未付费用	21 400 24 900	109 100
折旧费	69 300	(非现金项目)		
所得税	21 000	－期末应计未付费用	9 300	11 700
合计	$ 282 500			$ 197 800

二、间接法

列报经营活动产生的现金流量的间接法,不是按经营现金收入的主要来源和支出的主要用途分项列报,而是将按权责发生制核算的净收益调整为以现金收付制为基础的净收益,作为经营活动产生的净现金流动。调整时将影响净收益,但是不影响现金流动的项目对净收益数额进行加减调整,使调整后的净收益代表经营活动产生的现金流量。在按权责发生制核算净收益时,已经减计的项目,如已经发生但并未支付现金的费用,以及前期已支付但在本期作为费用的项目,例如,折旧与摊销,都要加回应计收入。在确定应计净收益时加计的项目,如已获得但尚未收到的利息,已入账但尚未收到的销售收入,都要从应计收入中减计。间接法的主要优点是:注意收入与经营活动的现金流量之间的联系和区别。而投资者、债权人和其他有关的人,都想了解这种区别,以便把收入评估作为评估未来现金流量的一个中间步骤。

(一)分析资产负债表账户的变化

将应计收入调整为现金收入的金额,一般通过分析与收益或费用项目有关的资产负债表账户的变化而取得。对账户变化的分析与前述直接法的分析方法大致相同。例如，在应计销售发生时，借记"应收账款"，在收到现金时，贷记"应收账款"。因此，应收账款账户金额的增加，意味着在这一期间入账的销售额超过从顾客收账的数额，其超过数额即为应收账款的增加额（销售收入已入账但未收到现金）。为了调整为现金收付基础，应收账款的增加数额应从现金流量表应计收入中减计；反之，如果这一期间应收账款的金额减少，则其结果也相反，在现金流量表中应加计应计收入。

其他流动资产的变动，如存货和预付费用，对净收益也有相同影响。例如，当期存货账户的减少，意味着公司销售的商品多于购入的商品。这样，在按权责发生制核算的销售成本高于现金收付制销售成本（前期支付而在本期作为费用）。因此，在现金流量表中，存货的减少加回到按权责发生制核算的收入中。如果是存货金额的增加，则结果相反，应从应计净收益中减计。对预付费用的变动也可用同样的分析。例如，预付费用的增加，意味着公司支付的现金超过入账的费用（当期支付的费用，但未借记本期费用账户）。这样，增加部分应予以减计，将现金流量表中的应计收入调整为现金收付制收入。

按权责发生制核算所确认的收入与费用的金额，可能同时与负债账户的变动特别是流动负债的变动有关。例如，应付账款一般与购货有关。应付账款账户金额的减少，意味着用于购货支付的金额高于本期实际购货（即一部分系支付前期形成的应付账款）。这就是说，用于购货所支付的现金高于按权责发生制核算入账的购货。为了将应计基础的收入调整为现金基础的收入，应付账款的减少应在现金流量表中减计；反之，如果应付账款的数额增加，则应在现金流量表中加回。

应计负债（费用），与权责发生制费用的确认有关。例如，应计工薪费的增加，意味着当期所记录的工薪费用多于实际支付的金额。增加部分应加回到权责发生制收入，在现金流量表中转换为现金收付制收入;反之,应计费用的减少,其结果也相反。

除了前述各项外,以前时期支付的与长期资产有关的费用,如折旧、摊销以及折耗费用,在计算权责发生制收入时系在当期减计。由于当期并未发生现金支出,所以这些费用在现金流量表中应加回到权责发生制收入,调整为现金收付制收入。

仍以前例,以某公司的损益表和比较资产负债表为基础,用间接法编制现金流量表。其经营活动的现金流量部分,如图表19-8所示:

(图表19-8)

某公司现金流量表(间接法)

2002年度

净收益	$ 95 500
将净收益转换为经营活动产生	
的净现金流量所作的调整:	
应收账款的增加	(22 100)
存货的减少	7 900
预付保险费的减少	2 600
应付账款的减少	(7 400)
应计未付工薪费的增加	3 500
应计未付所得税的增加	9 300
折旧费(见损益表)	69 300
经营活动净现金流量	$ 158 600

注:各项调整增减项目,除"折旧费"见损益表外,其余各项见比较资产负债表。

第五节 投资活动和筹资活动产生的现金流量

现金流量表内,继经营活动的现金流量之后,应分别列报投资活动和筹资活动的现金流量,这三部分现金流量的合计,即现金总流量。

一、投资活动产生的现金流量

投资活动现金流量包括投资活动产生的现金流出和流入。现金流出量和流入量应分别按其活动单独反映。例如,期内销售生产性资产的总收入,应列为现金流入量,用于购入新的生产性资产的总支出,应列为现金流出量。

下面是现金流量表中投资活动部分的现金流量,举例如下:

购入财产、厂房和设备的支出	$(365 000)
处理财产、厂房和设备取得的收入	106 000
购买投资证券的支出	(235 000)
售出投资证券取得的收入	68 000
贷出款项	(55 000)
贷款收回	42 000
投资活动净现金流出量	$(439 000)

二、筹资活动产生的现金流量

筹资活动包括正常筹资活动交易产生的现金流入量和现金流出量。现金流入和流出应各别单独反映。例如,期内长期借款的总收入,应与偿还长期债务的全部付款分别列报。现金流量表筹资活动产生的现金流量举例如下:

发生短期债务取得的收入	$124 500
付款清偿短期债务	(86 000)
发行长期债务凭证取得的收入	800 000
付款清偿长期债务	(350 000)
发行股份取得的收入	500 000
购买库藏股票支出	(240 000)
支付现金股利	(130 000)
筹资活动提供的净现金流入量	$618 500

三、非现金交换交易

有时公司所从事的重大筹资和投资交易并不直接影响现金。例如,开出长期应付票据或增发股票与厂房资产的交换。有时这些交易通过支付部分现金(即第一次付款或定金),其余价款作为债务或付给权益证券。在这种情况下,只有现金部分在现金流量表的主体中列出。由于交易的非现金部分代表投资活动(购置厂房资产)和筹资活动(发行债务凭证或权益证券)的结合,会计准则要求这些交易应予以揭示,揭示方式可以用文字叙述或用表式总结。但无论哪种形式,均应将同一项目的现金和非现金部分的交易联系起来。

其他非现金交易包括债务证券转换为权益证券和通过资本租赁取得厂房资产。这些交易在其发生期间往往很少含有或根本没有现金流入和流出,但对未来的现金流量却有重大影响。类此非现金交易,可在现金流量表的主体部分之下作为单项列出。

第六节 现金流量表编制举例

编制现金流量表应有比较资产负债表、损益表和留存盈利表所提供的基本数据资料,同时还应查出与编制现金流量表筹资部分和投资部分有关的数据。假设某公司2002年发生的与现金流量表有关的交易如下:

1. 支付 $600\ 000$ 现金,建造大楼边厅。
2. 购置新设备成本 $337\ 000$,其中:支付现金 $87\ 000$,余数开具2005年1月2日到期的 $250\ 000$ 应付票据。
3. 售出账面价值为 $100\ 000$ 的设备,收入现金 $92\ 000$。
4. 以 $274\ 000$ 价款,售出长期股票投资。
5. 按票面发行 $150\ 000$ 应付债券,取得现金。
6. 继续发行 $30\ 000$ 股面值为 $5 的普通股,得款 $259\ 500$。
7. 宣布并支付现金股利 $174\ 000$。

该公司的比较资产负债表、损益表和留存盈利表,如图表19-9、19-10、19-11所示:

(图表19-9)

比较资产负债表

	2002.12.31.	2001.12.31.	比较(±)
	资 产		
流动资产			
现金(含等同现金项目)	$ 482 000	$ 318 000	$ 164 000
应收账款(减备抵坏账)	246 500	189 000	57 500
存货	471 000	483 000	(12 000)
预付费用	54 000	21 000	33 000
流动资产合计	$ 1 253 500	$ 1 011 000	$ 242 500
固定资产			
房屋及建筑物	$ 1 800 000	$ 1 200 000	$ 600 000
累计折旧——房屋及建筑物	(522 000)	(472 500)	(49 500)
设备	1 011 000	774 000	237 000
累计折旧——设备	(400 500)	(348 000)	(52 500)
土地	350 000	350 000	
固定资产合计	$ 2 238 500	$ 1 503 500	$ 735 000
长期股票投资			
(按低于市价的成本)	$ 250 000	$ 400 000	(150 000)
资产总计	$ 3 742 000	$ 2 914 500	$ 827 500
	负债与股东权益		
流动负债			
应付账款	$ 450 000	$ 478 500	($ 28 500)
应计费用	31 500	24 000	7 500
流动负债合计	$ 481 500	$ 502 500	($ 21 000)
长期负债			
应付票据,			
1995年1月2日到期	$ 250 000	—0—	250 000
应付债券,			
2005年7月1日到期	900 000	750 000	150 000
长期负债合计	$ 1 150 000	$ 750 000	$ 400 000
股东权益			
普通股,面值$5	$ 975 000	$ 825 000	150 000
超面值缴入股本	448 500	339 000	109 500
留存盈利	687 000	498 000	189 000
股东权益合计	$ 2 110 500	$ 1 662 000	$ 448 500
负债及股东权益总计	$ 3 742 000	$ 2 914 500	$ 827 500

第十九章　资金流动和现金流量分析

(图表 19-10)

损　益　表

（2002年度）

销售收入（净额）		$6 930 000
减：销售成本		3 660 000
销售毛利		$3 270 000
减：营业费用（折旧费用除外）	$2 625 000	
折旧费用	102 000	2 727 000
营业利润		$543 000
加：其他收入		
股利和利息收入	$36 000	
售出投资利得	124 000	$160 000
减：其他支出及损失		
利息费用	$92 000	
售出设备损失	8 000	$100 000	60 000
税前净收益		$603 000
所得税费用		240 000
净收益（税后）		$363 000

(图表 19-11)

留存盈利表

（2002年度）

1月1日余额	$498 000
本期净收益（税后）	363 000
合　　计	$861 000
减：现金股利	174 000
12月31日余额	$687 000

比较资产负债表的数据表明，2002年现金和等同现金项目增加了 $164 000，现金流量表就应反映引起现金和等同现金项目增加的经

营、投资和筹资活动。下面是采用直接法列报经营活动现金流量的现金流量表,如图表 19-12 所示:

(图表 19-12)

现 金 流 量 表
(直接法)
2002 年度

经营活动产生的现金流量:		
从顾客收到的现金(1)		$ 6 872 500
从利息和股利收到的现金		36 000
经营活动提供的现金		$ 6 908 500
减:现金支出		
支付供应商货款(2)	$ 3 676 500	
支付供应商营业费用(3)	2 650 500	
支付利息和税款(4)	332 000	
经营活动支付的现金		$ 6 659 000
经营活动净现金流量		$ 249 500
投资活动产生的现金流量:		
购买建筑物和设备(5)	($ 687 000)	
售出设备收入	92 000	
售出投资收入	274 000	
投资活动的净现金流量		(321 000)
筹资活动产生的现金流量:		
发行债券收入	$ 150 000	
发行普通股收入	259 500	
支付现金股利	(174 000)	
筹资活动提供的净现金流量		235 500
现金和等同现金项目的净增加额		$ 164 000

[此表与比较资产负债表上"现金"(含等同现金项目)的增加额相一致]

第十九章 资金流动和现金流量分析

(续表)

非现金投资和筹资活动:		
开出应付票据交换设备	$ 250 000	
注释:		
(1) 权责发生制销售净额	$ 6 930 000	(见损益表)
加:期初应收账款	189 000	⎫
减:期末应收账款	(246 500)	⎬ (见比较资产负债表)
收入顾客现金	$ 6 872 500	
(2) 权责发生制销售成本	$ 3 660 000	(见损益表)
减:期初存货	(483 000)	⎫
加:期末存货	471 000	⎪
加:期初应付账款	478 500	⎬ (见比较资产负债表)
减:期末应付账款	(450 000)	⎭
支付供应商的货款	$ 3 676 500	
(3) 营业费用(不含折旧费)	$ 2 625 000	
减:期初预付费用	(21 000)	⎫
加:期末预付费用	54 000	⎪
加:期初应计费用	24 000	⎬ (见比较资产负债表)
减:期末应计费用	(31 500)	⎭
支付供应商的营业费用	$ 2 650 500	
(4) 利息费用	$ 92 000	⎫
所得税费用	240 000	⎬ (见损益表)
支付利息和税款	$ 332 000	
(5) 附加建筑物	$ 600 000	
支付现金购置设备	87 000	
建筑物和设备支付的现金	$ 687 000	

上表，经营活动的现金流量系用直接法列报。为了将直接法与间接法进行对照，下面利用间接法列报经营活动的现金流量，如图表 19-13 所示：

(图表 19-13)

现 金 流 量 表
(间接法)
2002 年度

经营活动产生的净现金流量：		
净收入(见损益表)	$363 000	
将净收入调整转变为经营活动的净现金流量		
＋折旧费用	102 000	(见损益表)
－应收账款的增加	(57 500)	⎫
＋存货的减少	12 000	⎪
－预付费用的增加	(33 000)	⎬(见比较资产负债表)
－应付账款的减少	(28 500)	⎪
＋应付费用的增加	7 500	⎭
－出售投资的收入	(124 000)	⎫(见损益表)
＋出售设备损失	8 000	⎭
经营活动的净现金流量	$249 500	
投资活动的现金流量：		
购置建筑物和设备	$(687 000)	
售出设备收入	92 000	
售出长期投资收入	274 000	
投资活动的净现金流量(流出)	($321 000)	
筹资活动的现金流量：		
发行债券的收入	$150 000	
发行股票的收入	259 500	
支付现金股利	(174 000)	
筹资活动所提供的净现金流量	$235 500	
现金净增加额	$164 000	
非现金投资和筹资活动：		
用于购置设备的应付票据	$250 000	

第七节　以流动资金为基础的财务状况变动表

一、以流动资金为基础的财务状况变动表和现金流量表的比较

以流动资金为基础的财务状况变动表,又称"资金来源与运用表"(statement of sources and application of funds)和现金流量表(即"财务状况变动表——现金基础"),虽然作用都在于表示企业的"流动性",但两者有不同之处:

(一)对"资金"的界定不同

现金流量表的"资金",是指现金及等同现金项目,而资金来源与运用表的"资金"则指流动资金(流动资产和流动负债)。

(二)表式结构不同

本章所述现金流量表共分经营活动、投资活动和筹资活动三个部分,分别列计现金流入、现金流出和现金净流量,然后再将三个部分的现金净流量加总。而资金来源与运用表则分流动资金来源与运用和流动资金各项目的变动两大部分,前者分流动资金来源和流动资金运用,反映流动资金的来龙去脉,后者则反映流动资金各项目结构性的增减变动。

(三)调整标准不同

现金流量表和资金来源与运用表都是以损益表中的净收益为起点,经过调整后列为现金流入或流动资金增加的主要来源,但两者的调整标准不同。在以流动资金为基础的财务状况变动表,对于影响净收益但是不影响流动资金的项目,应对净收益进行调整,以保持净收益和流动资金流量的一致性(例如,固定资产折旧在损益表列作折旧费用,减少净收益,但是流动资金不受影响。因此,在编制以流动资金为基础的财务状况变动表以净收益作为资金来源时,应将折旧费用加回净收益)。在编制现金流量表时,除对影响净收益但不影响流动资金的项目应作调整外,对于影响净收益和影响现金除外的流动资金项目(但不影

响现金)也应作调整,以保持损益表上的净收益和现金流量的一致性。

二、明确流动资金的来源和运用

(一) 流动资金的来源

1. 经营净收益。

这是流动资金的主要来源。由于损益表上所计列的净收益是以权责发生制为基础的,其数额和经营活动提供的流动资金数额之间必然存在差异。因此,应对损益表计列的净收益数额进行调整,即对于减少经营净收益但不影响(减少)流动资金的费用与损失项目,以及增加净收益但不影响(增加)流动资金的收入项目。对净收益进行加减调整(前者加回净收益、后者从净收益冲减)后,净收益和经营活动提供的流动资金就相互一致。

2. 企业所有权者的投资。

向所有权者发行股票,在现金流量表中属于筹资活动。

3. 借入长期借款。

发行债券或签发长期票据借款,在现金流量表属于筹资活动。

4. 售出长期资产。

售出设备或长期投资,在现金流量表属于投资活动,因系原投资资产的售出。

(二) 流动资金的运用

1. 经营净损失。

属于经营活动,也应进行调整,以保持与流动资金的流量相互一致。

2. 向企业所有权者支付款项。

公司组织向股东发放股利,属于筹资活动。

3. 购入非流动资产。

支付现金或增加流动负债,属于投资活动。

4. 偿还长期负债。

属于筹资活动,因原借入时属于筹资。

第十九章　资金流动和现金流量分析

对于以上分析,可归结以下几点:

第一,如果一项经济交易所造成流动资金的变化,仅发生在流动资金范围之内(如一项流动资产增加、另一项流动资产减少,或流动资产项目与流动负债项目同时增加或同时减少),不会引起流动资金的增减,但会造成流动资金结构的变动。

第二,如果一项经济交易只影响非流动资金范围(如购进固定资产、签发长期应付票据),不会影响流动资金增减和结构。

以上两类经济交易,均不列入以流动资金为基础的财务状况变动表。

第三,只有一项经济交易同时涉及流动资金和非流动资金(如售出固定资产取得现金),才会影响流动资金来源或运用的变动,需要列入以流动资金为基础的财务状况变动表。

第四,有时一项经济交易虽只属于非流动资金内部的变化而不影响流动资金,但是,此项交易引起的变化涉及企业资金的重要来源和运用,如原发行可转换长期债券,在债券到期时或到期前转换为普通股。这种转换虽不涉及流动资金,但是,由长期负债转换为权益资本,资金性质发生变化,也应列报,即同时列入流动资金的来源和运用(换发普通股列来源,收回长期债券列运用),对于流动资金的存量并无影响。

三、编制以流动资金为基础的财务状况变动表

(一)将损益表所列的净收益从权责发生制基础调整转换为流动资金基础

本期净收益调整情况如下:

本期净收益
加:不减少流动资金的费用和损失
　(1)固定资产折旧
　(2)无形资产、递延资产摊销
　(3)固定资产盘亏(减盘盈)
　(4)处理固定资产损失(减收益)

(图表19-14)

财务状况变动表

一、流动资金来源:

1. 本年利润		$363 000
加: 不减少流动资金的费用和损失:		
(1) 固定资产折旧	$102 000	
(2) 售出固定资产损失	(116 000)	
——售出投资收益	(124 000) $8 000	(14 000)
小 计		$349 000
2. 其他来源		
(1) 固定资产清理收入	$92 000	
(2) 增加长期负债	400 000	
(3) 收回长期投资	274 000	
(4) 资本净增加额	259 500	
小 计		1 025 500
流动资金来源合计		$1 374 500

二、流动资金运用:

1. 利润分配	$174 000	
2. 其他运用		
(1) 固定资产增加	937 000	
流动资金运用合计		1 111 000
流动资金增加净额		$263 500

流动资产本年增加数: 流动资金各项目的变动

现金(含等同现金项目)	$164 000
应收账款(净额)	57 500
存货	(12 000)
预付费用	33 000
流动资产本年增加净额	$242 500
流动负债本年增加数:	
应付账款	($28 500)
应计未付费用	7 500
流动负债增加净额	(21 000)
流动资金增加净额	$263 500

(5) 长期投资溢价摊销(减折价摊销)

(6) 应付债券折价摊销(减溢价摊销)

(7) 其他不减少流动资金的费用和损失

注:减项应是不增加流动资金的收入和其他贷项,这类项目都分别从列加项的项目中减算,如"固定资产盘盈"从"固定资产盘亏"中减算,故不另单列。如果减算后出现反向差额,例如"固定资产盘盈"大于"固定资产盘亏",则其差额应作为不增加流动资金的收入和其他贷项,从本期净收益中减计。

(二)编制以流动资金为基础的财务状况变动表

根据前述现金流动表部分的数据,按照编制流动资金为基础的财务状况变动表的要求编制报表,如图表19-14所示。

第二十章 分支会计与合并会计报表

第一节 企业分支关系的建立

一、分支关系的建立

企业分支关系的建立,主要通过三个途径:兼并与合并、持有一定比例的有表决权的股份、直接投资。

(一)合并与兼并(combination and merger)

两个或以上的企业合并后,产生一个合并的新实体,原有参加合并的企业仍以经济实体而继续存在,它们之间的关系属于总公司和分支公司,或母公司与子公司之间的分支关系。

如果是兼并,则兼并方作为经济实体继续存在,被兼并方可能不再作为经济实体,也可能作为兼并方的分支组织而存在,成为分支关系。

(二)持有另一家(或几家)企业的股份

如果一家公司取得并持有另一家(或几家)企业半数以上(在股份分散持有的情况下,也可能不必持有半数)有表决权的股份时,便可以控制(至少可以影响)它们的经营决策,也即通过持股关系而在实际上体现分支关系。至于持股股份的取得,则可通过证券市场有目的地买进积累,也可直接从对方公司股东手中收购。

(三)直接投资

企业也可直接投资,投入货币资金和其他实物资产或无形资产,设置分支单位经济实体,与投资单位之间建立分支关系。

二、分支会计核算的要点

取决于分支机构与总机构之间的经济关系。可分以下情况:

(一)派出的销售代理机构

总机构按照业务覆盖地区派出推销人员组织销售代理机构,一般并不持有存货,但可接受订货单,由中心仓库或起运点发货。代理机构也不向顾客开具正式发票或正式设置应收账款登记簿、由顾客直接向总机构交付货款。销售代理机构支付其本身开支,如租金、薪工、用品、公用事业费等。总机构对销售代理机构拨付一定数额的备用金,按备用金制度管理。

(二)设置负责推销业务的分支机构

它与销售代理机构不同的是:这种分支机构持有一定数量的存货,销售可从持有存货中交货。此外,还有两种情况:

1. 分支机构的开支单据和薪工,由总机构支付。

这种分支机构不正式设置账簿,售货的应收账款也由总机构设账登记,收入的现金直接送交总机构或交存银行收入总机构存款账户,只有总机构的指定人员有权开出支票。分支机构支付小额支出,可采取备用金制度。

2. 分支机构保持整套的正式会计记录。

即设置总分类账和明细分类账,以及普通日记簿和销货、进货、现金收入和现金支付等特种日记簿,还设置应收账款明细分类账,并可向赊欠客户收取货款,可支付其本身的账单和职工薪津。这种分支机构一般是一个独立核算单位。它与总机构之间在核算上的联系是:总机构与分支机构之间对应设置相互往来账户,通过相互往来账户,在会计核算上使总机构与分支机构相互联系;会计期末,分支机构独自编制会计报表,报送总机构,由总机构审核后,与本身的会计报表合并编制反映全面情况的总报表。本章论述的分支会计核算系指此种。

三、分支会计和长期投资核算的不同

本书第十二章曾专题论述"长期投资"。所谓长期投资,是指不准备随时变现、持有时间在一年以上的有价证券,以及超过一年的其他投资,包括股票投资、债券投资和其他投资。其中股票投资即以购买其他公司发行的股票的方式对外投资,所体现的是投资者和被投资者之间的关系。而分支关系则是通过持有股份或直接投资而建立,所体现的是组织机构上和经营决策上的领导与被领导的从属关系,当然,除这种从属关系外,还可以有其他方面的经济往来,如资金划拨、商品调剂、损益结算等。

在会计核算上,"长期投资"按投资项目、持股比例和控制或影响程度的不同,可采用权益法或成本法核算。作为分支会计,总分机构虽有从属关系,但各为会计实体。因此,相互设立往来账户,期末各自编制会计报表,并由总机构汇总编制合并报表,以反映企业作为整体的全面财务状况。

第二节 总分机构间的经济关系

一、总分机构经济关系的层次

总分机构的经济往来可分两个层次:

(一)总机构和分支机构之间的经济往来

由双方对设往来账户核算。总机构对每一分支机构分别设"××分支往来",每一分支机构各设"总机构往来"。

(二)各分支机构之间的往来

相互设置往来账户核算,定期或在期末由往来双方核对相符后,各自划转总机构往来,由总机构集中划账。

二、总分机构之间经济往来的内容

在分支机构建立时,由总机构垫拨资金以便分支机构能够开始运营。假设总机构12月1日垫拨资金$10 000。双方应作会计分录如图表20-1所示。

总机构垫拨分支机构资金,性质有如投资。为了促使分支机构加强经济核算,便于分支机构之间比较考核,可以计算利息。假设12月31日分支机构向总机构汇回现金$8 000,双方应作会计分录如图

第二十章 分支会计与合并会计报表

(图表 20-1)

总机构账上		分支机构账上	
借:甲分支机构往来	$10 000	借:现金	$10 000
贷:现金	$10 000	贷:总机构往来	$10 000
(垫拨甲分支机构资金)		(总公司垫拨资金)	

表 20-2 所示:

(图表 20-2)

总机构账上		分支机构账上	
借:现金	$8 000	借:总机构往来	$8 000
贷:甲分支往来	$8 000	贷:现金	$8 000
(甲分支汇来款项)		(向总机构汇拨款项)	

甲分支开始运营后,向顾客销售商品,收回应收账款、支付各项费用等。在日常营运中如有多余资金,可定期或不定期向总机构汇回款项,以便总机构集中调拨运用。假设 12 月 1 日总机构向分支机构调运商品,充实存货以便销售,计 $15 000。双方应作会计分录如图表 20-3 所示:

(图表 20-3)

总机构账上		分支机构账上	
借:甲分支往来	$15 000	借:总机构运来商品	$15 000
贷:运送分支商品	$15 000	贷:总机构往来	$15 000
(向甲分支运送商品)		(收总机构调运商品)	

分支机构推销的商品可以全部由总机构调拨,也可以一部分由总机构调拨,其余自行采购。总机构和分支机构之间调运商品都运用临时性账户,总机构设"运送分支商品",分支机构设"总机构运来商品"。在期末结账时,分支机构账上将"总机构运来商品"结转销售成本(等同

于"进货"账户),列入利润表;在总机构账上则作为销售成本的减项,列入利润表。假设12月4日分支机构由于12月1日总机构调来商品有一部分与原约定商品不符,计值$500,退回总机构。双方应作会计分录如图表20-4所示:

(图表20-4)

总机构账上		分支机构账上	
借:运送分支商品	$500	借:总机构往来	$500
贷:甲分支往来	$500	贷:总机构运来商品	$500
(收到由分支退回商品)		(退回总机构商品)	

在分支机构向总机构退回一部分原调运的商品时,双方均作为原调运分录所记数额的减少,按原分录作反向分录冲记。假设12月31日总机构支付分支机构职工的薪工,薪工支票直接交予职工,并通知分支机构推销人员工资为$2 500,办公人员工资为$1 500,工资税计推销人员为$270,办公人员为$140。双方应作会计分录如图表20-5所示:

(图表20-5)

总机构账上		分支机构账上	
借:甲分支往来	$4 410	借:销售薪工费用	$2 500
贷:应付薪工	$4 000	工薪税款费用——推销人员	270
应付工资税	410	办公薪工费用	1 500
(甲分支薪工和工资税)		工薪税款费用——办公人员	140
		贷:总机构往来	$4 410
		(总机构支付应付薪工费用和工薪税款)	

总机构和分支机构之间的经济往来还有许多其他项目,如相互间转移固定资产,相互间代付费用等。

除以上所举总分机构之间的经济往来外,至于总机构和分支机构各自的日常业务活动,分别按通常的会计程序各自进行核算,无关总分机构间往来。

三、期末决算分支机构结算损益划转总机构

分支机构作为一个会计实体,期末按照一般会计核算程序,作调整分录和结账分录,并登记普通日记簿和过记总分类账。其唯一不同之处在于:最后将"收益汇总"账户结算的余额(即净收益或净亏损)结转"总机构往来"账户。假设甲分支机构截至 12 月 31 日止的年度利润表所列计的纯利润(净收益)为 \$5 950。双方应作会计分录如图表 20-6 所示:

(图表 20-6)

总机构账上		甲分支机构账上	
借:甲分支往来	\$5 950	借:收益汇总	\$5 950
贷:甲分支净收益	\$5 950	贷:总机构往来	\$5 950
(甲分支报告的净收益)		(净收益结转总机构)	

在期末结转净收益时,总机构账上借记"甲分支往来"、贷记"甲分支净收益";甲分支机构账上则借记"收益汇总"、贷记"总机构往来",最后把"收益汇总"账户结平。如果是净亏损,则在甲分支账上作与上相反的分录,总机构则借记"甲分支亏损"、贷记"甲分支往来"。如果总机构将甲分支净收益全部上调或上调一部分,则就其上调金额,总机构账上贷记"甲分支往来",甲分支账上则借记"总机构往来",对方科目均为现金或其他有关科目。

四、总分机构往来的变通处理

以上所述总分机构往来及其会计处理系属一般情况。具体核算时可适应企业的需要作变动处理。

(一)总机构向分支机构拨运商品按售价计算

在这种情况下,分支机构的利润表上就没有销售毛利,分支机构的

资产负债表上存货是按售价列账,总机构编制合并资产负债表时应将这一部分分支机构的存货调整为成本,然后与总机构资产负债表上所列的存货合并计算。

（二）分支机构使用的房地产、设备等计算

可以由总机构列账,也可以由使用的分支机构列账。但不论何种情况,这些项目的折旧费用都作为分支机构的营业费用处理,列入分支机构的利润表。

（三）分支机构的职工工薪计算

可以由总机构统一支付,也可由分支机构支付。由分支机构支付时,工薪扣款和工薪税款由分支机构分别处理。如果分支机构本身是一个会计实体,即使职工工薪由总机构统一支付,也应划由分支机构列账。

（四）分支机构作为会计实体的经济核算

总机构对于垫拨分支机构的资金,可以确定规模并计算资金利息,特别是在分支机构不只一处,占用资金的规模也不相同的情况下,这样处理有助于健全分支机构的经济核算,促进分支机构提高经济效益。总机构的高层管理部门需要会计核算提供有关这些方面的数据资料,以便衡量各个分支机构的获利能力和经营效率,并作出未来经营活动的决策。

（五）总分机构往来科目

如有必要可下设二级科目,如额定资金户、商品调拨户、资金划拨户、其他往来户等。在总分机构往来之间,这些分户的余额互相对应,双方各自的分户余额的合计数,应分别与各自总分类账往来账户的余额相符。

第三节　合并会计报表编制要点

如果总机构和所属分支机构各为经济实体,各自进行会计核算,各

第二十章 分支会计与合并会计报表

自编制会计报表,反映各自的财务状况和财务成果。这样,总机构就不能反映其所控制的分支机构的经济活动及其结果的全貌。为此,必须编制总机构和分支机构的合并会计报表。在合并会计报表中,将总机构和分支机构视同一个单一的经济企业。

一、一个公司对另一个公司持股关系的三种情况

（一）持有另一家公司发行的全部普通股

由于持有另一家公司发行的全部普通股,就对这一家公司的经营决策享有完全的控制权。显然,这就是一种完全的母公司和子公司的关系。

（二）持有另一家公司发行的大部分普通股

在持股比较分散的情况下,能起控制作用或较大影响作用的一部分普通股,也可以少于50%的普通股,但一般以持股50%为界限。另外一部分普通股虽由其他股东所持有,但这部分股东对于公司的经营决策不能起控制作用,影响作用也不大,因而称为"少数权益"。在这种情况下,显然也可视为母公司和子公司的关系。

（三）持有另一家公司发行的小部分普通股

在这种情况下,不仅不能起控制作用,甚至也没有影响作用,实际属于"少数权益"地位。

在会计核算上,对于以上三种情况,可以归结为以下两点：

1. 日常会计处理。

第一、二种情况,采用"权益法"处理；第三种情况,采用"成本法"处理(关于这两种方法,在第十二章中有所论述)。

2. 合并报表编制。

第一、二种情况,均需在期末编制合并会计报表,但第二种情况由于存在"少数权益",在合并报表上需要反映少数权益的数额。第三种情况,则可不编合并报表。

二、合并会计报表编制的要点

第一,将总机构和分支机构会计报表中的相同资产账户的余额和

相同负债账户的余额,分别相加。例如,总机构资产负债表中所列现金账户的余额和分支机构资产负债表中所列现金账户的余额相加,其合计数即为合并资产负债表上应列计的现金账户余额。其他账户也同。

第二,在总机构资产负债表或分支机构资产负债表上各自独有的账户,按其在总机构或分支机构报表上的余额,列入合并资产负债表。

以上两点,在编制合并利润表时也是如此。如"销售收入",将总机构利润表上的"销售收入"和分支机构表上的"销售收入"相加,即为合并利润表上应列的销售收入。

第三,在总机构和分支机构的会计报表上,有的项目(科目)反映同一权益。例如,总机构持有分支机构的股票,在总机构的资产负债表上列为资产项下的"投资"(或"分支机构往来"),而分支机构的资产负债表上则列为"股本——普通股"(或"总机构往来")。它们反映的是同一权益,即分支机构的"净资产"。由于分支机构的资产负债账户均已与总机构的资产负债账户合并计算列入合并资产负债表,如果再在合并资产负债表上列入总机构表上的"投资",等于将分支机构的资产负债重复列计。因此,在编制合并资产负债表时,总机构表上的"投资"(或"分支机构往来")必须消除不列;与此相对应,分支机构表上的"股本——普通股"(或"总机构往来")也相应消除不列(如有一部分外部股东持股,单列"少数权益")。

第四,在总机构对分支机构的持股关系之外,它们之间的债权债务关系和其他往来关系也是相互对应的:一方为债权,另一方即为债务;一方为"往",另一方即为"来"。在编制合并报表时也应抵销不列。

三、投资关系和往来关系的调节

在编制合并报表时,总分机构投资与被投资之间以及往与来之间,必须数额相符,才能相互抵销。但在一定日期上,由于双方之间"在途项目"(即"未达项目")的存在,双方数额未必相符。因此,必须进行"调节",将双方数额"调整"相符,才便于在编制合并报表时相互抵销。

所谓"在途项目",是指在双方相互交易活动中一方已发生入账,而

第二十章　分支会计与合并会计报表

对方尚未入账的项目。例如,总机构从分支机构调回一部分多余资金,分支机构已经汇出,但总机构还未收到。在一个会计期末,这种在途未达项目必然使期末日双方往来数额不等。对此,必须进行调节,查出未达项目,经调整后使其相符(其情形类似对银行存款的调节)。至于具体如何调节,以及由何方进行调整,可从方便出发。一般情况是:总机构的会计人员比较充实,而且合并会计报表是由总机构编制,应由总机构调节和调整。现举例说明如下:

假设上月月末双方往来账已经调节和调整相符,余额为 $7 850。本月内双方往来项目如下:

总机构账上:

向分支机构调运货物	$3 700
收到分支机构交来支票	$2 950
收到分支机构退货	$440

分支机构账上:

收到总机构调运货物	$3 500
交送总机构支票	$3 000
向总机构退货	$500
分支机构账上本月净收益划转总机构	$800

本月总机构账上的"分支往来"和分支机构账上的"总机构往来"内容,如图表 20-7、20-8 所示:

(图表 20-7)

分支往来(总机构账上)

上月末余额	$7 850	交来支票	$2 950
调运货物	3 700	收到退货	440
划转本月净收益	800	余额结转下月	8 960
	$12 350		$12 350
上月末余额结转	$8 960		

(图表20-8)

总机构往来(分支机构账上)

交送总机构支票	$3 000	上月末余额	$7 850
向总机构退货	500	总机构调运货物	3 500
余额结转下月	8 650	本月净收益划转	800
	$12 150		$12 150
		上月末余额结转	$8 650

以上两相核对,月末余额相差$310($8 960—$8 650)。经双方核对,均无记账差错,差额系由在途(未达)项目构成如下:

向分支调运货物	$200(即$3 700—$3 500)
分支上交支票	$50(即$3 000—$2 950)
分支退货	$60(即$500—$440)

以上三项,由总机构进行调整,作调整分录如下:

借:在途货物	$200
贷:分支往来	$200
借:未达支票	$50
贷:分支往来	$50
借:分支退货在途	$60
贷:分支往来	$60

经调整后,总机构账上的"分支往来"余额即为$8 650($8 960—$50—$60—$200),与分支机构账上的"总机构往来"余额相同。这样就可在编制合并报表时相互抵销。以上调整和抵销,均可在编制工作底表时在表中填计,不必另作调整分录和结账分录。因此,根据工作底表就可编制合并会计报表。

第四节 取得股份比例和付出代价的不同情况

取得股份,是指母公司取得子公司股份,占子公司发行股份的比

例;取得股份的代价,是指按子公司股份的账面价值取得,还是按超过账面的价值或低于账面价值取得。概括起来可分以下三种情况:

第一种情况是取得100%股份:按账面价值取得;按超过账面价值取得,超过部分作为"商誉"处理。

第二种情况是取得股份不足100%,但超过50%,按权益法处理,存在少数权益问题。

第三种情况是取得股份不足50%,属于少数权益,按成本法处理。

一、按账面价值取得100%股份

假设波拉特公司于2002年1月2日取得司瓦勃公司100%股份。在取得股份前夕,这两家公司的资产负债表如图表20-9所示:

(图表20-9)

项　目	波拉特公司	司瓦勃公司
资产:		
现金	$240 000	$36 750
应收司瓦勃公司票据	22 500	—
应收账款(减坏账准备后净额)	60 000	39 000
存货	93 750	53 250
厂房资产(减累计折旧后净值)	297 000	57 000
资产合计	$713 250	$186 000
负债与股东权益:		
应付账款	$64 500	$36 000
应付波拉特公司票据	—	22 500
普通股(面值$10)	375 000	75 000
留存盈利	273 750	52 500
负债与股东权益合计	$713 250	$186 000

2002年1月2日波拉特公司按127 500元的账面价值购买了司瓦勃公司100%流通在外的普通股。在此以前,波拉特公司曾贷款给司瓦勃公司$22 500,由后者开给一张票据凭执。此次由应付购股款中扣抵,波拉特公司作会计分录如下:

借：长期投资——对司瓦勃公司投资		$127 500
贷：应收票据		$22 500
现金		105 000

购买司瓦勃公司股票的价格等于该公司净资产的账面价值(即资产总额$186 000-负债总额$58 500=$127 500,或普通股$75 000+留存盈利$52 500=$127 500)。

(一)合并工作底表的编制

为了便于合并资产负债表的编制,在一般情况下,可先编制一个工作底表,表上并列母公司(本例为波拉特公司)和子公司(本例为司瓦勃公司)的资产负债表,然后列抵销项目及金额,抵销金额分别借方和贷方填入抵销项目的同一行,然后将未抵销项目同项相加填入工作底表的最后一栏,即合并资产负债表栏。这一栏的合并资产总额与合并负债和所有者权益的总额应相等。最后根据工作底表的"合并资产负债表"栏编合并资产负债表。这里需要指出的是:抵销项目和金额纯粹是工作底表上的记录,既不登记母公司的账上,也不登记子公司的账上。

本例波拉特公司和司瓦勃公司的合并资产负债表工作底表,如图表20-10所示:

(图表20-10)

合并资产负债表工作底表

项目	资产负债表		抵　　销		合　并 资产负债表
	波拉特公司	司瓦勃公司	借记	贷记	
现金	$135 000	$14 250			$149 250
应收账款	60 000	39 000			99 000
存货	93 750	53 250			147 000
对司瓦勃公司投资	127 500			$127 500	
厂房及设备	297 000	57 000			354 000
合　计	$713 250	$163 500			$749 250

第二十章 分支会计与合并会计报表

(续表)

项 目	资产负债表		抵 销		合 并资产负债表
	波拉特公司	司瓦勃公司	借记	贷记	
应付账款	$64 500	$36 000			$100 500
普通股股本:					
波拉特公司	375 000				375 000
司瓦勃公司		75 000	$75 000		
留存盈利					
波拉特公司	273 750				273 750
司瓦勃公司		52 500	52 500		
合　　计	$713 250	$163 500	$127 500	$127 500	$749 250

说明:(1)抵销项目:对司瓦勃公司的投资和司瓦勃公司的股本与留存盈利;(2)波拉特公司资产负债表中现金原为$240 000,减取得司瓦勃公司净资产支付$105 000,余额为$135 000;(3)司瓦勃公司资产负债表中现金原为$36 750,减支付应付波拉特公司票据$22 500,余额为$14 250。

(二) 合并资产负债表的编制

根据工作底表,可以编制合并资产负债表,如图表20-11所示:

(图表20-11)

合并资产负债表

项　　目	金　　额	
资　　产		
现金		$149 250
应收账款		99 000
存货		147 000
厂房及设备		354 000
合　　计		$749 250
负债及股东权益		
应付账款		$100 500
普通股股本	$375 000	
留存盈利	273 750	648 750
负债及股东权益合计		$749 250

(三) 合并损益表的编制

在总机构和分支机构各自进行会计核算分别编制会计报表的情况下,除定期或于会计期末由总机构编制合并资产负债表外,还应编制合并损益表,以反映总机构和分支机构的总体财务成果。在编制合并损益表时,也应先编制工作底表,其结构与编制合并资产负债表的工作底表相似。所须抵销的项目可以概况为以下几项:

1. 商品的调拨。

总分机构间商品的调拨通常作为商品进销处理。在总机构一方调出时作为"销售",分支机构一方调入时作为"进货"(其中售出部分形成"销货成本")。实际上这是同一项商品的内部调拨。因此,在编制合并损益表时应予抵销。

2. 租金。

总机构拨给分支机构利用的房屋或设备计算租金,在总机构为"租金收入",在分支机构为"租金费用",分别列入各自的损益表。其实这是为了加强经济核算,并不影响合并后的损益。

3. 利息。

总机构拨付分支机构运用的资金计收利息,在总机构为"利息收入",在分支机构为"利息费用",分别列入各自的损益表,也不影响合并后的损益。

4. 其他类似项目。

包括在总分机构之间一方列作收入,另一方列作费用,但不影响合并后损益的其他项目。

假设波拉特公司与司瓦勃公司 2002 年度的损益表并列如图表 20-12 所示。在 2002 年度波拉特公司与司瓦勃公司之间有以下经济业务。波拉特公司向司瓦勃公司调拨价值 $60 000 的商品,作为销售处理;司瓦勃公司支付波拉特公司应付票据的利息 $1 800;司瓦勃公司在当年将从波拉特公司作为购货调进的商品全部售出,形成销售成本。据此,编制合并损益表工作底表,表内的抵销项目共有两项:(1) 抵销公司之间的销货与进货,即波拉特公司对司瓦勃公司的销售 $60 000 和司瓦勃公司将货全部售出形成 $60 000 销货成本,均列"抵销"栏,作反向记录以示抵销。"销售收入"和"销售成本"经过抵销后的余额分别进行合并,反映对外部的销售收入和销售成本。(2)抵销公司之间的利息收入和利息费用。总分公司之间的应收票据和应付票据已在合并资产负债表中抵销。票据的利息在应收票据一方为利息收入,在应付票据一方为利息费用,在编制合并损益表时也应抵销。波拉特公司的合并损益表工作底表,如图表 20-12 所示:

(图表 20-12)

波拉特公司及其子公司
合并损益表工作底表

(2002 年度)

项 目	波拉特公司	司瓦勃公司	抵 销 借记	抵 销 贷记	合并后
收入:					
销售收入	$481 500	$280 500	(1) $60 000		$702 000
利息收入	1 800		(2) 1 800		
合 计	$483 300	$280 500			$702 000
成本和费用:					
销售成本	$282 000	$156 000		(1) $60 000	$378 000
营业费用	126 750	91 500			218 250
利息费用		1 800		(2) 1 800	
合 计	$408 750	$249 300			$596 250
净收益	$74 550	$31 200	$61 800	$61 800	$105 750

说明:(1)抵销总公司与分公司之间销售与购货;(2)抵销总公司与分公司之间利息收入与利息费用。

除上述合并资产负债表及合并损益表外,如有必要,还可编制其他合并报表,如合并留存盈利表、现金流量表等。明细报表也可编制合并报表,如各项费用合并表。这里不再一一列举。

二、按超过账面价值取得 100％股份

上例系假设母公司购买子公司股份的价格与子公司的账面价值相等。但是,实际上这种情况是不多见的。因为子公司净资产的价值总是要高于或低于其账面价值,而更多的情况是高于账面价值。一般说,母公司乐于按超过账面价值,取得持续经营的子公司的股份。这是因为:

第一,子公司资产的公平市场价值可能大于其账面价值。例如,由于固定资产采用加速折旧法和存货计价的稳健原则(如在物价上涨时期采用后进先出法),使得厂房设备及存货的账面价值小于其公平市场价值。

第二,子公司的长期负债系按负债发生时的约定利率计息,由于市场利率上升,相对来说,实际利息负担减轻。

第三,子公司若有超常盈余,说明其有超过行业水平的盈余能力,存在无形资产的"商誉"。

第四,母公司为了获得对子公司的控制股权,期望从与子公司的联合经营中取得经济利益,往往乐于支付超过账面价值的溢价。

仍以前例,假设波拉特公司以 \$165 000 的价格购买司瓦勃公司发行的全部股份。由于司瓦勃公司净资产(股东权益)的账面价值为 \$127 500,便发生了 \$37 500 的成本高于账面价值(\$165 000－\$127 500)的超额部分。在此超额部分中,假设 \$25 000 是由于司瓦勃公司的厂房资产估价过低而重估增值,其余 \$12 500 为合并商誉。实际上这就是"成本高于所购买子公司净资产的公平价值的超额部分"。据此,编制购买日波拉特公司合并资产负债表的工作底表,如图表 20-13 所示:

第二十章 分支会计与合并会计报表

(图表20-13)

波拉特公司及其子公司
合并资产负债表工作底表
2002年1月2日

项 目	波拉特公司	司瓦勃公司	抵销 借记	抵销 贷记	合并后
现金	$75 000	$36 750			$111 750
应收司瓦勃公司票据	22 500			(2) $22 500	
应收账款	60 000	39 000			99 000
存货	93 750	53 250			147 000
对司瓦勃公司投资	$165 000			(1) $165 000	
厂房资产	297 000	$57 000	(1) $25 000		$379 000
商誉			(1) 12 500		12 500
合 计	$713 250	$186 000			$749 250
应付账款	$64 500	$36 000			$100 500
应付波拉特公司票据		22 500	(2) 22 500		
普通股					
波拉特公司	375 000				375 000
司瓦勃公司		75 000	(1) 75 000		
留存盈利					
波拉特公司	273 750				273 750
司瓦勃公司		52 500	(1) 52 500		
合 计	$713 250	$186 000	$187 500	$187 500	$749 250

说明一：(1)抵销对司瓦勃公司投资$165 000,其中除司瓦勃公司"净资产"$127 500和厂房资产增值$25 000外,其余$12 500为商誉;(2)抵销公司间应收应付账款$22 500。

说明二：(1)波拉特公司在取得司瓦勃公司股份前夕的现金余额为$240 000,以$165 000用于购买司瓦勃公司100%股份后,现金余额结存$75 000,对司瓦勃公司投资为$165 000。(2)在编制合并资产负债表时,波拉特公司(母公司)对司瓦勃公司(子公司)的投资和司瓦勃公司的股东权益(包括股本和留存盈利)是相互抵销的项目。

有时母公司取得子公司股份所支付的数额少于子公司的账面价值。出现这种情况一般是因为：子公司资产的公平价值小于其账面价值,负债的价值过低,发生了经营损失引起其股份的市价下降。如果发生这种情况,账面价值高于成本的超额部分应在确定非流动性资产的公平价值时分配减少其价值。

三、取得少于100%的股份

(一)合并资产负债表的编制

如果母公司取得子公司的股份不足100%,则必然有一部分股份为外界股东所持有。这一部分权益在合并资产负债表上属于"少数权益"(minority interest),列在负债部分和股东权益部分之间。在合并资产负债表工作底表上需要加以记录,至于其余项目的合并,则按一般程序进行。

假设上例波拉特公司持有司瓦勃公司的股份占司瓦勃公司发行股份的75%,即$95 625($127 500×75%)(含普通股$56 250和留存盈利$39 375),其余25%,即$31 875(含普通股$18 750和留存盈利$13 125)属于少数权益。波拉特公司取得司瓦勃公司75%的权益,实际支付$105 625,超过实际取得的$95 625,超额的$10 000作为商誉处理。

根据以上情况,波拉特公司编制合并资产负债表的工作底表,如图表20-14所示。

根据上述工作底表,编制波拉特公司及其子公司司瓦勃公司的合

(图表 20-14)

波拉特公司
合并资产负债表工作底表

项目	资产负债表		抵销		合并资产负债表
	波拉特	司瓦勃	借方	贷方	
资产					
现金	$ 134 375	$ 36 750			$ 171 125
应收票据	22 500			① $ 22 500	
应收账款	60 000	39 000			99 000
存货	93 750	53 250			147 000
厂房设备	$ 297 000	$ 57 000			$ 354 000
分公司投资	105 625			② $ 105 625	
商誉			② $ 10 000		10 000
合　计	$ 713 250	$ 186 000			$ 781 125
负债及股东权益					
应付账款	$ 64 500	$ 36 000			$ 100 500
应付票据		22 500	① $ 22 500		
普通股股本：					
波拉特公司	375 000				375 000
司瓦勃公司		75 000	②75 000		
留存盈利：					
波拉特公司	273 750				273 750
司瓦勃公司		52 500	②52 500		
少数权益				② $ 31 875	31 875
合　计	$ 713 250	$ 186 000	$ 160 000	$ 160 000	$ 781 125

说明：(1) 现金：波拉特公司资产负债表日现金余额原为 $ 240 000，减取得司瓦勃公司 75% 权益的买价 $ 105 625，余额 $ 134 375。(2) 买价及商誉：司瓦勃公司 75% 权益＝$ 127 500×75%＝$ 95 625，波拉特公司支付买价 $ 105 625，超付数为商誉计 $ 10 000。(3) 少数权益：占 25%，即 $ 127 500×25%＝$ 31 875。

并资产负债表,如图表 20-15 所示:

(图表 20-15)

波拉特公司及司瓦勃公司
合并资产负债表

资　产		
现金		$ 171 125
应收账款		99 000
存货		147 000
厂房设备		354 000
无形资产——商誉		10 000
资产合计		$ 781 125
负债及股东权益		
应付账款		$ 100 500
子公司少数权益		31 875
股东权益:		
普通股	$ 375 000	
留存盈利	273 750	648 750
负债及股东权益合计		$ 781 125

(二) 合并损益表的编制

本节前一部分曾就总公司全部持有附属公司股份情况下合并损益表的编制作过例述。如果总公司持有少于 100% 但超过 50% 的附属公司股份时,合并损益表编制的方法基本相似,只是由于存在附属公司少数股权问题,必须在合并损益表上对少数股权享有的权益予以反映。

第二十章 分支会计与合并会计报表

仍以前例,先编制合并损益表的工作底表,如图表20-16所示:

(图表20-16)

波拉特公司及司瓦勃公司
合并损益表工作底表

项　　目	波拉特公司	司瓦勃公司	抵　销 借　方	抵　销 贷　方	合并损益表
收入:					
销售收入	$481 500	$280 500	① $60 000		$702 000
利息收入	1 800		② 1 800		
75%司瓦勃公司收益	23 400		③ 23 400		
合　计	$506 700	$280 500	$85 200		$702 000
成本和费用:					
销售成本	$282 000	$156 000		① $60 000	$378 000
营业费用	126 750	91 500			218 250
利息费用		1 800		② 1 800	
合　计	$408 750	$249 300		$61 800	$596 250
波拉特公司净收益	$97 950				97 950
司瓦勃公司净收益		$31 200		(3) 23 400 (4) 7 800	
净收益中少数权益			(4) $7 800		7 800
			$93 000	$93 000	$702 000

说明:(1)抵销总公司与分公司之间销货与购货;(2)抵销总公司与分公司之间利息收入和利息费用;(3)抵销分公司75%的净收益划转总公司;(4)抵销分公司25%的净收益划归少数权益。

再根据上列工作底表编制合并损益表,如图表20-17所示:

(图表 20-17)

波拉特公司及司瓦勃公司
合并损益表

收入：	
销售收入	$702 000
减：销售成本	378 000
销售利润	$324 000
减：营业费用	218 250
净收益	$105 750
减：分公司少数权益应享净收益	7 800
合并净收益	$97 950

第五节　国外分支机构会计报表的合并

对国外分支机构报表的合并,与对国内分支机构报表的合并,其处理原则是基本一致的,所不同者是:国外分支机构的报表是以所在国的本位币为计量单位,因而在与国内总机构的报表合并时,需要将国外分支报表以外币计量的数额转换为本国货币单位,这就存在本外币之间的汇率折算问题。

假设分支机构所在国的货币与总机构所在国的本位币的外汇率为5单位外币对1单位本位币,而实际汇率可能是5.02:1或4.97:1。究竟按哪一个汇率换算,《标准会计实务公报》(SSAP)有具体规定。例如,固定资产应按购进时的汇率换算,如果固定资产是在不同日期购进的,则按每次购进时的汇率换算;固定资产的折旧,则按有关固定资产的相同汇率换算;流动资产和流动负债,按并表日期的汇率换算;期初存货,按上一期资产负债表日期的汇率换算;总机构调运给分支机构的货物或分支机构退回的货物,按总机构账上"调运分支机构货物"账户所记实际数额反映;损益项目(不包括折旧、期初存货、期末存货,或调运分支机构和分支机构退回货物),按当期平均汇率换算;总机构与分支机构往来账户,按总机构账上"分支机构往来"的相同数额列计。

在外币换算为本国货币后,以本国货币计量的报表的借方总额和贷方总额不会相等,这是因为外币转换为本国货币时所用的汇率不同,需要一个平衡的数额(即换算为本位币计量后借方总额和贷方总额的差额),使得借方合计数和贷方合计数相等。为此,应设置"汇兑损益"账户。如果贷方总额大于借方总额,其差额借记此账户(贷记有关账户);反之,则贷记此账户(借记有关账户)。现设例如图表20-18所示:

(图表20-18)

分支机构试算表

2002年12月31日

项 目	所在国货币计量		汇率(所在国货币=本位币)	换算本国货币计量	
	借 方	贷 方		借 方	贷 方
银行存款	$15 000		15=1	$1 000	
应收账款	9 000		15=1	600	
存货(期初)	6 800		17=1	400	
总机构调运货物	21 900		(总机构账上本位币)	1 490	
应付账款		$4 500	15=1		$300
总机构往来		43 000	(总机构账上本位币)		3 380
固定资产:					
1998.1.1购入	10 000		10=1	1 000	
1996.1.1购入	8 800		11=1	800	
销售收入		32 000	16=1		2 000
各项费用	8 000		16=1	500	
合 计	$79 500	$79 500		$5 790	$5 680
汇兑损益					$110
				$5 790	$5 790

说明：(1) 期末存货 2002 年 12 月 31 日为 12 000，按 15＝1 换算为本位币 800。(2) 分支机构所在国货币对本国本位币汇率：1998 年 1 月 1 日为 10＝1，1996 年 1 月 1 日为 11＝1，2002 年 1 月 1 日为 17＝1，2002 年 12 月 31 日为 15＝1，2002 年平均汇率为 16＝1，即：$\left(\frac{17+15}{2}=16\right)$。(3) 银行存款、应收账款和应付账款，系流动资产和流动负债，用当年 12 月 31 日汇率换算；期初存货，按当年 1 月 1 日汇率换算；固定资产，1998 年购入，按 1998 年 12 月 31 日汇率换算，1996 年 1 月 1 日购入，按 1996 年 1 月 1 日汇率换算；销售收入和各项费用，系假设 2002 年全年均衡发生，故按 2002 年平均汇率换算；"总机构调来货物"和"总机构往来"，都按总机构账上本位币数额填列；本表最后填列的换算本国货币计量的试算表，借方总额与贷方总额的差额为 110，列作汇兑损益。

第五部分

企业兼并和破产

第二十一章 企业兼并会计

第一节 企业兼并是合并的一种形式

一、企业兼并与合并

企业合并是指两家或两家以上独立存在并继续经营的企业合并组成一家企业。按其合并情况不同,可有两种形式:兼并和合并。

兼并(merger):通常是由一家占优势的企业吸收另一家或几家相对处于劣势的企业。兼并后,兼并方企业仍以其原法人实体继续经营,被兼并企业则不再以原独立的实体继续存在。这种合并的形式属于兼并,又称为"吸收合并"或称"购并"。

合并(combination):是两家或两家以上企业合并组成一个新的经济实体——企业组织。合并后,参与合并的企业都不再以原实体继续存在。这种企业合并的形式,又称为"新设合并"。

将"合并"视为包括吸收合并(兼并)和新设合并两种形式,可视为对"合并"的广义认识;而将"合并"视为与兼并相对应的概念,则是合并的狭义定义。从会计角度分析,两者的会计处理各有不同之处。本章就兼并视为"吸收合并"进行论述。

二、企业兼并的意义

企业兼并是企业整体有偿转让的一种形式,即由兼并方企业向被兼并企业支付一定代价,取得被兼并企业的整体产权,是从产权有偿转让入手、实现企业优胜劣汰的机制。

从这一点上看,劣势企业之所以被相对优势企业兼并而丧失其原经济实体的存在,与企业由于经营管理不善造成严重亏损,不能清偿到期债务而破产处理,使得其原实体解体,虽然两者都属于优胜劣汰机制发生作用后所产生的结果,但是它们之间有着根本不同。企业破产的过程是通过法律程序,从保障债权人和债务人的合法利益出发,实行企业破产还债。破产后,破产企业便不再以任何形式存在下去。而兼并则是产权整体的有偿转让,既可不必通过法庭的法律程序,也可保持企业产权的整体完整转移;被兼并企业所具有的某些方面的比较优势条件,经过兼并后,可以继续发挥,而且与兼并企业实现优势互补。

企业兼并,从其社会效应说,可以实现资产存量的合理流动,生产要素的优化重组,以及产业结构的优化调整。

第二节 企业兼并的动机和效益

企业兼并的动机和兼并后可取得的效益,可以就兼并方和被兼并方分别加以说明:

一、兼并方

(一)实现资本增值,扩大再生产

资本增值是资本运用的规律,也是企业不断发展的条件。在竞争激烈的市场环境中和优胜劣汰的市场机制作用下,一个企业不发展就可能被淘汰。资本增值不外乎有两个途径:一是内涵;二是外延。内涵求发展所需人力、财力、物力的投入较巨,耗用的时间较长,承担的风险也较大。外延则可以利用其他企业的物质设备、人事力量、销售渠道等等现成的条件,扩大产销经营规模,可收到投入少、收效快、风险较小之效,兼并属于这种外延发展的有效途径。

(二)减少竞争对手,扩大市场占有率

通过兼并,不仅能够增强实力,而且可以化竞争对手为合作一家,其结果必然会扩大企业的市场占有率,实现规模经营,增进经济效益。

(三)实现"协同"效应

兼并所产生的协同效应,可有以下几个方面:

1. 优势互补。

优势企业不见得在方方面面都具有绝对优势；劣势企业也未必是全面的绝对劣势，可能在某方面具有一定的有利要素，但是限于本身条件，没有足够力量充分利用和发挥。例如，优势企业受厂地限制无法作进一步扩充和发展，而处于相对劣势的企业占有较多厂地，但是限于实力而无法充分利用。如果这两家企业能够合二为一，便可以实现优势互补，双方均可受益。

2. 减少重复活动，降低经营成本。

作为一个独立存在和连续经营的企业，有其必不可少的组织机构和活动，如行政管理、产销经营、信息调研、会计财务等等。经过兼并后，这些活动都可以统一安排和协调运作，从而减少重复活动，降低经营成本。

3. 消除抵消力量，扩大集合力量。

企业兼并所产生的协同作用，可使企业的经营实力、竞争力量和经济效益产生 $1+1>2$ 的效应。

（四）实现投资多样化

投资必然会有风险，只是不同投资标的的风险程度不同。投资多样化不可能降低个别投资标的的风险，但通过投资组合的多样化，可以分散风险，并在一定条件下实现风险的抵补，从而冲淡投资组合的风险。企业兼并的双方各有其投资标的，兼并后实现投资多样化，可以取得投资组合风险的冲淡效应。

二、被兼并方

一般地说，被兼并企业通常规模较小，经营状况也可能较差，相对于兼并方企业，在经营上和竞争上都处于相对劣势地位（在西方常喻兼并为大鱼吃小鱼）。因此，其进入兼并市场（企业产权交易市场）的动机，与兼并方的动机有很大差别。

第一，处于相对劣势的企业，实力不强，竞争力弱，与其挣扎图存最终仍难免于结束解散甚至破产清理，不如被优势企业兼并，对于企业本身和股东可能更为有利。

第二，处于相对劣势企业的股东，有的乐于通过兼并，换发优势企业股票，转成优势企业股东。

第三，被兼并企业是作为一个产权整体而兼并于优势企业的。兼并后，出于兼并方企业的统筹安排，被兼并企业仍可能作为一个整体在兼并方企业的统一控制下继续经营，并增加资金、更新设备。这样，可以借兼并之东风，发挥潜在的能量，对于兼并双方都是有利的。

兼并双方各有各的动机，各自都要实现对自己最为有利的条件，当然在兼并过程中兼并与反兼并的斗争有时也是激烈的。在达成兼并谅解后，在财产估价上、股权认定上、股票换发上，往往会存在一系列问题和讨价还价的斗争，最后由双方签订协议，并经过有关部门公证后，遵照协议进行兼并工作。

第三节 兼并的方式

一、兼并的方式

企业兼并，由兼并方企业向被兼并企业支付一定的代价，既可以是现金，也可以是股票；所取得的产权，既可以是全部资产的整体总值，也可以是足以达到控股程度的大部分（50%以上）资产产权；被兼并企业的未到期负债可以由其自理，也可以由兼并方企业承担。这些情况如图表 21-1 所示：

(图表 21-1)

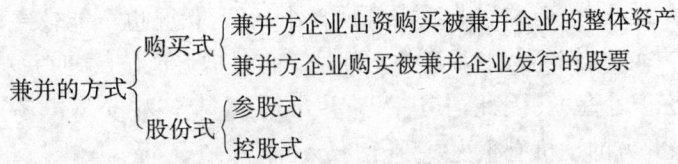

二、兼并方企业购买被兼并企业的整体资产产权

兼并方企业出资"买断"被兼并企业的整体资产产权。所谓买断，

指所有权的转移,即被兼并企业对其所有的全部资产,包括流动资产和长期(固定)资产以及有形资产和无形资产的产权,作为一个整体转归兼并方企业所有;买断后,被兼并企业不再作为原独立经济实体继续存在。这种企业整体产权的交易,一般是通过产权交易市场进行的,但也可能由交易双方直接进行。

三、兼并方企业购买被兼并企业的股票

股票是一种权益证券。持有一个公司发行的股票(普通股),就意味着享有相当于其持有股票份额的一部分权益,即企业的一部分产权。此处所谓股票,是指普通股。因为普通股就其所享权利和承担义务而言,是纯粹的权益性证券。股票交易所是买卖股票的有组织的合法场所,但只限于有条件、经过批准上市的股份公司股票才能参加买卖。如果被兼并公司不是上市公司,其股票不能在交易所买卖,兼并方公司可以设法直接与被兼并公司的股东接触,以高于票面的价格,从他们的手中买进该公司的股票,待收购股票积有成数,达到可控制的比例时(50%以上),宣布对该公司实行兼并。

四、参股式和控股式

参股式,又称吸收股份式,即将被兼并企业的净资产(就会计意义言,实际也就等于所有者权益),整体投并兼并方企业,折股作为投入股份,换发兼并方公司的股票。这部分股份归被兼并方的股东所持有,即成为兼并方公司的股东。兼并后,被兼并企业不再作为原经济实体存在。

控股式,与上述兼并方企业购买被兼并企业的股票相似。兼并方企业购买被兼并企业的股份达到控股程度,体现实质上的兼并效果,但被兼并企业仍可作为经济实体继续存在,而通过资本纽带联结成为控股和被控股关系,控股企业取得被控股企业的经营决策权。

五、被兼并企业原有负债的处理

一般有两种方式:

(一) 由兼并方企业承担负债

即兼并方企业既接收被兼并企业的整体资产产权,也承担其全部

未到期负债,以承担债务来实现兼并。兼并的结算,以接收的整体产权数额减除承担的负债数额后的净资产总值为基础。

（二）兼并方企业不承担负债

即兼并方企业只接收被兼并企业的整体资产产权,按全部资产产权评估结算,而不承担负债,负债的清偿由被兼并企业自理。

至于究竟采取何种方式,可由双方协商决定后列入兼并协议。

第四节 资产评估与核实负债

正确客观地评估资产和实事求是地核实负债,是保证企业兼并公正合理地进行并保护兼并双方合法利益的基础。此项工作是兼并工作的主要内容。

被兼并企业的资产,包括流动资产、长期投资、固定资产等有形资产以及无形资产,应进行清点和评估(包括应收债权的认证和实物资产的清点、估价,应付债务的认定、核实,其中如有约定带息条件者,应计息至兼并日)。

一、资产评估作价的方法

（一）账面价值法

货币资产项目,如现金、银行存款;债权项目,如应收账款、应收票据;负债项目,如应付账款、应付票据等。其数值不受物价水平变动的影响,可按账面价值评估。但银行存款应有调节相符的对账单,应收款项可能有坏账,应收款项和应付款项还可能有利息,估价时都应考虑。

（二）重置成本法

按照被评估资产在全新情况下的现行重置价格,减除已使用年限的累积折旧后的数额,作为确定其现时重估价值的基础。此法适用于对物质资产的评估。其计算公式如下:

$$资产重置价值 = 同等功能资产的现行购置成本 \times 功能系数$$

式中的功能系数,是指被评估资产的功能(或生产能力),除以现行同类资产的功能(或生产能力)。此功能系数一般小于1或最高等于1。

被评估资产用重置成本法估定的重置成本完全价值减去截至评估日止的累计折旧后的价值,是评估被兼并资产价值的基础。此法适合于对单项物质资产特别是固定资产的评估。

(三)现行市价法

选择市场上与被评估资产相同或类似资产的现行或近期价格,作为参照评估被估资产价值的依据。如果市场上有与被估资产相同的资产的市价,便可直接以其作为被评估资产现行价值的基础;如果只能有与被评估资产相类似的资产,可按其市价根据具体情况加以调整后,作为被评估资产的评价基础。

(四)预期收益现值法

此法应先估计被评估资产在未来若干时期内的预期收益(各期的预期收益可能相同或不相同),然后用一定的折现率(贴近市场利率),折算成为现值,作为确定被评估资产价值的基础。设例说明如下:

假设某被兼并企业预估今后五年内收益可保持比较稳定,预期每年净收益额为 $50 000,并假定其年收益率为 10%,市场利率为 8%(用作折现率)。其计算结果如下:

将净收益资本化:

$$\$50\,000 \div 10\% = \$500\,000$$

将资本化数额折成现值:

年 次	资本化数额	×折现率(8%)	= 现 值
1	$500 000	.9259	$462 950
2	500 000	.8573	428 650
3	500 000	.7938	396 900
4	500 000	.7350	367 500
5	500 000	.6806	340 300
合 计		3.9926	$1 996 300

由于每期金额相等,各期间隔相同,可以用年金现值计算如下:

8%五年期年金现值系数 3.9927

$500 000×3.9927＝$1 996 350

其结果与分期计算现值加总结果一致(相差$50系尾数之差),此数即为被评估资产总体的价值基础。

以上几种资产评估作价方法,可以根据不同种类资产的不同性质,分别采用合适的评估方法,或者采用统一作价方法。

除以上几种方法外,还有一种"清算价格法",是在企业停业结束和破产清理时应用。企业兼并是对继续经营企业的兼并,不适用此法,在此不作介绍。

二、核实负债

兼并企业如果只接收资产而不承担负债,则负债由被兼并方自理,兼并方不需要进行核实。兼并方如果同时承担被兼并企业的负债,则需对负债进行逐笔查核,并分别向债权方进行核实,包括金额、发生日期、发生原因、有否约定的偿还期限、有无利息或折扣条件等等。经过逐笔明确核实,然后确定承担并入账。

第五节　兼并的交易价格

一、兼并的交易价格及其形成因素

在市场经济条件下,被兼并企业的资产整体评估价值是兼并交易价格的基础,但并不等于交易价格。企业兼并的交易价格是在被兼并企业整体资产价值评估的基础上,考虑到企业资产的现值与构成、经营业绩与前景、资产与负债情况、收益能力与商誉,以及产权交易市场的供需关系等因素而形成的。

企业产权作为产权交易市场的商品,其交易价格的形成,与一般商品市场的商品类似,主要有以下三个因素:

（一）成本因素

企业作为一个产权整体的价值，是以对其资产评估的整体价值为基础的，可以视为交易价格形成的成本因素。

（二）效用因素

它是指满足社会某种需要的能力。企业作为整体产权，具有生产产品提供服务而满足社会需要，以及创造利润、积累资金而满足企业扩大生产和经营需要的能力。

（三）稀缺程度

"物以稀为贵"。稀缺程度越高，其市场价值也越高。这是供需关系的作用，产权交易市场也不例外。

以上三项因素，在产权交易市场和一般商品交易市场有相同的作用，是企业兼并交易价格形成和变化的直接条件。

在产权交易价格的形成和变化中，还有以下因素需要考虑：

1. 预期收益能力。

如上节《资产评估作价的方法》中预期收益现值法所说，预期收益高者，资本化为整体资产价值也高。被兼并企业的收益能力，对企业兼并的交易价格具有不可轻估的影响。

2. 无形资产"商誉"。

一个企业的"商誉"价值，主要反映在其超过一般盈利水平的超常盈利上。在企业正常继续经营时期，已经有潜在商誉，但平时并不作为无形资产——"商誉"在账上表现出来。因此，在企业兼并的交易价格中，往往忽视了无形资产商誉的价值。

二、在企业兼并程序中的交易价格

（一）交易底价

即"卖方"企业进入产权交易市场时，在评估资产总体价值的基础上，并对产权交易市场的供需关系情况进行调查了解和本身现实的和潜在的优势进行充分分析、比较后，所确定的价格。这是基本上反映成本因素和效用因素的价格，是企业为产权交易的基本定价，是双方谈判的基点。

(二) 谈判价格

即"卖方"企业确定了基本价格进入产权交易市场后,兼并双方开始接触,在谈判中各自提出的价格。在产权交易市场中,交易价格是双方谈判的焦点。"买方"力图以尽可能低的交易价格成交,"卖方"则务求以尽可能高的交易价格成交。在谈判中讨价还价是必然的。谈判的交易价格,随着双方讨价还价而起伏不定,因此又称为"浮动价格"。

(三) 成交价格

企业兼并双方经过谈判后,如果对交易价格达不成协议,兼并交易就告"夭折";如果双方达成确认的交易价格,这就是成交价格,也即兼并交易的购并价格。兼并双方按成交价格进行产权交易的结算和收付。

与兼并双方会计核算直接有关的交易价格则是成交价格。

三、签订兼并协议

兼并双方在同意确认交易价格后,应由双方法人代表正式签订兼并协议,将兼并交易中的权利和义务等事项具体、明确地规定出来,以资双方信守。兼并协议经有关行政管理部门公证后具有法律效力。

兼并协议的主要内容应包含:

(一) 交易价格

即双方经过谈判后确认的价格。

(二) 负债归属

明确被兼并方的负债是否由兼并方接受承担还是由被兼并方自理。

(三) 被兼并方资产的移交方式

如有属于第三者的资产,应由被兼并方交还或者指明继续代管。

(四) 交易价格的支付方式

支付现金还是换发股票。

(五) 兼并后被兼并方的法人资格和体制归属

（六）其他需要明确的有关事项

第六节　兼并的会计处理

在企业兼并的过程中，兼并双方要做大量的会计工作。被兼并企业的会计工作比较复杂，而兼并方企业的会计工作则比较简单。以下着重介绍被兼并企业的会计工作。

在企业兼并的过程中，被兼并企业的会计工作概括有以下一些项目：

第一，在兼并前，应对各项资产、负债进行全面清理，造册列表，并按账面结算，编制兼并前夕的试算表。

第二，对企业的全部固定资产、流动资产、长期投资、无形资产，分别进行评估，并核实全部债权和债务。

第三，按确认的资产评估价值，调整企业的账面金额。调整的价值与原账面净值的差额，设置临时结算性科目处理。我国《企业会计准则》规定，法定财产重估增值用"资本公积"科目处理。在本例中，设"评估清算"科目，这是一个过渡性科目。

第四，对一些待处理的过渡性科目，如"待处理财产损失"，不能视为资产列入兼并，应办理核销手续予以转销。又如"待摊费用"（列资产类）和"预提费用"（列负债类），是年度决算时划清年度损益调整而产生，也不能视为实质性资产、负债，都应予以转销。

第五，以上评估和调整，都应按正常会计核算程序处理，最后编制会计报表，作为与兼并方进行清算的依据。

第六，与兼并方进行最后清算，取得兼并方支付的现金或交付的股票，同时向兼并方移交产权和负债，结束全部账务。

现设例说明如下：

一、兼并前夕的试算表

兼并前夕的试算表如图表21-2所示：

(图表 21-2)

科　　目	借方余额	贷方余额
现金(含银行存款)	$ 47 500	
应收账款	250 000	
坏账准备		$ 40 000
商品存货	350 000	
预付保险费	5 000	
待摊费用	2 000	
待处理财产损失	7 000	
土　　地	40 000	
房屋建筑	80 000	
累计折旧		11 500
家具设备	30 000	
累计折旧		10 000
运输设备	70 000	
累计折旧		30 000
应付账款		95 000
应付税款		33 500
预提费用		1 500
应付债券		100 000
实收资本		300 000
留存盈利		220 000
本期利润		40 000
合　　计	$ 881 500	$ 881 500

说明:

(1)现金:含银行存款,已与银行对账单核对调节相符,并作了必要调整。(2)应收账款:应附分户明细表。坏账准备的余额 $ 40 000 相当于应收账款余额 $ 250 000 的 16%。(3)预付保险费:是已付保险费尚未到期部分,可继续享受保险权益,列入资产项下移交。(4)商品存货:应附清单,并说明所采用的计价方法。(5)待摊费用:已经支出,但需分摊下期的费用,原列资产项下,应予转销,不作资产移交。(6)待处理财产损失:原列资产项下,应查实核销,不作资产移交。(7)预提费用:是账面上预提,但尚未支出的费用,原列负债项下,应予转销,不作负债移交。(8)应付债券:是长期负债,由兼并企业承担,按原定期限到期支付本息,但应计算截至兼并日止的应计利息。

此外，损益类账户的余额全部结转"本期利润"。

二、过渡性科目的转销

转销过渡性科目应作会计分录，按照会计核算程序处理，并设置"评估清算"科目，核算兼并过程中评估清算所产生的损益。

1. 转销"待摊费用"时，作会计分录如下：

   借：评估清算　　　　　　　　　　　　　　　　＄2 000
   　　贷：待摊费用　　　　　　　　　　　　　　　　＄2 000

2. 核销"待处理财产损失"时，作会计分录如下：

   借：评估清算　　　　　　　　　　　　　　　　＄7 000
   　　贷：待处理财产损失　　　　　　　　　　　　　＄7 000

3. 转销"预提费用"时，作会计分录如下：

   借：预提费用　　　　　　　　　　　　　　　　＄1 500
   　　贷：评估清算　　　　　　　　　　　　　　　　＄1 500

三、资产评估和负债确认的转账

（一）应收账款

经评估，其平均可收回率为80%，较原账面可收回率84%低4%，应补提坏账准备，会计分录如下：

借：评估清算　　　　　　　　　　　　　　　　＄10 000
　　贷：坏账准备　　　　　　　　　　　　　　　　＄10 000

（二）商品存货

原账面为＄350 000，经评估其平均估值为原账面价值的90%，估价损失为＄35 000，作会计分录如下：

借：评估清算　　　　　　　　　　　　　　　　＄35 000
　　贷：商品存货　　　　　　　　　　　　　　　　＄35 000

（三）土地

原账面为＄40 000，估价增值25%，计＄10 000，作会计分录如下：

借:土地 $10 000
　　贷:评估清算 $10 000

(四) 房屋建筑

原账面价值为 $68 500(原值$80 000－累计折旧$11 500),评估确认价值$85 000,增值$16 500,作会计分录如下:

借:房屋建筑 $16 500
　　贷:评估清算 $16 500

(五) 家具设备

原账面价值为$20 000(原值$30 000－累计折旧$10 000),评估确认价值$18 000,减值$2 000,作会计分录如下:

借:评估清算 $2 000
　　贷:家具设备 $2 000

(六) 运输设备

原账面价值为$40 000(原值$70 000－累计折旧$30 000),评估确认价值$45 000,增值$5 000,作会计分录如下:

借:运输设备 $5 000
　　贷:评估清算 $5 000

(七) 应付债券

企业兼并的前两年发行五年期债券$100 000,年息8%,到期一次性还本付息,兼并时两年应付利息$16 000,作会计分录如下:

借:评估清算 $16 000
　　贷:应付债券利息 $16 000

(八) 评估清算费用

除以上各项外,在评估清算过程中所支付的费用,记入"评估清算费用"。在评估结束时,结算总额转入"评估清算"。假设陆续支付评估清算费$1 000,为举例简便计,作会计分录如下:

第二十一章 企业兼并会计

借：评估清算费用	$1 000
贷：现金	$1 000
借：评估清算	$1 000
贷：评估清算费用	$1 000

以上各笔会计分录，按照正常会计核算程序入账后，编制评估确认后的试算表。

"评估清算"账户的内容，如图表21-3所示：

（图表21-3）

（借方）	评 估 清 算		（贷方）
待摊费用	$2 000	预提费用	$1 500
待处理财产损失	7 000	土　　地	10 000
应收账款	10 000	房屋建筑	16 500
商品存货	35 000	运输设备	5 000
家具设备	2 000		$33 000
应付债券利息	16 000	借方余额	40 000
评估清算费用	1 000		
	$73 000		$73 000

试算表的内容，如图表21-4所示：

（图表21-4）

试 算 表
（调整和评估后）

科　　目	借方余额	贷方余额
现金(含银行存款)	$46 500	
应收账款	250 000	
坏账准备		$50 000
商品存货	315 000	
预付保险费	5 000	
土　　地	50 000	

(续表)

科　　目	借方余额	贷方余额
房屋建筑	$85 000	
家具设备	18 000	
运输设备	45 000	
应付账款		$95 000
应付税款		33 500
应付债券		100 000
应付债券利息		16 000
实收资本		300 000
留存盈利		220 000
本期利润		40 000
评估清算	40 000	
合　　计	$854 500	$854 500

以上试算表反映了被兼并企业向兼并方企业移交全部资产和负债的实质内容和价值。其中：房屋建筑、家具设备和运输设备都是入账原值减累计折旧后的净值，经评估确认后的价值。

根据上表，可以总结归纳如图表 21-5 所示：

(图表 21-5)

移交资产总值		$764 500
试算表借方总额	$854 500	
减：坏账准备	50 000	
减：评估清算（借方余额）	40 000	
移交负债总值		244 500
试算表应付账款	95 000	

(续表)

加：应付税款	$33 500	
加：应付债券	100 000	
加：应付债券利息	16 000	
移交净值		$520 000
试算表实收资本	300 000	
加：留存盈利	220 000	
加：本期利润	40 000	
减：评估清算	40 000	

第七节　兼　并　结　算

根据上节，被兼并企业经过调整和评估后的结果，兼并方企业接受被兼并企业的资产总值为 $764 500，减除承担的负债总额 $244 500，兼并的净值为 $520 000，此数即为兼并结算的基础。

一、商誉的考虑

如本书第十一章所述，商誉是指一个企业所具有的"超过一般行业正常收益率水平的获利能力"，属于一种无形资产，实质上是超常获利能力的资本化。由于被兼并企业是作为继续经营的企业兼并的，平时对其存在的有利条件和潜在创利能力在账面上没有估算和反映，在兼并过程中进行的调整和评估也没有对此作出评估。为此，经兼并双方协商，在调整评估的净值基础上加约 20%，即 $100 000 作为商誉，兼并方应支付 $620 000 元。

二、现金购买方式

兼并方采取现金购买方式购并被兼并企业整体产权，需要支付现金 $620 000。假设委托银行发行公司债券 $600 000 筹集兼并资金，向被兼并公司支付 $620 000，银行扣收手续费 2‰，其会计分录

如下：

借：现金（银行存款）	$ 598 800
财务费用	1 200
贷：应付债券	$ 600 000

假设购并资产，承担负债，兼并的资产作"长期投资"处理，承担的负债作为负债，其会计分录如下：

借：长期投资	$ 764 500
商誉	100 000
贷：应付账款	$ 95 000
应付税款	33 500
应付债券	100 000
应付利息——债券	16 000
现金（银行存款）	620 000

三、换发兼并方企业股票方式

换发股票是指兼并方公司发出与其原发行在外的条件相同的股票，换回被兼并方公司股东所持有的被兼并方股票。一般地说，由于兼并方公司具有相对优势地位，其股票比被兼并方公司股票也有较大的优越性；如果在交换比率上再给以优惠，更容易由被兼并公司股东所接受。但是，也可能有一部分被兼并公司的股东乐于利用换发股票的机会抽回现金而从事个人其他用途。

换发股票的关键问题是换发的比率，即持有每一股被兼并公司股票换发给多少兼并方公司的股票。同时兼并方公司还要有足够的股票，准备向被兼并方股东换发。

换发股票的比率有两种方法：市价法和每股盈利法。现举例说明如下：

假设兼并方公司和被兼并公司的有关数据如图表21-6所示：

(图表21-6)

项目	兼并方公司	被兼并公司
(1) 税后盈利	$500 000	$200 000
(2) 发行普通股股数	100 000 股	50 000 股
(3) 每股盈利[(1)÷(2)]	$5	$4
(4) 每股市价	$80	$50

(一) 市价法

按市价法换发股票,应以兼并双方普通股现时市价为基础,计算被兼并公司的普通股换发为兼并方公司普通股的比率。其计算结果如下:

$$50/80 = 0.625(股)$$

即被兼并方每股股票换发兼并方公司股票0.625股。兼并方公司为了吸引被兼并公司的股东,对被兼并公司的股票按每股56元计算,使交换比率提高为0.7股(56/80)。由兼并方公司按此比率换发其股票35 000股,则兼并方公司的普通股如下:

$$100\ 000\ 股 + 35\ 000\ 股 = 135\ 000\ 股$$

假设兼并后双方的税后盈利没有变化(兼并后由于协同作用而造成的变化往往是滞后的),则兼并后每股盈利如下:

$$\frac{\$500\ 000 + \$200\ 000}{100\ 000\ 股 + 35\ 000\ 股} = \$5.18$$

超过双方未兼并前的每股盈利,必然能为双方股东所乐于接受。

(二) 每股盈利法

按每股盈利换发股票,应以兼并双方的每股盈利为基础,计算换发股票的比率。按上例,兼并方公司和被兼并公司的现行每股盈利分别为$5和$4,交换比率如下:

$$4/5 = 0.8(股)$$

即被兼并方每股股票换发兼并方股票 0.8 股。换发后兼并方公司股份总额如下:

$$100\,000\,股 + 40\,000\,股 = 140\,000\,股$$

兼并后每股盈利如下:

$$\frac{\$500\,000 + \$200\,000}{\$100\,000\,股 + 40\,000\,股} = \$5$$

与兼并前兼并方公司每股盈利相同,高于兼并前被兼并公司的每股盈利。

四、被兼并企业会计的结束

被兼并企业在作过评估资产、确认负债以后的会计处理,一般应按以下三个步骤进行操作。

(一)向兼并方移交经过资产评估和负债认定后的全部资产和负债

借:应付账款	$95 000
应付税款	33 500
应付债券	100 000
应付债券利息	16 000
应收移交产权款	520 000
贷:现金(含银行存款)	$46 500
应收账款(净额)	200 000
商品存货	315 000
预付保险费	5 000
土地	50 000
房屋建筑(净额)	85 000
家具设备(净额)	18 000
运输设备(净额)	45 000

(二)兼并方划付产权净值款(含商誉 100 000 元)

借:现金(或兼并方股票)	$620 000
贷:应收移交产权款	$520 000
公积金	100 000

（收商誉净值假设用"公积金"账户过渡）

（三）分配产权净值现金（或兼并方股票），并结清全部账务

借:实收资本	$300 000
留存盈利	220 000
本期利润	40 000
公积金	100 000
贷:现金(或兼并方股票)	$620 000
评估清算	40 000

至此,被兼并方账务全部结清。

第二十二章　企业破产会计

第一节　企业破产的意义

破产，适用于企业法人和非法人组织。此外，还有自然人。本书所论系企业的破产。

任何一个企业，不论其法定组织形式（公司、合伙或个体）、所有制形式（公营、集体、私营、合资）、所属行业和企业规模，如果经营不善，都有陷于破产的可能。

企业由于内部因素（如经营管理不善）或外部环境的变化，遭遇严重困难而无力解决，譬如由于经营失误而造成周转不灵陷入财务困难，以至于无力偿还到期债务，甚至"业（资）不抵债"而形成债务危机，如果不能取得债权人的谅解进行和解整顿，或者虽经整顿努力而终于"回天乏术"，便会导致无可挽回的失败而最终陷于破产。

破产的意义可从经济、法律和会计三个方面考虑：

一、经济方面

经济方面主要是指企业因经营管理不善（可能还有其他原因，例如企业外在的市场环境），造成严重亏损，不能清偿到期债务，其中经营管理不善是基因，严重亏损是近因，而不能清偿到期债务则是经济上破产的直接标志。从经济方面看，如果企业出现了不能清偿到期债务而又无力缓冲和扭转的情况，就可以说是在经济意义上存在着陷入破产的基本事实。但是，经济意义上的"破产"，不等于法律意义上的破产，后者还必须经过法院裁定，宣布企业破产，并按照破产法的规定进入法定破产程序。

二、法律方面

在法律方面,破产是法律程序,涵盖着被法院裁定宣布破产的企业依法清理结算直至最后结束的全过程。在债权人方面,如果欠债企业不能清偿到期债务,可以申请法院宣告欠债企业破产;在债务人(欠债企业)方面,如果无力清偿到期债务,也可以申请法院宣告其破产。经法院受理并裁定和宣告破产后,应按照法定破产程序进行破产清算,清算结束后,法定破产程序终结。

三、会计方面

主要有以下两个方面:

第一,企业的财务状况、经营成果、资负比例、亏损程度、偿债能力如何,会计上都可作出及时的、全面的反映。只要会计核算所提供数据信息是及时的、完整的、真实的和正确的,再经过分析、核证后,便可据以判定企业是否确已处于严重亏损和"业(资)不抵债"。

第二,破产清算是企业寿命周期的一个特定阶段。一般地说,一个企业的寿命周期可以分为三个阶段:

创办阶段——企业处于筹办建立期间,尚未开始正式经营活动。此阶段的支出(除购置固定资产外)属于开办费,需要单独核算。在创办阶段结束并开始正常经营后,应转入"开办费"(作为无形资产或递延资产)分年摊销。

连续经营阶段——在此阶段,企业从事正常连续经营活动。公认会计原则中"继续经营原则"即指此阶段而言。在此阶段中,会计进行正常连续核算和分期结算,年复一年(指会计年度)连续衔接,反映企业财务状况的变化和结果,以及财务成果的取得和分配。这是企业寿命周期中主要的又是最长的一个阶段。

清理结束阶段——企业由于某些原因,作为原法定经济实体不再继续经营而宣布终止时,应按其协议、章程和法定程序进行清理结束,企业的终止可能有多种原因,如经营期限届满、企业合并与兼并、企业的分立，以及企业由于不能清偿到期债务而被法院裁定和宣告破产。企业一经被法院宣告破产，便进入破产结算阶段，由法院按破产的法律程序执行，成立清算组接管破产企业，进行单独会计核算，一般称为"破产会计"。直到破产清算工作全部完成，破产清理的会计核算便告结束。

第二节 有关企业破产清算的基本概念

了解企业破产清理活动的经济、法律和会计方面的有关概念，有助于对破产会计的理解。

一、不能清偿到期债务

如前所述，企业不能清偿到期债务是经济上破产的直接标志。所谓不能清偿到期债务，是指：债务的清偿期限已经届满，债务人停止支付到期债务并呈连续状态，如无相反证据，可推定为不能清偿到期债务；债权人已要求清偿；债务人明显缺乏清偿能力。

二、破产申请

这是法院对企业破产立案的依据。

债务人不能清偿到期债务，债权人可以向法院申请宣告债务人破产。债权人提出申请时，应当提供下列材料：债权发生事实及有关证据；债权性质、数额；债权有无财产担保，有财产担保的，应当提供证据；债务人不能清偿到期债务的有关证据。

债务人无力清偿到期债务或其他原因，也可以向法院申请破产，申请时应当说明企业亏损的情况，提供下列材料：企业亏损情况的说明；会计报表；企业财产状况明细表和有形财产的处所；债权清册和债务清册；法院认为依法应当提供的其他资料。

三、和解整顿

由债权人申请对不能清偿到期债务的企业宣告破产的，在法院受理立案后一定时限内，被申请破产的企业可以申请和解和整顿，由企业和债权人达成和解协议,经法院认可后发布公告,中止破产程序。和解协议应具有下列内容:清偿债务的财产来源;清偿债务的办法;清偿债务的期限等。

和解协议具有法律效力。它主要给被申请破产的企业提供一种缓冲的机会,以便着手进行整顿。但是,整顿有一定的期限。经过整顿后,如果企业能够按照和解协议规定的期限偿还债务的,应按期如数清偿;如果企业不执行和解协议或者整顿期满企业不能按照和解协议规定的期间、数额清偿债务的,法院就宣告企业破产。

破产的目的,是通过法律程序,使陷于破产的企业最终解除其债务,使债权人按照偿债程序取得一定的补偿。不可否认,破产偿债对破产企业和债权人都会有一定的损失(但对双方的利益也提供一定程度的保障)。因此,只要能获得一线生机,和解与整顿对双方也都是有利的。

四、破产企业

被法院裁定并宣告破产的企业为破产企业。有下列几项情况:因经营管理不善造成严重亏损而不能清偿到期债务,由法院依照破产法的规定宣告破产的;企业在整顿期间,由于有下列情况之一,经法院裁定终止整顿而宣告破产的,即:不执行和解协议的,财务状况继续恶化的,有严重损害债权人利益的活动的。

五、破产财产

破产财产由下列财产构成:法院宣告企业破产时,破产企业经营管理的全部财产;破产企业在破产宣告后至破产程序终结前所取得的财产;应当由破产企业行使的其他财产权利。

以下情况的财产应予除外,不列入破产财产:在破产宣告前,已作为担保物的财产,但是如果担保物的价款超过其所担保的债务数额的,超过部分属于破产财产;破产企业内属于他人的财产,由该财产的权利人通过清算组取回,不列入破产财产;确实无法收回的破产企业的财产,不列入破产财产进行分配。

六、破产债权

破产宣告前成立的无财产担保的债权和放弃优先受偿权利的有财产担保的债权为破产债权,应按法定清偿顺序受偿。其程序如下:

第一,法院受理破产案件后,发布公告并通知债权人。债权人应在规定的时限内向法院申报债权,说明债权的数额和有无财产担保,并且提交有关证明材料。逾期未申报债权的,视为自动放弃债权。

第二,破产宣告前成立的有财产担保的债权,债权人享有就该担保物优先受偿的权利,故不列作破产债权。但如债权数额超过担保物的价款的,其未受清偿的部分作为破产债权。

第三,破产企业的债权人对破产企业负有债务的,可以在破产清算前抵销(如果债权大于债务,其差额列入破产债权;如债务大于债权,其差额列入破产财产)。

第四,计息的破产债权,利息计算到破产宣告之日止。

第五,破产宣告时未到期的债权,视为已到期的债权,但是应当减去未到期的利息。

第六,对破产企业未履行的合同,清算组可以决定解除。由于解除合同而另一方当事人受到损害的,其损害赔偿额作为破产债权。

七、破产费用(清算费用)

破产费用是企业进入破产程序后由清算组接管破产企业至破产程序终结的全部破产清算期间所发生的费用。它包括以下各项:破产财产的管理、变卖和分配所需要的费用,包括聘任工作人员的费用以及破产企业留守人员的工资和劳动保险费用;破产案件的诉讼费用;为债权人的共同利益而在破产程序中支付的其他费用;清算组的其他必需费用。

破产费用应从破产财产中优先拨付。破产财产不足以支付破产费用的,法院应宣告破产程序终结。

第三节　企业被宣告破产后的会计工作

企业被宣告破产后,其原法定代表人应当组织破产企业的财会人员做好财务决算工作。与此同时,保管人员应编制好财产清单,业务人员做好购销等业务的清结工作。财务决算工作必须保证账实相符、账账相符和账表相符。必须保证不发生:趁机隐匿、私分、无偿转让财产,非正常压价出售财产,对未到期的债务提前清偿,对原来无财产担保的债务提供担保和放弃自己的债权等严重损害债权人利益的事项。如果发现有此等行为,清算组有权向法院申请追回财产。追回的财产并入破产财产。

清算组接管破产企业时,由破产企业的原法定代表人将破产企业的财务决算报表、清册、清单等书面文件,连同财物和权利书证等,全部向清算组移交。

一、破产企业的财务决算及其特点

企业在被宣告破产后所做的财务决算工作,与正常连续经营时期会计期末的财务决算相较,有几个方面不同:

(一)性质不同

破产企业编制的财务决算,标志着正常继续经营时期结束和破产清算时期开始,是两个时期之间的分水岭;与正常继续经营企业的会计决算是连续性与阶段性相结合的两个会计期间的连接点的性质不同。

(二)角度不同

破产企业所做的财务决算,是从破产偿债角度编制的,其目的在于反映企业在被宣布破产时的财务状况——偿还债务能力和退资还本程度。正常继续经营企业的财务决算,则是从持续经营的角度编制的,其目的在于反映企业在正常持续经营条件下的财务状况和经营成果。

(三) 作用不同

破产企业财务决算工作所做的破产日资产负债表（连同有关的附表、清单和清册），是破产企业法定代表人向清算组移交和清算组接管破产企业的依据，也是清算组办理破产企业清算的基础。而正常继续经营企业的财务报表，则反映企业正常经营的财务状况和经营成果，向股东代表大会（或其他法定组织形式的所有权者）和其他有关方面提供报告。

(四) 内容不同

企业破产这一法定程序，实质上是对企业已经存在的严重亏损、不能清偿到期债务的"破产"状况的认定和处理——破产还债。破产企业的账面已呈亏损，所有者权益实际上已不能保持完整原额。因此，破产企业的所谓财务决算，主要在于编制破产日的资产负债表向清算组移交，其内容自与正常继续经营时期定期编制的决算报表的内容有不同之处。

二、破产企业随决算表向清算组移交的实物和单证

(一) 资产

1. 现金和银行存款。

两者都属于货币资金。现金是指库存现金，应有现金实物和库存清单，其数额应与资产负债表上现金账户余额相同。银行存款应有存款银行的对账单，并与企业账面上银行存款核对调节相符。

2. 应收款项。

它包括应收账款、应收票据、其他应收款等应收回的各项债权。应分别编制清单。应收账款中有合约或其他书面凭证者，应连同合约或书证，应收票据应连同未到期的票据，其他应收款应连同书面凭证，一并移交清算组。法院宣告企业破产后，应通知破产企业的债务人向清算组清偿债务。

3. 商品存货。

盘点实物编列清单，并与账面核实。如有盘盈盘亏，应按正常手续

调整；如有代销商品，应加注明或另行编列，由委托单位通过清算组取回；如有寄托外单位销售产品，应将已销部分结算清楚，未销部分收回（或另行编列，通过清算组处理）。

4. 证券投资。

清点证券实物，编列清单，列明种类、数量、面额、账面数额，并与账面核实。

5. 固定资产。

如房屋、家具设备、机器设备等，进行实物清点后编列清单，分项列明资产名称、已用年限、原始成本、已提折旧、账面价值（原始成本减累计折旧），并与账面核实。已折旧完毕的固定资产，按其账面残值列报。

6. 无形资产。

如专利权、特许权、商标权等，编列清单分项填列取得的原始成本、已经摊销的期数和摊销后的账面余额，并与账面核实。

（二）负债

它包括应付账款、应付票据、应付工资、应交税金、银行借款（包括信用借款和抵押借款）、其他应付款等等。应编列清单分项填列并与账面核实，有书面凭证者应附具凭证。

三、破产企业财务决算编制的决算表

决算表相当于资产负债表。除列报资产负债项目外，还有从本会计期间开始日至宣布破产日止这段期间内发生的收益和费用项目应作一结算，并将损益类账户结清。如收益超过费用，其差额列在所有者权益部分，作为资本的加项；如费用大于收益，其差额列作资本的减项，或者列在表的资产方。这样，就可使资产负债表取得平衡，最后移交清算组。

四、破产日财务决算所编制的资产负债表举例

假设某公司于2003年4月15日由法院宣告破产，其财务决算涵盖的期间为1月1日至4月15日。4月15日的试算表如图表22-1所示：

(图表 22-1)

试 算 表

科　　目	借方余额	贷方余额
现金	$500	
银行存款	1 000	
应收账款(净额)	21 500	
应收票据	12 000	
其他应收款	1 000	
商品存货	25 000	
短期投资	3 000	
固定资产(净额)		
房屋建筑	30 000	
机器设备	15 000	
家具设备	4 000	
无形资产	12 000	
累计亏损	53 000	
应付账款		$30 000
应付票据		15 000
应付工资		3 500
应付税款		4 000
其他应付款		2 000
银行抵押借款		25 000
实收资本		100 000
销货收入(净额)		120 000
利息收入		500
销售成本	115 500	
利息支出	1 500	
销售费用	2 000	
管理费用	3 000	
合　　计	$300 000	$300 000

根据试算表中损益类科目的余额,计算本期截至 4 月 15 日止的净损益如图表 22-2 所示:

第二十二章 企业破产会计

(图表22-2)

收 益 表

销售收入		$120 000
利息收入		500
收入合计		$120 500
减：销售成本	$115 500	
利息支出	1 500	
销售费用	2 000	
管理费用	3 000	122 000
净亏损		$1 500

净亏损列入资产负债表，作为所有者权益的减项。现编制破产日的资产负债表如图表22-3所示：

(图表22-3)

资 产 负 债 表

2003年4月15日

资　　产	金　　额		负债及所有者权益	金　　额	
资产：			负债：		
现金		$500	应付账款		$30 000
银行存款		1 000	应付票据		15 000
应收账款(净额)		21 500	应付工资		3 500
应收票据		12 000	应付税款		4 000
其他应收款		1 000	其他应付款		2 000
商品存货		25 000	银行抵押借款		25 000
短期投资		3 000	负债合计		$79 500
固定资产：(净额)			所有者权益：		
房屋建筑	$30 000		实收资本	$100 000	
机器设备	15 000		累计亏损	53 000	
家具设备	4 000	$49 000	当期亏损	1 500	$45 500
无形资产		12 000	负债及所有者权益合计		
资产合计		$125 000			$125 000

说明：(1) 资产项下的"房屋建筑"一项＄30 000，在企业被宣告破产前，已作为负债项下"银行抵押借款"＄25 000 的担保品。(2) 资产项下的"其他应收款"中有一笔职工借款＄300，在负债项下的"应付工资"中应付该职工的工资＄400，两相对抵应净付该职工＄100。(3)"应收账款"中有＄5 500，在破产宣告时尚未到期，视为已到期债权，但应减去未到期的利息，估算为＄100。

第四节 清算组对破产企业的清算

一、清算组接管破产企业

法院宣告企业破产后一定日期内，指定有关部门（如财政部门、工商管理部门等）人员和专业人员成立清算组，接管破产企业，负责破产财产的保管、清理、估价、处理和分配，并可依法进行必要的民事活动。清算组应对承办企业破产案的法院负责并报告工作，接受法院监督。

清算组接管破产企业后，应组织破产企业留守人员和清算组的工作人员，对破产企业的全部财产清点，登记造册，查明企业实有财产总额。如果与破产企业的原法定代表人向清算组移交时的财务报表、财产清单等有出入时，应责成原法定代表人说明原因并进行调整。

法院宣告企业破产后，应通知破产企业的开户银行，限定其银行账户只能供清算组使用（或于宣告企业破产，由清算组接管后，按照银行手续更换清算组印鉴）。

法院宣告企业破产后，应通知破产企业的债务人或财产持有人向清算组清偿债务或交付财产。

清算组对破产财产应当重新估价，已经折旧完毕的固定资产，应对其残值重新估价，残次变值财产应当变价计算，不需要变价的，按原值计价。

二、破产清算的账务处理

(一) 会计科目

清算组对破产企业的财产、债权、债务进行全面清算。除按破产企业的原法定代表人移交的报表所列会计科目立账外,应增设"清算损益"和"清算费用"(或"破产费用")两个科目。其核算内容如下:

1. "清算损益"。

核算清算期间发生的盘盈、盘亏、变卖,无力归还的债务或者无法收回的债权,以及其他收入或损失等。

2. "清算费用"(或"破产费用")。

其核算内容,除与第二节第七项"破产费用"(即清算费用)所列的内容相同外,还包括清算组的工作人员工资、差旅费和公告费等。

(二) 账务处理

1. 资产负债对冲的项目和会计分录。

"其他应收款"中某职工借支 $300,与应付该职工工资对冲,作会计分录如下:

借:应付工资 　　　　　　　　　　　　　　$300
　　贷:其他应收款　　　　　　　　　　　　$300

"其他应收款"冲账后余额 $700 无法收回,应予转销,作会计分录如下:

借:清算损益　　　　　　　　　　　　　　$700
　　贷:其他应收款　　　　　　　　　　　　$700

2. 处理未到期"应收账款"的会计分录。

破产宣告时尚未到期的应收账款作为到期债权,应减去未到期的利息,假设为 $100。作会计分录如下:

借：清算损益 $100
　　贷：应收账款 $100

3. 处理破产财产的会计分录。

(1) 应收账款 $21 400（$21 500 – $100），实际收回 80%，即 $17 200，其余 20% 计 $4 200 无法收回。作会计分录如下：

借：银行存款 $17 200
　　清算损益 4 200
　　贷：应收款项 $21 400

(2) 应收票据 $12 000 全部收回，其中有一部分尚未到期，作为到期债权，应减去未到期的利息，假设利息为 $150。作会计分录如下：

借：银行存款 $11 850
　　清算损益 150
　　贷：应收票据 $12 000

(3) 商品存货 $25 000 公开变卖，得款 $20 000，作会计分录如下：

借：银行存款 $20 000
　　清算损益 5 000
　　贷：商品存货 $25 000

(4) 短期投资 $3 000（证券），变价收入 $2 800。作会计分录如下：

借：银行存款 $2 800
　　清算损益 200
　　贷：短期投资 $3 000

(5) 房屋建筑 $30 000，已作为银行抵押借款的担保物，变价所得

净收入 $32 000,用于偿还银行抵押借款本金 $25 000 和利息 $3 000。作会计分录如下:

借:银行存款	$32 000
贷:房屋建筑	$30 000
清算损益	2 000
借:银行抵押借款	$25 000
清算损益	3 000
贷:银行存款	$28 000

(6) 机器设备 $15 000,原作为"应付票据" $15 000 的担保物,变价所得净收入 $12 000,全部用于偿付应付票据,不足的 $3 000 作为破产债权,仍列应付票据。作会计分录如下:

借:银行存款	$12 000
清算损益	3 000
贷:机器设备	$15 000
借:应付票据	$12 000
贷:银行存款	$12 000

(7) 家具设备 $4 000,变价所得净收入 $2 000。作会计分录如下:

借:银行存款	$2 000
清算损益	2 000
贷:家具设备	$4 000

(8) 无形资产 $12 000,系经过陆续摊销后的账面余额,作价 $6 000 转让。作会计分录如下:

借:银行存款	$6 000
清算损益	6 000
贷:无形资产	$12 000

(9) 清算费用系陆续支付随时记账,累计共付 $24 500。作会计分录如下(为简化只作一笔会计分录):

借:清算费用　　　　　　　　　　　　　　　$24 500
　贷:银行存款　　　　　　　　　　　　　　　　$24 000
　　　现金　　　　　　　　　　　　　　　　　　　500

以上各笔会计分录过账后,根据分类账户余额编制试算表,如图表 22-4 所示:

(图表 22-4)

试　算　表

科　目	借　方	贷　方
银行存款	$40 850	
应付工资		$3 200
应付税款		4 000
应付账款		30 000
应付票据		3 000
其他应付款		2 000
清算损益	22 350	
清算费用	24 500	
所有者权益净值		45 500
合　计	$87 700	$87 700

(三)破产清算现金收支表

清算组对破产企业进行清算,处理破产资产、偿还有担保的债务、支付清算费用等等,最后结算现金及银行存款余额,按照法定顺序进行分配和清偿。对这些大量的收收付付,可通过现金及银行存款账户进行分析,编制破产清算现金收支表,如图表22-5所示:

(图表22-5)

破产清算现金收支表

清 算 收 入		清 算 支 出	
清算开始时余额 (现金 $500 / 银行存款 $1 000)	$1 500		
清算收入:		清算支出:	
(1) 收回应收账款	$17 200	(5) 偿还抵押借款本息	$28 000
(2) 收回应收票据	11 850	(6) 偿还应付票据	12 000
(3) 售出商品存货	20 000	(9) 陆续支付清算费用	24 500
(4) 售出短期投资	2 800		$64 500
(5) 售出房屋建筑	32 000	清算余额(银行存款)	40 850
(6) 售出机器设备	12 000		
(7) 售出家具设备	2 000		
(8) 转让无形资产	6 000		
清算收入合计	$103 850		$105 350
合 计	$105 350		

说明:(1) 编号系处理破产财产会计分录的编号;(2) 清算后银行存款余额按法定清偿顺序分配。

(四)破产清算损益表

根据分类账的"清算损益"账户内容,编制反映破产清算发生的收益和损失的破产清算损益表,如图表22-6所示:

(图表22-6)

破产清算损益表

破产资产变价损失		破产资产变价收益	
(1) 应收账款	$4 200	(5) 出售房屋建筑收益	$2 000
减收未到期部分利息	100	破产清算净损失	22 350
(2) 应收票据减收未到期部分利息	150		
(3) 出售商品存货损失	5 000		
(4) 短期投资变价损失	200		
(6) 变卖机器设备损失	3 000		
(7) 变卖家具设备损失	2 000		
(8) 转让无形资产损失	6 000		
	$20 650		
其他损失			
(5) 偿付抵押借款利息	3 000		
转销未收回其他应收款	700		
合　　计	$24 350	合　　计	$24 350

第五节　破产财产的分配

一、破产财产的分配清偿顺序

清算组清算完毕后,提出破产财产分配方案,报请法院裁定后执行(报法院前需经债权人会议讨论通过)。

破产财产应优先拨付清算费用(破产费用)后,按照下列顺序清偿:破产企业所欠职工工资(含劳动保险费用);破产企业所欠税款;破产债权。

破产债权不足清偿同一顺序的清偿要求的,按照比例分配。

二、支付应付工资和应付税款

支付应付工资和应付税款的会计分录如下：

借：应付工资	$3 200
应付税款	4 000
贷：银行存款	$7 200

支付后,银行存款余额为 $33 650,可供分配。

三、偿付破产债权

破产债权包括：应付账款 $30 000、应付票据 $3 000、其他应付款 $2 000,合计 $35 000。可供分配的银行存款为 $33 650。破产债权可清偿比率的计算公式如下：

$$破产债权可清偿比率 = \frac{银行存款}{破产债权总额}$$

$$\frac{\$33\,650}{\$35\,000} = 0.9614$$

这就是说,破产债权每一元可清偿 0.9614 元。以此推算,应付账款可清偿 $28 842,应付票据可清偿 $2 885,其他应付款可清偿 $1 923元,合计 $33 650。作会计分录如下：

借：应付账款	$30 000
应付票据	3 000
其他应付款	2 000
贷：银行存款	$33 650
清算损益	1 350

四、结束破产清算账务

破产财产处理后,清算损益账户的借方余额原为 $22 350,减破产财产余额按照法定清偿顺序最后清偿破产债权时所产生的贷方数额 $1 350 后(见上述会计分录),其最后借方余额为 $21 000($22 350 — $1 350)。至此,账面上只剩以下三个账户,如图表 22-7 所示：

(图表22-7)

会 计 科 目	借 方	贷 方
清算损益	$21 000	
清算费用	24 500	
所有者权益		$45 500
	$45 500	$45 500

将上述清算损益、清算费用结转所有者权益,作会计分录如下:

借:所有者权益　　　　　　　　　　　　　　$45 500
　贷:清算损益　　　　　　　　　　　　　　　　$21 000
　　　清算费用　　　　　　　　　　　　　　　　24 500

也可以将清算费用先结转清算损益,然后将清算损益与所有者权益对转冲平。

至此,全部账务结平,所有者权益未得到清退。清算组的破产清算账务处理工作结束。

五、其他工作

破产财产分配完毕,由清算组提请法院终结破产程序。

破产程序终结后,由清算组向破产企业原登记机关办理注销登记。

破产企业注销登记后,法院宣布清算组撤销。

第六部分

通货膨胀会计

第二十三章 通货膨胀会计

第一节 通货膨胀会计的涵义

以货币为统一计量单位和对于非货币性项目以历史成本入账,是公认的基本会计原则。这个原则是以币值稳定的假定为前提的。

一个国家的货币单位是用作交换中介和衡量具体价值的尺度(具体价值指货币单位可变换的商品与服务的数量所决定的价值)。单位货币能够交换的商品或服务的数量,称为货币的购买力。通货膨胀(或紧缩),则货币购买力下降(或上升),一般物价水平上升(或下降)。所谓一般物价水平,是指经济中全部商品与服务的加权平均价格。

一、一般物价水平变化和特定物价变化

(一)特定物价变化

它是指各别商品或服务的价格变化。如面包、办公用品、医疗服务等。各别商品和服务在不同时期的价格可能有的增有的减,不能反映一般物价水平和货币购买力的变化。对于各别商品或服务价格的变化,一般最常用的处理方法是用现行成本。一项资产的现行成本,可以用现在取得相同资产的成本来计量,或者用重置成本即取得具有同等生产能量的资产的成本。

(二)一般物价水平变化

在一般物价水平增长时,需要支付更多的货币,以取得一定数量的商品或服务。或者说,每货币单位只能买得较少的商品或服务。一般物价水平用指数表示,即将选样的一批商品或服务在一定时间的价格,与这些商品或服务在确定的基期的价格相比较,以基期的价格作为100,其

他各期的价格表示为基期价格的百分数。假设以2001年作为基期,此年列入指数计算的商品或服务的价格为1 200,2001年同样一批商品或服务的价格为$1 500,则2001年的指数即为125%[(1 500÷1 200)×100%]。在美国,有若干种物价指数,其中由公众和会计界广泛利用的是由劳动统计局按月公布的消费品物价指数(consumers price index,缩写为CPI)。此项指数反映城市居民购买一揽子选样商品或服务的价格变动,按月编制,并按年编制平均年指数公布。此指数以1967年为基期,以此年的价格作为100。美国财务会计准则委员会建议用此指数作为通货膨胀会计按一般物价水平调整编列会计报表的依据。

二、通货膨胀影响会计数据的可比性和可加(减)性

通货膨胀使公认会计原则货币稳定的基本假设受到冲击。众所周知,会计数据的可比性和可加(减)性是以货币稳定的假设为基础的。因此,通货膨胀必然要影响会计数据的可比性和可加(减)性。通货膨胀会计首先要解决的也是将代表不同货币购买力的会计数据调整到经济上等价值货币单位的基础上,从而增加会计信息的揭示性。

(一)会计数据自始至终的可比性

假设某公司2001~2003年三年的销售数额,以及这三年的平均物价水平指数,如图表23-1所示:

(图表23-1)

年份	平均物价水平指数	未经调整前的销售数额	变算因子	调整变算后的销售数额
2001	80	$1 000 000	150/80	$1 875 000
2002	95	1 150 000	150/95	1 815 000
2003	125	1 300 000	150/125	1 560 000
(2003年年末)	(150)			

上表表示未经调整前的各年销售数额逐年稳定增加。但是,用各年平均物价水平指数,将各年销售额调整变算为2003年末(即最近期的资产负债表日期)的货币单位,情况就完全不同。由于平均物价水平指数连年上涨,调整变算后的销售数额反呈逐年下降趋势。可见,由于

通货膨胀造成数据资料揭示性的扭曲,影响会计数据的可比性,最终可能导致错误的经营决策。

(二) 会计数据的可加(减)性

可加(减)性这一数学法则认为,只有相同的单位才能相加或相减。主张一般物价水平调整者指出,具有不同购买力的货币单位相加或相减,是违反可加(减)性法则的。假设某公司 2000 年购买一所房屋 $5 600 000,当时物价水平指数为 75,房屋每年摊提折旧 $280 000。该公司 2003 年其他费用为 $1 000 000,在年度内均匀发生。其 2003 年常规收益表和 2003 年末调整改编表,如图表 23-2 所示:

(图表 23-2)

	历史成本	变算因子	调整改编
销售收入	$1 300 000	150/125	$1 560 000
销售成本和其他费用	$1 000 000	150/125	$1 200 000
折旧费用	280 000	150/75	560 000
费用合计	1 280 000		1 760 000
净收益(损失)	$20 000		($200 000)

在常规按历史成本编制的收益表中,折旧费用是按 2000 年的货币单位(因固定资产系 2000 年购进),其他费用是按 2003 年的货币单位,两项相加,从销售收入(按 2003 年的货币单位)减算,得出净收益为 $20 000。而用变算因子调整改编的收益表,各个项目均按具有共同一般购买力水平的货币单位调整变算,得出的结果必然与未调整前数额不同(亏损 $200 000)。公司董事会宣布分配股利时,一般按常规收益表计算的净收益计算,而不是根据调整变算后的数额。

具有不同购买力的货币单位无相加(减)性问题,对资产负债表也有影响。如该公司在 2003 年末持有的资产中,房屋系 2000 年购置,其他资产则是在其他时间买入:有的在 2003 年,有的则在其他年份。这些以不同购买力的货币单位表示的项目在 2003 年末资产负债表内相加,显然不符合可加(减)性原则。假如均按一般物价水平指数调整变算为具有共同购买力的货币单位,便不存在无相加(或相减)性问题。

三、列报通货膨胀的方法

在会计核算中,处理通货膨胀的影响有两种主要的方法:

（一）不变币值会计

在美国称为"不变美元"(constant dollar)会计,即将常规历史成本会计报表,按一般物价水平变动(以消费品物价指数反映)加以调整改编,调整改编后的会计报表所列的全部数额,代表具有相同购买力的货币"元"数额。

（二）现行价值会计(current value accounting)

即以现行价格为基础编制会计报表。此法与不变"元"会计不同之处在于:不变"元"会计并未脱离历史成本概念,只是按现行货币购买力对历史成本进行调整变算,而现行价值会计则脱离开历史成本,并考虑具体价格变动。

此外,有的将存货计价方法中的"后进先出法"和计提固定资产折旧的"加速折旧法",视为按物价上涨或货币贬值程度进行部分调整的方法,列作通货膨胀会计的一种方式。这两项虽然在通货膨胀物价持续上涨时期能起部分调整作用,但都各有其特殊之处。后进先出法是基于成本流动与实物流动相一致的要求,适合于某些行业和某些类型的商品。采用此法,虽然在物价上涨情况下销货成本可接近于现行成本,但期末存货的成本则相应偏低(因存货成本按先进的价格计算),偏离期末上涨的物价水平。至于加速折旧法,其目的主要在于通过加速折旧得以较快地积累固定资产更新的成本,但由于在固定资产使用的前期计提出来大部分的折旧额,使得固定资产的账面价值(固定资产账面价值＝固定资产取得原值－累计折旧)有较大的下降,偏离期末上涨的物价水平。因此,对于存货和固定资产等实物资产,还必须采用不变币值会计或现行价值会计进行调整。本章论述通货膨胀会计,即以此两种方法为主。

第二节 不变币值会计

一、不变币值会计的内容

不变币值会计的目的,是将按历史成本数额编列的会计报表中的全部金额,利用一般物价水平指数(消费品物价指数 CPI),调整为代表等量购买力的货币单位。调整方法是:将历史成本数额乘以一个分数,此分数的分子为本期资产负债表日期(一般为期末或年末)的一般物价水平指数(根据项目性质分别用年平均指数或年末指数),分母为交易原发生日的一般物价指数。假定各年的物价指数(CPI)如下:

2000 年 1 月 1 日	104
2002 年全年各月平均	148
2002 年 12 月 31 日	150
2003 年全年各月平均	155
2003 年 12 月 31 日	160

(以下举例,均用此指数)

假设 2000 年 1 月 1 日购买的土地,原购入的成本为 \$100 000,2003 年 12 月 31 日按不变币值会计调整为等量购买力的货币单位数额如下:

$$\frac{\text{调整期指数}}{\text{交易原发生日指数}} \times \text{历史成本} = \text{调整为不变币值成本}$$

$$\frac{160}{104} \times \$100\,000 = \$153\,846$$

如果在 2002 年 12 月 31 日曾以 \$50 000 买进一块土地,这块土地在 2003 年 12 月 31 日调整为等量购买力的货币单位如下:

$$\frac{160}{150} \times \$50\,000 = \$53\,333$$

在 2003 年 12 月 31 日按不变币值列报的资产负债表上土地一项

的数额为 $207 179（$153 846＋$53 333）。此数代表 2003 年 12 月 31 日的具有同购买力货币单位的等值数额。但如按历史成本，则为 $150 000（$100 000＋$50 000）。此数系由先后两次具有不同购买力的货币单位的历史成本相加计算的。

上例按一般物价水平的变化调整会计报表的有关数据，只是将成本调整为 2003 年的不变币值计量，不能认为是离开了成本原则。土地的调整数额 $207 179，也不代表土地的现时市场价值。不过，按一般物价水平调整，确实脱离了"稳定货币"的假设。

二、货币性项目和非货币性项目

按一般物价水平变动调整会计报表的有关项目，需要将资产负债表中的项目划分为货币性项目（包括资产与负债）和非货币性项目（资产与负债）。因为这两种项目性质不同，其调整的方式也不同。

（一）货币性项目

货币性项目是指货币和代表有权在一定日期收取固定金额货币的债权或有义务支付固定金额货币的债务。这类项目的金额是固定的，而不问货币购买力可能发生如何变化。由于它们是按现时购买力的货币数额记账的，因而不需要按货币购买力的变化进行调整。现金、应收账款、应收票据等都属于货币性资产。应付账款、应付票据等负债属于货币性负债。

货币性项目的特点是：无论属货币性资产或货币性负债，金额都固定不变，但其实际购买力则随一般物价水平的变化（上升）而变化（下降）。在通货膨胀的条件下，货币性资产的实际购买力随物价水平的上升而下降，持有货币性资产由于购买力下降而承受损失；至于货币性负债则因在偿付债务时是用具有较低购买力的原额货币支付而得到相对收益。

假设某公司 2003 年末持有现金 $40 000，根据本节以上所设各年物价指数计算其购买力损失如下：

为了保持购买力需要，年末货币量为：

$$\$40\,000 \times \frac{160(2003\text{年末指数})}{150(2002\text{年末指数})} = \$42\,667$$

2003 年末实际持有现金：   40 000

购买力损失： $2 667

如果该公司 2003 年末持有 $40 000 应付票据(货币性负债)，则会发生购买力收益 $2 667。

(二) 非货币性项目

非货币性项目指性质非属货币性的项目。如商品存货(或原材料储备)、厂房及设备、无形资产、服务性义务、股东权益等。这些项目都不代表对固定数额现金的要求权，它们的特点与货币性项目相反，其本身并不产生购买力损益。但是，在通货膨胀条件下，其价值随物价水平的变动而发生正比例的变化，需要按不变币值调整，通过调整来认定和反映一般物价水平变化的影响。

三、利用物价指数将会计报表上的历史成本数据调整变算为不变币值

不变币值会计对所有非货币性项目的历史成本乘以一个以资产负债表日期的一般物价指数为分子、以交易原发生期的一般物价指数为分母的分数，最后就可调整为不变币值；但对全年连续发生而且数额又比较均匀的交易活动，如销售收入、购货支出和费用支出，则分数的分母可用全年平均一般物价指数加以变算、进行调整。全年平均物价指数可用期初和期末指数的平均数或全年各月指数的平均数。

假设 2003 年的销售收入为 $450 000，在编制不变币值利润表时，销售收入可变算如下：

$$\$450\,000 \times \frac{160(2003\text{年年末指数})}{155(2003\text{年平均指数})} = \$464\,516$$

四、不变币值会计报表

为了示例不变币值会计报表的编制，假设某公司的有关业务数据如下：

该公司成立于 1998 年 1 月 1 日,同日发行普通股股份,并取得厂房、设备和土地;

2003 年期末存货是在整个 2003 年度陆续采购并陆续销售后盘存;

期初存货是在整个 2002 年度陆续采购和销售在 2002 年末盘存结转入 2003 年期初存货的;

厂房和设备采取直线法折旧、估计寿命期十年,无残值;

销售收入和其他费用支出(折旧费除外)全年陆续发生,商品采购支出也在全年陆续发生;

2003 年 12 月 31 日支付现金股利 $50 000;

按不变币值计算的留存盈利期初余额假设为 $140 559;

2003 年度开始时的货币性项目,资产为 $164 000,负债为 $148 000,净货币性项目为 $16 000。

各年度有关日期的物价指数(CPI)同前,各资产负债表项目和利润表项目的历史成本调整为不变币值所用变算因子的分母分别如下:

期初存货和期末存货:期初存货用上年(2002 年)各月指数的平均数。因本期期初存货即为上年的期末存货,变算时,期末存货应用当期各月指数的平均数。

固定资产、土地和累计折旧:变算时应用购置年的指数。

股本:变算时,用发行股份年度的指数。

留存盈利:资产负债表项目,按不变币值调整变算后相抵后的差额,作为期末留存盈利的余额,留存盈利起一个找平差额使资产负债表达到平衡的作用,以计算式表达如下:

$$\text{调整的留存盈利} = \text{调整后资产合计} - (\text{调整后负债合计} + \text{调整后股本合计})$$

(调整后股本合计不包括留存盈利在内)

销售收入:用当年各月平均指数变算。

采购支出:用当年各月平均指数变算。

其他费用(折旧费除外):用当年各月平均指数变算。

股利支付:发放股利多在年末或次年初,用年末指数变算。

假设某公司由历史成本的会计报表,按照上述条件,调整变算为不变币值的会计报表,如图表 23-3 所示:

(一)资产负债表

(图表 23-3)

资 产 负 债 表

2003 年 12 月 31 日

项　　目	历史成本	调整变算	不变币值	说　明
资产:				
现金	$71 000	货币性资产	$71 000	不调整
应收账款	114 000	货币性资产	114 000	不调整
存货	120 000	(160/155)×120 000	123 871	
厂房设备	300 000	(160/104)×300 000	461 538	
累计折旧	(150 000)	(160/104)×150 000	(230 769)	
土地	100 000	(160/104)×100 000	153 846	
资产合计	$555 000		$693 486	
负债:				
应付账款	$79 000	货币性负债	$79 000	不调整
应付票据	60 000	货币性负债	60 000	不调整
	$139 000		$139 000	
股东收益:				
股本	$270 000	(160/104)×270 000	$415 385	
留存盈利	146 000	(见下表)	139 101	找平差额
	$416 000		$554 486	
负债及股东权益合　计	$555 000		$693 486	

说明:(1)货币性资产与货币性负债不调整;(2)非货币性资产与股东权益按下式调整:(资产负债表日期的指数÷资产取得日期和股本发行日期指数)×历史成本;(3)留存盈利不变币值数额系找平调整变算后的差额,使按"不变币值"表示的资产负债表取得平衡。

(二) 利润表和留存盈利表

利润表和留存盈利表，如图表 23-4 所示：

(图表 23-4)

利润表和留存盈利表

(2003 年度)

项 目	历史成本	调整变算	不变币值	说 明
销售收入	$591 000	(160/155)×591 000	$610 065	
销售成本				
期初存货	$100 000	(160/148)×100 000	$108 108	
进货	381 000	(160/155)×381 000	393 290	
可供销售的商品成本	$481 000		$501 398	
减：期末存货	120 000	(160/155)×120 000	123 871	
销售成本	$361 000		$377 527	
折旧费用	$30 000	(160/104)×30 000	$46 154	
其他费用	130 000	(160/155)×130 000	134 194	
合 计	$521 000		$557 875	
净收益	$70 000		$52 190	
购买力损失前净收益			$52 190	$610 065— $557 875
购买力损失			3 648	(见下表)
不变币值净收益			$48 542	
留存盈利期初余额	126 000	假设数额	140 559	
	$196 000		$189 101	
减：现金股利	50 000	(160/160)×50 000	50 000	
留存盈利期末余额	$146 000		$139 101	进入资产负债表

说明：(1) 销售收入、进货和其他费用都按当年期末指数除以各月平均指数计算调整；
(2) 固定资产折旧费用按当年期末指数除以取得固定资产时期的指数计算。

（三）计算货币性项目的购买力收益或损失

在不变币值利润表中列有购买力损失 $3 648，此数是货币性项目调整变算为不变币值时，由于物价水平上升、货币性资产的购买力下降而形成的损失。其计算方法和结果，如图表 23-5 所示：

（图表 23-5）

项　　目	历史成本	调整变算	不变币值	说　　明
期初净货币性项目：				
现金和应收账款	$ 164 000			
应付账款和票据	148 000			
净货币性资产	$ 16 000	(160/150)×16 000	$ 17 067	150 是 2002 年年末指数
加：增加净货币性项目的交易：				
销售收入	591 000	(160/155)×591 000	610 065	155 是 2003 年各月平均指数
	$ 607 000		$ 627 132	
减：减少净货币性项目的交易：				160 是 2003 年年末指数
进货支出	$ 381 000	(160/155)×381 000	$ 393 290	
其他费用	130 000	(160/155)×130 000	134 194	
现金股利	50 000	(160/160)×50 000	50 000	
	$ 561 000		$ 577 484	
调整变算后的净货币性项目			$ 49 648	
期末净货币性项目：				
现金和应收账款	$ 185 000			
应付账款和票据	139 000			
净货币性资产	$ 46 000			
减：期末净货币性资产			46 000	
购买力损失			$ 3 648	进入利润表

注：期初货币性项目是假设数字，见前述有关业务数据。

在上述不变币值利润表中所列计的购买力损失 $3 648，其计算过程分析说明如下：

第一步，确定"历史成本"栏的期初和期末的净货币性项目——即货币性资产减货币性负债后的余额。这家公司的期初净货币性资产为 $16 000（$164 000 — $148 000），期末为 $46 000（$185 000 — $139 000）。

第二步，确定造成本期净货币性项目变动的交易活动。在本期内，按历史成本净货币性资产由于销售业务（现售收入和收回应收账款）而增加 $591 000，由于进货业务、支付其他费用和现金股利（支付现金或产生负债）而减少 $561 000。增减相抵后净增加 $30 000，加上期初净货币性资产项目余额 $16 000，共计 $46 000，为期末净货币性资产数额。

第三步，用相适应的物价水平指数，将历史成本数调整变算为不变币值。期初净货币性项目采用当期 1 月 1 日指数（即上期 12 月 31 日指数）；造成本期净货币性项目增减的交易活动，对期内连续发生的如销货、进货和经常性费用等，采用当年平均月指数；对期末发生的项目如现金股利，采用当期期末指数，均调整变算为不变币值。

最后一步，将经过调整变算的增减净货币性项目的不变币值数额，与期初净货币性资产的不变币值数额相加减，得出调整变算的净货币性项目，减期末净货币性资产，其余额即为购买力损失或收益。

按上表列计，调整变算的净货币性项目数额为 $49 648。这表明此公司需要持有净货币性资产 $49 648，才能保持其购买力。由于其实际净货币性资产为 $46 000 [历史成本，由于是期末数额，用期末指数调整变算：(160/160)×46 000＝46 000，其币值不变]，于是就出现购买力损失 $3 648（$49 648 — $46 000）。此项损失是由于该公司在物价上涨期间持有的货币性资产超过货币性负债而形成的。

对于不变币值会计，西方会计界至今存在不同意见。赞同者认为，稳定货币假设并不反映实际，特别是在膨胀率高的时期，如果将具有不同购买力的货币单位加总，会导致使用者对财务信息的误解，并因而作出错误决策。而不变币值会计所产生的财务数据和历史成本数据则同样具有可靠性和可验证性。反对不变币值会计者则认为，历史成本和不变币值会计所提供的报表都有其不足之处，因为它们都无视实际价值变化。因此，多数对不变币值会计持批评意见者主张采用"现行价值会计"(current value accounting)。

第三节 现行价值会计

如上所述，不变币值会计只是按现行货币购买力用物价指数对历史成本加以调整变算，而并未脱离历史成本概念。现行价值会计则脱离开历史成本而考虑具体价格变动。

一、现行价值的概念

现行价值有两种基本概念：

(一) 可变现净值

可变现净值(net realizable value)是一种出手价值(exit value)，即估计一项资产按其现状可能卖出的价格减去处理成本后的净值。

(二) 现行重置成本

现行重置成本(current replacement cost)是买进价值(entry value)，即估计现时买进一项处于现时状态的同类资产需要支付的价额。一般简称为现行成本。其会计方法称为现行价值会计。

在此两者之间，主张现行价值会计者倾向于采用现行成本而不是可变现净值。因为一个企业的资产，多数是为了持有使用而不是为了直接销售出手，而且现行成本有供应商的现时价格单，二手资产有市场价格，还有特定物价指数作为依据，容易客观地确定。因此，利用现行重置成本比可变现净值更有意义。此外，美国财务会计准则委员会(FASB)也建议公布选定的现行成本信息。以下着重论述现行成本会计。

二、持有损益和营业损益

现行成本会计将收入分作两个部分:

(一) 现行营业收入或损失

它是出售的或使用的资产,在出售时或使用中的收入与现行成本的差额。收入超过售出或使用的资产的重置成本,认定为营业收益。

(二) 持有收益或损失

它是在资产持有期间,其现行成本的变化。

现行营业收入或损失易于计算,毋须例解。兹就持有收益或损失举例说明如下:

企业的营利活动是由于生产和销售产品的营业活动和在资产持有期间的价格增减而造成的。假设某公司在2000年以$100 000购买土地,而2002年1月1日和12月31日的重置成本分别为$153 000和$170 000,其持有收益如下:

2002年1月1日持有收益:

2002年1月1日重置成本	$153 000
2000年购入成本	100 000
持有收益	$53 000

2002年12月31日持有收益:

2002年12月31日重置成本	$170 000
2002年1月1日重置成本	153 000
持有收益	$17 000

而历史成本会计模式,在土地售出之前对持有收益和损失是不予确认的。

三、已实现和未实现的持有损益

持有损益可进一步分为已实现的和未实现的两类:

(一) 已实现的持有损益

关系于年度中售出或用旧了的资产的重置成本的变化。

(二) 未实现的持有损益

它关系于在资产负债表日期（一般是在期末）持有资产的重置成本的变化。

假设在期内购进两个单位存货，每个单位的价格为 $50。其中：一个单位以 $100 售出，当时重置成本为 $70；另一个单位仍在持有，其时重置成本为 $80。持有损益的计算如下：

	历史成本	现行成本	持有损益	
销售成本	$50	$70	$20	已实现
期末存货	50	80	30	未实现

按历史成本会计，在利润表上列报销售年度实现毛利 $50（$100－$50），在年末资产负债表上列报期末存货 $50。按现行成本会计，也列报实现收入 $50，但是，将此 $50 收入分为营业收入 $30（$100－$70）和已实现持有收益 $20。此外，在年末资产负债表上列期末存货 $80（期末重置成本），其中除原成本 $50 外，有未实现持有收益 $30。

四、已实现和未实现持有损益在会计报表中的列报

通常提出的两种方法是：一种是在收益表内包括已实现和未实现的持有损益作为对现行营业收入的调整；一种是将已实现的持有损益包括在收益表内，未实现的持有损益则列入资产负债表的股东权益部分。现用第一种方法举例说明如下：

假设某公司 2002 年 12 月 31 日的非货币性资产的重置成本和售出货物的重置成本如下：

存货	$134 000
厂房设备	500 000
累计折旧	(250 000)
土地	170 000
销售成本	388 000

（厂房及设备采用直线法折旧，有效寿命期十年，无残值。）

(一) 资产负债表

引用本章第二节第三项中示例的历史成本,并附列不变币值资产负债表作为比较,如图表23-6所示：

(图表23-6)

项　　目	历史成本	现行成本	不变币值
现金	$ 71 000	$ 71 000	$ 71 000
应收账款	114 000	114 000	114 000
存货	120 000	134 000	123 871
厂房设备	300 000	500 000	461 538
累计折旧	(150 000)	(250 000)	(230 769)
土　地	100 000	170 000	153 846
资产合计	$ 555 000	$ 739 000	$ 693 486
应付账款	$ 79 000	$ 79 000	$ 79 000
应付票据	60 000	60 000	60 000
股　本	270 000	415 385	415 385
留存盈利	146 000	184 615	139 101
负债及所有者权益合计	$ 555 000	$ 739 000	$ 693 486

在现行成本资产负债表中,货币性资产(现金和应收账款)和货币性负债(应付账款和应付票据)都与历史成本相同而无变化,因为这些货币性项目所反映的都是现行价值。非货币性资产是依其现在的物质状态估计的现行重置成本列报。交入资本正常是按一般物价水平变化变算。留存盈利则作为找平的数额列报。

(注：本表附列按不变币值编列的资产负债表,是为了便于与现行成本资产负债表相比较。两表对于货币性项目都是按历史成本,彼此数额相同。所不同的是非货币性项目。由于两种方法对非货币性项目所采取的估价方法不同而产生差异。股本项目都是按一般物价水平的变动调整。因此,两表均相同。至于留存盈利,两表所列都属找平的数额,但互有差异。)

(二) 利润表

下列是历史成本与现行成本并列的比较表,如图表23-7所示：

(图表 23-7)

项　　　目	历史成本	现行成本
销售收入	$ 591 000	$ 591 000
销售成本	361 000	388 000
销售利润	$ 230 000	$ 203 000
折旧费用	30 000	50 000
其他各项费用	130 000	130 000
营业收益	$ 70 000	$ 23 000
持有收益和损失	—	73 000
净收益	$ 70 000	$ 96 000

在现行成本利润表中,销售收入和其他各项费用(包括现付的和应计的),均按历史成本列报。因为销售造成货币性资产(现金、应收账款)的增加,支付各项费用造成货币性资产(现金、银行存款)的减少或货币性负债(应计项目)的增加。与非货币性资产相关连的费用(销售成本、固定资产折旧)按其现行成本列报。销售成本的计算是"销售数量×销售时的单位重置成本",折旧费用则是资产负债表日期的固定资产重置成本按采用的折旧方法计算(上表系采用直线法,即 $ 500 000 ×1/10= $ 50 000)。对此类项目,采用现行成本编算列报,等于确认了所使用的物质资产受具体物价变动的影响。持有收益和损失,包括已实现的和未实现的,都列入上例利润表内,所列 $ 73 000 系假设数字。

主张现行成本会计者认为,现行成本数据比历史成本和不变币值数据更切合实际和有用,而且一个企业只有收回了所使用物质资源的重置成本后才能有净收益,并保持其生产能量。而持反对意见者则认为,重置成本有主观成分,并难以验证,容易对决策者产生误导;并且在通货膨胀的条件下,利用存货计价的后进先出法来决定销售成本和利用加速折旧法计算固定资产的折旧,所计列的盈利接近于现行成本会计,也都是客观和可验证的。因此,主张不脱离历史成本基础也可取得同样盈利结果。

五、美国财务会计准则委员会的建议

美国财务会计准则委员会对于通货膨胀条件下产生的报表编报问题颇表关切。但如何恰当解决,尚难达成一致看法。每一种方法——历史成本、不变币值、现行成本,都各有优点和不足。由于决策者每日都需要会计信息,编报方法如有大的变动,势必影响企业的决策进程。

为了取得不同编报方法的经验,美国财务会计准则委员会曾要求一些公司提出对选定的数据资料,按不变币值和现行成本调整编报,作为历史成本会计报表的补充。经过一个实验期间后,这个委员会在1984年取消了一些按不变币值编报的要求,并在1986年发布第89号《财务会计准则公报》(SFAS),鼓励但不是要求揭示关于通货膨胀影响的补充信息。这一说明只应用于大的公开持有股份的公司,即持有存货、财产、厂房和设备(减累计折旧前)超过1.25亿美元或者总资产超过10亿美元(减累计折旧后)者。建议在最近五年内每年主要揭示内容如下:

净销售收入和其他营业收入;

按现行成本基础编算的得自持续经营的收入;

净货币性项目的购买力收益或损失;

存货和财产、厂房与设备的现行成本或较低的可收回金额的增加或减少(扣除通货膨胀);

用现行成本基础调整变算的年末净资产;

用现行成本基础调整变算的持续经营的净收益按普通股股数计算的平均每股收益;

已宣布的每普通股现金股利;

年末普通股每股市价;

消费品物价指数(CPI)的平均水平。

·立信版·

MBA 专用教材和参考教材

策划人、责任编辑　张立年

会计学(周晓苏编著)	定价：40.50元
公司理财学(王满主编)	定价：43.00元
管理会计学(刘志远主编)	定价：44.50元
国际会计(第二版)(郝振平编著)	定价：27.20元
现代会计理论(陈今池编著)	定价：28.00元
会计基本理论比较(李孝林等著)	定价：25.00元
财务会计四大难题(第二版)(常勋著)	定价：30.00元
财务会计概念研究(裘宗舜著)	定价：18.00元
比较财务会计学(第二版)(孙芳城等著)	定价：28.50元
英国会计准则研究与比较(汪祥耀等著)	定价：35.00元
国际会计准则与财务报告准则(第二版)	
——研究与比较(汪祥耀、邓川等著)	定价：53.50元
澳大利亚会计准则及其国际趋同战略	
研究(汪祥耀、邓川等著)	定价：46.00元
国际比较审计(萧英达、张继勋、刘志远著)	定价：36.00元
现代会计科学理论研究(许家林著)	定价：27.00元

·立 信 版·
金融企业会计丛书

策划人、责任编辑　张立年

随着金融体制改革的深化,金融会计改革也在逐步走向深入,向着国际化的方向迈进。为此,财政部出台了《金融企业会计制度》。它与《企业会计制度》和《小企业会计制度》并存,共同构成国家统一的会计核算制度。金融企业会计丛书,就是根据财政部最新出台的《金融企业会计制度》所撰写。不仅可以满足财经院校专业教学的需要,也可满足金融企业的在职人员学习和使用。

1. 商业银行会计(王允平、李晓梅主编)　　定价: 24.20元
2. 商业银行会计习题与解答(王允平编)　　定价:　6.20元
3. 保险公司会计(陶存文编著)　　　　　　定价: 18.40元
4. 保险公司会计习题与解答(陶存文编)　　定价: 10.40元
5. 金融公司会计(王允平、关新红主编)　　定价: 20.40元
6. 金融公司会计习题与解答(王允平主编)　定价:　8.50元

·立　信　版·

西方会计系列图书

策划人、责任编辑　张立年

　　本社出版的《西方财务管理》、《西方财务会计教程》、《西方成本会计》，共同构成西方会计系列图书。其中《西方财务管理》一书，已被我国台湾地区列为学术专著、大专用书，由五南图书出版公司以中文繁体字重新出版发行，深受读者欢迎。在市场经济条件下的今天，我国会计正在逐步与国际会计接轨。它对于有志于学习和了解西方会计的读者，无疑是值得一读的好书。既可作为财经院校会计专业的基本教材，也可作为中外企业在职会计人员业务进修的参考教材。

1. 西方财务管理（王文钧编著）　　　　定价：15.00元
2. 西方财务会计教程（王文钧编）　　　定价：31.50元
3. 西方成本会计（王文钧编著）　　　　定价：23.00元
4. 初级会计专业英语（第二版）（常勋、肖华编著）定价：17.00元
5. 会计专业英语（第四版）（常勋、肖华编著）定价：29.50元
6. 立信英汉财会大词典（陈今池编）　　定价：66.00元
7. 立信英汉国际经济、贸易、金融词典（胡式如编）定价：88.00元